Gerhart Söhn | Die stille Revolution der Weiber

W0196546

Ob Frauen wie Bettine von Arnim und Rahel Levin, die aktiv das künstlerische Leben ihrer Epoche mitgestalteten, oder ob Frauen wie Christiane Vulpius und Sophie Mereau, die im Schatten ihrer berühmten Männer standen – einfühlsam und kenntnisreich zeichnet Gerhart Söhn ihre mitunter verschlungenen Lebenswege nach. Sein Blick richtet sich stets auch auf das private, kulturelle und politische Lebensumfeld der Frauen; er verbindet die Biografien, stellt vielfältige Bezüge her. Der Autor stützt sich dabei auf eine Fülle von Briefen, Schriften und andere Dokumente, um die Persönlichkeiten der Frauen, ihr Denken, ihr Selbstverständnis, ihre Handlungsmotivation zu ergründen. So entsteht ein facettenreiches Bild des kulturellen wie privaten Lebens jener Zeit, das über ein biografisches Faktenwissen weit hinausgeht.

Gerhart Söhn, geboren 1921 in Düsseldorf, war von 1967 bis 1972 Vorsitzender der Heinrich-Heine-Gesellschaft, deren Ehrenmitglied er heute ist. Er veröffentlichte zahlreiche Werke zum literaturhistorischen Geschehen der Aufklärung und Romantik.

Gerhart Söhn

Die stille Revolution der Weiber

Frauen
der Aufklärung
und
Romantik

30 Porträts

RECLAM
LEIPZIG

Besuchen Sie uns im Internet:
www.reclam.de

Veröffentlicht im Reclam Verlag Leipzig, 2003
© 1998 Grupello Verlag, Düsseldorf
Reclam Bibliothek Leipzig, Band 20070
1. Auflage, 2003
Reihengestaltung: Gabriele Burde | Kurt Blank-Markard
Umschlaggestaltung: Gabriele Burde unter Verwendung
eines Ausschnittes aus dem Gemälde von Anselm Feuerbach
»Iphinenie« (1870)
Autorenfoto: privat
Gesetzt aus ITC Slimbach
Satz: Reclam Verlag Leipzig
Druck und Bindung: Reclam, Ditzingen
Printed in Germany
ISBN 3-379-20070-0

Inhalt

Über die bürgerliche Verbesserung der Weiber

Man schrieb das Jahr 1793. In Paris hatte die revolutionäre Garde vier Jahre nach dem Sturm der Bastille gerade den König Ludwig XVI. enthauptet, als im fernen Königsberg der zweiundfünfzigjährige ostpreußische Jurist Theodor Gottlieb von Hippel (1741–1796) der Öffentlichkeit eine Publikation präsentierte, die den provokativen Titel *Über die bürgerliche Verbesserung der Weiber* trug.

Hippel, der nicht mit seinem gleichnamigen Neffen, dem Intimfreund von E. T. A. Hoffmann, verwechselt werden darf, ein eingefleischter Junggeselle, war Autor eines in vier Auflagen erschienenen Traktates *Über die Ehe* (1774); ein Text, in welchem er von Auflage zu Auflage seine Ansicht wandelte und sozusagen von einem Saulus zum Paulus wurde. Postulierte er in der ersten Auflage noch: »Den Männern kommt das Regiment zu«, erklärte er später, die Französische Revolution habe nur eine Hälfte der Nation befreit, nämlich die männliche.

In seinem mit einem schwer verdaulichen Redeschwulst verfaßten Opus kam er dann jedoch zu der Einsicht, daß es unverzeihlich sei, »die Hälfte der menschlichen Kräfte ungekannt, ungeschätzt und ungebraucht schlummern zu lassen ... Laßt uns auf den Zeitpunkt uns freuen«, forderte er, »wo der Tag der Erlösung für das schöne Geschlecht anbrechen wird, wenn man Menschen, die zu gleichen Rechten berufen sind, nicht mehr in der Ausübung derselben behindert – und wenn man das, was so augenscheinlich gleich ist, nicht so willkürlich unterscheidet.« Der Jurist wußte, wovon er sprach. Die Rechte der Frauen waren zu seiner Zeit (allerdings auch noch im folgenden Jahrhundert) tatsächlich mehr als dürftig.

Ausgangspunkt seiner weitschweifigen Auslassungen war der

Grundgedanke, daß es von der Schöpfung her keinerlei Anhalt dafür gebe, daß die Frauen unterprivilegiert seien, einerlei auf welchem Gebiet, sei es in der Kunst, der Wissenschaft, der Politik, dem Handwerk oder sonstwo. Die Verhältnisse seien jedoch so, daß die Frauen zwar Privilegien hätten, aber keine Rechte. Hippels Maxime: »Die nachzuholende Bildung der Frauen ist die Voraussetzung für ihre Emanzipation ... Durch Erziehung, Unterricht und Erfahrung sollen sie das Ziel errei-chen, dessen sie so würdig sind ... Man erziehe Bürger für den Staat, ohne Rücksicht auf den Geschlechtsunterschied.«

Die Forderung war nicht unbedingt neu. Schon der Hambur-ger Senator und Dichter Barthold Hinrich Brockes (1680–1747) hatte sie erhoben, als er sich im Jahre 1724 für die Einrichtung von Frauenakademien stark machte und forderte, die Töchter mit ebenso sorgfältiger Aufsicht zu erziehen wie die Söhne.

Die Rechte der Frauen waren tatsächlich minimal und ihre Bil-dung, soweit man überhaupt davon sprechen konnte, sozusa-gen gleich null, womit eine der wichtigsten Voraussetzungen für jegliche Emanzipation fehlte. Daß man sich mit den Rech-ten der Frauen bis in die Gegenwart hinein schwertut, erhellt die Tatsache, daß die französischen Frauen das aktive und pas-sive Wahlrecht erst im Jahre 1944 erhielten, während die Schweizer Eidgenossen bis in die jüngste Zeit ihre Schwierig-keiten mit dem Wahlrecht der Frauen hatten.

Begeisterte Resonanz hat Hippels Lanze für die »Weiber« trotz allen, nach unserem heutigen Verständnis, treffenden Er-kenntnissen nicht gefunden.

Eine gleichberechtigte Stellung von Mann und Frau wurde von der Mehrheit gar nicht als erstrebenswert erachtet. Die Du-rants schilderten in ihrer *Kulturgeschichte der Menschheit* die Stellung der Frau zum Ausgang des 18. Jahrhunderts mit blu-migen Worten wie folgt: »Im Haus, durch Gesetz von ihrem Gatten abhängig, wurde sie als die maßgebende Autorität an-erkannt und fast immer durch die lebenslange Liebe ihrer Kin-der belohnt. Sie war zufrieden, die ›schuldlose Mutter der Kin-der‹ zu sein, verbraucht im Ringen mit der Erde und der

Fortpflanzung der Rasse.« Und auch die Durants konstatieren bezüglich Theodor von Hippel: »Deutschland hörte nicht auf ihn.« Hippel unternahm allerdings auch nicht den Versuch, sich gesellschaftspolitisch zu engagieren und für die Beseitigung der erkannten Mängel zu streiten.

Trotz der im 18. Jahrhundert vermehrten Bemühungen, ein allgemein verbindliches Schulsystem zu installieren und die Voraussetzungen für eine Mindestschulbildung zu schaffen, blieben alle Anstrengungen äußerst mangelhaft und durch die Kleinstaaterei völlig uneinheitlich. Städtische Schulen, staatliche Schulen, private Schulen, und diese nach Konfessionen geteilt, ohne eine wirksame Schulpflicht deckten nur einen minderen Teil der potentiellen Lernbedürfnisse. Es fehlte an geeignetem Lehrpersonal, finanziellen Mitteln von offizieller Seite, oder aber, soweit Schulgeld zu zahlen war, von seiten der Eltern. Schließlich war aber auch eine fehlende Bereitschaft zu konstatieren, den heranwachsenden Kindern eine bessere Bildung zu ermöglichen. Daß insbesondere für junge Mädchen auf dieser Basis eine Qualifizierung zur Selbstbehauptung, bzw. zur Selbstverwirklichung, wie wir heute sagen würden, schwierig, sogar beinahe unmöglich war, liegt auf der Hand.

In Preußen verfügte zwar schon im Jahre 1719 ein königlicher Erlaß Friedrich Wilhelms I., daß der Schulbesuch an »solchen Orten, die eine Schule besaßen«, Pflicht sei und daß für jene Kinder, deren Eltern das Schulgeld nicht aufbringen konnten, öffentliche Gelder bereitgestellt werden sollten. Eine alle heranwachsenden Jugendlichen erfassende Allgemeinbildung war damit jedoch bei weitem nicht sichergestellt, abgesehen davon, daß alle Bildungseinrichtungen dem Einfluß der Kirche unterlagen, indem ihr die Aufsicht über den örtlichen Schulbetrieb übertragen war.

Eine staatliche Schulordnung wurde in Preußen erst Ende des 18. Jahrhunderts auf den Weg gebracht. Seit 1787 gab es ein von der Kirche unabhängiges Ober-Schul-Kollegium. Und im Jahre 1794 schließlich finden sich im *Allgemeinen Landrecht für die preußischen Staaten* ausführliche, das Schulrecht regelnde Bestimmungen. Auch diese blieben jedoch nicht ohne intellektuelle Kritik, da durch das Staatsmonopol eine Nivellierung der Bildung befürchtet wurde. Später gesellten sich zu diesen Kritiken dann wiederum Bedenken über eine mögliche politische und kirchliche Indoktrination.

Die Zeit jedoch war reif für grundlegende Veränderungen. Und plötzlich – wir bedienen uns nochmals der Formulierungen der Durants – »sahen das Ende des achtzehnten Jahrhunderts und der Beginn des neunzehnten Jahrhunderts ein Schneegestöber emanzipierter Frauen, wie es an Zahl nur von unserer Zeit und an Brillanz nur vom Frankreich des achtzehnten Jahrhunderts, an wildem Übermut aber niemals übertroffen wurde«.

Tatsächlich bahnte sich zum Ausgang des 18. Jahrhunderts in bezug auf die gesellschaftliche Stellung der Frau eine revolutionäre Wandlung an, gegenüber der alles Vorhergegangene exotische Einzelfälle gewesen sind, sei es die Macht aristokratischer Frauen, denen in hierarchischer Folge Autorität zugewachsen war, oder sei es die Macht der Frauen, denen ihre Mätressenstellung Einfluß verschaffte. Frauen als Persönlichkeiten der Gesellschaft gab es so gut wie nicht. Eine Neuberin etwa (Friederike Caroline Neuber, 1697–1760), die Karschin (Anna Louisa Karsch, 1722–1791) oder die als erste Frau mit dem medizinischen Doktorhut in die Geschichte eingegangene Ärztin Dorothea Erxleben (1715–1762) hatten noch alle Vorurteile der Gesellschaft gegen sich. Wenn ihr Wirken Anerkennung fand, blieb ihre Reputation ohne Glanz. Frauen konnten bestenfalls im Stand der Ehe Öffentlichkeit erlangen und dies auch nur in aller Bescheidenheit.

Geschichte, und sei es Kulturgeschichte, ist, die wenigen großen Herrscherinnen ausgenommen, die Historie von Männern. Werden Namen von Frauen überliefert, dann entweder als Dienerinnen der Kirche oder aber im Spiegel der sie hofierenden Männer in Kunst, Literatur und Politik. Eine große Malerin wie Artemisia Genteleschi (1593 bis nach 1651) fand,

wenn überhaupt, mehr durch die ihr angehängten Skandale
als durch ihre künstlerischen Talente Aufmerksamkeit, ehe sie
die feministische Bewegung zum Ende des 20. Jahrhunderts
für sich entdeckte.

Kaum mehr als 200 Jahre liegt die Zeit zurück, da sich hier ein
Wandel anbahnte: zaghaft zwar und zunächst beinahe ausschließlich in Frankreich und Deutschland, ausgehend von
den Salons im Frankreich des 18. Jahrhunderts und denen
in Deutschland um die Wende vom 18. zum 19. Jahrhundert,
als die Zusammenkünfte bei Jeanne-Françoise Récamier
(1777–1849) Mittelpunkt geistreicher Geselligkeit und Treffpunkt der Opposition gegen Napoleon wurden und in Berlin
schließlich Henriette Herz (1764–1847) und Rahel Varnhagen
(1771–1833) Menschen von Rang und Namen in ihre Salons
zogen.

Die Herausbildung eines mittelständischen Bürger- und Be-
amtentums, einer Gesellschaftsschicht, die für die Verwaltung
des Staates unentbehrlich wurde und damit zwangsläufig eines höheren Bildungsniveaus bedurfte, bewirkte Veränderungen der gesellschaftlichen Strukturen und eine Umgestaltung
des öffentlichen Lebens. Erst hier erwuchsen Möglichkeiten,
aus dem Dualismus auszubrechen, der Frauen und Männern
bis in die Neuzeit hinein verschiedene Lebensbereiche zu-
wies, ein Dualismus, in welchem in Politik und Gesellschaft
dem Mann die Vorrangstellung zukam und den Frauen der
häusliche Bereich mit Küche und Kindern als Betätigungsfeld
blieb.

Hinzu kam das nicht zu unterschätzende Gewicht des religiösen Umfeldes, spielte dieses doch in Erziehungsfragen eine
gravierende Rolle, zumal die Unterprivilegierung der Frau
ihre Wurzeln nicht zuletzt auch in der Tradition der christlichen Kirche hat bzw. in dem den christlichen Glauben unter-
mauernden Buch der Bücher. Die Bibel in diesem Zusammenhang zu zitieren ist zwar kaum noch originell, weiß man heute
doch geschickter zu differenzieren. Tatsache bleibt jedoch,
daß die Bibel Texte überliefert, welche die Stellung der Frau in

der Gesellschaft einengend bestimmen und Gläubigen und den Sachwaltern des Glaubens Leitsätze sind.

Im 2. Kapitel des ersten Paulusbriefes an Timotheus wird in der Luther-Übersetzung des Neuen Testaments postuliert, »daß die Weiber in zierlichem Kleide mit Scham und Zucht sich schmücken, nicht mit Zöpfen oder Gold oder Perlen oder köstlichem Gewand, sondern, wie sich's ziemt den Weibern, die da Gottseligkeit beweisen wollen durch gute Werke. Ein Weib lerne in der Stille mit aller Unterthänigkeit. Einem Weibe aber gestatte ich nicht, daß sie lehre, auch nicht daß sie des Mannes Herr sei, sondern stille sei. Denn Adam ist am ersten gemacht, dann Eva …« (s. a. 1. Buch Mose, Kap. 3, Vers 16: »… und er soll dein Herr sein«).

Es entbehrt in diesem Zusammenhang nicht einer gewissen Pikanterie, daß sich noch an der Schwelle zum Jahre 2000 Richter in Fragen der Mädchenkleidung mit diesem Timotheus-Vers ernsthaft auseinandersetzen mußten, wie ein Urteil des Verwaltungsgerichtes Würzburg aus dem Jahre 1992 zeigt (Az. W3 K91.1329), als eine Mutter ihrer achtjährigen Tochter unter Berufung auf den Bibeltext, wonach Frauen sich mit Schamhaftigkeit und Sittsamkeit schmücken sollen, die Beteiligung am Schwimmunterricht untersagen wollte.

Dem zitierten Bibeltext hat freilich bereits der große mittelalterliche Pädagoge und Theologe Johann Amos Comenius (1592–1670) in seiner *Didacta Magna*, der *Großen Didaktik*, die heute noch als pädagogisches Lehrbuch Beachtung findet und zuletzt 1985 auf deutsch neu aufgelegt wurde, eine modifizierte Auslegung zukommen lassen: »Es zeigt sich, daß alle, die als Menschen geboren worden sind, der Unterweisung bedürfen, eben weil sie Menschen sein sollen und nicht wilde Tiere.« Und auch: »Nicht nur die Kinder der Reichen und Vornehmen sollen zum Schulbesuch angehalten werden, sondern alle in gleicher Weise, Adlige und Nichtadlige, Reiche und Arme, Knaben und Mädchen aus allen Städten, Flecken, Dörfern und Gehöften.« Für einen Ausschluß des schwächeren Geschlechts vom Studium der Weisheit ließe sich keine ausreichende Begründung geben, was er allerdings dann doch dahingehend einschränkte, daß die Frauen vor allem auf den Gebieten Unterricht erhalten sollen, die »zu beherrschen ihnen ansteht«. Und das war die Bestellung des Haushalts, die Sorge für die Kinder und ähnliches. Die Lateinschule soll »hauptsächlich Jünglinge vervollkommnen«.

Das Verhältnis Mann/Frau entbehrte über Jahrhunderte, ja Jahrtausende hinweg nicht eines offensichtlichen Widersinns. Ungeachtet aller heutigen modifizierten Auslegungen war die Frau seit alttestamentarischen Zeiten als dem Mann untertan ausgewiesen. »Er soll dein Herr sein« und »Die Weiber seien untertan ihren Männern als dem Herrn« heißt es im 5. Kapitel des Paulusbriefes an die Epheser. Die christliche Kirche ist bis in die Gegenwart diesem Postulat unerbittlich gefolgt. Der Widersinn liegt darin, daß seit Menschengedenken nichts ohne die Frau ging. Die Frauen sind es von jeher gewesen, die die oft unterschätzten Lasten des Alltags getragen haben und vielleicht auch mit oder ohne List ihre geheime Macht über den Mann ausübten. Die als das »starke Geschlecht« apostrophierten Männer sind sich dessen stets bewußt gewesen. Die Huldigung an die Frau ist seit Urzeiten ein Grundtopos der menschlichen Kultur.

Was den Frauen unerbittlich vorenthalten wurde, war die Bildung, die Voraussetzung jeglicher Selbstbehauptung und Eigenständigkeit. Erst als sich den Frauen Möglichkeiten eröffneten, Wissen und Bildung in gleicher Weise wie ihre männlichen Geschlechtsgenossen zu erwerben, wurde der Boden für eine weibliche Emanzipation geebnet.

Einer der Vorreiter in dem Bemühen, weiteren Kreisen eine Allgemeinbildung zu ermöglichen, war der Pietist August Hermann Francke (1663–1727). Nach unruhigen Jugendjahren war er 1691 als Pastor nach Glaucha bei Halle und als Professor für orientalische Sprachen an die neuerrichtete Universität in Halle berufen worden. Die Not und Unwissenheit der Armen, insbesondere der Kinder, veranlaßten ihn, für sie einen Unterricht zu organisieren. Aus dieser Einrichtung erwuchsen die berühmten Franckeschen Stiftungen: wohltätige Anstalten, in denen er über zweiunddreißig Jahre hinweg (1695–1727) die Kinder der Armen nährte, kleidete und unterrichtete, in einem Pädagogium den intelligentesten Schülern Mittelschulbildung ermöglichte und für intelligente Mädchen eine Höhere Töchterschule einrichtete. Daß die Hälfte des Unterrichts der Religion gewidmet war, lag in der Natur der Sache, wie überhaupt alle Bildungsaktivitäten kirchlich geprägt waren, sei es in der privaten Erziehung der höheren Stände oder in den aus den Lateinschulen hervorgegangenen Gymnasien, die in erheblichem Umfang Jesuitenschulen gewesen sind. Erst im Zuge der Aufklärung und der folgenden Säkularisation zeichnete sich hier ein Wandel ab.

Das Patriarchat war jedoch in der Gesellschaft fest verankert und blieb es bis ins 20. Jahrhundert hinein. Der unter Napoleon I. entstandene und 1804 in Kraft getretene »Code Civil« dekretierte ausdrücklich die Unterordnung der Frau unter den Willen des Ehemannes. Selbst fortschrittliche Denker waren diesem Ordnungsprinzip verhaftet, so etwa Friedrich Schleiermacher mit den Auslassungen zur Erziehung der weiblichen Jugend, wie sie in den Niederschriften seiner Vorlesungen über Pädagogik festgehalten sind. Schleiermacher konzedierte den jungen Mädchen den öffentlichen Unterricht vorwiegend nur als Stellvertretung der weiblichen Fortbildung in der Familie. Das weibliche Geschlecht sei für das häusliche Leben bestimmt, nicht fürs öffentliche Leben – Maximen, die letztlich im Widerspruch zu seiner eigenen Lebenserfahrung standen, war er es doch gerade, der sich mehr als manch anderer zu den Frauen der Berliner Salons hingezogen fühlte und deren geistvolle Konversation goutierte.

Trotz Aufklärung und zunehmender Präsenz geistvoller Frauen war man um die Jahrhundertwende von jeglicher weiblicher Emanzipation noch meilenweit entfernt. So konnte ein Fürst Pückler noch im angehenden 19. Jahrhundert seiner Ehefrau die Leviten lesen: »Schnucke, Du bist gar nicht mehr gehörig unterthänig, Du willst viel zu selbständig sein, und das taugt für Dich gar nichts. Sei Sklavin, ergieb Dich blindlings wie Käthchen von Heilbronn.« Und ein Mann wie Joachim Heinrich Campe (1746–1818), Schulrat in Braunschweig und mit der Herausgabe der sechzehnbändigen Enzyklopädie *Allgemeine Revision des gesamten Schul- und Unterrichtswesens* (1785–1792) im Ruf eines fortschrittlichen Pädagogen, folgte mit Sicherheit den allgemeinen Anschauungen, wenn er die »Lesewut« und den »literarischen Luxus« der Zeit monierte und in seinem Buch *Väterlicher Rat für meine Tochter* verkündete, es sei der übereinstimmende Wille der Natur und der menschlichen Gesellschaft, daß der Mann des Weibes Beschützer und Oberhaupt sei und die Frau die dankbare und folgsame Gefährtin. Er die Eiche, sie der Efeu, ohne die Eiche ein niedriges Gesträuch, das von jedem vorübergehenden Fuß zertreten werde.

Da stimmt einen dann doch das Schicksal der Magdalene Ernestine Buff, Mutter der durch Goethes *Werther* in die Literatur eingegangenen Charlotte Buff, nachdenklich, die im Alter von zwanzig Jahren den vierzigjährigen Deutschordensamtmann Heinrich Adam Buff in Wetzlar heiratete, nacheinander sechzehn Kinder (!) zur Welt brachte und mit vierzig ihr Leben lassen mußte. Oder das Klagelied der vierzigjährigen Therese Huber, nachdem sie bereits zehn Kinder geboren hatte: »Wenn mich doch Gott vor Schwangerschaft bewahrt! Huber wünscht noch mehr Kinder – wie kann er das tun!« So schützte auch die Eiche nicht den zarten Efeu vor dem Zertretenwerden, die Nullen, wie Mary Wollstonecraft in ihrer 1792 erschienenen Schrift *Verteidigung der Rechte der Frau* formulierte, die erst dann Bedeutung bekämen, wenn sie einer Zahl angefügt würden.

Aus den den Frauen zugewiesenen Bereichen auszubrechen war nur außerhalb der Konventionen möglich. Vor allem die Mätressen der Fürsten und Könige verstanden es, sich Geltung zu verschaffen. Macht und Einfluß dieser Frauen waren beachtlich. Agnès Sorel (um 1422–1450), die Geliebte des französischen Königs Karl VII., oder die Marquise de Pompadour

(Jeanne Antoinette Poisson, 1721–1764), die Mätresse Ludwigs XV., beeinflußten ohne Skrupel das politische Geschehen. Ministerien zu besetzen und zu beherrschen betrachtete Madame de Pompadour als ihr Privileg. Sie verhandelte mit Diplomaten und Botschaftern, ernannte und entließ Minister und Generäle. Sie schickte ihre Feinde in die Bastille, schmückte ihre Paläste verschwenderisch und bestellte sich selbst ein prunkvolles Mausoleum nahe des Place Vendôme. Zwanzig Jahre übte sie an der Seite des Königs ihre Macht aus, bis ihr unruhiges, nur zweiundvierzig Jahre währendes Leben durch eine schwere Herz- und Lungenkrankheit sein Ende fand. Testamentarisch vermachte sie ihr Pariser Stadthaus dem König, heute als Elysée-Palast Amtssitz der französischen Staatspräsidenten.

Auf der anderen Seite der gesellschaftlichen Strukturen stand das Klosterwesen. Nicht wenige der unverheirateten und alleinstehenden Frauen flüchteten ins Kloster, wo sie unter Umständen auch zu einiger Reputation gelangen konnten. Stand den Frauen das Priesteramt auch nicht offen, so doch immerhin die Abtswürde. In die Geschichte eingegangen sind Frauen wie die Benekdiktinerin Hildegard von Bingen (1098–1170), die ein bedeutendes literarisches Werk hinterlassen hat, und die Dominikanerterziarin Katharina von Siena (1347–1380), deren niedergeschriebene Visionen als Meisterwerke der frühitalienischen Literatur gelten. Katharina war nicht nur eine im Dienste der Nächstenliebe tätige Frau, auch ihr Einfluß auf die Politik ist nicht unerheblich gewesen.

Das 18. Jahrhundert bescherte dem mitteleuropäischen Raum dann jedoch nicht nur eine die gesellschaftlichen Verhältnisse radikal verändernde Revolution, sondern auch bemerkenswerte kulturelle und die zwischenmenschlichen Beziehungen verändernde Entwicklungen, die eine Blütezeit weiblicher Emanzipation einleiteten, wenigstens in bezug auf geistige und künstlerische Kreativität und gesellschaftliche Aktivität. Unterbau für diese Entwicklung war die Epoche, die als die Zeit der Aufklärung in die Historie einging. Das Zeitalter Voltaires (François-Marie Arouet, 1694–1778) und Diderots (Denis Diderot, 1713–1784) wirkte auch in den deutschen Raum hinein und auf die dortige geistige Entwicklung, gehörte doch nicht nur eine die Kenntnis der französischen Sprache einschließende Bildung zum guten Ton der Oberschicht bis hin zum preußischen Königshaus, sondern auch das, was wir als Lebensart bezeichnen.

Die Ideen der Aufklärung, die ihren Ursprung in England hatten und in Frankreich schon bald retizipiert wurden, fielen auch in Deutschland auf fruchtbaren Boden, nur daß sie hier mehr geistige als politische Wirkung zeitigten. Im Gegensatz zu Frankreich gab es auf deutschem Boden keinen einheitlichen absolutistischen Staat, gegen den sich ein erstarktes Bürgertum auflehnte. Die Vielzahl von Kleinstaaten mit differenzierten Strukturen bewirkte, daß sich der aufklärerische Rationalismus in Deutschland auf anderer Ebene manifestierte, vor allem in der Literatur und Philosophie.

Männer wie Herder, Lessing, Mendelssohn und Kant waren es, die die Strömungen der Zeit kanalisierten und griffig machten. Dabei blieb die Reflexion der neuen Ideen, und das ist das Bemerkenswerte, nicht mehr nur eine reine Männersache. Im Frankreich der Ludwige, der Aristokraten, des Adels, aber auch des selbstbewußten Bürgertums, der Literaten, Philosophen und Künstler hatten sich Kristallisationspunkte herausgebildet, die durch Frauen markiert wurden, welche es verstanden, neuen Ideen in ihrem Umfeld Raum zu schaffen, womit das Jahrhundert zur Wiege der Salons wurde.

Die Geschichte der Frauen der Aufklärung und Romantik ist die der Geselligkeit in den Salons, ungeachtet dessen, daß zahlreiche der Frauen, die Aufmerksamkeit auf sich zogen, keine »Salonieren« waren, wie die Damen, die es verstanden, ihr heimisches Ambiente zum Treffpunkt der Gesellschaft zu machen, tituliert wurden. Die Salons waren es jedoch, in denen die veränderte Stellung der Frau, die sich in der zweiten Hälfte des 18. Jahrhunderts in geradezu revolutionärer Weise entfaltete, am deutlichsten sichtbar wurde. Ihre Ausstrahlung, die weit über den regionalen Raum hinausreichte, und die Tatsache, daß sich in diesem Umfeld Menschen unterschiedlichen Charakters und sozialen Standes zusammenfanden, brachten es mit sich, daß sie vielfach reflektiert und überliefert wurden, nicht zuletzt durch eine ausgeprägte Briefkultur sowie in den Werken begabter Literaten.

Die Wurzeln der Salons reichen zurück bis ins 17. Jahrhundert. Vor allem in Frankreich haben sie bemerkenswerte Vorläufer. Und es waren Frauen, die sich, indem sie sich über die Konventionen der Zeit hinwegsetzten, neue Freiräume schufen, die dem weiblichen Geschlecht bisher verschlossen geblieben waren. Ein Exempel ohne Beispiel setzte Katharina von Savelli, Gräfin von Rambouillet (1588–1665), geboren als Tochter einer Italienerin und des französischen Botschafters in Rom. Zwölfjährig dem späteren Marquis de Rambouillet angetraut, richtete sie in dessen Pariser Besitzung, dem »Hôtel de Rambouillet«, ihr berühmtes, kostbar ausgestattetes »Blaues Zimmer« ein, welches zum unvergleichlichen Treffpunkt der Gesellschaft wurde. Nicht nur Adlige fanden sich hier zusammen, sondern auch Literaten und Gelehrte. Corneille, La Rochefoucauld und viele andere waren ihre Gäste.

In einem hatte die Gräfin sich und ihrem Geschlecht allerdings einen wenig hilfreichen Dienst erwiesen: mit einer überzogenen, gezierten Geistigkeit, welche die Regeln des guten Benehmens und einer geschliffenen Sprache zu einem wirklichkeitsfremden Selbstzweck werden ließen. Die im Hause der Gräfin gepflegte Affektation machte Schule und brachte ihren Protagonistinnen das Attribut der »femmes précieuses« ein, dem Spötter Molière Thema für seine sarkastische Komödie *Les Prezieuses ridicules*. Mag es auch strittig sein, ob Molière die Préciosität in ihrer Gesamtheit treffen wollte oder unmittelbar auf die Gesellschaft, die sich im Hause Rambouillet exponierte, zielte, fest steht, daß Madame de Rambouillet den Zenit ihrer Hofhaltung damit überschritten hatte und der Salon ihrer Art hinfort passé war.

Nur um etwa drei Jahrzehnte versetzt, aber noch parallel zu

den Treffen im »Blauen Zimmer« des »Hôtel de Rambouillet«, machte ein anderer Treff in Paris von sich reden: Ninon de Lenclos' Salon, die Hofhaltung einer Kurtisane. Mag der Ruf einer Frau wie der der Ninon de Lenclos auch anrüchig sein, ihre Intelligenz, ihr Witz, ihre Musikalität und Sprachgewandtheit blieben unbestritten. Im Jahre 1620 geboren, eröffnete sie im Jahre 1657 in Paris ihren Salon für Dichter, Musiker, Künstler, Politiker und Militärs. Nach Saint-Simon war es der Verbindungen wegen, die man dort knüpfen konnte, vorteilhaft, von ihr empfangen zu werden.

Bemerkenswert ist das Urteil, das Sophie Mereau über diese Frau in ihrem Almanach *Kalathiskos* fällte: »Viele halten sie für ein bloß sinnliches, leichtfertiges Wesen ... sie mußte doch wohl etwas in sich tragen, was mehr als Gestalt und Sinnlichkeit war.« Nach Sophie Mereau fühlte Ninon de Lenclos die Ungerechtigkeit in den festgesetzten Verhältnissen der Geschlechter und widersetzte sich ihnen auf ihre Weise.

Mögen die Frauen dieses Schlages wegen ihres freizügigen Lebenswandels abwertend auch als Kurtisanen bezeichnet worden sein, schlugen sie doch ohne Zweifel Breschen in eine festgefahrene Männergesellschaft, indem es ihnen gelang, sich zum Mittelpunkt eines geselligen Treffens zu machen, zum Kristallisationspunkt gesellschaftlicher Strömungen. Die Effizienz ihres Einflusses auf politische und ökonomische Entwicklungen ist sicherlich noch gering gewesen, der emanzipatorische Effekt jedoch war revolutionär. Will und Ariel Durant sehen in ihrer *Kulturgeschichte der Menschheit* das 18. Jahrhundert in Frankreich schließlich geprägt von einer »Herrschaft der Frauen«, die allerdings nach dem Überschreiten des Zenits der Salons, die von »Salonieren« wie Frau Geoffrin bis zu Mademoiselle de Lespinasse reichten, ihr Ende fand.

Ohne Zweifel scheint Marie Thérèse Geoffrin, geborene Rodet (1699–1777), die Krone zu gebühren. Aufgestiegen aus dem Mittelstand und aufgewachsen bei ihrer Großmutter, wurde sie von dieser, dreizehnjährig, an den achtundvierzigjährigen wohlhabenden Geschäftsmann François Geoffrin verheiratet.

Bei der auf der gleichen Rue Saint-Honoré wie die Geoffrins domizilierenden Marquise de Tencin, von der die Durants bemerkten, sie sei »eine wahre Synthese von Sünden«, lernte die junge Ehefrau deren berühmt-berüchtigten Salon kennen.

Fasziniert von dem dort herrschenden freien Geist – zu den Besuchern des Salons zählten Freidenker wie Fontenelle, Montesquieu, Marivaux, Prévost, Helvétius und Marmontel –, begann Mme. Geoffrin ebenfalls, Gesellschaften zu geben, und ihr Salon gewann höchstes Ansehen, nicht zuletzt, weil in ihren Gesellschaften auch ein freies Wort geduldet wurde. Nachdem auch Diderot und d'Alembert zu den Besuchern ihres Salons zählten und Mme. Geoffrin deren enzyklopädisches Werk mit einem beträchtlichen Geldbetrag unterstützte, sprach man schließlich vom »Salon der Enzyklopädie«. Das erschien ihr dann allerdings zu heikel, so daß sie sich bemüßigt fühlte, ihre ständigen Einladungen an Diderot zurückzuziehen. Unterstützt hat sie ihn jedoch auch weiterhin.

Als die politischen Verhältnisse in der zweiten Hälfte des 18. Jahrhunderts mit den Umwälzungen der Revolution ihrem Gedeihen den Boden entzogen, fand die Blütezeit der französischen Salons ihr Ende. Die französischen »Salonieren« jedoch waren die Protagonistinnen der in der Folgezeit stetig deutlicher sichtbar werdenden Emanzipation der Frau, und ihr Wirken ist eine unübersehbare Vorstufe des sich hinfort auch im deutschen Sprachraum entfaltenden Selbstbewußtseins vieler bedeutender Frauen. Bewirkte in Frankreich die »Hofhaltung« der, wenn nicht aus der Aristokratie, so doch zum überwiegenden Teil aus dem Adel stammenden Damen einen sich wandelnden Status der Frau in der Gesellschaft, war im deutschen Sprachraum die Literatur der Nährboden für die Profilierung weiblicher Talente aus dem Bürgertum.

Aus der Zeit der ersten Hälfte des 18. Jahrhunderts sind die Namen dreier Frauen in die Literaturgeschichte eingegangen: Neuber, Gottsched und Karsch, Frauen, deren Herkunft und Vita bei den französischen »Salonieren« sicherlich nur Naserümpfen hervorgerufen hätten. Bekannt waren ihnen diese

Frauensleute, die für die Emanzipation der Frau in Deutschland bedeutsam waren, mit Sicherheit nicht. Alle drei waren im Osten Deutschlands gebürtig. Die Neuberin kam aus dem Vogtland, die Gottschedin aus Danzig und die Karschin aus Niederschlesien. Friederike Caroline Neuber als Tochter eines Anwalts (geb. 1697), Luoise Adelgunde Victoria Gottsched als Tochter eines Arztes (geb. 1713), während Anna Louisa Karsch aus bäuerlichen Verhältnissen stammte (geb. 1722).

Louise Adelgunde Victoria Gottsched

Leipzig war bereits zu Beginn des 18. Jahrhunderts mit seinen regelmäßigen Messen eine »Welt-berühmte Handels-Stadt«, wie in einem Lexikon der Zeit nachzulesen ist. Als ein Haupt-ort des Zeitungswesens und als Zentrum des Buchhandels war sie im Vergleich zu den Residenz- und Garnisonsstädten geprägt von einer weltoffenen, freizügigen Atmosphäre. Zudem hatte die glänzende und geistig rege Stadt zu jener Zeit eine blühende Hochschule, die Studierende von nah und fern, vornehmlich aus den höheren Klassen, anzog.

Keine Stadt konnte einen besseren Mittelpunkt der Literatur abgeben als Leipzig. Das hatte Johann Christoph Gottsched (1700–1766) klug erkannt, und er verstand es, an diesem zentralen Ort seinen literarischen Thron zu errichten, von dem aus er als Leitfigur unumschränkt im Reiche der deutschen Dichtung herrschen konnte. Geboren in Juditten bei Königsberg, war er 1724 als junger Magister nach Leipzig gekommen. Durch die Herausgabe der moralischen Wochenschrift *Die vernünftigen Tadlerinnen*, die sich vorwiegend mit fraulichen

Themen befaßte, und durch sein Engagement in der »Teutsch-übenden Poetischen Gesellschaft«, die er als Vorsitzender zur »Deutschen Gesellschaft« umwandelte, machte er schnell auf sich aufmerksam, und im Jahre 1730 berief man ihn als außerordentlichen Professor für Poesie und Beredsamkeit an die Universität.

Ein Jahr vorher hatte Gottsched auf einer Reise in seine Heimat in Danzig die sechzehnjährige Tochter des Arztes Dr. Johann Kulmus, von der ihm bereits Gedichte zu Gesicht gekommen waren, persönlich kennengelernt. Ihr Vater hatte seiner am 11. April 1713 geborenen Tochter Louise Adelgunde Victoria eine sehr sorgfältige Erziehung zukommen lassen. Das begabte junge Mädchen hatte früh Französisch und Englisch gelernt und sich sowohl mit Poesie als auch mit wissenschaftlichen Themen, insbesondere Geschichte und Geographie, beschäftigt.

Gottsched war von dem geistvollen und lebendigen Wesen der jungen Arzttochter tief berührt und erbat sich von ihren Eltern die Erlaubnis zu einem Briefwechsel, und so entspann sich bald eine rege Korrespondenz. Schon der erste Brief, den das Mädchen dem reifen Mann sandte, war von bewundernswerter Perfektion: »Lassen Sie uns der Vorsicht trauen, die unsere Bekanntschaft selbst gefüget hat: ist es ihr Wille, so wird die reinste und zärtlichste Freundschaft durch sie beglücket werden.«

Der Briefwechsel der jungen Frau mit dem bereits arrivierten Mann war von völlig anderer Art als später derjenige zwischen der Karschin und Gleim und anders, als man von jungen Menschen erwartet, die Sympathie füreinander gefunden haben. Ohne emotionale Regungen ist er von trockenem und lehrhaftem Inhalt. Er gibt ihr vor, was sie lesen solle, und schilt sie, daß sie französisch und nicht deutsch schreibe. Die Kulmus-Tochter brauchte jedoch kaum Unterweisungen für die Fertigung einer geschmeidigen Briefprosa. Gottsched war von ihren Briefen jedenfalls so angetan, daß er sie schon 1734 gedruckt sehen wollte, was die junge Louise Kulmus jedoch mit der Begründung ablehnte, daß die Briefe nur für ihn geschrieben seien und nicht für ein breites Publikum. Tatsächlich wurde der bemerkenswerte Briefwechsel erst etliche Jahre nach ihrem Tode herausgegeben. Auf dieser Ebene liegt auch die Weigerung der späteren Gottsched-Ehefrau, Mitglied der »Deutschen Gesellschaft« zu werden, in der die »Zieglerin« zu Ruhm und Ansehen gelangte.

Nachdem Gottsched ordentlicher Professor für Metaphysik und Logik an der Leipziger Universität geworden war, heiratete er 1735 die zweiundzwanzigjährige, deren Bildung und geistige Fähigkeiten weit über denen der Frauen ihrer Zeit lag. Und als die junge Ehefrau nach Leipzig gezogen war, lernte die stets Wissenshungrige schließlich auch noch Latein und etwas Griechisch und wurde schließlich für Gottsched zu einer unverzichtbaren Mitarbeiterin.

Im Gegensatz zu den meisten selbstbewußten und eigenständigen Frauen ihrer Zeit scheute sich die Gottschedin nicht, dezidiert zu erklären, daß sie Haus- und Wirtschaftssorgen »für die elendsten Beschäftigungen eines denkenden Wesens« halte. Wenn sie dennoch an anderer Stelle äußert, daß die Bestimmung des Weibes in der Ehe liege, klingt das nicht sehr überzeugend, sondern mehr resignativ und der Erkenntnis entsprießend, daß die gesellschaftliche Stellung der Frau durch die Ehe geprägt wird, war es ihr als Ehefrau des Professors Gottsched im Gegensatz etwa zu ihrer unverheirateten Zeitgenossin Sidonia Hedwig Zäunemann doch möglich, mit ihrem Mann eindrucksvolle Reisen zu unternehmen und gar von der Kaiserin Maria Theresia in Wien empfangen zu werden.

Bei allen seinen Aktivitäten stand Gottsched seiner Frau, seiner »geschickte[n] Freundin«, wie er sie nannte, die trotz aller Vorbehalte nicht nur zuverlässig ihren Haushalt führte, sondern ihm bei seiner Arbeit unermüdlich half, aktiv zur Seite. Wenn sie allerdings die Vorlesungen ihres Mannes hören wollte, mußte sie sich hinter der Tür zum Hörsaal verbergen, denn Frauen war der Zutritt untersagt. In ihrer kinderlosen

Ehe war sie jedoch unermüdlich für ihren Mann tätig. Sie schrieb Rezensionen, las Korrekturen, ordnete und verwaltete die Bibliothek ihres Mannes, übersetzte und dichtete selbst. Die intensive Beschäftigung mit dem Theater bewog sie zu Übertragungen zahlreicher Stücke aus dem Französischen und Englischen, die in mehreren Bänden veröffentlicht wurden. Neben vielen zeitgenössischen Komödien befanden sich hierunter Voltaires *Alzire* und Molières *Misanthrop* sowie Stücke von Marivaux und Pope. Sie war es zudem, die Addisons und Steeles *Spectator*, welcher als *Der Zuschauer* Furore machte, im wesentlichen ins Deutsche übersetzte.

Entschieden poetischer veranlagt als ihr Mann, profilierte sie sich schließlich jedoch vor allem mit ihren nicht unwitzigen Originallustspielen, mit denen sie sich als routinierte Stückeschreiberin erwies. Gerade dreiundzwanzig Jahre war sie alt, als ihre auf einem französischen Vorbild basierende Komödie *Die Pietisterey im Fischbein-Rokke* erschien, eine bissige Satire auf die »deutschen heuchlerischen Frömmlinge«, wie sie von ihr genannt wurden. Das anonym mit dem fingierten Druckort Rostock erschienene Stück verursachte in deutschen Landen reichlich Unruhe und rief vielerorts die Zensur gegen die »scandaleuse Schmähschrift« auf den Plan. Die Autorschaft der Gottschedin wurde allerdings erst nach ihrem Tode publik. Hatte die Gottschedin mit dieser Komödie die grassierende »Pietisterey« aufs Korn genommen, war ihr Anliegen jedoch vor allem, mit ihren Komödien die bisher üblichen platten Possen auf der Bühne abzulösen, den albernen Harlekin und die zotigen Anzüglichkeiten, ein Vorhaben, das späterer Kritik, insbesondere derjenigen Lessings, nicht immer standhielt.

Das Possentheater mit dem unvermeidlichen Harlekin, von dem im Zusammenhang mit der Neuberin noch zu sprechen sein wird, bot bis dahin nur seichteste und derbe Unterhaltung. Die Lustspiele der Gottschedin *Die ungleiche Heirat*, *Die Hausfranzösin*, *Das Testament* und *Herr Witzling* sollten das Niveau der Darbietungen heben. Hierzu lesen wir allerdings in einer alten, der *Deutschen National-Litteratur* gewidmeten

Ausgabe: »Die ersten beiden waren beliebte Repertoirestücke, aber wimmelnd von den verfänglichsten Zweideutigkeiten. Wenn solche Stücke der gereinigten Bühne angehörten, wie schmutzig mußten erst diejenigen gewesen sein, die vor der Bühnenreinigung die Lachmuskeln des deutschen Publikums in Bewegung setzten!«

Auch Lessing hatte wenig gute Worte für die Stücke der Gottschedin. In seiner Dramaturgie kannte er kein Pardon für *Die Hausfranzösin*: »*Das Testament*, von eben derselben Verfasserin, ist noch so etwas; aber *Die Hausfranzösin* ist gar nichts. Noch weniger als nichts: denn sie ist nicht allein niedrig und platt und kalt, sondern noch oben darein schmutzig, ekel und im höchsten Grade beleidigend. Es ist mir unbegreiflich, wie eine Dame solches Zeug schreiben kann« (26. Stück der *Hamburgischen Dramaturgie* vom 28. Juli 1867). Bei aller Hochachtung für Lessing muß hier dagegengehalten werden, daß er Zurückliegendes mit zeitgenössischer Elle maß, denn daß die tüchtige und begabte Frau einen wesentlichen Beitrag für die Fortentwicklung der deutschen Bühne geleistet hat, ist unbestritten.

Gottscheds Herrschaft auf dem literarischen Thron wurde allerdings schon bald, insbesondere in den Auseinandersetzungen mit den Schweizern Bodmer und Breitinger, immer brüchiger. Seine starren Maximen, die bereits durch Gellert, schließlich aber durch Lessing ad absurdum geführt wurden, ließen einer Fortentwicklung keinen Raum, und so sah er sich immer heftigeren Attacken ausgesetzt.

Gottscheds Wirken wurde, und wird auch heute noch, nicht immer positiv kommentiert, ohne daß er jedoch in der Literaturgeschichte jemals übergangen wird. Als Literaturtheoretiker hatte er zukunftsweisende Vorstellungen über notwendige Reformen von Sprache, Literatur und Theater, die er mit großer Eitelkeit und geschickter Selbstdarstellung nachdrücklich verfolgte. Seine Zusammenarbeit mit der Neuberschen Theatertruppe und später der des Johann Friedrich Schönemann gab der Entwicklung des Theaters zukunftsweisende Impulse.

Die Zustimmung seiner Zeitgenossen blieb ihm allerdings mehr und mehr versagt.

Persönlich völlig unpoetisch, verkannte er die sich ändernden Zeitströmungen, so daß seine mit Pedanterie gelehrten akademischen Theorien letztlich mehr Spott als Anerkennung fanden. Dem in vielen Dingen dennoch positiven Wirken wurde man damit allerdings nicht gerecht. Gottscheds Bemühungen um die Vereinheitlichung einer hochdeutschen Schriftsprache und die Reform des Theaters waren äußerst verdienstvoll und hatten eine nachhaltige Wirkung.

Im Gegensatz zu ihrem Mann hatten die Gottschedin die stetig zunehmende Verachtung, welche ihrem Manne entgegengebracht wurde, und die Mißhelligkeiten des Siebenjährigen Krieges, den sie entschieden verurteilte, wie die Briefe an ihre Freundin Dorothee Henriette von Runckel erkennen lassen, tief getroffen. Gestorben ist sie 1762, vier Jahre vor ihrem Mann, im Alter von neunundvierzig Jahren.

Gottsched, der ihre gesammelten kleineren Gedichte zusammen mit einer Lebensbeschreibung nach ihrem Tode herausbrachte, hat das Verhältnis zu seiner Frau als »eine philosophische Liebe« bezeichnet. Die emotionslose Diskussion in ihrer Korrespondenz der vorehelichen Jahre schien auch für das künftige Miteinander die Basis abgegeben zu haben. Inbegriff partnerschaftlicher Zuneigung war die kinderlose Ehe nicht. Dafür waren ihre Charaktere bei allen gleichgerichteten Interessen zu unterschiedlich. Gottsched war ihr »der Freund« und sie ihm »Secretair« und »Gehülfin«. Gelegentlich hat es den Anschein, daß ihr die freundschaftliche Beziehung zu Dorothee Henriette von Runckel, die später ihren Briefwechsel herausgab, wichtiger gewesen ist als die Bindung an ihren Mann.

Friederike Caroline Neuber

Die Geschichte der Neuberin ist die Geschichte des Theaters in der ersten Hälfte des 18. Jahrhunderts. Feste Bühnen gab es zu jener Zeit nicht. Das Theater war eine Wanderbühne mit von Stadt zu Stadt ziehenden Truppen, zusammengewürfelt aus Leuten, die im Leben Schiffbruch erlitten hatten und hier, mit effekthaschenden Stücken, ihr Auskommen suchten. Gottsched beschreibt den Zustand der Schauspielerei in seinen Aufsätzen zur *Verbesserung unserer Schaubühne* in Deutschland mit den drastischen Worten: »Lauter schwülstige und mit Harlekins Lustbarkeiten untermengte Haupt- und Staatsaktionen, lauter unnatürliche Romanstreiche und Liebeswirrungen, lauter pöbelhafte Fratzen und Zoten waren dasjenige, so man daselbst zu sehen bekam.«

Und es war Gottsched, der den Mut fand, hier einzuwirken und eine Verbesserung und Anhebung des Niveaus anzustreben. Ansatzpunkte fand er bei der Neuberschen Theatertruppe, mit der er 1727 Verbindung aufnahm, als sie in Leipzig gastierte.

Bei den Neubers fand Gottsched ein offenes Ohr für seine Vorstellungen einer Reform des Theaters. Und das Neubersche Ehepaar war es, das im Verein mit Gottsched bis etwa 1740 die deutsche Bühne von dem überkommenen seichten Geschmack gereinigt hat. Ohne die Neubers und deren Bereitschaft, Gottscheds Ideen und Bestrebungen entgegenzukommen und diese nach besten Kräften zu realisieren, wären seine Reformbemühungen wahrscheinlich kaum möglich gewesen. Und mit Sicherheit gebührt vor allem der Neuberin der Ruhmeskranz, da sie die Truppe führte, während sich ihr Mann vor allem um die äußeren Dinge kümmerte.

Die Theatertruppe hatte bis dahin ein wechselhaftes Schicksal hinter sich. Hervorgegangen war sie aus der Velthenschen Gesellschaft in Dresden. Johannes von Velthen kann mit seiner »berühmten Banda« als Stammvater unseres Theaters angesehen werden. 1669 war er von Georg II. als Hofkomödiant in Dresden angestellt worden. Später war der Schauspieler Julius Friedrich Elensohn Leiter der Gruppe. Nach dessen Tod heiratete seine Witwe den zu der Theatertruppe zählenden Harlekin Haak. Nachdem auch diesem kein langes Leben beschieden war, vermählte sich die Zurückgebliebene in dritter Ehe mit dem Schauspieler Hofmann, womit die Truppe in zwei Jahrzehnten drei verschiedene Leiter hatte. Hofmann war jedoch nicht in der Lage, den an eine solche Gesellschaft gestellten Anforderungen zu genügen. Als er schließlich wegen ökonomischer und ideeller Probleme das Weite suchte, übernahm das Ehepaar Neuber die Leitung. Und im Sommer 1727 erhielt die Neubersche Theatertruppe das sächsische Privileg und konnte im »Fleischhaus« in Leipzig ihre primitive Bretterbühne aufschlagen.

Der Weg zu Ruhm und Anerkennung der Neuberin, die sich den Ehrentitel einer Reformatorin des deutschen Theaters erarbeitete, glich mehr dem der Karschin als dem der Gottschedin, ungeachtet dessen, daß sie aus angesehenem Hause stammte. Ihr Vater war der Gerichtsdirektor Weißenborn zu Reichenbach in Sachsen, und dort wurde Friederike Caroline am 9. März 1697 geboren. Als sie fünf Jahre alt war, übersiedelte die Familie nach Zwickau, da dem Vater dort die Möglichkeit geboten wurde, sich als Advokat zu betätigen. Nur drei Jahre später, Caroline war gerade acht Jahre alt, verstarb ihre Mutter, womit dem kleinen Mädchen der Halt in der Familie verlorenging. Dem geistig regen und leidenschaftlichen Kind blieb im Elternhaus ohne die mütterliche Fürsorge nur ein klägliches Leben, war der Vater doch ein roher und jähzorniger Mann, der die kleine Tochter in seinen Wutanfällen in schrecklicher Weise mißhandelte. Durch die Flucht zu Verwandten versuchte das gedemütigte kleine Wesen immer wieder, sich den Gewalttätigkeiten des Vaters zu entziehen. Es ist wie ein Wunder, daß sich das heranwachsende Mädchen trotz dieser traurigen häuslichen Zustände eine nicht unbedeutende Bildung anzueignen verstand.

Als Fünfzehnjährige versuchte sie im Jahre 1712 zusammen mit ihrem vierundzwanzigjährigen Freund, dem Jurastudenten Gottfried Zorn, der väterlichen Strenge zu entfliehen, ein Versuch, der nach Festnahme der beiden zu einem monatelangen Prozeß führte, ehe sie nach 13 Monaten Haft entlassen und der väterlichen Gewalt zurückgegeben wurde.

Im Jahre 1718 entfloh die nunmehr Einundzwanzigjährige dann jedoch den Unerträglichkeiten im Elternhaus auf spektakuläre Weise, die ihr die Rückkehr in gewöhnliche bürgerliche Verhältnisse für immer unmöglich machte. Zusammen mit dem jungen Johann Neuber, einem Schüler des Lyzeums in Zwickau, machte sie sich auf den Weg zu neuen Ufern. Beide wurden Mitglied der gerade in Weißenfels gastierenden Spiegelbergschen Schauspieltruppe, heirateten und wechselten schließlich zur bereits erwähnten Haakschen Truppe, womit die Weichen für die Zukunft gestellt waren.

Als die Neubers schließlich die Leitung der heruntergewirtschafteten Theatertruppe übernahmen, fanden sie in Leipzig den Kontakt zu Gottsched – eine schicksalhafte Begegnung, erfuhr die Theatertruppe nunmehr doch unter dem Einfluß Gottscheds einen grundlegenden Wandel. Es galt, von den

»Haupt- und Staatsaktionen«, von der Stegreifkomödie, wie sie gang und gäbe war, zur geschlossenen Form des literarischen Theaters einen Weg zu finden und die Bühne vom Schwulst und Pomp der Improvisationen zu befreien. Das war nicht einfach, denn das Volk wollte sich über die albernen und oft zotigen Späße der Harlekine amüsieren. Mochte die Neuberin auf ihrer Bühne auch den »Hanswurst« coram publico verbrennen, die Reformbestrebungen Gottscheds und der Neuberin setzten sich nur langsam und unter großen finanziellen Schwierigkeiten durch.

Die engagierten Schauspieler mußten jetzt vorgegebene Rollen einstudieren, im Gegensatz zu der früher lasch gehandhabten Prosa jetzt in gedrechselten Alexandrinern, Reimen und Versen. Die zuvor von den Schauspielern selbstgezimmerten Stücke wurden durch ins Deutsche übertragene Originaldramen ersetzt. Mit der Wandlung des Repertoires veränderte sich zwangsläufig auch die Zusammensetzung der Zuschauer. Bildete sonst das Volk auf der Straße das Publikum, begannen sich nun auch vornehmere Kreise für das Theater zu interessieren, für deren gebildeten Geschmack die früheren Possen schließlich zu seicht geworden waren.

Die Umerziehung des Theaterpublikums war keinesfalls leicht. Nicht selten machte sich die Truppe durch ihr anspruchsvolleres Programm unbeliebt, wodurch finanzielle Einbußen unvermeidlich waren. Man ließ sich jedoch nicht beirren, und so berichtete die durch Deutschland ziehende Truppe Gottsched aus Dresden, Braunschweig, Hannover, Hamburg, Nürnberg und anderen Städten, daß sie trotz mannigfacher finanzieller Schädigungen an dem eingeschlagenen Weg festhalte.

Im Laufe der Zeit häuften sich jedoch die Probleme: Das sächsische Privileg wurde der Truppe streitig gemacht. Und schließlich gab es Spannungen mit Gottsched, so daß die Truppe 1740 einem Ruf nach Sankt Petersburg an den Hof der Zarin folgte. Gottsched verlor damit wichtige Mitstreiter, und ungeachtet aller Widrigkeiten erklärte er: »Deutschland hat durch diese Abreise die einzige kluge und wohleingerichtete Schaubühne verloren, die es in seinen Grenzen gehabt hat.«

Der vorübergehende Wegzug der Truppe hatte Folgen, war Gottsched doch darauf angewiesen, daß seine Vorstellungen weiterhin auf der Bühne realisiert wurden. So wandte er sich nunmehr dem Theaterprinzipal Schönemann zu, der früher Mitglied der Neuberschen Gesellschaft war und sich nach deren Wegzug eine eigene Truppe aufgebaut hatte und versuchte, mit dieser seine Theaterintentionen umzusetzen.

Schicksalhaft für die Neuberin war, daß die Zarin bereits ein Jahr nach ihrer Ankunft in Sankt Petersburg, im Jahre 1741, starb und sie damit zur Rückkehr nach Deutschland gezwungen war. Ihren Platz in Leipzig hatte nun jedoch die Theatertruppe Schönemanns eingenommen. Da sie die Gunst Gottscheds nicht zurückgewinnen konnte, ließ sie ihrem Unmut freien Lauf und versuchte, den ihr untreu Gewordenen auf der Bühne zu desavouieren, was ihr mit gegen Gottsched gerichteten Burlesken auch gelang. Erbitterte Fehden zwischen den Beteiligten blieben zwangsläufig nicht aus. Letztlich erwies sich die Neuberin damit jedoch keinen guten Dienst. Nicht nur Gottscheds Stern sank, sondern auch der ihre. Auf der einen Seite fanden Gottscheds Theorien immer mehr Widersacher, und der Neuberschen Truppe erwuchsen immer mehr Konkurrenten.

Mit den bürgerlichen Lustspielen von Christian Fürchtegott Gellert (1715–1769) konnte sich die Neuberin noch einige Jahre über Wasser halten. Und ein später Lichtblick war die Verbindung zum jungen Lessing. Gotthold Ephraim Lessing, als Sohn eines protestantischen Geistlichen 1729 in Kamenz geboren, kam als Siebzehnjähriger im Jahre 1746 nach Leipzig, um sich an der dortigen Universität dem Studium der Theologie zu widmen, was ihn nicht hinderte, sooft es ihm möglich war, das von der Neuberin unterhaltene Theater zu besuchen. Und nicht nur das. Er nahm Kontakt mit ihr auf und erreichte, daß sie Anfang 1748 sein erstes Schauspiel *Der junge Gelehrte* aufführte. Die Verbindung zur Neuberschen Truppe wurde schließlich so eng, daß er sogar Finanzbürgschaften für die Neubersche Gesellschaft übernahm. Dies brachte ihn jedoch im Zusammenhang mit dem bevorstehenden Bankrott der Truppe in arge Bedrängnis, so daß er sich genötigt sah, Leipzig zu verlassen.

War ihm das Neubersche Theater als Bühne für sein Erstlingswerk hochwillkommen, hinderte ihn das später nicht, die Verdienste der Neuberin um eine Reform des Theaters in seiner *Hamburgischen Dramaturgie* mit kritischen Einwänden einzuschränken. Im achtzehnten Stück schreibt er unter dem 30. Juni 1767: »Seitdem die Neuberin sub species Sr. Magnifizenz des Herrn Prof. Gottscheds, den Harlekin öffentlich von ihrem Theater verbannte, haben alle deutsche Bühnen, denen daran gelegen war, regelmäßig zu heißen, dieser Verbannung beizutreten geschienen. Ich sage, geschienen; denn im Grunde hatten sie nur das bunte Jäckchen und den Namen abgeschafft, aber den Narren behalten. Die Neuberin selbst spielte eine Menge Stücke, in welchen Harlekin die Hauptperson war. Aber Harlekin hieß bei ihr Hänschen, und war ganz weiß, anstatt scheckig gekleidet. Wahrlich, ein großer Triumph für den guten Geschmack.«

Ende der vierziger Jahre war die Zeit der Neuberin endgültig vorüber. Immer mehr Schauspieler liefen ihr weg, und im Jahre 1750 sah sie sich gezwungen, ihre Gesellschaft in Zerbst aufzulösen. Um ihren Lebensunterhalt zu verdienen, blieb den Neubers hinfort nur noch die Möglichkeit, ein unwürdiges Dasein als Mitglied anderer Theatertruppen zu führen. Durch den Ausbruch des Siebenjährigen Krieges verarmten sie schließlich gänzlich, und Johann Neuber starb in elender Dürftigkeit 1759 zu Dresden. Die Neuberin fand Asyl bei einem Dr. Löber in Dresden, das sie durch das Bombardement der Stadt im Jahre 1760 jedoch verlassen mußte. Sie flüchtete nach dem nahegelegenen Dorfe Laubegast. Dort ist sie am 30. November 1760 gestorben.

Über 250 Jahre hinweg wurde das Wirken der Gottscheds und der Neubers nach allen Seiten gewendet und mit Kritik nicht gespart, sogar ihre Verdienste um die deutsche Sprache und Bühne wurden ihnen abgesprochen. Die Entwicklung des deutschen Theaters in der ersten Hälfte des 18. Jahrhunderts ist ohne die Nennung ihrer Namen jedoch nicht nachzuvollziehen.

Anna Louisa
Karsch

Durchforstet man die ersten vierzig Jahre des 18. Jahrhunderts nach markanten Namen, entdeckt man die Geburtstage einer Vielzahl von Persönlichkeiten, die für das kulturelle Geschehen der kommenden Jahrzehnte von tiefgreifender Bedeutung waren. Es ist nicht uninteressant, diese Namen Revue passieren zu lassen und sich damit Zusammenhänge zu vergegenwärtigen, die leicht übersehen werden:

Friederike Caroline Neuber, geb. 1697
Johann Christoph Gottsched, geb. 1700
Jean-Jacques Rousseau, geb. 1712
Louise Adelgunde Victoria Gottsched, geb. 1713
Christian Fürchtegott Gellert, geb. 1715
Johann Joachim Winckelmann, geb. 1717
Johann Wilhelm Gleim, geb. 1719
Johann Georg Sulzer, geb. 1720
Christian Friedrich Voß, geb. 1722
Anna Louisa Karsch, geb. 1722

Immanuel Kant, geb. 1724
Friedrich Gottlieb Klopstock, geb. 1724
Margarete (Meta) Klopstock, geb. 1728
Moses Mendelssohn, geb. 1728
Gotthold Ephraim Lessing, geb. 1729
Sophie von La Roche, geb. 1730
Christoph Martin Wieland, geb. 1733
Friedrich Nicolai, geb. 1733

Und schließlich erblickte im Jahre 1712 Friedrich II. das Licht der Welt, jener Friedrich, den man den Großen nannte und der in zwiespältiger Weise die Historie des 18. Jahrhunderts prägte.

All diese Persönlichkeiten sind dem Kulturbeflissenen mehr oder weniger ein Begriff. Nur ist es allgemeiner Brauch, ihr Schicksal, ihr Leben, ihre Bedeutung isoliert zu betrachten. Eine Blickrichtung, die dazu angetan ist, das Verständnis für Zusammenhänge des Zeitgeschehens und die Verflechtung der persönlichen Schicksale zu verbauen. So wie zwangsläufig die Verbindungslinien von Gottsched zu Neuber, Gellert, Lessing reichen, ist das Schicksal der »Karschin« nicht ohne Nennung der Namen von Sulzer, Gleim und dem Preußenkönig nachzuzeichnen.

Das Leben der im Jahre 1722 geborenen Anna Louisa Karsch wird erst im Berlin des Jahres 1761 öffentlich. Dies war das Jahr, in dem August von Kotzebue geboren wurde, Jean-Jacques Rousseau *Die neue Heloise* schrieb und Joseph Haydn seine Kapellmeisterstelle beim Fürsten Esterházy antrat. Ein Jahr vorher war die Neuberin gestorben, und im folgenden Jahr neigte sich das Leben der Gottschedin dem Ende zu. Und Friedrich II., »der Alte Fritz«, stritt sich im 3. Schlesischen Krieg, dem Siebenjährigen Krieg, mit wechselndem Kriegsglück immer noch mit Österreich um den Besitz von Schlesien. Siege und Niederlagen reihten sich aneinander. Der Sieg bei Lobositz jedoch, der Erfolg bei Leuthen und der blutige Sieg bei Torgau begeisterten eine mit ihren vier Kindern ärmlich in

Glogau lebende Frau so sehr, daß sie nicht müde wurde, das Kriegsgeschehen mit feurigen, patriotischen Versen zu begleiten. Die Schlachtenlieder der als Naturtalent geltenden Poetin verbreiteten ihren Ruf als Dichterin und trugen ihren Ruhm schließlich bis ins Brandenburger Land. Beeindruckt von den Versen der Schlesierin, veranlaßte die »Generalin« Louise Eleonore von Wreech, eine Jugendfreundin Friedrichs II., Ende 1760 Baron von Kottwitz, den reichen Erbherrn auf Boyadel, der unermüdlichen Verseschmiedin Grüße auszurichten. Dies war ein schicksalhafter Auftrag, denn Kottwitz war selbst so sehr von der Dichterin begeistert, daß er, als er die kümmerlichen Verhältnisse der Poetin kennengelernt hatte, ihr den Umzug nach Berlin ermöglichte und finanzierte. So betrat die »Karschin«, wie man sie nannte, am 25. Januar 1761 die Berliner Bühne, wo sie keine Unbekannte mehr war und mit offenen Armen empfangen wurde.

Der renommierte Berliner Professor Johann Georg Sulzer (1720–1779), dem durch seinen Gönner Friedrich II. später die Leitung der Ritterakademie in Berlin übertragen wurde, berichtete das spektakuläre Ereignis sogleich einem Schweizer Freund: »Es hat sich hier im Bereich des Geschmacks eine wunderbare Erscheinung gezeigt: Eine Dichterin, die bloß die Natur gebildet hat und die nur von den Musen gelehrt, große Dinge verspricht.« Die Eloge bezog sich auf die Frau, die soeben durch den Baron von Kottwitz aus ihren beengten und bedrängten Verhältnissen in Glogau nach Berlin geholt worden war: Anna Louisa Karsch (1722–1791).

Der mich aus unanständigen Geschäften
und einem pöbelhaften Leben ohne Ruh
Herausgerissen mit des Menschenfreundes Kräften
Mein teurer Kottwitz, der bist du.

Mit diesen Versen aus dem *Zueignungs-Gesang an den Baron von Kottwitz* stattete die achtunddreißig Jahre alte Tochter eines schlesischen Gastwirts, die nach einer gescheiterten Ehe

mit einem pöbelhaften Trinker verheiratet war, dem großherzigen Gönner ihren Dank ab. Mit keiner anderen Bildung als
des Schreibens und Lesens kundig, welches ihr ein im Ruhestand lebender, wohlmeinender Onkel beigebracht hatte, war
es ihr gelungen, sich einen Namen als Dichterin zu machen.
»Man hatte mich in allem, was doch ein Frauenzimmer wissen
muß, nicht unterrichtet«, erklärte sie in ihrem Lebensbericht,
den sie für Sulzer aufgezeichnet hat, als dieser eine Einleitung
zu einer Publikation ihrer Gedichte schreiben wollte. »Ich war
ein vernachlässigtes Mädchen, ein Unglück, von dem man die
Spuren durch alle Tage seines Lebens gewahr wird.« Und diese
Frau nannte Gleim – sicherlich ein wenig schmeichelhaft –
eine »deutsche Sappho«.
Durch alle Lebensmühsal eines knechtischen Daseins hindurch und zweier unglücklicher Ehen, mit der Geburt von sieben Kindern, von denen lediglich zwei überlebten, hatte sie
sich an das Wort geklammert, welches sie mit einer erstaunlichen Naturbegabung zu meistern verstand. Vor allem mit
einer Vielzahl von Gelegenheitsgedichten errang sie sich
die Aufmerksamkeit ihrer Umgebung. Und die Feldzüge Friedrichs II., die Schlesischen Kriege, lieferten ihr schließlich den
Stoff zu Versen, mit denen sie auch die höheren Stände beeindruckte. So etwa, wenn sie in einem neunzehn Strophen umfassenden Gedicht den Sieg der preußischen Truppen bei Torgau besang:

> ...
> Vom Wahlplatz rot besprützt und müde
> Schreibt Friedrich Seinem Bruder Sieg,
> Bluttriefend nennt er ihn; Sein zärtlich Herz wünscht
>   Friede.
> Zwar macht unsterblich Ihn der Krieg:
> ...

Den versifizierten Schicksalsbericht der Karschin hat ihr Gedicht *Belloisens Lebenslauf* zum Inhalt:

Ich ward geboren ohne feierliche Bitte
Des Kirchspiels, ohne Priesterflehn
Hab' ich in strohbedeckter Hütte
Das erste Tageslicht gesehn,
Wuchs unter Lämmerchen und Tauben
Und Ziegen bis ins fünfte Jahr,
Und lernt' an einen Schöpfer glauben
Weil's Morgenrot so lieblich war,
So grün der Wald, so bunt die Wiesen,
So klar und silberschön der Bach.
Die Lerche sang für Belloisen,
Und Belloise sang ihr nach.
Die Nachtigall in Elsensträuchen
Erhub ihr süßes Lied und ich
Wünscht' ihr im Tone schon zu gleichen.
Hier fand ein alter Vetter mich,
Und sagte: du sollst mit mir gehen.
Ich ging und lernte bald bei ihm
Die Bücher lesen und verstehen,
Die unsern Sinn zum Himmel ziehn.
Vier Sommer und vier Winter flogen
Zu sehr beflügelt uns vorbei;
Des Vetters Arm ward ich entzogen
Zu einer Bruderwiege neu.
Als ich den Bruder groß getragen,
Trieb ich drei Rinder auf die Flur,
Und pries in meinen Hirtentagen
Vergnügt die Schönheit der Natur,
Ward früh ins Ehejoch gespannet,
Trug's zweimal nacheinander schwer,
Und hätte mich wohl nie ermannet,
Wenn's nicht den Musen eigen wär':
Im Unglück und in bittern Stunden
Dem beizustehn, der ihre Huld
Vor der Geburt schon hat empfunden.
Sie gaben Mut mir und Geduld,

Und lehreten mich Lieder dichten,
Mit kleinen Kindern auf dem Schoß.
Bei Weib- und Magd- und Mutterpflichten,
Bei manchem Kummer, schwer und groß,
Sang ich den König und die Schlachten,
Die ihm und seiner Heldenschar
Unsterblich grüne Kränze brachten,
Und hatte noch manch saures Jahr,
Eh frei von andrer Pflichten Drang
Mir Tage wurden zu Gesang!

Berlin befreite sie von den ärgsten materiellen Sorgen. Ihr Talent sprach sich schnell herum, und aus den vornehmsten
Häusern kamen Einladungen, welche ihr die Möglichkeit gaben, dort mit ihren oft aus dem Stegreif produzierten Versen
zu glänzen. Daß Berlin-Besucher sie zu sehen wünschten,
liegt auf der Hand. Und zu diesen Besuchern zählte der Hal-
berstädter Sekretär des Domkapitels, Johann Wilhelm Ludwig
Gleim (1719–1803). Gleim hatte schon 1758 mit seinen *Preußischen Kriegsliedern von einem Grenadier* Gefallen beim König
gefunden. Als Dichter zählte man ihn jedoch zu den Anakre-
ontikern, den Liebes- und Weingenuß mit leichtfertiger Grazie
verherrlichenden Sängern, deren Verse in den Bildern, wie sie
von den französischen Malern Watteau, Bouchet und Frago-
nard mit ihren galanten Schäferszenen auf die Leinwand ge-
zaubert wurden, ihre Parallele haben.
Auch Gleim ließ sich eine Begegnung mit der Karschin nicht
entgehen. Immer aufgeschlossen für neue Begabungen, war er
von ihrem Talent fasziniert. Die Anerkennung, die sie seitens
des einundvierzigjährigen Junggesellen fand, und seine lockeren Tändeleien verstrickten die fleißige Poetin unvermittelt in
eine persönliche Beziehung zu dem großen Dichter. Aus den
Fesseln des Kampfes gegen ihre Umwelt, aus Not und ehe-
lichem Ungemach befreit, ergoß sich hinfort ein emotionaler
Strom der Zuneigung über den Menschen, in dessen Bild sie
mehr als einen wohlwollenden Freund zu sehen glaubte. Mit

einer nicht enden wollenden Flut von Briefen überschüttete
sie den arrivierten Dichter, der als Förderer vieler junger Begabungen das Talent der Frau bewunderte und ihr in den ersten
persönlichen Begegnungen möglicherweise mehr als Sympathie entgegenbrachte.

> Freund, zeichne diesen Tag mit einem größern Strich!
> Er war doch ganz für dich und mich,
> Wir wandelten im Hain und hörten Vögel singen
> In dicken Fichten, wo der Mann das Weibchen hascht.
> Gut wars, daß über uns nicht Edens Äpfel hingen,
> Indem wir Hand in Hand durch das Gebüsche gingen,
> Da hätten du und ich genascht ...

Als Gleim sie auch noch aufforderte, ihn in Halberstadt zu besuchen, machte sie sich ernsthafte Hoffnungen, bei ihm mehr
als Anerkennung zu finden. Durch ihr stürmisches Werben
schließlich verschreckt, fühlte sich der Hagestolz, der er letztlich war, dann jedoch bemüßigt, der ihn unentwegt be-
drängenden Freundin Grenzen aufzuzeigen, in die sich die
Dichterin, blind in ihrer grenzenlosen Zuneigung, nur widerstrebend fügte. Briefpartner blieb ihr Gleim jedoch bis zum
Lebensende im Jahre 1791. »Ihre sind die Lieder ... unter welchem Titel sie auch immer geschrieben wurden ... mein bester
Freund« (Brief vom 7. März 1762).
Von der Königin und Prinzessin empfangen und schließlich
auch vom glühend verehrten König Friedrich II. außerdem
zum Ehrenmitglied der wissenschaftlichen Gesellschaft in
Helmstedt, damals Universitätsstadt, ernannt, hatte sie den
Gipfel ihres Dichterruhms erklommen. Selbst Goethe stattete
ihr im Jahre 1779 anläßlich eines Aufenthaltes in Berlin einen
Besuch ab.
1764 erschien eine von Gleim initiierte erste Ausgabe ihrer Gedichte, die ihr auch eine bescheidene Rente einbrachte, ohne
sie vom Wohlwollen ihrer Gönner zu entlasten. Und doch
blieb sie letztlich kaum mehr als ein bewunderter exotischer
Vogel. »Man will seine Neugierde befriedigen. Man gafft mich

an«, schrieb sie in ihrem ersten Brief an Gleim aus Berlin (21. April 1761).

Tatsächlich war sie in ihrer Art einmalig, ein Naturtalent mit unwiderstehlichem Durchsetzungsvermögen, jedoch ohne emanzipatorischen Ehrgeiz. »Ich sehe mich noch so unendlich tief unter Euch männlichen Geistern«, war ihre bescheidene Selbsteinschätzung am 7. März 1762 an Gleim. Und wahrlich sind ihre Verse von einer hinreißenden Unbekümmertheit gewesen, bar aller traditionellen Regeln und von mangelhafter Orthographie. Ihr Talent zum Verseschmieden war jedoch bewundernswert und dies ihr großes Kapital. Selbst die Großen der Zeit, Goethe, Herder, Klopstock, von Gleim nicht zu sprechen, nahmen hiervon Kenntnis und tolerierten sie, im Gegensatz zu Kritikern wie Nicolai, die ihre Verse mit akademischer Elle maßen.

Sagen uns ihre Reime heute auch kaum noch etwas, ihre Briefe, von denen sie ihrem Briefpartner gegenüber erklärte: »Das sind vollends sehr unbeträchtliche Papiere«, bleiben einzigartige Dokumente für das Wirken einer Frau, die aus überkommenen Konventionen auszubrechen verstand. Knapp 150 Jahre mußten vergehen, ehe sie 1933 erstmalig ediert wurden. Als Zeugnisse einer »femme des lettres« verdienen sie, festgehalten zu werden. Die »Karschin« stand am Beginn einer Epoche, welche der Frau ein neues Selbstverständnis eröffnete.

Trotz des Ruhms, den sich die Karschin erwarb, blieben Sorgen ihr ständiger Begleiter. Die Einnahmen gestatteten ihr nur ein bescheidenes Leben. Immer war sie auf Unterstützung wohlwollender Freunde angewiesen. Ein ihr vom König zugesagtes kleines Domizil erhielt sie erst nach Jahren kurz vor ihrem Tod. Allerdings bat sie immer wieder auch um Hilfe für andere. Kummer bereiteten ihr Sohn und Tochter. War es beim Sohn das kümmerliche Einkommen, um dessen Aufbesserung sie sich bemühte, hielten sie die Aufsässigkeit, Lieblosigkeit und die Eheaffären der Tochter Caroline in ständiger Aufregung.

Die im Jahre 1750 in der Ehe mit dem Schneider Karsch geborene Tochter, welche die meiste Zeit im Haushalt der Mutter lebte, bekam als Zwanzigjährige vom Halbbruder der Karschin, dem achtunddreißigjährigen Stiefonkel Wilhelm Hempel, ein Kind. Daß die Mutter auf Eheschließung mit dem von der Tochter nicht geschätzten Mann drängte, wurde ihr von der Tochter angelastet. Ständig gab es Streit im Haus, und im Jahre 1780 ließ sie sich scheiden. Caroline, nunmehr dreißig Jahre alt, begann ein Verhältnis mit dem achtzehnjährigen Baron von Klencke. Zwei Jahre später heiratete sie den jungen Mann, der sie jedoch vor der Niederkunft des aus dieser Verbindung stammenden Mädchens auf Nimmerwiedersehen verließ. Caroline war jetzt jedoch eine von Klencke, und das Töchterchen des weggelaufenen Barons war Wilhelmine von Klencke, die spätere Helmine von Chézy, eine Frau, die von sich reden machte.

Die Erscheinung der »Karschin«, der aus dem Nichts heraus zu Ansehen gelangten Frau, mag besonders spektakulär gewesen sein, sie war jedoch keineswegs die einzige, die in der ersten Hälfte des 18. Jahrhunderts auf sich aufmerksam machte und der man Aufmerksamkeit schenkte, wenn der »Frauendichtung« in der Literaturgeschichte für die Zeit des 18./19. Jahrhunderts auch nur eine untergeordnete Rolle zugestanden wird. Entsprechend der Rolle der Frau in der Gesellschaft lag der Ursprung weiblicher Dichtung vorwiegend auf dem Gebiet geistlicher Lieder, von denen es einige gibt, wie das Lied »Jesus meine Zuversicht«, die denen der geistlichen »Männerlyrik« nicht nachstehen. So ist etwa der Name der Aemilia Juliane Gräfin von Schwarzburg-Rudolstadt (1637–1706) in Kirchengesangbüchern mehrfach anzutreffen.
Im Verlauf des 18. Jahrhunderts gewinnt die weltliche Frauendichtung jedoch erheblich an Bedeutung, und ihre Verfasserinnen werden oft nicht nur in die gelehrten Gesellschaften aufgenommen; einigen von ihnen, so den Frauen Ziegler, Zäunemann und Unzer, wurde darüber hinaus die Ehre zuteil, zu »kayserlichen Poetinnen« gekrönt zu werden.

In Leipzig hatte sich Christiana Mariana von Ziegler, geborene Romanus (1695–1760), durch ihre musische Begabung Achtung erworben. Ihr Vater Franz Conrad Romanus war Bürgermeister von Leipzig. Wegen angeblicher Verwicklung in ein Staatsverbrechen brachte man ihn jedoch 1706 auf die Festung Königstein, ohne daß das gegen ihn eingeleitete Verfahren zu einem Abschluß gebracht wurde. Nach vierzigjähriger Haft ist er dort verstorben. Die Tochter ging im Alter von sechzehn Jahren eine erste Ehe mit Heinrich Levin von Könitz ein, der bald verstarb. Auch ihr zweiter Mann, Georg Friedrich von Ziegler, sowie ihre 1712 und 1716 geborenen Kinder aus beiden Ehen überlebten nicht. Allein und einsam kehrte sie nach Leipzig zurück.

Dort gelang es der attraktiven und auf dem Felde der Musik und Literatur begabten Frau, einen gleichgesinnten Kreis um sich zu versammeln und durch eigene literarische Arbeiten Anerkennung zu erlangen. Johann Sebastian Bach hat einige Kantaten von ihr vertont. Als Poetin fand sie schnell Kontakt zu Gottsched, und als erste Frau wurde sie Mitglied der Literatur und Sprache verpflichteten »Deutschen Gesellschaft«. Als Mitglied der von Gottsched geleiteten Vereinigung, die Vorbild für eine Vielzahl ähnlicher Gesellschaften in Deutschland gewesen ist, konnte sie sich des besonderen Schutzes des an der Universität zu Leipzig Philosophie und Dichtkunst lehrenden Professors erfreuen. Und als ihr im Oktober 1733 als erster Frau der Lorbeerkranz als »kayserlich gekrönte Poetin« der Universität Wittenberg verliehen wurde, verfaßte Gottsched zur Krönung der Dichterin ein Lobgedicht, nicht zuletzt, weil er in ihrem Wirken eine Argumentationshilfe für die Verwirklichung seiner Ideen fand:

Was prahlt, ihr Welschen, doch so viel
Mit euren stolzen Dichterinnen?
Kann der von Ziegler Seytenspiel
Nicht auch in Deutschland Lob gewinnen?

Eva König
(Lessing)

Als »eine der bemerkenswertesten und sympathischsten Frauengestalten ihres Jahrhunderts« wird Eva König in einem biographischen Essay bezeichnet, die an der Seite von Gotthold Ephraim Lessing in die Literaturgeschichte eingegangen ist und auf tragische Weise mit seinem Leben verknüpft war: geboren im Jahre 1736, Ehefrau des Hamburger Seidenhändlers Engelbert König, eine Frau von einer in bürgerlichen Kreisen jener Zeit seltenen Tatkraft.

Engelbert König (1728–1769) war ein junger, erfolgreicher Kaufmann, mit dem seine Frau sieben Kinder hatte, von denen vier überlebten. Im Jahre 1768 erweiterte König seine Unternehmungen durch die Einrichtung einer Seidenzeugfabrikation in Wien, zu der ein Jahr später noch eine Tapetenfabrik kam. Lessing, nach wechselhaften Aufenthalten seit 1767 Dramaturg am Hamburger National-Theater, war mit den Königs befreundet und Pate des jüngsten Sohnes.

Auf einer Geschäftsreise nach Italien zum Erwerb von Rohmaterial für die Seidenfabrikation verstarb König im Dezember

1769 im Alter von einundvierzig Jahren plötzlich in Venedig. Da war es Lessing, der der verwitweten jungen Frau – Eva König war dreiunddreißig Jahre alt – mit ihren vier Kindern im Alter von einem bis zwölf Jahren zur Seite stand, obwohl er gerade damit beschäftigt war, seine Zelte in Hamburg abzubrechen, um nach Wolfenbüttel zu ziehen, wo er die Stelle des Bibliothekars an der herzoglichen Bibliothek erhalten hatte. Als Freund des Hauses fühlte er sich verpflichtet, der jungen Witwe bei der Regelung der Geschäfte ihres verstorbenen Gatten behilflich zu sein. Und Frau König war dankbar, in den schweren Tagen und Wochen den Freund ihres Mannes zur Seite zu haben.

Lessing mußte Hamburg jedoch bald verlassen, um seine Stelle in Wolfenbüttel anzutreten. Der nun beginnende Briefwechsel zwischen Lessing und Eva König ist Zeugnis der Zuneigung, die sie zueinander gefunden haben, und im ersten erhaltenen Schreiben Lessings an Eva König aus Wolfenbüttel läßt er sie wissen: »Ich gehe nun schon heute den ganzen Abend in Gedanken mit Ihnen spazieren: und wenn es wirklich geschähe, was hätte ich Sie da nicht alles zu fragen! Ungefähr können Sie es erraten, und von so einer fertigen Briefschreiberin, als Sie sind, kann ich es schon verlangen, daß Sie mir ein Langes und Breites auf die errathenen Fragen antwortet« (10. Juni 1770). In der Antwort an den »lieben Herrn Lessing« heißt es allerdings: »Was Sie mit den Fragen wissen wollen, die ich errathen soll, weiß ich nicht.«

Mag sein, daß der alleinstehende Lessing zunächst mehr fühlte als die Fabrikantenwitwe, die zunächst vor der Aufgabe stand, sich um die von ihrem verstorbenen Mann gerade aufgebaute Wiener Fabrikation zu kümmern. Sicherlich für eine junge Frau jener Zeit eine außergewöhnliche Tätigkeit. Eva König unternahm die beschwerliche Reise nach Wien, um an Ort und Stelle nach dem Rechten zu sehen, nicht ohne Lessing von unterwegs regelmäßig Nachrichten zukommen zu lassen. Aus Wien schreibt sie ihm voller Trauer über die veränderte Situation: »sowie mich einer anredet, habe ich Tränen in den

Augen ... Wie kann es aber anders sein? Alles erinnert mich an meine Glückseligkeit. Sogar die Fabrik, wie ich die heute besuchte, statt daß sie mich hätte freuen sollen, weil sie völlig gut, und aufs beste eingerichtet ist, hat mich niedergeschlagen gemacht« (30. September 1770).

Auf Lessings Nachrichten, der an ihrem Schicksal Anteil nahm, mochte sie in Wien schon nicht mehr verzichten: »Sehen Sie, so verlange ich nach Ihren Briefen«, bekennt sie. Und im Herbst des Jahres wechselt die beiderseitige förmliche Anrede zu »Lieber Freund« und »Meine liebste Freundinn« und »Ihre ergebene Dienerinn« in »Dero Freundinn«. Alles in allem bleibt der Briefwechsel jedoch sehr konventionell und emotionslos.

Im Februar 1771 glaubte Eva König dann, Wien verlassen zu können. Sie trat die Rückreise nach Hamburg an und nutzte die Gelegenheit, mit dem gewonnenen Freund in Braunschweig zusammenzutreffen. Da sie trotz der beruhigenden Zusagen des die Wiener Fabrik leitenden Direktors Hornbostel die finanziellen Probleme nicht gelöst sah, war von einer engeren Verbindung mit Lessing keine Rede, zumal auch Lessing bei seinen geringen Einkünften keine Möglichkeit sah, die Verantwortung für eine Ehe mit der geschätzten Frau und deren unversorgten vier Kindern zu übernehmen.

Als Lessing im September des Jahres jedoch einen Gegenbesuch in Hamburg machte, fanden sie zueinander und gaben sich das Versprechen, beieinander zu bleiben. So schließt Lessing seinen ersten Brief nach der Zusammenkunft mit den Worten: »Ich umarme und küsse Sie tausendmal, meine liebste, beste, einzige Freundinn!« Und Eva König versichert ihm: »daß ich Sie über alles liebe, über alles hochschätze, und kein Glück für mich in der Welt ist, wenn ich es nicht mit Ihnen theilen soll«.

Zurück in Wolfenbüttel, läßt er sie in seinem Brief vom 31. Oktober wissen: »Ich sage Ihnen von unseren eigentlichen Angelegenheiten nichts; und werde Ihnen auch in meinen folgenden Briefen nur wenig davon sagen. Sie glauben nicht, wie viel ich auf ein einziges Wort von Ihnen baue, und wie überzeugt ich bin, daß so ein einziges Wort bey Ihnen auf immer gilt. Bleiben Sie dieses auch nur von mir überzeugt, und ich bin gewiß, es wird sich endlich alles nach unseren Wünschen bequemen.«

Die geschäftlichen Sorgen der jungen Witwe dauerten jedoch fort und nahmen auf Grund der hohen zur Einrichtung der Fabrik aufgenommenen Kredite und des Drucks der Gläubiger schließlich einen solchen Umfang an, daß an den Verkauf der Wiener Niederlassung gedacht werden mußte. »Ich wollte gerne in dem elendsten Winkel der Welt Wasser und Brod essen, wenn ich nur aus dem Labyrinth einmal heraus wäre!« schreibt sie Lessing am 12. November 1771. Und schließlich hat sie Skrupel, daß sie durch das Geständnis ihrer Neigung ihre mißlichen ökonomischen Angelegenheiten auch zu den seinen gemacht habe.

Im Februar 1772 reiste Eva König erneut nach Wien. Dort eingetroffen, nahm sie ihr Logis zunächst auf dem Gelände der Fabrik. Über zweieinhalb Jahre zogen sich nun die Verhandlungen hin, die an die Kräfte der jungen Frau kaum zu bewältigende Anforderungen stellten, wobei davon ausgegangen werden muß, daß sie in ihrem Fabrikdirektor keine selbstlose Stütze hatte, da dieser es darauf anlegte, die Fabrik, die damals bereits zu den größten der Stadt zählte, an sich zu reißen, was ihm schließlich auch gelang. Die Dynastie der Hornborstel zählte im kommenden Jahrhundert zu den angesehensten Fabrikanten des Landes.

Hinzu kam, daß Lessing immer seltener schrieb und daß seine spärlichen Briefe häufig Unwohlsein und Ärgernisse meldeten sowie Unzufriedenheit mit seiner Wolfenbütteler Stellung, die ihm nur ein kärgliches Auskommen gewährte, was Eva König als Zeichen wertete, daß seine Liebe zu ihr erkalte. Tatsächlich sah Lessing in Wolfenbüttel kein Fortkommen, insbesondere auch in ökonomischer Hinsicht, zumal er auch für Mutter und Schwester zu sorgen hatte und auch noch die vom verstorbenen Vater hinterlassenen Schulden begleichen sollte.

Wenn Lessing auch nach wie vor den Gedanken hegte, eine Familie zu gründen, von einem engen Verhältnis des versprochenen Paares konnte tatsächlich keine Rede sein. Als das Jahr 1774 gekommen war, hatte er seine Braut schon drei Jahre nicht mehr gesehen. Anfang 1775 nimmt sich Lessing schließlich Urlaub und macht sich auf eine planlose Reise. Zunächst begibt er sich nach Leipzig, wo es zu der Aufmerksamkeit heischenden Begegnung mit der Reiske-Witwe kommt, die Lessing verehrte und ihn gerne für sich gewinnen wollte. Dann jedoch entschließt er sich, nach Wien zu reisen. Er wollte Eva König wiedersehen und in der Metropole sondieren, ob sich ihm dort Möglichkeiten für ein berufliches Fortkommen bieten. Tatsächlich wird Lessing in Wien ein ehrenvoller Empfang bereitet, mit Aufführung seiner Theaterstücke und einem Essen bei Hof mit der Kaiserin Maria Theresia. Eva König hatte im Oktober 1774 die Wiener Fabriken endlich zu erträglichen Bedingungen verkaufen können, die es ihr erlaubten, aus dem verbleibenden Kapital in Zukunft noch einen gewissen Jahreszins zu erwirtschaften. Das Kapitel Wien war für sie damit abgeschlossen, und Lessing und Eva König konnten ihre Blicke wieder in die Zukunft richten.

Seine familiären Probleme konnte er jedoch wieder nicht lösen, war er doch auf Grund seines Braunschweiger Vertrages gezwungen, nun erst den jüngsten Sohn seines Dienstherrn, Prinz Maximilian Julius Leopold, auf einer Italienreise zu begleiten, eine Verpflichtung, der er nur widerwillig nachkam. Im Glauben, daß die Reise nur wenige Wochen dauern werde, fuhr er mit. Und so trennten sich die Wege des Paares erneut. Eva König reiste zurück nach Hamburg, Lessing nach Italien. Aus den Wochen wurden Monate, und erst Ende des Jahres 1775 konnte Lessing Eva König seine Rückkunft melden. Unglücklicherweise blieben auch seine Briefe, in denen er Eva König seine Unzufriedenheit mit der Reise beklagte, in Wien liegen, so daß die Verbindung zu ihr wieder für Monate unterbrochen blieb.

Im folgenden Jahr verbesserten sich die finanziellen Verhältnisse für Lessing dann jedoch endlich soweit, daß die so lange vorgesehene und geplante Verbindung realisiert werden konnte. Am 8. Oktober 1776 schloß das Paar auf dem Landgut der befreundeten Familie Schuback in Jork bei Hamburg endlich den Bund fürs Leben.

Seinem Bruder Karl schrieb Lessing nach seiner Heirat: »Wenn ich Dich versichere, daß ich sie immer für die einzige Frau in der Welt gehalten, mit welcher ich mich zu leben getraute: so wirst Du wohl glauben, daß sie alles hat, was ich an einer Frau suche« (1. Dezember 1776). Mit seiner Frau und deren Kindern hatte er in dem schlichten, bürgerlichen Bau, dem sogenannten Meißnerschen Haus, am Schloßplatz in Wolfenbüttel eine Wohnung bezogen. Und dort verbrachte er nach seinen eigenen Worten das glücklichste Jahr seines Lebens. Im Dezember des Jahres erfolgte noch der Umzug in das zwischen Schloß und Bibliothek gelegene Scheffersche Haus, das heutige Lessing-Haus, in dem der Dichter bis zu seinem Tode bleiben wird.

Die Zeit des so lange herbeigesehnten Glücks währte jedoch kaum mehr als ein gutes Jahr. Nur wenige Wochen nach dem Umzug in das neue, schöne Domizil wurde Lessings Ehefrau Ende Dezember 1777 von einem Jungen entbunden, der seine Geburt nur einen Tag überlebte und schließlich auch die Mutter das Leben kostete. Am 10. Januar 1778 starb Eva Lessing an Kindbettfieber, ihren Mann, der sich nur wenige Monate des häuslichen Friedens erfreuen konnte, in tiefster Trauer zurücklassend. In seinem immer wieder zitierten Brief an den Braunschweiger Freund Johann Joachim Eschenburg vom 10. Januar 1778 klagt er sein Leid: »Lieber Eschenburg, Meine Frau ist todt: und diese Erfahrung habe ich nun auch gemacht. Ich freue mich, daß mir viel dergleichen Erfahrungen nicht mehr übrig seyn können zu machen.«

Nur einundvierzig Jahre alt durfte sie werden, die Frau an der Seite eines jung verstorbenen Unternehmers und eines unserer größten Literaten und Dramatikers, eine Frau, die gezwungen war, in ungewöhnlicher Weise ihren »Mann« zu stehen,

und die dieser Aufgabe mit Umsicht und Weitblick nachge-
kommen ist. Doch Glück und die Annehmlichkeiten des Lebens waren ihr nur in bescheidenem Umfang beschieden.

Von dem Historiker Ludwig Timotheus Spittler (1752–1810),
der sich als fünfundzwanzigjähriger Magister zu Studien-
zwecken einige Wochen in Wolfenbüttel aufhielt, ist ein brief-
liches Zeugnis überliefert, in dem es über diese unvergleichliche Frau heißt: »Eine solche Frau hoffe ich nimmer mehr
kennen zu lernen. Die unstudierte Güte des Herzens, immer
voll der göttlichen Seelenruhe, die sie auch durch die bezau-
berndste Sympathie allen mittheilt, welche mit ihr umzuge-
hen das Glück haben. Das Beyspiel dieser großen, würdigen
Frau hat meine Begriffe von ihrem Geschlecht unendlich er-
höht.«

Meta
Klopstock

Im Frühjahr 1746 lockte Leipzig auch den zweiundzwanzigjährigen Theologiestudenten Friedrich Gottlieb Klopstock
(1724–1803) in die Stadt, in der Gottsched seinen literarischen
Thron innehatte. Zusammen mit seinem Vetter Schmidt, dem
Sohn seines Onkels und Bruder einer liebenswerten Schwester, teilte er eine Wohnung. Schon seit Schulzeiten trug sich
der junge Klopstock mit großen literarischen Plänen, die hier
schließlich erste Ergebnisse zeitigten. Möglicherweise auf Anregung Gottscheds vollendete er in Hexametern die ersten drei
Gesänge seines *Messias*, die in den sogenannten *Bremischen
Beiträgen* veröffentlicht wurden und unversehens in allen Landen Aufsehen erregten, ebenso wie seine ersten zarten lyrischen Verse, in denen er ein für ihn unerreichbares junges
Mädchen anbetete.
1748 ging Klopstock nach Langensalza, wo zahlreiche seiner
Verwandten wohnten, um den Sohn eines Kaufmanns Weiß
zu unterrichten. Und in Langensalza lernte er nun die Schwester seines Vetters, Fanny Schmidt, kennen, die seine erste

große und innige Liebe werden sollte. Unter den wohlhabenden Verwandten war das Ansehen des mittellosen jungen Dichters jedoch nicht sehr groß. Und Klopstock selbst war zu schüchtern, um die Gegenliebe seiner angehimmelten und in vielen Gesängen angedichteten Fanny zu erobern. So widmete er sich mit ganzer Hingabe seinen *Oden* und den Versen des *Messias*. Als der Aufenthalt unter den gegebenen Bedingungen für ihn immer unerfreulicher wurde, folgte er 1750 schließlich einer Einladung Bodmers, des großen Gottsched-Gegners, in die Schweiz, nicht ohne nach siebenjähriger Trennung seine Eltern in Quedlinburg zu besuchen und in Halberstadt die persönliche Bekanntschaft Gleims zu machen, mit dem ihn eine lebenslange Freundschaft verband.

In der Schweiz verlebte er einen unbekümmerten Sommer und Winter, von der jungen Damenwelt umschwärmt, die von seinen zarten Liebeshymnen gerührt war und den Dichter kennenzulernen begehrte. Dann nahm sein Leben eine bedeutsame Wendung. Der literarische Ruhm, den er bereits erlangt hatte, führte durch Vermittlung des Staatsrats von Bernstorff dazu, daß er von König Friedrich V. von Dänemark eingeladen wurde, nach Kopenhagen zu kommen, wo man ihm, bis eine Hofpredigerstelle oder Professur vermittelt werden könne, für seine weitere Arbeit eine Pension gewähren wolle. So verließ er im Februar 1751 die Schweiz, um über Hamburg nach Kopenhagen zu reisen.

In Hamburg kam es zu einer schicksalhaften Begegnung mit der überaus intelligenten Tochter Margarete des wohlhabenden Kaufmanns Moller. Meta, wie sie genannt wurde, war vier Jahre jünger als Klopstock. Dem damals dreiundzwanzigjährigen Mädchen war eine ausgezeichnete Bildung zuteil geworden. Insbesondere ihre Sprachkenntnisse, neben Englisch, Französisch und Italienisch Latein und etwas Griechisch, überragten den Durchschnitt weiblichen Wissens.

Die Begegnung mit der geistreichen Meta Moller blieb nicht ohne Eindruck auf den immer noch an Fanny denkenden Dichter. Offensichtlich fanden beide Gefallen aneinander.

Während Meta Moller sogleich ihre Verehrung für den bereits berühmten Dichter des *Messias* mit Zuneigung verband, mußte Klopstock zunächst seine leidenschaftliche und unerfüllte Liebe zu Fanny Schmidt hinter sich bringen. Lange dauerte es jedoch nicht, bis Fanny hinter der Cidli des *Messias* verblaßte und Klopstock und Meta Moller sich endgültig ihrer Liebe versicherten.

Metas Briefe gelten als außerordentliche Zeugnisse einer lebendigen und ungekünstelten Prosa. Ungeachtet ihrer späteren literarischen Arbeiten sind es immer wieder die Briefe, die ihr als bemerkenswerte Leistung zugeordnet werden, abgesehen davon, daß sie Aufschluß geben über ihre leidenschaftlichen, allein auf die Person Klopstocks gerichteten Gefühle.

Luise Mejer, die spätere Ehefrau Heinrich Christian Boies, der ein ebenso trauriges Schicksal wie das der Eva König und auch der Meta Klopstock beschieden war (sie starb nach kurzer Ehe im Kindbett), schrieb ihrem Briefpartner Boie am 1. August 1783 über Metas Briefe: »Boie, die Briefe sind vortrefflich. Ernste, strenge, scharfe Beurteilung darin und das wärmste Gefühl des Edlen. Ihre Liebe zu Klopstock war oft Schwärmerei.«

Bezeichnend für diese Schwärmerei ist ein Schreiben der Meta Moller vom 23. Dezember 1752 an den, im gleichen Jahr wie Klopstock geborenen, Nikolaus Dietrich Giseke (1724–1765), den späteren Hofprediger in Klopstocks Geburtsstadt Quedlinburg:

»Ich schreibe Ihnen jauchzende Briefe? Ja, wenn ich nicht jauchzen wollte, wer sollte dann jauchzen? Aber ach, wie wenig ist all das Jauchzen gegen meine Empfindung! Wenn ich Sie nur einmal spräche – aber auch das wäre nicht ausreichend. Gott, welche Empfindung ist ein so volles Herz! Voll von den Empfindungen der höchsten Glückseligkeiten! Gesund, geliebt – von Kl geliebt! Ach wie liebt Kl, wie liebt Kl! Ach (ich kann die Wiederholung unmöglich unterdrücken) wie glücklich bin ich! Niemals hätte ich geglaubt, daß ein Sterblicher so lieben könnte! Ich traute mir sehr viel zu, aber so hätte ich nicht gedacht, daß ich selbst lieben könnte – u doch liebe ich itzt so. Wie sehr ähnlich sind wir uns, wie sehr ähnlich lieben wir, mein Kl. u ich (mein Kl! Welche Musik!).«

Für Klopstock war sie schließlich Cidli, wie er die neugewonnene Freundin nach der zartesten Liebenden im Vierten Gesang seines *Messias* nennt: »Ach, war ich's auch würdig, Daß du so himmlisch mich liebst, war's deine Cidli auch würdig? Lange schon wünsch' ich, die Deine zu seyn und von dir zu lernen, wie sie so schön ist, die selige Tugend, dich innig zu lieben.« Verse, wie geschaffen für Liebende. Der junge Christoph Martin Wieland war von ihnen so angetan, daß er, sogleich nach ihrem Erscheinen, seiner Braut Sophie Gutermann – der späteren La Roche – darüber berichtete: »Den vierten und fünften Gesang von Klopstocks Messias werde ich Ihnen selbst bringen. In diesen ist eine unendlich schöne Beschreibung einer Liebe, wie die unsrige ist.«

Jedoch nannte Klopstock sie nicht nur Cidli, gerne schmeichelte er ihr auch, indem er Meta mit Babet anredete, eine in jener Zeit gerne zitierte Französin, die neben der Marquise de Sévigné als eine der bemerkenswertesten Briefeschreiberinnen galt. Am 24. Mai 1751 schreibt Klopstock an Gleim: »Ich habe der kleinen Mollerin Briefe wieder mit durchlesen. Das ist ein süsses, süsses Mädchen. Ich habe nun schon vier Briefe von ihr. Sie schreibt so natürlich, wie Babet.«

Babet heute zu eruieren ist allerdings nicht ganz einfach, findet sich ihr Name doch kaum in irgendeinem Kompendium. Wissen muß man, daß es die *Lettres à Babet* des nur mit diesem Werk heute noch zitierten Schriftstellers Edme Boursault (1638–1701) sind, die als Vergleich für gewandte Briefeschreiberinnen so gerne zitiert wurden. Es waren Briefe an seine ins Kloster verbannte Geliebte. Und wenn Klopstock Meta in seinen Briefen mit Babet anredete, griff sie dies gerne auf und signierte ihre Antwortbriefe mit Babet.

Bis zu Metas Hochzeit im Juni 1754 vergingen jedoch noch beinahe drei Jahre, nicht zuletzt auf Grund des Widerstandes ihrer Mutter, welche die Verehelichung ihrer Tochter mit dem

Mann ohne bürgerlichen Beruf als nicht standesgemäß befand. Vorbehalte, denen sich Meta ungeachtet ihrer ehrsamen und vorbildlichen Erziehung jedoch nicht beugte. Ihrer Schwester Elisabeth, verheiratete Schmidt und Vertraute bis zum Tode, schrieb sie am 4. April 1756:

»Wie sehr fühle ich jede Stunde, daß Niemand als Kl. mir hätte Mann seyn können. Wie zittre ich manchmal wenn ich denke, daß es doch hätte eine Möglichkeit seyn können, einen anderen Mann zu kriegen ... Was würde ich mit einem Kaufmann oder einem Gelehrten, der in Einer Wissenschaft eingeschränkt ist, haben sprechen können? Vom Wetter u Schauspielen? Welch eine Unterredung zwischen Mann und Frau! Mit Kl kann ich von allem reden worin sich meine kleine Frauenzimmerlichkeiten gewagt haben.«

Vier Ehejahre nur blieben dem glücklichen Paar. Als Gehilfin ihres Mannes erschloß sie ihm durch Übersetzungen englische Literatur. Von ihm ermuntert, versuchte sie sich auch mit eigenen literarischen Arbeiten, die ihr Mann wenige Monate nach ihrem frühen Tod veröffentlichte. Nur dreißig Lebensjahre waren Meta Klopstock vergönnt. Nach vorhergegangenen zwei Fehlgeburten verstarb sie bei der Totgeburt eines weiteren Sohnes am 28. November 1758.

»Ich habe Diejenige durch den Tod verloren, die mich durch ihre Liebe so glücklich machte, als sie durch die meinige war. Unsre Freunde wissen, was Das für eine Liebe war, mit der wir uns liebten«, beginnt er die Einleitung zu den *Hinterlassenen Schriften von Meta Klopstock*, die im April 1759 erschienen.

Luise Mejer sah dies in ihrem bereits erwähnten Brief an Boie differenzierter: »Es ist gut, Boie, daß der Tod diese Geliebten so früh trennte, beide hätten ihre Liebe überlebt. Meta war eifersüchtig, sogar auf Männer. Klopstock war mit Frauenzimmern tändelnd, sein Herz kannte keinen Widerstand.«

Zu den hinterlassenen Schriften Meta Klopstocks zählen neben einem kleinen Trauerspiel, *Der Tod Abels*, einem *Brief über die Moden*, *Zwei geistlichen Gesängen* vor allem der Prosatext *Briefe von Verstorbenen an Lebendige*, ein Titel, der im

19. Jahrhundert in der Kontroverse Pückler-Muskau/Herwegh in abgewandelter Form nochmals Auferstehung feiert *(Gedichte eines Lebendigen mit einer Dedikation an den Verstorbenen)*. Meta Klopstock jedoch war es todernst mit ihren Briefen an Bruder, Mutter, Tochter, Schwester und anderen – Briefe voller Religiosität und Verhaftetsein in den Konventionen der Zeit – Warnungen an die fiktive Tochter, keinen Mann zu wählen, »blos weil er von deinem Stande ist, und dich noch reicher machen kann«. »Und wie schwer wird dir's werden zu gehorchen, wenn du nicht liebst!« gehört zu ihren wohlgemeinten Ratschlägen.

Meta Klopstock vertrat eine Variante in der Entfaltung selbständiger und selbstbewußter Frauengestalten des 18. Jahrhunderts, sicherlich jedoch noch nicht die repräsentative moderne Frau. Für sie waren ihre Angelegenheiten bei aller hervorragenden Bildung »kleine Frauenzimmerlichkeiten«. Wohl löste sie sich aus überkommenen Vorbehalten, etwa in bezug auf die Partnerwahl. Die Unterordnung unter die Entscheidungen des Mannes war ihr jedoch eine Selbstverständlichkeit, wozu sie allerdings die Liebe als unerläßliche Voraussetzung postulierte.

Meta blieb Klopstock unvergessen. Den »Frauenzimmern« blieb er jedoch gewogen. In den Jahren 1762/63 schenkte er seine Aufmerksamkeit in Blankenburg der jungen Adligen Sidonie Diedrich, die er Done nannte und in seiner Ode *Edone* besungen hat:

Dein süßes Bild, Edone,
Schwebt stets vor meinem Blick;
Allein in trüben Zähren,
Daß du es selbst nicht bist.

Ich seh' es, wenn der Abend
Mir dämmert, wenn der Mond
Mir glänzt, seh' ich's und weine,
Daß du es selbst nicht bist.

Bei jenes Thales Blumen,
Die ich ihr lesen will,
Bei jenen Myrtenzweigen,
Die ich ihr flechten will,

Beschwör' ich dich, Erscheinung,
Auf, und verwandle dich!
Verwandle dich, Erscheinung,
Und werd Edone selbst!

Selbst wurde sie ihm jedoch nicht. Ihr Vater willigte nicht in eine Verbindung mit dem Dichter ein, obwohl Klopstock sich um dieses Verhältnisses willen zum dänischen Legationsrat hatte ernennen lassen.

Später nahm sein familiäres Geschick noch einen nicht alltäglichen Verlauf. Seit dem Tode des Grafen und der Gräfin Bernstorff wohnte Klopstock in Hamburg im Hause des Herrn Johann Martin von Winthem, der eine Nichte seiner Meta zur Frau hatte. Hier schon widmete er der Hausherrin, die er Windeme nannte, mehrere seiner Oden. Luise Mejer gab auch hierzu ihren Kommentar. Am 23. Dezember 1783 schrieb sie ihrem Boie nach einer Begegnung mit Klopstock und Frau Winthem: »Verzeih, lieber Boie, wenn ich Dir sage, daß mir die Winthem durchaus nicht gefällt. Sie ist kalt und macht kalt, aber weiß die Kälte durch gekünstelte Empfindungen zu verstecken. Klopstock liebt sie, das sah ich gleich. Sie liebt ihn aber aus Eitelkeit, weil er Klopstock heißt.«

Für Klopstock war sie jedoch Windeme. Und mit dieser Windeme vermählte er sich im Jahre 1791, nachdem ihr Mann verstorben war, zum Erstaunen seiner Freunde im Alter von nunmehr siebenundsechzig Jahren. Zwölf Ehejahre waren ihm so noch beschieden. Am 14. März 1803 verschied er sanft im neunundsiebzigsten Lebensjahr und fand seine letzte Ruhestätte in Hamburg.

Sophie
von La Roche

Als im Jahre 1750 der junge Studiosus Christoph Martin Wieland im Alter von siebzehn Jahren, nach Schuljahren im Internat Klosterburg bei Magdeburg und ersten Studien in Erfurt, in das elterliche Pfarrhaus in der kleinen schwäbischen Freien Reichsstadt Biberach zurückkehrte, fand er dort seine neunzehnjährige ferne Verwandte Sophie Gutermann vor, eine stille, junge Frau, die bereits eine unglückliche Lebenserfahrung hinter sich hatte, voller Wachheit sich nun aber dem erschloß, was der geistvolle Mann, der zudem ein Schwärmer war, ihr an Wissenswertem berichten konnte, der Gedichte schrieb und ihr eine neue, bisher nicht gekannte Welt eröffnete. Was Wunder, daß sie sich zu ihm hingezogen fühlte und glaubte, einen Seelenfreund gewonnen zu haben.
Sophie hatte am 6. Dezember 1731 als älteste Tochter des späteren Augsburger Stadtphysikus und Dekans der Medizinischen Fakultät Georg Friedrich Gutermann, dessen Frau ihm zwölf Töchter und einen Sohn gebar, das Licht der Welt erblickt. Vom Vater und Privatlehrern unterwiesen und auch von ihrem späteren Verlobten Bianconi in vielen Wissenschaf-

ten und Künsten belehrt, war sie ein aufgewecktes Kind und früh eine attraktive junge Dame. Gemäß ihrem im Alter aufgezeichneten Lebensbericht hatte sie sich schon mit drei Jahren die Grundkenntnisse des Lesens angeeignet.

In ihrem protestantischen Elternhaus streng erzogen, mußte das junge Mädchen im zarten Alter von fünfzehn, sechzehn Jahren ihre erste bittere Lebenserfahrung machen, als sie in dem italienischen (katholischen) Hofmann Bianconi, Leibmedikus am Augsburger Domkapitel, ihren ersten Liebhaber fand und diesem trotz des Konfessionsunterschieds zur Ehe versprochen wurde. Eine Verbindung, die nach harschen Auseinandersetzungen mit dem starrköpfigen Vater, der gegen den Willen des Bräutigams auf der protestantischen Erziehung eventueller Kinder bestand, abrupt beendet werden mußte. Der Vater befahl ihr, alle Andenken an Bianconi zu verbrennen. Den von Bianconi erhaltenen Brillantring mußte die Tochter mit zwei Eisen zerbrechen. Eine Härte des Vaters, die das Verhältnis zum Elternhaus für alle Zeit trübte. Da auch die Mutter im Jahre 1748 verstorben war, gab ihr das Augsburger Elternhaus nichts mehr, und der Vater ließ sie zu den fernen Verwandten nach Biberach ins Pfarrhaus des Thomas Adam Wieland ziehen, womit ein neuer, ihr künftiges Leben prägender Abschnitt begann.

Der junge Wieland umschwärmte die neugewonnene Freundin, brachte leidenschaftliche Briefe zu Papier und verfaßte glühende Verse auf die Angebetete. Am 23. August 1750 schrieb er ihr: »Meine vielgeliebte Sophie, Einzige, die mein ganzes Glück ausmacht, ich bin allzusehr erfüllt von der Freude, welche die Zärtlichkeit und die reizenden und zuvorkommenden Manieren ebenso wie die außerordentlichen Vorzüge der schönen Seele meines Engels in mir hervorrufen, um nicht endlich aus vollem Herzen zu reden und Ihnen schriftlich sichtbar zu machen – obwohl mir die Worte fehlen –, daß Sie mich für immer zum Glücklichsten aller Sterblichen machen werden.« Und in den Oden *An die Freundin*, an die *Englische Sophie*, an *Doris*, an *Serena* begeistert er sich:

Doch Dein Mund, Dein liebenswerter Mund,
Nicht nur schön, wenn ihn die Küsse schließen,
Auch wenn kluge Worte von ihm fließen,
Macht noch mehr als Deine Augen kund.

Und Dein Brief, in dem Dein Herz sich malet,
O wie sanft erquickt er meine Brust!
O wie schwimmt Sie in ätherscher Lust!
Die mir reichlich Schmerz und Leid bezahlet.

Dich, Sophie, Dich gab der Himmel mir
Mich der Tugend liebreich zuzuführen;
Ja, ich war bereit mich zu verlieren,
Gott! Du sahest es, und gabst sie mir!
...

Emotionen, die auch künftig Wielands Lebensweg begleite-
ten, bei seinen Aventüren mit jüngeren und älteren Damen,
naiven und geistvollen, Emotionen ohne Dauer. Und so konnte
es nicht ausbleiben, daß auch die Verbindung Wieland / Sophie Gutermann erkaltete. Schrieben sich die Versprochenen,
als Wieland seine Studien in Tübingen fortsetzte, noch zärt-
liche Briefe, gab die andauernde Trennung der Bindung keinen Bestand, zumal nicht nur Wieland selbst keine Anstalten
zur Realisierung eines gemeinsamen Lebensweges unternahm, sondern auch den beiderseitigen Elternteilen die Verbindung mißfiel. In den Augen der Pfarrersfrau war Sophie
»eine arglistige Kokette«, die sich an ihren redlichen Sohn
herangemacht habe. »Wenn mein Sohn eine solche Frau be-
kommt, ist er ein Lebelang ein armer Mann!« Auf der anderen
Seite wollte Sophies Vater unbedingt seine Töchter versorgt
haben und verlangte, daß Sophie einen Mann heirate, der ihr
eine sichere Existenz bieten kann.
Nachdem Wieland endgültig klargeworden war, daß er weder
zum Theologen noch zum Juristen tauge, sondern die Literatur seinen künftigen Lebensweg bestimmen werde, nahm

auch er wie zuvor Klopstock mit Jakob Bodmer, dem Schweizer Gegenspieler des großen Gottsched, der für Wieland im übrigen zunächst der »magnus Apollo« war, Fühlung auf, der ihn schließlich im Oktober 1752 bei sich aufnahm.

Für Sophie war auch dieses Mal die Hoffnung auf eine dauerhafte Bindung vergeblich, ungeachtet aller Zuneigungsbeteuerungen beugte sie sich erneut dem Willen des Vaters und schrieb Wieland einen Abschiedsbrief. Der Vater, wenig glücklich erneut verheiratet, arrangierte die Begegnung seiner nun erwachsenen Tochter mit dem als Sekretär des Grafen Stadion in Augsburg weilenden Georg Michael (Franck) La Roche (1720–1788). Der elf Jahre ältere Hofmann fand Gefallen an der jungen Frau und erbat sie sich zur Gemahlin. Sophie, die La Roche als edelmütigen Mann schätzen lernte, willigte ein und heiratete La Roche im Jahre 1754. Daß der künftige Ehemann katholisch war, spielte jetzt keine Rolle mehr. Sie zog mit ihm auf das Schloß Stadions in Mainz, wo La Roche souverän die Geschäfte seines Herrn, des Kurfürsten von Mainz und Worms, Emmerich Joseph, versah. Es war sicherlich keine Liebesheirat – Sophie konnte Wieland nicht vergessen –, aber es wurde eine Ehe guter Kameradschaft vom ersten bis zum letzten Tag.

Sophie La Roche wurde Mutter von fünf Kindern, von denen das älteste die Tochter Maximiliane war, die spätere Ehefrau des Frankfurter Kaufmanns Peter Anton Brentano. Maximiliane, der ein kurzes, mühevolles Leben beschieden war, sie wurde nur siebenunddreißig Jahre alt, gebar ihrem Mann zwölf Kinder, darunter die Geschwister Clemens und Bettine.

Für Sophie La Roche tat sich nach ihrer Heirat eine neue Welt auf. In Stadions Schloß sah sie sich in einen kleinen Hofstaat versetzt. Sie aß an der gräflichen Tafel und wurde mehr und mehr zur Entlastung ihres Mannes mit geschäftlichen Aufgaben betraut, insbesondere mit der Erledigung von Korrespondenzen, so daß für häusliche Arbeit und die Erziehung der Kinder wenig Zeit blieb, aber auch kaum für eigene literarische Tätigkeit, der sie sich später so intensiv widmete. Sophie

La Roche jedoch reifte zu einer Persönlichkeit, womit der Grundstein für ihr späteres Wirken gelegt wurde.

Eine Änderung in den privaten Verhältnissen ergab sich im Jahre 1762, als der Dienstherr La Roches, Graf Stadion, seinen Dienst quittierte und sich auf sein Anwesen Schloß Warthausen in der Nähe von Biberach zurückzog, nicht ohne seinen Sekretär La Roche mitzunehmen. Der Aufgabenbereich war auch hier von vielfältiger Art und erhielt eine besondere Note dadurch, daß Wieland inzwischen eine Stelle als Stadtschreiber in Biberach erhalten hatte und als Freund des Hauses Stadion nun auch wieder, allerdings auf einer anderen Ebene, persönlichen Kontakt zu Sophie La Roche fand. Als reife und erfahrene Frau mußte sie Wieland in prekären Situationen helfen, Frauengeschichten zu überstehen, in die er nach herkömmlicher Weise hineinschlitterte. Allerdings konnte ihr Wieland bei ihren nun begonnenen literarischen Arbeiten Hilfe leisten, insbesondere bei der Niederschrift der erfolgreichen *Geschichte des Fräuleins von Sternheim.*

Dem unsteten Leben und den immer wieder neuen Affären Wielands setzte schließlich seine Heirat mit der dreizehn Jahre jüngeren Augsburgerin Dorothea Hillenbrand am 21. Oktober 1765 ein Ende. Wie es dazu gekommen ist, läßt ein Schreiben vom 7. November 1765 an seinen Schweizer Freund Salomon Geßner erkennen: »Ich habe ein Weib genommen, oder eigentlicher zu reden, ein Weibchen, denn es ist ein kleines, wiewohl in meinen Augen ganz artiges, liebenswürdiges Geschöpf, das ich mir, ich weiß selbst nicht wie, von meinen Eltern und guten Freunden habe beilegen lassen.« Offensichtlich war es jedoch genau die richtige Frau für Wieland. So konnte er dem Schweizer Arzt und Dichter Johann Georg Zimmermann wenige Monate später berichten: »Sie macht mich in der That glücklich, ob sie gleich kein idealisches Mädchen ist.« Dorothea hat ihm vierzehn Kinder geboren, von denen neun die Kindheit überlebten. Dabei war Wieland sicherlich kein einfacher Partner. Als Wieland schon zweiundzwanzig Jahre lang verheiratet war, schrieb Schiller am 29. August 1787 an seinen Freund Körner: »Niemand als Wielands Frau, die alle Ungewitter abwartet, kann in seiner Atmosphäre dauern.«

Doch zurück zu Sophie La Roche. Der Briefwechsel mit Wieland, der im Jahr 1768 eine Professur in Erfurt erhielt, bevor er Prinzenerzieher in Weimar wurde, läßt erkennen, daß sich Sophie La Roche etwa ab 1766 mit dem Sternheim-Thema befaßte. Nach eigenen Angaben in ihrem späteren Lebensbericht erwuchs die Idee zu diesem Roman aus der Tatsache, daß sie durch die äußeren Umstände keine Möglichkeit hatte, ihre eigenen Töchter selbst zu erziehen. So wollte sie nun wenigstens »ein papiernes Mädchen erziehen«.

»Ihre Aeltern erhielten den Charakter der meinigen; ich benutzte Zufälle, die an einem benachbarten Hofe sich ereigneten, und verwebte sie in Sophiens Leben, welcher ich ganz natürlich meine Neigungen und Denkart schenkte, wie jeder Schriftsteller seine Lieblinge mit den seinigen auszustatten pflegt. Der Grund meiner Seele war voll Trauer; einsame Spaziergänge in einer lieblichen Gegend gossen sanfte Wehmut dazu, und daraus entstand der gefühlvolle Ton, welcher in dieser Geschichte herrscht. Da ich nun darin die Grundsätze meiner eigenen Erziehung zeigen wollte, suchte ich sie zu beweisen.«

Als das zweiteilige Opus 1771 mit Wielands Hilfe und unter seinem Namen als Herausgeber das Licht der Welt erblickt hatte, erweckte es im ganzen deutschsprachigen Raum einhellige Anerkennung und Bewunderung für die schnell enttarnte Autorin. Bereits im Jahr des Erscheinens mußten drei Auflagen des Romans gedruckt werden.

Mit ihrem Briefroman wurde Sophie von La Roche, das Adelsprädikat erwarb ihr Mann im Dienste des Trierer Kurfürsten Clemens Wenzeslaus, die erste berühmte deutsche Schriftstellerin. Sicherlich ein Markstein in der Literaturgeschichte. Ihr Thema war damit jedoch zugleich weitgehend fixiert. Mit Ausnahme ihrer voluminösen Reiseberichte waren ihre weiteren Publikationen der Erziehung junger Mädchen gewidmet. Insbesondere trifft dies zu für die von ihr herausgegebene Frauenzeitschrift *Pomona für Teutschlands Töchter*, die in den Jahren 1783 und 1784 erschien. Auch diese Aktivität war von grundlegender Bedeutung, da die Herausgabe eines derartigen Periodikums durch eine Frau bisher ohne Beispiel war und Schule machte, etwa mit den Zeitschriften der tüchtigen Marianne Ehrmann (1753–1795), die mit ihren Publikationen *Amaliens Erholungsstunden* und *Die Einsiedlerin aus den Alpen* sowie ihren übrigen literarischen Werken zu einem wesentlichen Teil den Lebensunterhalt für sich und ihren Mann bestritt. Weniger glücklich war und umstritten blieb die Rolle, die sie bei Anbahnung der dritten Ehe von Gottfried August Bürger mit Elise Hahn spielte.

Die Grundtendenz der Sophie-von-La-Roche-Schriften war letztlich, daß die Mädchen für den Mann erzogen werden sollten und nicht zu gelehrten Frauenzimmern. Mögen ihr die Schmeicheleien, die sie zu hören bekam, auch Balsam gewesen sein, ließ sie dennoch durchblicken, daß ihr die Hausfrauentätigkeit höher stehe als die literarische Arbeit. Bezeichnend war, wie sie sich im Alter etwa über Therese Huber und die »emanzipierten Weiber« ausließ, von denen sie voller Ekel sprach. Das hatte sie in jungen Jahren anders gesehen, als sie sich, von ihrem Vater zur kleinen Gelehrten erzogen, wünschte, ihre Kenntnisse bei dem Gelehrten Jakob Brucker (1696–1770) zu vertiefen, was vom Vater nicht gestattet wurde. Sie hatte, wie sie selbst später einmal bemerkte, ihr »Herz« und nicht ihr »Hirn« zu bilden. Und dabei ist es letztlich geblieben. Die bedeutendsten Jahre der gebildeten Frau waren ohne Zweifel das Dezennium in Ehrenbreitstein, als ihr die Großen der Zeit von Goethe über die Brüder Jacobi, Merck, Wieland bis zu Lenz und vielen anderen ihre Aufwartung machten.

Es begann aber auch die Zeit der Kritik, in der sie sich schließlich selbst überlebte. Die jungen Dichter des Sturm und Drang und die Weimarer Klassiker konnten mit ihren betulichen Ansichten nichts mehr anfangen, und persönlich war sie offensichtlich von einer gewissen Exaltiertheit. Die kritische, junge Caroline Flachsland schrieb nach einem Besuch der La Roche in Darmstadt: »Sie hat uns mit ihrer allzuvielen Coquetterie und Repräsentation nicht gefallen.« Wieland, der sie wie kein anderer kannte, hatte schon frühzeitig immer wieder die Natürlichkeit angemahnt. Und im Jahre 1775 äußerte er in einem Brief an Fritz Jacobi schließlich: »Der Nimbus, den ich ehmals um unsere Freundin sah, ist längst geschwunden.«

Wohl war Sophie von La Roche bis zu ihrem einsamen Tod am 18. Februar 1807 noch sehr produktiv, ihr literarisches Schaffen hatte jedoch nichts mehr von der Sonderheit ihres Erstlingswerks und erreichte nur noch einen beschränkten Kreis. Von der nachgewachsenen Generation wurde sie nicht mehr ernstgenommen. Goethe, der als junger Mann mit Freuden Gast im Ehrenbreitsteiner Domizil der La Roches gewesen ist, hatte als Fünfzigjähriger in einem Schreiben an Schiller nur noch bittere Worte für die alte Dame übrig: »Sie hebt das Gemeine herauf und zieht das Vorzügliche herunter und richtet das Ganze alsdann mit ihrer Sauce zu beliebigem Genuß«, konnte allerdings nicht umhin zuzugestehen, »daß ihre Unterhaltung interessante Stellen« habe (Brief an Schiller vom 24. Juli 1799).

Der Alterssitz der Sophie von La Roche war die von ihr so genannte »Grillenhütte«, ein immerhin noch ansehnliches Haus in Offenbach am Main. Hier empfing sie mit unverändertem Darstellungsdrang die ihr verbliebenen Freunde, kümmerte sich aber auch liebevoll und tolerant um die Erziehung ihrer Enkelin Bettine, die so früh ihre Mutter verloren hatte.

Wielands letzter Dienst an seiner lebenslangen »Freundin« war die Herausgabe ihres Lebensberichtes *Melusinens Sommerabende*, welchen er, mit einem Vorwort versehen, in ihrem Todesjahr der Öffentlichkeit übergab.

Waren die bisher erwähnten Frauengestalten, mit Ausnahme der Karschin, der absolut aus dem Nichts heraus zu Renommee gelangten Dichterin, bei aller eigenständigen Wirksamkeit letztlich im wesentlichen im Licht ihrer bekannten Ehemänner stehende Berühmtheiten, machte in der zweiten Hälfte des 18. Jahrhunderts mit Sophie von La Roche eine Frau auf sich aufmerksam, deren Name mit *ihrer* Person identifiziert wird und nicht vorrangig mit der ihres Mannes. In der Jugend eine gefeierte Schönheit, im mittleren Alter eine berühmte Schriftstellerin und im Alter eine einsame Frau, deren Werke verlacht und schließlich auch vergessen wurden (Milch). Eine Frau, der man jedoch nicht im geringsten gerecht wird, wollte man in ihr nur die »Großmutter der Brentanos« sehen. Ihre *Geschichte des Fräuleins von Sternheim* ist ein eigenständiges Werk, das als wegweisender Erziehungsroman in die Literaturgeschichte eingegangen ist, mag man heute über ihn denken, wie man will. Er hatte die damals vierzigjährige Frau berühmt und zu einer geachteten Schriftstellerin gemacht, der die großen Geister ihrer Zeit ihre Reverenz erwiesen.

Zu lesen ist von ihr heute jedoch meist mehr Biographisches als Literarisches. Und auch hier sind es dann doch wieder die Namen männlicher Zeitgenossen, mit denen ihr Name verknüpft wird: Christoph Martin Wieland, Goethe, die Brüder Jacobi, Merck und viele andere. Die Aufmerksamkeit, die dieser Frau von bedeutenden Männern geschenkt wird, spricht für die Meriten, welche sie sich erworben hatte. Wenn dann aber in den Sophie-von-La-Roche-Biographien meist mehr von den Männern, die ihren Lebensweg kreuzten, zu lesen ist als von ihren literarischen Werken und ihr selbst, wird einmal mehr deutlich, wie sehr Frauen zu jener Zeit von ihrem männlichen Umfeld geprägt wurden. Es zeigt aber auch, und das ist das Bemerkenswerte, wie sehr kreative Frauen großer Eigenständigkeit, Intelligenz und Ausstrahlung Einfluß auf ihr männliches Umfeld gehabt haben. Sophie von La Roche zählte zu diesen weiblichen Persönlichkeiten.

Elisa
von der Recke

Als die sechzigjährige Sophie von La Roche im Jahre 1791 zu einer lange geplanten und durch verschiedene familiäre Probleme aufgeschobenen Kur nach Bad Pyrmont fuhr, machte sie dort die Bekanntschaft einer bemerkenswerten Frau, zu der sie sich sogleich schwärmerisch hingezogen fühlte: Elisa von der Recke (1751–1833). Während der Ruhm Sophie von La Roches zu dieser Zeit bereits verblaßte, hatte die umtriebige Elisa von der Recke wenige Jahre zuvor mit der in der *Berlinischen Monatsschrift* erschienenen Abhandlung *Nachricht von des berühmten Cagliostro Aufenthalt in Mitau im Jahre 1779 und dessen magischen Operationen* Furore gemacht, und so war die Begegnung trotz eines sich fortsetzenden Briefwechsels zwischen den beiden Frauen für Sophie von La Roche sicherlich wichtiger als für Elisa von der Recke.

Elisa von der Recke verkörpert einen bemerkenswerten Typ der sich verselbständigenden Frauen des 18. Jahrhunderts. Mit siebzehn Jahren verheiratet und mit siebenundzwanzig

geschieden, zeigte sie sich für die weiteren immerhin zweiundfünfzig Lebensjahre als eine Frau, die eine erneute Einbin-
dung in eine Ehe trotz vielfacher Angebote ablehnte. Selbst als
sie zum Bruder des bekannten Karl von Holtei, Johann Dietrich von Holtei, eine tiefe Zuneigung empfand, war sie nicht
bereit, nochmals eine Bindung einzugehen und ihre Selbständigkeit aufzugeben. Es mag sein, daß die sie quälenden Jahre
an der Seite des geistlosen Landedelmanns von der Recke und
ihre für eine empfindsame Frau frustrierenden Schlafzimmer-
erfahrungen hierzu beigetragen haben, offensichtlich war sie
aber auch von der Mentalität her eine Frau, der schließlich die
persönliche Freiheit über eine familiäre Bindung ging. Dabei
kümmerte sie sich sehr um ihre jüngere Stiefschwester Dorothea, die im Jahre 1779 Frau des Herzogs Peter Biron von Kurland wurde. Ein enges Verhältnis hatte sie sowohl zu ihrem
früh verstorbenen Bruder Johann Friedrich von Medem als
auch zu ihrem Vater. Und im Laufe der Jahre hatte sie schließlich dreizehn Pflegetöchter und Theodor Körner als Patenkind.

Sind heutzutage selbstbewußte Frauen eine Selbstverständlichkeit, war eine in dieser Weise sich frei bewegende, viel rei-
sende und bei den Koryphäen der Zeit vorsprechende Frau
sicherlich eine bemerkenswerte Ausnahme, vergleichbar etwa
der einige Jahre jüngeren Germaine de Staël, zwar nicht in der
literarischen Bedeutung und Geisteshaltung, aber in ihrer
Unabhängigkeit.

Charlotte Elisabeth Konstanzia wurde als Tochter des polnischen und sächsischen Kammerherrn und späteren Reichs-
grafen Friedrich von Medem am 20. Mai 1754 in Schön-
berg/Kurland geboren. Nachdem die Mutter bereits 1758
verstorben war, wurde die vierjährige Elisa zur Großmutter gegeben, die ihr wohl frauentypische Fertigkeiten beizubringen
bemüht war, das Lesen von Büchern jedoch als überflüssig
empfand. Eine gewisse Allgemeinbildung verdankte sie der
dritten Ehefrau ihres Vaters, Agnes Elisabeth von Brukken
(1718–1784), die der Vater 1767 geheiratet hatte. Sie kümmerte

sich um die Erziehung ihrer Stieftochter, die seit ihrem zwölften Lebensjahr wieder im elterlichen Haus wohnte. Sicherlich hatte Elisa, wie sie sich später nannte, eine besondere Fähigkeit, Wissen aufzunehmen und zu verarbeiten, oft äußerte sie sich aber auch bewundernd über die Frauen, deren Bildung über der ihrigen stand, insbesondere was die Kenntnis von Sprachen anbelangte.

Siebzehn Jahre war Elisabeth von Medem alt, als sie 1771 mit dem zweiunddreißigjährigen Grundbesitzer Georg Magnus von der Recke auf Neuenburg verheiratet wurde. Es war eine Ehe, die der jungen Frau schnell zuwider wurde. Von der Recke suchte eine Gutsfrau für den Haushalt, die ihm Kinder gebären und ihm zu Willen sein sollte. Er wollte »feurige sinnliche Liebe«, die junge Frau jedoch »machte auf innige Seelenliebe Anspruch«, wie Elisa in ihr Tagebuch schrieb. So konnte es nicht ausbleiben, daß diese Gegensätze das Zusammenleben mehr und mehr vergifteten.

Es war nicht leicht für die empfindsame junge Frau, sich an den rauhen Umgangston auf dem Reckeschen Schloß Neuenburg zu gewöhnen. Sei es, daß er von ihr sagte, er habe eine »Mode- und Tanzpuppe an den Hals bekommen«, oder aber, daß sich der Hausherr darüber lustig machte, wenn seine Hunde die von ihr geliebte Katze zerfleischten. Sie mußte sich anhören, daß es ihm zuwider sei, »so viel Weibergeschmeiß in seinem Hause so gut als einheimisch zu sehen ...« Und schließlich erklärte er, ehe er verheiratet war, sei er der glücklichste Mann gewesen, und jetzt habe fast jeder Tag eine neue Plage für ihn.

So ist es nicht erstaunlich, daß die unglückliche »Schloßherrin«, als sie fühlte, daß sie Mutter wurde, ihrer intimen Brieffreundin Mademoiselle Stoltz, der Erzieherin ihrer Stiefschwester Dorothea, klagte: »Gott! Gott! Das Maaß meines Unglücks ist voll! Noch! noch kann ich mich an den Gedanken nicht gewöhnen, daß ich von meinem Verfolger ein Kind unter meinem Herzen trage!« (16. Dezember 1773).

Als das Zusammenleben schließlich unerträglich geworden

war, verließ sie am 3. Oktober 1776 auf Veranlassung ihres Mannes mit ihrer Tochter Friederike, der nur ein kurzes Leben beschieden war, Schloß Neuenburg und zog zunächst in die kurländische Hauptstadt Mitau. Dort verstarb die Kleine im dritten Lebensjahr Anfang 1777. Die Mutter schickte von der Recke ein Bild des kleinen Mädchens, das ja seine Tochter war, für das er sich höflich bedankte mit der Unterschrift »Ihr Sie wahrhaft und ewig verehrender Georg von der Recke«. Zu ihm zurückzukehren, lehnte sie jedoch entschieden ab, wie sie sich auch hartnäckig weigerte, dem Wunsch und den Erwartungen der Eltern zu entsprechen, eine neue Ehe einzugehen. »Wäre ich nicht so unglücklich mit ihm gewesen, dann könnte ich mich eher zu einer zweiten Heirath entschließen! – Ich fühle es tief im Herzen, ich würde mit einem Manne, den ich ehren und lieben könnte, sehr – sehr glücklich sein!« schrieb sie Mademoiselle Stoltz (18. Februar 1778).

»Sind wir Weiber denn nur ein Stück Fleisch? Haben wir nicht auch eine Seele?« war das Fazit der kurzen Ehe mit Georg von der Recke, die im Jahre 1781 endgültig geschieden wurde. Zwanzig Jahre später sah sie in einer Tagebucheintragung vom 25. März 1793 manches allerdings differenzierter: »Erst jetzt fühle ich es, daß ich bei reiferem Geiste und mehrerer Welt- und Menschenkenntnis mit diesem biedern und mich nach *seiner* und nicht nach meiner Art liebenden Mann glücklich hätte leben können, wenn ich mich mit Klugheit in seinen Charakter zu schicken gewußt hätte und statt von fünfzehn (siebzehn) von 30 Jahren seine Lebensgefährtin geworden wäre.« Freundschaft hat sie ihm jedoch bewahrt, nicht zuletzt auf Grund der Großzügigkeit ihres geschiedenen Mannes und ihrer späten Einsicht. So stand sie ihm schließlich auch in seinen letzten Stunden zur Seite, als er im Jahre 1795 starb.

Die Erfahrungen der jungen Frau und gewisse Zeittendenzen, wozu die Lektüre der Schriften Lavaters mit ihren spekulativen Gedanken eines Lebens nach dem Tode zählte, bewirkten, daß sie zu einer religiösen Schwärmerin wurde. Sie fertigte Lieder im Stile des Pietismus, die als erstes ihrer literarischen

Werke im Jahre 1783 mit dem gewählten Pseudonym Elisa als *Elisens geistliche Gedichte* erschienen und zum Teil vom Leipziger Gewandhaus-Kapellmeister Johann Adam Hiller vertont wurden. Seit Erscheinen dieser Lieder bediente sie sich des als Pseudonym gewählten verkürzten Vornamens.

Ein Schlüsselerlebnis jedoch war ihre Begegnung mit dem großen Scharlatan des 18. Jahrhunderts, Alessandro Graf von Cagliostro (1743–1795), der eigentlich Giuseppe Balsamo hieß. Mit seinen spiritistischen und okkultistischen Künsten durch Europa ziehend, verstand er es, sich beim Adel einzuschmeicheln und eine geheimnisvolle Aura um sich zu verbreiten, der selbst große Geister, wie etwa Lavater, verfielen, der noch nach der Entlarvung des Schwindlers der Meinung war, daß es sich bei ihm um eine bedeutende Erscheinung gehandelt habe. 1790 nach einem Inquisitionsprozeß in Rom zunächst zum Tode und dann zu lebenslänglicher Haft verurteilt, starb Cagliostro am 26. August 1795 in der Festung San Leo bei Rimini.

Im Frühjahr 1779 kehrte Elisa von der Recke, nachdem sie drei Jahre in einem Stift in Mitau gewohnt hatte, für fünf Jahre ins Elternhaus zurück. Es war die Zeit, in der Cagliostro Gast der Familie von Medem in Mitau gewesen ist. Daß Elise seinem magischen Firlefanz und okkulten Experimenten besonderes Interesse entgegenbrachte, lag auf der Hand. Das, was sie in den Tagen der Anwesenheit des Scharlatans erlebte, hatte sie unter der Überschrift *Einige magische Experimente des Grafen Cagliostro und die Veranlassung, sie vor uns zu machen*, niedergeschrieben, ohne diese Aufzeichnungen jedoch an die Öffentlichkeit zu bringen, worüber sie später heilfroh war, nachdem sie erkannt hatte, daß sie einem Schwindler aufgesessen war.

Wenn Elisa von der Recke letztlich auch nicht dem Ansinnen Cagliostros (und dem Zuspruch der Familie) nachgab, ihm als Mitglied einer von ihm ins Leben gerufenen Loge nach Sankt Petersburg zu folgen, war die Affinität zu seinen Gaukeleien doch so groß gewesen, daß Cagliostro späterhin glaubte, als er in Frankreich in der berühmt-berüchtigten »Halsband-Affäre« der Beteiligung an dem Verschwinden des angeblich für die Königin Marie Antoinette bestimmten Diamantcolliers verdächtigt und zusammen mit seiner Frau in die Bastille eingesperrt wurde, sich in einer Rechtfertigungsschrift unter anderem auf das Wohlwollen der Familie von Medem und Elisa von der Reckes berufen zu können.

Elisa von der Recke hatte inzwischen jedoch eine rege Reisetätigkeit begonnen (ihr geschiedener Mann hatte sie mit entsprechenden Mitteln großzügig ausgestattet) und bei einem Aufenthalt in Berlin die Bekanntschaft von Friedrich Nicolai gemacht, der ihr ein lebenslanger Seelenfreund wurde. Als Gegner jeglicher Art des Irrationalismus veranlaßte er Frau von der Recke, sich gegenüber den Behauptungen Cagliostros zu rechtfertigen, worauf sie ihre Aufzeichnungen aus dem Jahre 1779 mit einem auf dem inzwischen erlangten besseren Wissen basierenden Kommentar in der von Biester und Gedike herausgegebenen *Berlinischen Monatsschrift* veröffentlichte.

»Ich lasse diesen Aufsatz, so wie er geschrieben war; weil ich glaube, daß es dem Freunde der Wahrheit und dem Menschenkenner interessant sein wird, das treue Gemälde einer Seele zu sehen, die Irrtum für Wahrheit hielt, ein eignes System auf diesem Irrtum bauete und dadurch von einem intriganten Gaukler so hingehalten ward, daß Wahrheit und die Rechte der Vernunft sich für sie in undurchdringliche Nebel hüllten.

Ich lasse diesen Aufsatz vom Jahre 1779 auf der einen Seite, und meine jetzige Überzeugung nebst den in dieser Sache gemachten Entdeckungen auf der anderen Seite drucken, auf daß man Cagliostros Plan, und den Gang seiner Betrügereien um so eher übersehen könne. Ich ersuche die Leser, jederzeit die durch Zahlen bezeichneten Anmerkungen von 1787 gleich nach den gegenüberstehenden denselben entsprechenden Stellen des Aufsatzes von 1779 zu lesen, und bitte besonders diejenigen, die noch Hang zum Wunderglauben haben, wohl zu erwägen, wie leicht man dabei, mit den besten Absichten, von groben Betrügern hintergangen wird.«

Dem mystischen Denken, trotz Aufklärung weitverbreitet, sollte mit dieser Schrift Paroli geboten werden. Tatsächlich fanden die Von-der-Recke-Erinnerungen und -Kommentare zu dem seinerzeit aktuellen Thema in weiten Kreisen Beachtung. Die Kaiserin Katharina II. von Rußland las sie mit Interesse und ließ sie ins Russische übersetzen. Am 11. März 1789 schrieb die Autorin schließlich in ihr Tagebuch: »Meine Schrift über Cagliostro und Starck gibt mir vor der Hand eine mich drükkende Berühmtheit. Es ist jetzt Mode, die Bekanntschaft der Frau zu wünschen, welche den Mut hatte, gegen diese Männer aufzutreten!«

Ganz so bedrückend, wie es hier steht, wird es für die Autorin jedoch nicht gewesen sein, denn sie nutzte alle Gelegenheiten, die sich ihr zu Reisen und neuen Bekanntschaften boten, weidlich aus. Für die Jahre 1784–1786 ihres Deutschland-Besuches ist es das Tagebuch ihrer Reisebegleiterin Sophie Becker, das Aufschluß über die Abenteuerlichkeit des Unternehmens gibt, an dem außer den beiden Frauen das Kammermädchen Julie Reichart, der Hausarzt Hofrat Dr. Lieb und ein Kutscher teilnahmen. Zu den Brennpunkten der Reise zählten neben den Kuraufenthalten in Karlsbad, Berlin und Dresden, wo sie später einmal ihren Lebensabend verbringen wird, der Harz, Hamburg und deren Umgebungen. Hauptzweck der Reise waren die Kuraufenthalte zur Verbesserung ihrer labilen Gesundheit. Ihrem Stande gemäß fand sie jedoch auch Eingang in verschiedene Fürstenhäuser, sei es, daß sie in Breslau beim Philosophen Garve einkehrte oder einer Einladung des polnischen Königs Stanislaus II. nach Warschau folgte. In Braunschweig war sie Gast beim Pädagogen Joachim Heinrich Campe, traf in Hamburg Matthias Claudius und Friedrich Gottlieb Klopstock, und in Königsberg besuchte sie Kant und Hamann. So gut wie niemand von Rang und Namen fehlt in ihrer Biographie, worüber ihre umfangreichen Tagebücher und die erhalten gebliebene umfangreiche Korrespondenz

Auskunft geben. Es sind dies die Zeugnisse, die uns am Leben dieser Frau teilnehmen lassen.

Das persönliche Interesse Elisa von der Reckes galt sozialen Einrichtungen und dem Besuch von Geistesgrößen der Zeit, so etwa Gleim, Bürger, Bode, dem ersten Übersetzer des *Tristam Shandy,* und Goeckingk, der mit seinen *Liedern zweier Lieben-den* von sich Reden gemacht hatte und dem sich Elisa von der Recke später besonders verbunden fühlte, wiederum Stoff für die gerne den Tratsch der Zeit kolportierende Luise Mejer: »Göckingk macht es mit seiner jetzigen Frau wie mit der vorigen; der Himmel gebe, daß das arme Weib nicht auch vom Gram getötet wird. Er ist verliebt in die Gräfin Medem (die von einem Kurländer von Reck geschieden ist), sie hat schon lange in seinem Hause gewohnt. Er will sie nach Karlsbad begleiten« (17. Mai 1785).

Und auch Christian August Tiedge (1752–1841), ihren späteren Begleiter auf vielen Reisen, lernte sie jetzt bereits kennen. In Weimar war es die Gräfin Bernstorff, mit der sie Freundschaft schloß. Der Kontakt zu den dortigen Koryphäen Goethe, Herder, Wieland war jedoch nur sehr vage. Alleine mit Herder und seiner Frau fand sie später freundschaftlichen Umgang. In Berlin war sie der alten Karschin noch begegnet, aber auch Moses Mendelssohn. Hier war jedoch vor allem die freundschaftliche Beziehung zu Friedrich Nicolai (1732–1811) von Bedeutung, der sie zur Veröffentlichung ihrer Cagliostro-Schrift veranlaßte.

Elisa von der Recke hatte im Prinzip nicht die Absicht, sich von ihrer Heimat Kurland zu trennen. Die Verbindungen nach Deutschland waren jedoch so intensiv, daß schließlich hier ihr unruhiges Leben seinen Fortgang nahm. Nachdem alle ihre Familienangehörigen verstorben waren und sie im Jahre 1795 auch ihrem geschiedenen Mann vor seinem Ableben nochmals die Hand gedrückt hatte, schließlich auch Kurland seine Eigenständigkeit verlor, hielt es sie dort nicht länger.

Ein Leben voller Eigenwilligkeit. Das Leben einer Frau, die sich auf ihre Weise zu behaupten verstand, mit einer gewissen

Prüderie, Konservatismus und auch ein wenig Bigotterie, die jedoch wenig modernes und fortschrittliches Denken repräsentierte. Goethe schockte sie mit seinem *Werther,* und den *Wilhelm Meister* mochte sie nicht. Zur Sturm-und-Drang-Dramatik fand sie keinen Zugang, und auch Schiller war ihr nicht ganz geheuer bzw. des Atheismus verdächtig, was sie jedoch nicht davon abhielt, ihm einen dramatischen Versuch vorzulegen.

»Die Elisa von Recke hat mir ein voluminöses Schauspiel von ihrer Erfindung und Ausführung zugeschickt mit der Plenipotenz, zu streichen und zu zerstören. Ich werde sehen, ob ich es für die Horen brauchen kann, der Inhalt ist, wie Sie leicht denken können, sehr moralisch, und so hoffe ich, soll es auch durchschlüpfen. Ich muß auf jede Art für die Horen sorgen. Und daß so moralische Personen sich uns Ketzern und Freigeistern auf Gnade und Ungnade übergeben, besonders nach dem so lauten Xenien-Unfug, ist immer eine gewisse Satisfaktion« (Brief Schillers an Goethe vom 15. Dezember 1797).

Elisa von der Recke, die alle Heiratsanträge, die ihr von verschiedenen Seiten gemacht wurden, schließlich war sie eine schöne und berühmte Frau, abgelehnt hatte, lebte seit Mitte der neunziger Jahre bis zu ihrem Tode im Jahre 1833 meist mit dem vom Schicksal mißgestalteten Poeten Christoph August Tiedge zusammen, den sie als Hauslehrer bei Goeckingk kennengelernt hatte. Im Jahre 1819 wählte sie Dresden zu ihrem Wohnsitz, und hier fand sie im Jahre 1833 auch ihre letzte Ruhestätte.

Ihre Gesinnung exakt zu fixieren wird immer mit einer gewissen Problematik behaftet sein. So wie sie ihre Cagliostro-Aufzeichnungen später bei deren Veröffentlichung durch hinzugefügte Kommentare relativierte, büßten auch ihre Tagebuchaufzeichnungen einen Teil ihrer Originalität ein. Sei es, daß sie einzelne Passagen später eliminierte oder veränderte, sei es, daß sie die Eintragungen nach Jahrzehnten mit Anmerkungen versah.

So bleibt auch dahingestellt, ob das Resümee von Gisela Brinker-Gabler in ihrem zweibändigen Werk über die *Deutsche Literatur von Frauen* dem Wesen der Elisa von der Recke gerecht wird. Bei ihr heißt es: »Sie steht dem Pietismus fern und lehnt es auch entschieden ab, ›dieser Sekte‹ nahezutreten. Aber auch dem Katholizismus gegenüber bleibt sie mißtrauisch. Ihre Schriften lassen deutlich den Übergang des Pietismus in die säkularisierte Form der Empfindsamkeit erkennen. Das ›Herz‹ löst die ›Seele‹ ab, die Liebe zu Gott wird zur irdischen Liebe, es herrscht die Mystik der Leidenschaft nach Werthers Vorbild.«

Weder für die Wandlung der Gottesliebe zur irdischen Liebe noch für eine Werthersche Leidenschaft gibt es jedoch entscheidende Hinweise sowohl in ihren eigenen Schriften als auch in den überkommenen Erklärungen ihrer Umwelt. Elisa von der Recke war eine bemerkenswert eigenständige Frau in der zweiten Hälfte des 18. Jahrhunderts und damit Vorläuferin des wachsenden Selbstbewußtseins der Frau um die Jahrhundertwende, ohne einen wesentlichen kreativen Anteil an der geistigen Fortentwicklung der Gesellschaft zu haben. Ihre Anteilnahme war rezeptiv, und das, was ihr begegnete, wußte sie festzuhalten. Diese Impressionen sind es, die auch unser Interesse noch wecken können.

Caroline Flachsland
(Herder)

Hatte sich Elise von der Recke aus allen konventionellen Bindungen gelöst und ihre Selbständigkeit kultiviert, begegnen wir in der nur eineinhalb Jahre älteren Caroline Flachsland (1750–1809) einer Frau, die sich rückhaltlos in eine Ehe mit dem sechs Jahre älteren Johann Gottfried Herder (1744–1803) einband. Als fünftes Kind eines in württembergischen Diensten stehenden Beamten im elsässischen Reichenweiler geboren, lebte sie seit ihrem sechzehnten Lebensjahr zusammen mit zweien ihrer Brüder bei ihrer in Darmstadt mit dem Geheimrat Andreas Peter (von) Hesse nicht sehr glücklich verheirateten Schwester. Ihre älteste Schwester Ernestine hatte der Landgraf Ludwig IX. von Hessen-Darmstadt zu seiner Mätresse erkoren. Später unglücklich verheiratet, fand Ernestine, geistig verwirrt, ein trauriges Ende in einer Anstalt. Der Vater der großen Familie war bereits 1761 gestorben, und die Mutter, die sich um acht Kinder kümmern mußte, folgte ihm nur fünf Jahre später, 1766, in den Tod.
Der Aufenthalt im Hause des Schwagers war für Caroline sehr

zwiespältig. Auf der einen Seite fand sie dort bei dem aufbrausenden und auch tyrannischen Mann wenig Liebe und Frieden, auf der anderen Seite verdankte sie ihrem belesenen und musikfreudigen Schwager viel für ihre Bildung. Prägend war für sie zudem ihr Umgang im Kreis der »Empfindsamen«, der sich um Johann Heinrich Merck (1741–1791) als Mittelpunkt in Darmstadt gebildet hatte und in dem Caroline Flachsland Psyche genannt wurde. Die esoterische Gemeinschaft pflegte einen innigen Gefühls- und Freundschaftskult, in dem Seelenverbrüderung, Liebesschwärmerei und Natürlichkeit bei den Mitgliedern, unter denen das weibliche Element, »die schönen Seelen«, überwog, als erstrebenswert galten. Als Gegenströmung zur Nüchternheit und dem kalten Rationalismus der Aufklärung verfiel man hier einem tränenreichen Seelenkult, der in seiner Überspitztheit kaum eine Parallele hatte und der sich schließlich auch in Carolines Briefen an Herder widerspiegelte.

Literarische Bedeutsamkeit erhielt der Kreis unter anderem durch die Verbindung mit Goethe, der von Frankfurt aus nicht nur, ebenso wie sein Freund Merck, die La Roches in Ehrenbreitstein besuchte, sondern sich im Jahre 1772 verschiedentlich auch bei den Darmstädtern aufhielt, dort aus seinen Dichtungen vorlas, letzlich hier aber auch Stoff fand für sarkastische Bemerkungen, mit denen er die Übertreibungen der Mitglieder verspottete. Caroline Flachsland jedoch verdiente seine Sympathien. Er nannte sie seine »Schwester«, nahm später an ihrer Hochzeit teil und war Pate ihres zweiten Sohnes August. Caroline nannte ihn in einem Schreiben an Herder »unsern vom Himmel gegebenen Freund«. Von gewisser Tragik bleibt, daß die zu impulsiven Unmutsäußerungen neigende Caroline nicht ganz schuldlos daran war, daß es später zwischen Herder und Goethe in der gemeinsamen Zeit in Weimar zu ernsthaften Spannungen kam.

Herder war im August des Jahres 1770 als Begleiter des siebzehnjährigen Erbprinzen von Holstein-Gottorp auf der Durchreise nach Darmstadt gekommen. Dort fand er Kontakt zu dem damaligen Kriegszahlmeister Merck und durch ihn auch zum Hause Hesse. Am 19. August hielt Herder eine Predigt in der Darmstädter Schloßkirche. Caroline, die von der Predigt des jungen Geistlichen besonders angetan war, nahm sie zum Anlaß, sich mit Herder in Verbindung zu setzen. Ein Kontakt, der bis zu Herders Abreise am 27. August zu einem täglichen Umgang führte und zu einem drei Jahre währenden intensiven Briefwechsel. Und wieder einmal war es die Literatur, die die wachsende Zuneigung zweier junger Menschen begleitete. Herder pflegte in dem kleinen Kreis aus dem damals noch unvollendeten Messias vorzulesen, aus Klopstocks Oden zu zitieren oder über Kleist zu extemporieren, so daß Caroline später äußern konnte: »In Klopstock und Kleist haben ach unsere Seelen sich gefunden.« Und Herder nannte seine Freundin in dem ausgiebigen Briefwechsel, welcher der ersten Begegnung folgte, gerne Cidli, wie es Klopstock bei Meta Moller getan hatte.

Noch während seines Aufenthaltes in Darmstadt gab Herder am 25. August in einem langen Schreiben den Empfindungen Ausdruck, welche die Begegnungen mit Caroline in ihm ausgelöst hatten: »Der Himmel hat uns so sonderbar zusammengeführt, und in dessen Hand ist ja auch das Schicksal der Zukunft ... ich danke Gott jetzt mit Thränen, daß er mir eine so schöne Seele, wie die Ihrige gezeigt hat.« Und noch in der gleichen Nacht setzte sich Caroline an ihr Schreibpult, um dem neugewonnenen Freund ihre Zuneigung zu gestehen: »Nein! ich will nicht länger mein Herz dem redlichsten besten Freund verhelen, eben so stark, und wann es möglich ist noch stärcker, liebe ich Sie, wie Sie mich lieben.«

Ein Briefwechsel nimmt seinen Anfang mit unablässig erneuerten Liebesbeteuerungen, aber immer wieder auch mit Mißverständnissen, Entschuldigungen und Zweifeln, ob man des Partners würdig sei. »Du bist jetzt, himmlisches, liebes Mädchen, meine Einzige Aufrichtung, mein einzger Trost- und Freudengedanke.« So Herder am 10. September 1770. Und Caroline zur gleichen Zeit: »O süßer, göttlicher Herder wie glücklich bin ich.« Doch auch Literatur und Musik sind Themen. Man tauscht sich aus über Klopstock, Petrarca, die *Minna von Barnhelm*, Richardsons Romane und Rousseau. Und unversehens auch über die Gelehrsamkeit der Frauen, über die sich Herder nicht ohne Widerspruch Carolines abfällig äußerte. Seine Begründung zu hören entbehrt nicht einer gewissen Pikanterie, ist sie doch typisch für den Geist der Zeit: »Sie haben Recht, daß ich auf das gelehrte Frauenzimmer vielleicht zu sehr erbittert bin; aber ich kann nicht dafür: es ist Abscheu der Natur. Eigentliche Gelehrsamkeit ist dem Charakter eines Menschen, eines Mannes schon so unnatürlich, daß wir ihr nur aus Noth uns unterziehen müßen, und dabei doch schon immer verlieren; in dem Leben, in der Seele, in dem Munde eines Frauenzimmers aber, die noch die Einzigen wahren Menschlichen Geschöpfe, auf dem Politischen und Exercierplatz unsrer Welt sind, ist diese Unnatur so tausendmal fühlbarer, daß ich immer sehr fürs Arabische Sprüchwort bin ›eine Henne, die da krähet, und ein Weib, das gelehrt ist, sind üble Vorboten: man schneide beiden den Hals ab!‹ ... denn alle Sachen, alle Materien, alle Wissenschaften sind nie für die Weiber, und über viele können sie in ihrem Leben nicht anders als schiefe Urtheile fällen« (20. September 1770).

Was Herder den Frauen zubilligt, ist das, »was bildet, was die Seele Menschlich aufklärt, die Empfindungen Menschlich verfeinert, und sie zur Zierde der Schöpfung, zum Reiz der Menschlichen Natur, zum höchsten Gut der Glückseligkeit eines fühlbaren, würdigen Jünglings, zur immer neuen, immer angenehmen Gattin eines würdigen Mannes, zum Vergnügen einer guten Gesellschaft und zur Erzieherin guter Kinder macht!« Und wenn er Caroline von seinem Leben erzählt, läßt er seine Begegnungen mit Frauen nicht aus: »Ich kenne nicht seit gestern das Frauenzimmer: ich kenne es sogar in einigen der verwickeltsten Auftritte, in der Liebe und in allen Mannichfaltigkeiten der Ehe. Ich habe mehr als Eine verheirathete Freundin gehabt, die mir keine Seite ihres Herzens verborgen gehalten« (22. September 1770).

Und immer wieder gibt es Zeichen des Gekränktseins und gegenseitige Mißverständnisse in der Korrespondenz. Kindliches Schmollen seitens Carolines und auch ein wenig Eifersucht auf ehemalige Bindungen Herders. »O was können sich doch zwei der besten, aufrichtigsten Herzen für Unruhe und Quaalen machen!« läßt sich Herder vernehmen, dem im übrigen sein Augenleiden zu schaffen machte, dessen Heilung er durch eine neuerliche Operation in Straßburg vergeblich erhoffte.

Hier in Straßburg war es auch, daß sich Herder und Goethe erstmalig begegneten, worüber Goethe in *Dichtung und Wahrheit* eine anschauliche Schilderung gibt. Herder sah offensichtlich jedoch keine Veranlassung, Caroline von seinem Zusammentreffen mit dem damals allerdings erst zweiundzwanzigjährigen Goethe zu berichten. Die Verdrießlichkeiten über die Erfolglosigkeit der schmerzhaften chirurgischen Eingriffe trugen zudem nicht dazu bei, Caroline in Briefen herzlich gegenüberzutreten. »Meine Briefe sind oft kalt gewesen, und zuletzt Monathe durch fast nichts als kalt«, mußte er im März 1771 bekennen. Und als sich die Liebenden im April 1771 für einige Tage in Darmstadt wieder begegneten, waren die äußeren Umstände nicht dazu angetan, Tage, wie sie beim ersten Kennenlernen erlebt wurden, zu wiederholen. Sicherlich wuchsen jedoch die Empfindungen füreinander und das Gefühl der Zusammengehörigkeit.

Im Mai 1771 trat Herder, da sich ihm anderweitig kein erstrebenswertes Betätigungsfeld erschloß, nicht sehr begeistert, eine Stellung als Konsistorialrat beim Grafen von Schaumburg-Lippe in dem zweitausend Seelen zählenden Residenzstädtchen Bückeburg an, womit seine bisherige Odyssee ein vorläufiges Ende fand. Schulden und das ihm zugebilligte geringe Gehalt erlaubten ihm jedoch nicht, an die Gründung eines eigenen Hausstandes zu denken. So fließt die Korrespondenz in hergebrachter Weise fort. »Glauben Sie mir, edle himmlische Seele, daß ich keine süßere Beschäftigung kenne, als an Sie zu denken«, bekennt ihm Caroline, und sie ermahnt ihn, bezüglich seiner Tätigkeit in Bückeburg Geduld zu haben

(10. Mai 1771). Und Herder versichert: »Sie sind der Einzige, herrschende Gedanke meiner Seele, auf den sich Alles, Alles mir beziehet.« Gedanken über die gemeinsame Zukunft bleiben jedoch ausgeklammert, und Carolines vorsichtige Andeutungen verhallen ungehört.

Im Februar 1772 reiste Herder zum Besuch der dortigen renommierten Bibliothek für vierzehn Tage nach Göttingen, worüber er Caroline begeistert berichtet. Grund seines Schwärmens ist nicht der Gewinn an wissenschaftlichen Erkenntnissen, sondern die Bekanntschaft mit dem Hofrath Heyne und seiner Frau, worüber er seiner angehenden Braut am 22. Februar 1872 schreibt: »... er die edelste, feinste, wohlklingendste Seele ... sie das stark-innigstempfindende Frauenzimmer und – die beste Mutter, die ich gekannt habe [sic!] ... fast dem Dritten Wort wars nahe, daß ich sie nicht laut hätte umarmen mögen, und den ersten Abend waren wir, fast ohne miteinander gesprochen zu haben, die bekanntesten Seelen ... Sie ist immer unter ihren Kindern, und diesen kann sie nicht bis ins Bett hin genug erzählen«, dem er allerdings hinzufügt: »sehr sonderbare Kinder«. Und in einem Brief an das Ehepaar Heyne spricht er sie als seine vortreffliche Freundin an: »Sie wissen nicht, was Sie als Mutter, als Gattin, als Erzieherin, als deutsche Frau bei mir für tiefe Eindrücke erregt haben.« Therese Heyne (geb. Weiß) war die Mutter der Therese Huber. Wir werden noch hören, was dieser von den Eigenschaften ihrer Mutter im Gedächtnis geblieben ist.

Eine Wendung bekam der bereits zwei Jahre während quälende Briefwechsel durch die Äußerung Carolines in einem Schreiben an Herder vom 1. Juni 1772, in welchem sie erklärt, ihre »ganze, große, hohe Würde [würde] in der süßen Bestimmung bestehn (wenn ich sie jemals erlebe!) dereinst gute Gattin und gute Mutter zu seyn!« Herder veranlaßte dies, wie er schrieb, »einmal ein Wort zu murmeln: Ich weiß, ich bin vielleicht an allem Schuld ... ich bin vielleicht so trocken, so verschloßen ... laßen Sie uns die Hände und die Arme uns inniger geben ... nimm Dich meiner an, wahre, brave, gute, einzige

Freundin und erinnere Dich, wer es sei; mit dem und für den Du dich beschäftigst« (24. Juni 1772). Und Caroline antwortete sogleich: »Murmeln Sie nur, liebster redlichster Freund ... Du sollst nur begreifen, daß es mir unmöglich war ... die Erste zu seyn, von einer ewigen edlen Verbindung zu reden, die doch Tag und Nacht der Wunsch meines Herzens war ... Zu der ersten Ursache meiner Schüchternheit kam noch die zweite, daß ich ein armes Mädchen bin, das bey den wenigen Vorzügen nicht einmal so viel besitzt, um uns zusammen zwey Löfel zu kaufen.« Doch »ein Himmelreich können wir und werden wir zusammen leben, das ahndet mir ... Ich bin ein armes Mädchen – kein schönes Mädchen – kein Mädchen mit Talenten – kurz, nichts als ein gutes Mädchen – das eine ganze Welt für Dich aufopfern kann.«

Das Eis war gebrochen. Herder hoffte, als Ehemann Freund, Bürger, Mensch zu werden und nicht länger ein Einsamer zu sein. Und Caroline eröffnete ihrem Schwager anläßlich einer kleinen Auseinandersetzung, daß sie Herder versprochen sei, hatte sie die Verbindung bisher doch als ein Geheimnis gehütet, in das nur ihre Schwester und Merck, über den auch die ganze Korrespondenz mit Herder lief, eingeweiht waren. Noch mußte allerdings fast ein weiteres Jahr vergehen, bis die Seelengemeinschaft des jungen Paares ihre Legitimation in der Ehe fand. »Wir haben eine bang abgetrennte unseelge Brautschaft gehabt! Gott wird uns zu einem seelgern Leben nach ihr helfen«, ist das Fazit Herders vor der Eheschließung. Am 2. Mai 1773 wurde das Paar in Darmstadt mit Goethe als Trauzeugen vereint.

Caroline wurde Herder mehr als ein »armes, gutes Mädchen ohne Talente«. Einer seiner späteren Biographen (Kantzenbach) erklärt rundweg: »Er [Herder] wäre nicht das geworden, oder hätte das nicht bleiben können, was er war, wenn er nicht diese rückhaltlos zu ihm haltende Frau gehabt hätte.« In Caroline Flachsland-Herder, die auch späterhin eine fleißige Briefschreiberin gewesen ist, tritt uns eine Frau entgegen, die sich nicht mit der Rolle einer Haus und Kinder hütenden Ehefrau zufriedengab, sondern sich während der gemeinsamen Jahre immer wieder aktiv für die Belange und das Ansehen ihres Mannes einsetzte, auch Aggressionen nicht scheute, wenn sie glaubte, Unrecht zu sehen. Schließlich war sie es dann auch, die nach dem Tode ihres Mannes die von ihm nicht bearbeiteten Lebenserinnerungen gesammelt und in pietätvoller, allerdings auch zu Harmonisierungen neigender Weise niedergeschrieben hat.

Die von ihr gepflegte umfangreiche Korrespondenz gibt uns die Möglichkeit, ihr Leben Revue passieren zu lassen mit all seinen Höhen und Tiefen. Waren die ersten Ehejahre in Bückeburg trotz der beschränkten Verhältnisse geruhsam und ausgeglichen, änderte sich dies in Weimar, wohin Herder auf Goethes Veranlassung als herzoglich-sächsischer Generalsuperintendent, Oberkonsistorialrat und Oberpfarrer 1776 berufen worden war, beträchtlich. Nicht nur die ständig größer werdende Familie mit schließlich sieben Kindern nahm sie in Anspruch, auch ihr ständiges Streben, Unannehmlichkeiten von ihrem Mann fernzuhalten und sich für seine Belange einzusetzen, zehrte an ihrer Kraft und ließ sie mit Bitterkeit auf viele Dinge des Weimarer Umfeldes reagieren.

Das Verhältnis Herders zu Goethe, insbesondere aber auch Carolines persönliche Beziehung zu dem bedeutenden Weimarer war für sie wesentlicher Lebensinhalt. In kaum einem Schreiben an ihre zahlreichen Korrespondenzpartner fehlt eine Bemerkung über Goethe. Und als ihr Mann seine unbefriedigende halbjährige Italien-Reise absolvierte, war es Goethe, der ihr während der Abwesenheit des Gatten moralischen Halt gab.

Um so verwunderlicher ist es, daß das mehr als freundschaftliche Verhältnis der Herders zu Goethe durch eine Auseinandersetzung um finanzielle Probleme – den Nichterhalt zugesagter bzw. erwarteter Mittel des Herzogs als Beihilfe zur Erziehung der Herderschen Kinder – und ein unwirsches Schreiben Goethes in dieser Sache (Brief vom 30. Oktober 1789) ein Ende fand. Man hat diese, insbesondere Caroline tief treffende Auseinandersetzung vielfach reflektiert und zusätzliche Erklärungen gesucht. Offensichtlich hatte für Goethe die Verbindung zu den Herders zu dieser Zeit bereits an Bedeutung verloren, sonst wäre seine Schärfe nicht verständlich, die möglicherweise auch nur einer Augenblickslaune zuzuschreiben war. Um den Herderschen Sohn August, sein Patenkind, hat Goethe sich jedoch auch weiterhin gekümmert.

Sicherlich hatte sich die Interessenlage Goethes auch durch die Verbindung mit Christiane Vulpius inzwischen verändert. Vor allem aber waren die geistigen Anschauungen Goethes und Herders stetig weiter auseinandergedriftet. So finden sich in Carolines Briefen manche harschen Worte über Goethe, seine Werke und den Weimarer Fürstenhof. Den alten Gleim, ihren stetigen und herzlichen Briefpartner, ließ sie wissen: »Wir sind nebenher tiefer verwundet von Goethe als durch alles, was in den *Xenien* steht.« Und an Georg Müller, dem sie oft ihr Herz ausschüttete und der sich in der Schweiz kaum einen Reim auf das Zerwürfnis mit Goethe machen konnte, schrieb sie noch Ende Juli 1796: »O, wie würden Sie sich über Goethe wundern! Ein jeder Tag zeigt neue Niederträchtigkeiten, und die Stirnen werden immer frecher.« Goethe soll sich späterhin zu Kanzler von Müller dahingehend geäußert haben, daß Herders Frau mit ihrem »unbiegsamen Spatzenkopf« an allem schuld gewesen sei.

Die Korrespondenz mit den Herderschen Freunden wurde inzwischen mehr und mehr von Caroline alleine bestritten. Neben Gleim fand in den neunziger Jahren der um etliche Jahre jüngere Jean Paul (1763–1825) die besonderen Sympathien der Herders. Im Sommer 1796 war er in Weimar, und Caroline berichtete Gleim enthusiastisch über die Vorzüge und positiven Eigenschaften des jungen Poeten. 1798 verlegte Jean Paul seinen Wohnsitz für zwei Jahre nach Weimar, und Frau Herder ließ es sich nicht nehmen, ihn hier mütterlich zu umsorgen. Sein gefühlvolles Wesen war Balsam für ihr verwundetes Herz und ließ sie manche Widrigkeiten, wozu nicht zuletzt die nachlassende Gesundheit ihres Mannes zählte, leichter ertragen.

Zu den dauernden Briefpartnern Carolines zählte Karl Ludwig von Knebel (1744–1834), der frühere Erzieher des Prinzen Konstantin, Karl Augusts jüngeren Bruders, dem sie, ebenso wie übrigens Charlotte von Stein, gerne ihr Herz ausschüttete. Selbst Lyriker und Übersetzer, war er mit den Großen der Zeit vertraut, aber auch ein unsteter Geist. Im Alter von vierundfünfzig Jahren heiratete er 1798 die junge Luise Rudorff, Kammersängerin und Gesellschafterin Anna Amalies, um den Herzog, von dem sie ein Kind erwartete, zu decken und den Sohn aus diesem Verhältnis zu legitimieren. Auch hier mußte Caroline aktiv werden und dem ungleichen Paar bei der Überwindung persönlicher Schwierigkeiten helfen. In solchen Dingen gab es für die Herders keine gesellschaftlichen Vorurteile, hatten sie doch selbst ihr Leben lang ihre Probleme mit den Eigenwilligkeiten der adeligen Hofzirkel.

Daß, zum Exempel, Caroline als Bürgerliche bei Empfängen und Hoffesten nur von der Galerie des Festsaales im Schloß zusehen durfte, traf sie empfindlich. Knebel konnte sie in solchen Dingen ihren Unmut kundtun, wie sie sich auch sonst nicht scheute, liberale Ansichten zu vertreten, die allzulaut werden zu lassen sie nur ihre Abhängigkeit von der Gunst des Hofes hinderte. Das änderte sich auch dann nicht, als Herder vom Kurfürsten von Bayern, dessen Nobilitationsrecht allerdings als angemaßt galt, geadelt wurde. Daß sich die Herders in Bayern um den Titel bemühten, hatte jedoch einen triftigen Grund. Nur mit dem Adelstitel war der Herder-Sohn Adalbert davor sicher, daß ihm das von seinen Eltern erworbene Gut Stachesried in der Nähe von Straubing nicht wieder genommen werden konnte. Die über den Kurfürsten von Bayern verschaffte Nobilitation sollte so auch weniger eine Belohnung allgemein bekannter Verdienste sein, als »die Erleichterung des Ansässigwerdens seiner Familie in unseren Landen« bezwecken. In Weimar sah man jedoch geringschätzig auf den auf diese Weise erworbenen Adelstitel Herders herab.

Zu den quälenden Problemen Carolines zählten die ständigen Geldsorgen, zu denen in erheblichem Umfang die von den

Söhnen gemachten Schulden beitrugen. Ihre mütterliche Fürsorge, aber auch die Angst, daß die Familie ins Gerede kommen könnte, ließ sie immer wieder Bettelbriefe schreiben. Und wenn die Rückzahlung der gewährten Darlehen nicht erfolgen konnte, mußte sie die Gläubiger vertrösten. Ihren Mann versuchte sie von diesen Tagessorgen fernzuhalten. Seine Gesundheit zu schonen und ihm die Bewältigung seiner Aufgaben zu erleichtern, die ihm oft genug Verdruß bereiteten, war ihr ständiges Bemühen.

Als im Jahre 1803 nacheinander der langjährige väterliche Freund und Briefpartner Gleim ebenso wie Klopstock und schließlich der über alles geliebte Ehemann starben, war die Vereinsamung grenzenlos. Es blieben Jean Paul und der Freund der Familie, Johann Georg Müller, der ihr helfen sollte, die Herausgabe der Werke Herders bei Cotta zu realisieren. Caroline sah es als die ihr verbleibende Lebensaufgabe an, dieses Vorhaben abzuschließen, und sie war unermüdlich bemüht, das Material zusammenzustellen und es kritisch zu sondieren. Sie selbst behielt sich vor, einen Lebensabriß des Ehemanns aufzuzeichnen, der allerdings erst nach ihrem Tode im Jahre 1820 unter dem Titel *Erinnerungen aus dem Leben Joh. Gottfried von Herder von Maria Caroline Herder* bei Cotta erschien. Der Biograph Carolines, Wilhelm Dobbek, bezeichnete die Biographie allerdings als unzureichend mit der Bemerkung: »und liest sich außerdem recht langweilig«.

Caroline Flachsland-Herder, aus kleinbürgerlichen Verhältnissen stammend und ohne große Vorbildung, hat sich auf beachtliche Weise den Anforderungen, welche die Lebensumstände an sie stellten, gewachsen gezeigt. Ihrem Mann war sie eine unvergleichliche Stütze, nicht nur als Hausfrau und Mutter, sondern auch als Begleiterin seiner literarischen Arbeit. Herder bezeichnete sie als »autor autoris«, während sie selbst sich mehr als Sekretärin sah. Die von ihr zum Ausdruck gebrachten dezidierten Meinungen ließ sie nicht als die ihrigen gelten, sondern bezeichnete sie grundsätzlich als das »Echo ihres Mannes«.

Cornelia
Goethe

Im Jahre 1774 wurde Goethes Freund Johann Georg Schlosser (1739–1799), Hof- und Regierungsrat beim Markgrafen Karl Friedrich von Baden, Amtmann in dem kleinen, damals nur etwa 900 Seelen zählenden badischen Städtchen Emmendingen. Im Oktober 1772 hatte er sich mit Goethes Schwester Cornelia verlobt und sie kurz darauf geheiratet. Nach der Hochzeit und einem kurzen Aufenthalt in Karlsruhe war das Paar nun in Emmendingen auf sich gestellt, keine sehr glückliche Konstellation, wie die Folgejahre erwiesen.

Eine Liebesheirat ist es für die Goethe-Schwester wohl kaum gewesen. Allein die Einsicht, daß sie ihr weiteres Leben ohne den Bruder, der für sie eine so wichtige Stütze gewesen ist, auskommen müsse, dürfte sie veranlaßt haben, einem Mann in die Ehe zu folgen. Jedenfalls war Goethe später dieser Ansicht: »Als ich nach Wetzlar ging, schien ihr die Einsamkeit unerträglich; mein Freund Schlosser, der Guten weder unbekannt noch zuwider, trat in meine Stelle.« Cornelia schien mit der Veränderung ihres Lebens zufrieden. In einem Brief an Caroline Herder erklärte sie: »Alle meine Hoffnungen, alle meine Wünsche sind nicht nur erfüllt – sondern weit – weit übertroffen … Wen Gott lieb hat dem geb er so einen Mann.« Und auch Schlosser war offensichtlich der Ansicht, eine gute Wahl getroffen zu haben. Freudig berichtete er Lavater nach der Hochzeit: »Meine Geliebte ist nun meine Frau! Die schönste Weiber-Seele, die ich mir wünschen konnte: Edel, zärtlich, gerade! Eine Frau, wie ich sie haben mußte, um glücklich zu seyn.«

Mag die Charakterisierung stimmen, eine Frau, um glücklich zu sein, konnte sie ihm nicht werden. Für Cornelia war die Ehe keine Naturgegebenheit, und selbst die Geburt der ersten Tochter Maria Anna Louise im Oktober 1774 gab ihr keinen Auftrieb. Die berufliche Veränderung des Mannes mit dem Umzug nach Emmendingen ließ sie völlig vereinsamen. Schlosser, dessen berufliche Tätigkeit ihm wenig Zeit für seine Familie ließ, war ihr keine Stütze, zumal seine Ansichten über die Aufgaben des weiblichen Geschlechts, wie seine Aufsätze in Jacobis Zeitschrift *Iris* mit dem Titel *Plan und Fragmente einer Weltgeschichte fürs Frauenzimmer* erkennen lassen, kaum mit denen einer intelligenten und vielseitig interessierten Ehefrau konvenierten.

Das waren Gegebenheiten, auf die Cornelia mit der Flucht in die Krankheit reagierte. Schon als Neunzehnjährige hatte sie ihrer Freundin Fabricius erklärt: »Ruhe hat keine Reize für mich; ich liebe die Abwechslung, die Aufregung, das Getümmel der großen Welt, und die lärmenden Lustbarkeiten« (22. Mai 1769). Aber auch das war immer nur Flucht aus der ständigen Selbstbemitleidung. Nun lag sie als junge Mutter krank und elend darnieder ohne jegliche Antriebskraft zur Nutzung ihrer vielseitigen Fähigkeiten. Mit Melancholie umschrieb sie ihren Seelenzustand.

Cornelia Friederika Christiana Goethe wurde am 7. 12. 1750, also ein Jahr später als ihr erfolgreicher Bruder, in Frankfurt am Main geboren. Bemerkenswert ist in der Familie der Altersunterschied der Eltern. Der Vater, Jurist und Geheimer Rat, war bei ihrer Geburt vierzig Jahre alt und die Mutter gerade neunzehn, wie Goethe in *Dichtung und Wahrheit* bemerkt, »fast noch ein Kind«. Die Eigenständigkeit der Goethe-Mutter ist erst viel später sichtbar geworden.

Da die weiteren Geschwister früh starben, wuchsen Johann Wolfgang und Cornelia bis zu ihrem fünfzehnten, sechzehnten Lebensjahr gemeinsam auf. Beide erhielten bei Hauslehrern und in Privatschulen eine ausgezeichnete Bildung, was, auf Cornelia bezogen, weit über die Allgemeinbildung junger Mädchen der Zeit hinausging. Die Erfahrungen des praktischen Lebens blieben ihr jedoch versagt. Eingeschlossen in den goldenen Käfig des Elternhauses, der Engherzigkeit und Einseitigkeit des Vaters ausgesetzt und der Partnerschaft des in Leipzig Jura studierenden Bruders verlustig, dessen Zuneigung sich zu herablassender Bevormundung veränderte, hätte es einer starken Persönlichkeit bedurft, um nicht Komplexe zu entwickeln.

Die Empfehlungen, die der in Leipzig studierende Wolfgang seiner Schwester gibt, sind noch völlig der Konvention verhaftet: »die Sprachen immer fort zu treiben und die Haushaltung, wie nicht weniger die Kochkunst zu studieren, auch dich zum Zeitvertreib auf dem Klavier wohl zu üben, denn dieses sind alles Dinge, die ein Mädchen, die meine Schülerin werden soll notwendig besitzen muß ... Ferner verlange ich daß du dich im Tanzen perfektionierst, die gewöhnlichsten Kartenspiele lernst, und den Putz mit Geschmack wohl verstehst.« Mit diesen Ratschlägen glaubte der junge Studiosus seine Schwester zum »vernünftigsten, artigsten, angenehmsten, liebenswürdigsten Mädchen nicht nur in Frankfurt, sondern im ganzen Reich« zu erziehen (Brief vom 12. Oktober 1767).

Zwar bescherte 1768 die Rückkehr Johann Wolfgangs aus Leipzig Cornelia nochmals eine schöne Zeit, waren ihr, nun achtzehn Jahre alt, zusammen mit dem geschätzten Bruder doch auch außerhalb des Hauses einige Vergnügungen vergönnt. »Wir waren, nach meiner Rückkunft von der Akademie, unzertrennlich geblieben, im innersten Vertrauen hatten wir Gedanken, Empfindungen und Grillen, die Eindrücke alles Zufälligen in Gemeinschaft«, erinnert sich Goethe später.

Und auch nach dem Straßburger Aufenthalt Wolfgangs kann sie erneut von der inzwischen gewonnenen Weltoffenheit des Bruders profitieren, wenn sie auch mit der angeborenen und anerzogenen Intelligenz ihre Umwelt mehr als kritisch betrachtete. Mit dem Weggang Johann Wolfgangs nach Wetzlar im Jahre 1772 ging der für die Schwester so wichtige Halt jedoch für immer verloren. Goethe ließ zwar seine Schwester bis zu ihrem frühen Tod nie aus den Augen, für sein Dasein hatte das Verhältnis jedoch an Bedeutung verloren, während für Cornelia der Bruder die wichtigste Bezugsperson blieb.

Wesentliche Zeugnisse der Befindlichkeit der sensiblen, selbstkritischen und mit Minderwertigkeitskomplexen behafteten jungen Frau sind die Briefe an ihre gleichaltrige Freundin Katharina Fabricius in Worms und ihr in französischer Sprache geführtes Tagebuch, welches als *Correspondance secrète* in sieben Sendungen der Wormser Freundin zugeleitet wurde. Cornelia hatte Katharina Fabricius im Jahre 1767 kennengelernt, als diese zu einem Besuch in Frankfurt weilte. Offensichtlich betrachtete sie die gewonnene Freundin als Vertraute und offenbarte dieser ihre Gefühle, die sie anderen und insbesondere ihrer Familie gegenüber ängstlich verbarg.

Im Vergleich zu den Briefen einer Meta Moller-Klopstock und Caroline Flachsland-Herder sind Cornelias Ausführungen in Anbetracht ihrer umfassenden Bildung dürftig. Mädchenhafte Schwärmerei für den jungen Engländer Arthur Lupton, der Harry genannt wurde und der zu ihrem großen Schmerz abreiste, ohne sich von ihr zu verabschieden. Eine unverständliche Ziererei, als ihr Bruder Besuch von zwei Leipziger Kommilitonen, den jungen livländischen Adligen Olderogge, erhielt, denen sie nur mit Zittern zu begegnen wagt. Auf der anderen Seite nur Spott und Herablassung, wenn sich ein Mann ernstlich für sie zu interessieren schien, wie der Verehrer, den sie nur »le misérable« nennt, den Elenden, aber Bewunderung für Freundinnen, die umschwärmt werden, vermischt mit spöttischer Kritik, wenn sie sich zu festlichen Anlässen herausgeputzt haben.

Es ist schwer nachzuvollziehen, daß ein intelligentes junges Mädchen aus gutem Haus mit umfassender Bildung derartig mit Komplexen behaftet war. Sicherlich schien sie nicht mit besonderer Schönheit gesegnet zu sein, und, wie überliefert ist, litt sie in für sie aufregenden Situationen an einem Gesichtsausschlag. Aber sie hatte genügend Vorzüge in die Waagschale zu werfen, um äußerliche Mängel auszugleichen: ihre Sprachkenntnisse, ihre musikalischen Fähigkeiten und anderes mehr. Und wenn eine Achtzehnjährige schreibt: »Was sagen Sie dazu meine Liebe, daß ich für immer der Liebe entsagt habe« (13. November 1768), spricht das nicht gerade für eine positive Lebenseinstellung, wie ihr weiterer Lebensweg bestätigte.

Eckermann berichtet in seinen Gesprächen mit Goethe von einer Unterhaltung mit dem zweiundachtzigjährigen Dichter über die in Arbeit befindliche Biographie: »Wir gedachten sodann der merkwürdigen Stelle, wo Goethe über den Zustand seiner Schwester redet. ›Dieses Kapitel‹, sagte er, ›wird von gebildeten Frauen mit Interesse gelesen werden, denn es werden viele sein, die meiner Schwester darin gleichen, daß sie bei vorzüglichen geistigen und sittlichen Eigenschaften nicht zugleich das Glück eines schönen Körpers empfinden.‹ ›Sie war ein merkwürdiges Wesen‹, sagte Goethe, ›sie stand sittlich sehr hoch und hatte nicht die Spur von etwas Sinnlichem. Der Gedanke, sich einem Manne hinzugeben, war ihr widerwärtig, und man mag denken, daß aus dieser Eigenheit in der Ehe manche unangenehme Stunde hervorging ... Ich konnte daher meine Schwester auch nie als verheiratet denken, vielmehr wäre sie als Äbtissin in einem Kloster recht eigentlich an ihrem Platz gewesen.‹«

Man fühlt sich an Elise von der Recke erinnert. Nur daß diese Frau nicht die Mentalität einer Äbtissin hatte, sondern voller Selbstbewußtsein die Kraft fand, sich aus den Fesseln der Ehe zu lösen und für sich eine Lebensbasis außerhalb der Ehe zu schaffen.

Goethe, der 1775 nach Weimar gezogen war, wußte wohl um den Zustand seiner Schwester, fand aber nicht mehr den Drang, sich selbst um Cornelia zu kümmern. Er animierte Charlotte von Stein und Auguste von Stolberg, der unglücklichen Frau zu schreiben. Auf der Durchreise in die Schweiz stattete er den Schlossers noch einmal einen Besuch ab. Die Zuneigung zur Schwester war jedoch erloschen, und er nahm sich hinfort nicht einmal mehr die Zeit, ihre Briefe zu beantworten. Cornelias Leben jedoch war vertan. Wenn Goethe später erklärte: »ihr fehlte, was die Welt unerläßlich forderte«, hatte er nur allzu recht. Cornelia konnte sich zu nichts aufraffen. Und in einem ihrer seltenen Briefe schrieb sie an Kestner, daß sie seit zwei Jahren im Bett liege, ohne im Stand zu sein, sich selbst nur einen Strumpf anzuziehen. Von der Geburt ihrer zweiten Tochter Catharina Elisabeth Julie im Mai 1777 hat sie sich nicht mehr erholt, und am 8. Juni 1777 verlosch ihr unglückliches Leben. Auf dem Friedhof in Emmendingen fand sie ihre letzte Ruhestätte.

Als Goethe erfuhr, daß sich sein Schwager nur fünf Monate nach dem Tode seiner Frau mit Johanna Fahlmer (1744–1821), einer Stieftante der Jacobi-Brüder, verlobt hatte, erinnerte er sich in einem Brief an die Mutter nochmals Cornelias (16. November 1777): »Mit meiner Schwester ist mir eine so starke Wurzel, die mich an der Erde hielt, abgehauen worden, daß die Äste von oben, die davon Nahrung hatten, auch absterben müssen.« Der Jugendzeit mit der Schwester hatte er sich tatsächlich stets gerne erinnert, für ihre seelischen Probleme fand er jedoch kein tiefergehendes Verständnis.

Von gewisser Tragik ist, daß auch der der Schlosser-Ehe entsprossenen Tochter Louise (Lulu), Goethes Nichte, ein ähnliches Schicksal beschieden war. Verheiratet mit dem Berliner Staatsrat Georg Heinrich Ludwig Nicolovius (1767–1839), verstarb sie siebenunddreißigjährig im Jahre 1811. In einem Beileidsbrief an Nicolovius vom 20. Oktober 1811 schrieb Goethe:

»Der Verlust ihrer teuren Gattin ist auch mir sehr empfindlich. Ich hatte seit langer Zeit viel Liebes und Gutes von ihr gehört, ja wer von ihr sprach, zeigte einen Enthusiasmus, der mich in der Ferne ein eignes vorzügliches Wesen ahnden ließ. Wenn sie bei so viel liebenswürdigen und edlen Eigenschaften mit der Welt nicht einig werden konnte, so erinnert sie mich an ihre Mutter, deren tiefe und zarte Natur, deren über ihr Geschlecht erhobener Geist sie nicht vor einem gewissen Unmut mit ihrer jedesmaligen Umgebung schützen konnte. Obgleich in der letzten Zeit fern von ihr, und nur durch einen seltnen Briefwechsel gleichsam lose mit ihr verbunden, fühlte ich doch diesen ihren, der Welt kaum angehörigen, Zustand sehr lebhaft, und ich schöpfte daraus bei ihrem Scheiden zunächst einige Beruhigung.«

So blieb auch die Tochter, die ihre Mutter nie bewußt erlebt hatte, nicht von der unglücklichen Veranlagung verschont, den Anforderungen des Lebens nicht gewachsen zu sein.

Charlotte
von Stein

Für kaum eine andere Persönlichkeit vom Range Goethes dürften die Beziehungen zum anderen Geschlecht so vielschichtig gewesen sein wie bei ihm. Wie mit Pailletten besetzt erscheint seine Biographie von der studentischen Jugendzeit bis zum Greisenalter des Weimarer Hofmannes mit Namen junger und reifer Damen, unverheirateter und verheirateter, Adliger und Bürgerlicher, sinnlich und distanziert, glücklich und auch schmerzlich, spielerisch und leidenschaftlich. Und das immer poetisch verklärt und in seinen Werken und Briefen oder aber in den Reflexionen anderer nachvollziehbar.

Das Schicksal einer Frau ist jedoch in besonderer und bemerkenswerter Weise mit der Biographie Goethes verbunden, da mit ihr eine Persönlichkeit ins Rampenlicht tritt, die ein Beziehungsgeflecht sichtbar werden läßt, das in seiner eingedämmten Leidenschaftlichkeit – und deren Verlöschen – wenige Parallelen hat und dennoch auch Exempel ist. Nur Persönlichkeiten vom Range Goethes und dieser Frau konnten es in die Geschichte einbringen. Die Rede ist von Charlotte von

Stein, der Frau, die Karl Ludwig von Knebel als ein Wesen charakterisierte, »dessen Dasein und Art in Deutschland schwerlich oft wieder zustande kommen dürfte«.

Eine kritische Betrachtung der Biographie der Charlotte von Stein provoziert allerdings die Frage, ob sie die ihr gewidmete Aufmerksamkeit auch ohne ihre komplizierte Verbindung zu Goethe gefunden hätte. Wie mit einem goldenen Faden ist ihr ganzer Lebenslauf mit dem Namen Goethe durchwirkt. Ohne Zweifel ist Charlotte von Stein als Frau eine Persönlichkeit. Ihr Auftreten bleibt nie ohne Resonanz, und alle großen Geister, die ihr begegneten, sind des Lobes voll über ihre Ausstrahlung und ihr einnehmendes Wesen. Insoweit ist sie Exempel.

Charlotte entstammte der kinderreichen Familie des Weimarer Hofmarschalls Johann Wilhelm Christian von Schardt (1711–1790). Seine Gattin Konkordia, geborene von Irving (1722–1802), hatte ihm elf Kinder geboren, von denen lediglich drei Töchter und zwei Söhne überlebten: Charlotte, Amalie, Luise, Karl und Ludwig. Die Lebensumstände der großen Familie waren nicht die besten. Abgesehen davon, daß von Schardt offensichtlich über seine Verhältnisse lebte, hatte er sich damit abzufinden, daß die in jungen Jahren verwitwete Weimarer Herzogin Anna Amalia keine sonderlichen Sympathien für ihren Hofmarschall hegte und ihn nach dem frühen Tod ihre Mannes Konstantin im Jahre 1758 in Pension schickte. Seine am 25. Dezember 1742 geborene Tochter Charlotte Albertine Ernestine konnte jedoch Hoffräulein bzw. Hofdame bei der nur zwei Jahre älteren Herzogin werden.

Charlotte war zu dieser Zeit gerade achtzehn Jahre alt. Ihre Bildung hatte sie durch Hauslehrer und in der strengen Zucht des Vaters erworben. Ein Vater, der sich nicht gerade liebevoll seiner Familie widmete. Es war die Durchschnittsbildung junger Mädchen des Adels. Die Biographie der Charlotte läßt nicht erkennen, daß sie auf einem bestimmten Gebiet besondere Kenntnisse erworben hätte. Als Hofdame war ihr jedoch die Chance gegeben, eine standesgemäße Ehe einzugehen, zumal ihr die Vorzüge eines gewinnenden Wesens gegeben waren.

Und die Chance bot sich, als der Hofstallmeister Freiherr Ernst Josias Friedrich von Stein (1735–1793) um ihre Hand anhielt. Am 8. Mai 1764 heiratete Charlotte den nicht unvermögenden von Stein, zu dessen Besitz das in der Nähe von Rudolstadt gelegene Rittergut Großkochberg gehörte, welches in Charlottes Leben neben ihrem Weimarer Wohnsitz später eine so bedeutende Rolle spielen sollte.

Ihre Stellung als Hofdame gab Charlotte nach der Eheschließung sogleich auf. Die von Steins waren am Hofe jedoch wohlgelitten und durften an der herzoglichen Tafel teilnehmen. Bezeichnend ist die Spärlichkeit der Nachrichten über die ersten elf Jahre der Steinschen Ehe. Kaum mehr als die sieben Schwangerschaften und Wochenbetten Charlottes werden berichtet. Wir erfahren vom frühen Tod der geborenen vier Mädchen und von der Geburt der Söhne Karl am 8. März 1765, Ernst am 30. September 1767 und des Jüngsten Friedrich (Fritz) am 26. Oktober 1772, von denen der Zweitälteste (Ernst) auch schon im Alter von nur neunzehn Jahren verstarb. Für Charlotte von Stein waren diese Jahre Mühsal, und sie blieben ihr nicht als glückliche Ehejahre in Erinnerung, wie überhaupt festzustellen ist, daß sie bei aller Ausstrahlung nach außen offensichtlich keine sehr positive Lebenseinstellung hatte. Es war ein Leben, wie es unzählige andere Frauen in gleicher Weise zu bewältigen hatten.

Das änderte sich jedoch schlagartig mit dem Auftreten des jungen Wolfgang von Goethe in Weimar, in dessen Glanz sie zu einer Figur der Weltliteratur wurde und Unsterblichkeit erlangte. Der junge, gerade achtzehn Jahre alte Herzog Karl August hatte den acht Jahre älteren Dichter, nachdem er ihn auf Brautschau in Darmstadt kennen und schätzen gelernt hatte, aufgefordert, nach Weimar zu kommen. Goethe, dessen künftiger Lebensweg zu dieser Zeit noch nicht klar vorgezeichnet war, akzeptierte dieses Angebot, und am 7. November 1775 traf er in Weimar ein. Charlotte von Stein hatte von dem Dichter des *Werther* Näheres schon von dem Modearzt Johann Georg Zimmermann erfahren, dem sie anläßlich eines Aufenthaltes in Bad Pyrmont begegnete, und wie alle Weimarer war sie daran interessiert, den berühmten Verfasser des *Werther* kennenzulernen.

Zunächst aber begann zum Entsetzen der Weimarer ein wildes Treiben von Herzog und Dichter, deren überschäumende Jugendlichkeit sich über manche Konventionen hinwegsetzte. Gutmeinende Mahner, wie Klopstock, wurden barsch zurechtgewiesen, und auch Charlotte von Stein, der Goethe schon in den ersten Tagen seines Weimarer Aufenthaltes begegnete, hatte kein Verständnis für das ungebärdige Verhalten des sieben Jahre jüngeren Poeten. So schrieb sie im März 1776 an ihren Pyrmonter Briefpartner Zimmermann: »Goethe und ich werden niemals Freunde.« Ob das ihre innere Überzeugung war, sei dahingestellt, denn auf geheimnisvolle Weise hatte sich bereits ein Band zwischen Goethe als stürmischem Verehrer und der reservierten, reifen Frau geknüpft. Kaum vier Wochen nach seinem Eintreffen in Weimar waren vergangen, als Goethe sich anläßlich eines Besuches bei Frau von Stein schon mit seinem Namen auf Charlottes Schreibtisch verewigte.

Was war geschehen? Das Liebesbedürfnis des lebhaften Poeten, der zuvor schon die Zuneigung einiger junger Mädchen auf sich gezogen hatte, richtete sich in Weimar spontan auf die angesehene, attraktive Hofdame, die ihm auch mit Interesse und einer gewissen Neugier entgegentrat. Nur konnte er bei Charlotte von Stein, zu deren Lebensprinzipien die »Contenance« zählte, mit stürmischem Drängen und feurigen Erklärungen der Zuneigung kaum Eindruck machen. Die Zuneigung hatte sich jedoch von vornherein derartig verfestigt, daß sie zu einer echten Leidenschaft wurde. Und Goethe verpaßte keine Gelegenheit, Charlotte von Stein seine Liebe zu ihr wissen zu lassen.

Da Charlotte von Stein alle Nachrichten an Goethe später zurückverlangt und vernichtet hat, ist in das mehr als komplizierte Verhältnis der beiden nur aus den erhaltenen Briefen und Niederschriften Goethes und aus Zeugnissen von Zeitgenossen etwas Licht zu bringen. Das absolut Außergewöhnliche dieser Bindung ist, daß sie beinahe zwölf Jahre dauerte und über die ganze Zeit hinweg von Leidenschaft, Auseinandersetzungen, scheinbarem Verzicht und zarter Vertrautheit geprägt war, ohne eine letzte Erfüllung zu finden.

Zunächst sah sich Charlotte immer wieder genötigt, den jungen Liebhaber in seine Schranken zu verweisen. Sie verbot ihm das Du, welches sich Goethe erlaubte, versuchte aber auch, ihm ein wenig Schliff zu geben und sein Verhalten in ihrem Sinne zu korrigieren. Ohne Zweifel hatte Goethe hier Charlotte von Stein einiges zu verdanken. Schließlich darf man unterstellen, daß es nicht zuletzt die Zuneigung zu Charlotte von Stein war, die Goethe veranlaßte, in Weimar zu bleiben, als ihn der Herzog darum bat, ihn zum Geheimen Legationsrat ernannte und ihm das legendäre Haus an der Ilm schenkte.

War es auch Goethe, der die geliebte Frau fortgesetzt umschwärmte und sich manche Zurechtweisung gefallen lassen mußte, so verstrickte sich jedoch auch Charlotte von Stein mehr und mehr in eine enge Beziehung zu ihm. Im Laufe der Zeit war er zu einem unverzichtbaren Vertrauten und damit zu einem gewissen Lebensinhalt geworden, war ihre Ehe doch nicht gerade glücklich, und auch die Beziehungen zu den drei Jungen war mit Ausnahme zu ihrem Jüngsten, dem vor allem ihre mütterliche Sorge galt, mehr von Verantwortung als von Liebe geprägt.

Zu den wenigen Zeugnissen des Seelenzustands der verschlossenen Angebeteten zählen die gereimten Zeilen, die Charlotte auf die Rückseite des Goethe-Briefes vom 7. Oktober 1776 schrieb, in welchem er nach einem Wiedersehen in Weimar erneut seine Gefühle für sie zum Ausdruck brachte:

Ob's Unrecht ist, was ich empfinde – –
Und ob ich büßen muß die mir so liebe Sünde,
will mein Gewissen mir nicht sagen;
Vernicht es Himmel, du! wenn mich's je könnt' anklagen.

Daß es eine Beziehung Goethes zu Charlotte von Stein gab, war in Weimar schließlich auch kein Geheimnis mehr. Nur war das Ansehen der Frau von Stein so groß, daß hieran niemand etwas Unrechtes zu sehen wagte, einschließlich der Herzoginmutter und der Herzogin Luise, deren Vertraute Charlotte von Stein war. Das Wort Schillers gilt allgemein als die Kurzformel für diese Verbindung: »Man sagt, daß ihr Umgang ganz rein und untadelhaft sein soll« (an Körner). Daß es so war – es gibt keinerlei Belege für intime Beziehungen –, lag jedoch ausschließlich bei Charlotte von Stein. Ihre strenge Erziehung, ihr religiöses Denken, ihre sittlichen Vorstellungen hießen sie voller Skrupel, ihr inneres Empfinden zu verbergen.

Hieran änderte sich auch in den folgenden Jahren nichts. Immer wieder Bekenntnisse der Zuneigung, immer wieder Auseinandersetzungen. Eine Zeitlang hatte es den Anschein, daß sie einen Modus vivendi gefunden hätten. Voneinander lassen konnten beide nicht. War Charlotte im Steinschen Haus an der Ackerwand in Weimar oder in Großkochberg, Goethe war immer wieder ihr Gast. Sie tauschten Geschenke aus, und im Jahr 1780 erbat sich Goethe – und erhielt – einen mit C. v. S. gravierten Ring. Auch das Du gehörte ungeachtet aller immer wiederkehrenden Auseinandersetzungen und Zurechtweisungen schließlich zur brieflichen Anrede. Von einer Reise im Herbst 1881 sandte er Charlotte ein Gedicht, dessen Anfang lautet:

Den einzigen, Lida, welchen du lieben kannst,
Forderst du ganz für dich, und mit Recht,
Auch ist er einzig dein ...

Hatte Charlotte ein Recht, den innigen Freund ganz für sich zu beanspruchen? Offensichtlich tat sie es. Außer kleinen Flirts, die sicherlich bedeutungslos waren, gab es seitens Goethe hin und wieder auch Sympathien für andere Frauen, die den angesehenen und stattlichen Mann umschwärmten, sei es die attraktive Sophia von Schardt, der auch Herder sein Herz schenkte, sei es die intelligente, exaltierte Amalia von Werthern, die ihrem Mann auf spektakuläre Weise, unter Vortäuschung ihres Todes, davonlief, oder die Marquise Branconi. Goethes Hinwendung zu der Schauspielerin Korona Schröter, der auch der Herzog seine Aufmerksamkeit schenkte, der sie, als sie ihn abgewiesen hatte, als »marmorschön, aber marmorkalt« bezeichnete, war vielleicht am intensivsten. Aber auch hier verzichtete Goethe darauf, der umschwärmten Schauspielerin, der er in Freundschaft zugetan war, näherzutreten. Noch war es immer wieder Charlotte von Stein, deren Alleinanspruch er sich fügte und deren Einfluß auf sein Wesen und Schaffen in den Versen des Gedichts *Zuneigung* aus dem Jahre 1784 zum Ausdruck kommt:

> Du gabst mir Ruh, wenn durch die jungen Glieder
> die Leidenschaft sich rastlos durchgewühlt.
> Du hast mir wie mit himmlischem Gefieder
> am heißen Tag die Stirne sanft gekühlt.
> Du schenktest mir der Erde beste Gaben,
> und jedes Glück will ich durch dich nur haben!

Und noch am 18. August 1785 schreibt er aus Johanngeorgenstadt an Charlotte: »Endlich hier sechs Stunden von Carlsbad, wieder auf dem Wege zu dir meine Geliebte, meine Freundin, einzige Sicherheit meines Lebens. Was ist alles andre, was jedes andre menschliche Geschöpf. Je mehr ich ihrer kennen lerne, je mehr seh ich daß mir in der Welt nichts mehr zu suchen übrig bleibt, daß ich in dir alles gefunden habe.« Und in gewisser Weise war es auch so. Eine Bindung wie die zu Charlotte von Stein war so einzigartig, daß es für diese keine Überhöhung gab. Goethe hatte ihr alles gegeben, was er an Gefühlen zum Ausdruck bringen konnte. Und Charlotte hatte ihr ganzes Denken auf den Dichter gerichtet, von dem sie glaubte, daß sie ihn für sich allein beanspruchen durfte.
Doch Goethe war gerade sechsunddreißig Jahre alt. Zehn Jahre lang hatte er sein Leben auf die verheiratete Baronin

Charlotte von Stein ausgerichtet. Es konnte einfach nicht sein, daß ein Mann von dem Range Goethes, der noch sechsundvierzig Schaffensjahre vor sich hatte, diese unbefriedigende Abhängigkeit in eine ungewisse Zukunft zu tragen bereit wäre. Mochte er dies im Jahre 1785 vielleicht noch geglaubt haben, in seinem Innern muß die Einsicht gereift sein, daß es Zeit werde, sein Interesse anderweitig zu konzentrieren.

Nur aus diesem Zwiespalt heraus ist der abschiedslose Weggang von Weimar im Jahre 1786 zu erklären. Ein Fortgang, der nicht anders als eine Flucht gedeutet werden kann. Im Juli des Jahres war er noch vierzehn Tage mit Charlotte von Stein in Karlsbad, ohne ihr auch nur ein Wort über die geplante Italien-Reise zu sagen. Am 2. September schreibt er ihr einen letzten Gruß: »Lebe wohl du süßes Herz! Ich bin Dein.« Und hier eigentlich endet die unvergleichliche Romanze, ungeachtet der Tatsache, daß die Lebenswege der Liebenden noch vierzig (!) Jahre nebeneinanderher liefen. Charlotte von Stein starb Anfang 1828 im Alter von fünfundachtzig Jahren, Goethe 1832 im Alter von dreiundachtzig Jahren. Und beide lebten in Weimar. Goethe von Stufe zu Stufe höhersteigend, Charlotte vergrämt, kränklich, unglücklich und klagend. Wer könnte es Frau von Stein verdenken, daß sie verständnislos, ratlos, enttäuscht und voller Grimm auf das sie kränkende Verhalten ihres langjährigen Vertrauten reagierte, dessen Verlust ihr wohl ungeachtet der Briefe aus Italien bewußt wurde.

Die Begegnungen mit dem einst so Geliebten nach der Rückkehr aus Italien im Juni 1788 machten ihr deutlich, daß zwei Jahre Trennung die enge Bindung zerrissen hatten und ihr nun nicht mehr ein jugendlicher Liebhaber, sondern ein reifer, erfahrener Mann entgegentrat, dessen Weltsicht eine andere geworden war. Vollends verstören mußte sie schließlich die Kenntnisnahme, daß derjenige, den sie einmal glaubte, ganz für sich einnehmen zu können, seine Zuneigung einem einfachen Mädchen aus dem Volke schenkte und dieses als Gefährtin in sein Haus nahm: Christiane Vulpius.

Charlotte war tief gekränkt und ließ in den folgenden Jahren keine Gelegenheit aus, in verletzter Eitelkeit ihrer Verachtung für den einst geliebten Freund bzw. seine Gefährtin Ausdruck zu verleihen. In ihrem satirischen Schauspiel *Dido*, kein Meisterwerk der schriftstellerisch dilettierenden Baronin, verbirgt sie hinter der Person des leichtfertigen Ogon ihren ehemaligen Vertrauten, der ohne Skrupel alte Bindungen wie eine Schlangenhaut abwirft, seine Tugend und Schönheit verloren hat und sich jetzt unters Gewürm begebe, mit dem er am liebsten lebe. Erstaunlich ist, daß Schiller Frau von Stein für dieses Werkchen Elogen bereitete.

Es war am 18. September 1787, als Goethe seiner langjährigen Freundin aus Italien geschrieben hatte: »Laß uns keinen anderen Gedanken haben, als unser Leben miteinander zu endigen.« In gewissem Sinne haben Sie es schließlich tatsächlich miteinander geendigt, dies jedoch auf der Basis einer alten, distanzierten Bekanntschaft. Goethe hatte sich immer schon um Charlottes jüngsten Sohn Fritz gekümmert. Und das blieb auch so. Selbst Charlotte von Stein überwand später den Haß auf Goethe und Christiane Vulpius und widmete sich gerne und intensiv dem dieser Verbindung entsprossenen Sohn August. Ihr künftiges Leben war allerdings nicht glücklich. Der wenig geliebte Mann Josias von Stein starb im Jahre 1793. Der älteste Sohn Karl übernahm jetzt mit seiner fleißigen und liebevollen Frau Amalia die Verwaltung des Schlosses Großkochberg, womit für Charlotte auch dieses Domizil, welches für sie mit vielen Erinnerungen verknüpft war, nicht mehr Wohnstatt war. In ihrem Weimarer Haus mußte sie 1806 die Plünderungen und Verwüstungen der Franzosen über sich ergehen lassen, und auch ihre finanzielle Lage war nicht sehr komfortabel. Die engste Verbindung für sie blieb die Freundschaft zur vierundzwanzig Jahre jüngeren Charlotte von Lengefeld, der späteren Ehefrau Friedrich Schillers.

Mit höflicher Distanziertheit, ja mit einer gewissen Zuneigung in Erinnerung an vergangene Zeiten hielten die greisen Freunde schließlich noch den Kontakt aufrecht. Am 6. Januar 1828 verlosch das Leben der geliebten Freundin. In ihrem letzten Willen hatte sie angeordnet, daß ihr Leichenzug nicht an Goethes Haus vorbeigehen solle. Man hielt sich jedoch nicht daran. Goethe nahm an dem Begräbnis nicht teil. Er ließ sich durch seinen Sohn vertreten.

Christiane Vulpius
(Goethe)

Als Charlotte von Steins achtzehnjähriger Sohn Fritz, um dessen Erziehung und Lebensweg Goethe sich fürsorglich kümmerte, in den ersten Märztagen des Jahres 1789 Goethes Gartenhaus aufsuchte, in welchem er immer wieder Gast war, fand er dort zwar nicht seinen Mentor, jedoch ein junges Mädchen, welches ihm auf Anfrage kundtat, sie sei hier zu Hause, denn sie wohne beim »Geheimderat«.

Ein Skandal wurde damit im klatschsüchtigen Weimar öffentlich, wozu nicht zuletzt in grenzenloser Empörung und mit Verachtung die gekränkte Charlotte von Stein beitrug, nachdem sie von ihrem Sohne die Neuigkeit, welche im Grunde keine Neuigkeit war, erfahren hatte. Christiane Vulpius wohnte zu dieser Zeit schon einige Wochen bei dem verlorenen Vertrauten der Frau von Stein.

Es mangelte zwar kaum an Affären in der kleinen Residenzstadt, die Stoff für hin und her wogenden Klatsch boten. Hier war jedoch etwas geschehen, das hergebrachte Wertvorstellungen und überkommene Konventionen zu sprengen schien. Nicht nur weil eine allgemein bekannte, ideell überhöhte Bindung zweier außerordentlicher Menschen, das Verhältnis Goethes zu Charlotte von Stein, zerbrochen war, sondern daß dieses von dem einen Part – Goethe – durch die Bindung an ein einfaches Mädchen niederen Standes abgelöst wurde.

Es wäre einer ausführlichen Untersuchung und Betrachtung wert, welche Partnerschaften von geistig hochstehenden Persönlichkeiten in ähnlicher Weise eingegangen worden sind und welche Wertung ihnen jeweils beigemessen wurde. Es war neben Goethe nicht nur Heinrich Heine, der sich mit der Wahl einer Schuhverkäuferin als Lebenspartnerin ebenso entschied. Oder Jean-Jacques Rousseau mit seiner ungebildeten Gasthausgehilfin Thérèse Levasseur, die er nach dreiundzwanzigjährigem Zusammensein ehelichte. Der berühmte Göttinger Professor Lichtenberg hatte ein Blumenmädchen ins Haus genommen, und der Philosoph Hamann lebte ganz offen im Konkubinat mit der Pflegerin seines Vaters. Nietzsche schrieb im Sommer 1886 an seine Schwester: »Für einen Menschen wie ich bin, gibt es keine Ehe, es sei denn im Stil unseres Goethe.«

In gleicher Weise bemerkenswert ist auch die Partnerwahl Jean Paul Richters, der nacheinander einer möglichen Bindung mit den adeligen Damen Emilie von Berlepsch, Charlotte von Kalb, Josephine von Sydow, Karoline von Feuchtersleben und Henriette von Schlabrendorff aus dem Wege ging. »Mein Herz will die häusliche Stille ... Es will keine Heroine – denn ich bin kein Heros –. Ich kenne jetzt die Dornen an jenen Pracht- und Fackeldisteln, die man genialische Weiber nennt.« Gemäß seinen Vorstellungen solle es »blos ein sanftes Mädgen« sein, »das mit mir lacht und weint«. In Karoline, der Tochter des Geheimen Obertribunalrats Mayer in Berlin, glaubte er schließlich die gesuchte Ehefrau gefunden zu haben. Ob es die ideale Partnerin war, bleibt dahingestellt. Seinem Schwiegervater klagte er im Juli 1810, daß seine Frau in Gesellschaft ein Engel sei, jedoch »gegen Mann, Kinder und Hausgenossen eine Furie«. Als es ihm zu Hause in Bayreuth schließlich zu turbulent wurde, zog er sich zur Arbeit in die ihm vor den To-

ren der Stadt von der Gastwirtin Dorothea Rottwenzel einge-
richtete Schreibstube zurück. Von der Pädagogin Betty Gleim
gibt es in einem Schreiben vom 18. August 1810 an den Bremer
Senator Smidt die bemerkenswerte Äußerung: »Sonderbar,
daß die meisten ausgezeichneten Männer so uninteressante
Frauen haben.«

Interessant ist, daß sich noch hundert Jahre nach Christianes
Tod in dem Herausgeber der Zeitschrift *Kunst und Künstler*,
Karl Scheffler, ein Kritiker fand, der die Publikation des Briefwechsels Goethe–Christiane als »Klatsch und Indiskretion«,
»taktloses Entkleiden«, »Herumschnüffeln im Untergang,
Kammerdienerdienstfertigkeit« u. ä. bezeichnete und dem
Herausgeber des Briefwechsels mangelnde Ehrfurcht vor dem
Genius vorwarf. Als ob eine achtundzwanzigjährige Lebens-
gemeinschaft und Ehe eines Geistesheros ein Tabu wäre und
diese Gemeinschaft ein den Genius herabwürdigender Skandal.

Skandalös war nicht das Verhalten Goethes, sondern das Verhalten seiner Umwelt. Da bedarf es gar nicht der vielfältigen
Versuche, die Herkunft des armen Mädchens aufzuwerten,
wie das in der Sekundärliteratur um Goethe geschieht, indem
etwa betont wird, Vorfahren der Christiane seien Pfarrer und
Gelehrte gewesen, während sich unter den Vorfahren der Goe-
the-Linie vor allem Handwerker befanden. Als ob es darum
ging. Christiane war bettelarm, und ihr, als Goethe sie kennenlernte, nicht mehr lebender Vater hatte sich als spärlich besol-
deter Amtsarchivar Unregelmäßigkeiten zuschulden kommen
lassen, die ihn seine Stelle gekostet hatten.

Die ersten, noch harmloseren Äußerungen der Frau von Stein
lauteten: »Er hat nun sein Klärchen.« Eine Anspielung auf Goethes *Egmont*, aus dem Charlotte von Stein die Figur des sich
ganz hingebenden Bürgermädchens Klärchen, im Gegensatz
zu der Idealfigur der *Iphigenie*, in der sie sich wiedererkennen
konnte, von vornherein nicht gefiel. In ihren Augen war Christiane Goethes Mätresse. Und Caroline Herder scheute sich
nicht, Goethes Gefährtin in einem Brief an ihren in Italien wei-

lenden Gatten als Hure zu bezeichnen. Das waren die Auspizien, unter denen der neue Lebensabschnitt Goethes nach der Rückkehr aus Italien begann.

Johanna Christiana Sophia Vulpius wurde, wie aus ihrem Taufschein ersichtlich, am 1. Juni 1765 in Weimar geboren, ungeachtet dessen, daß Goethe später ihren Geburtstag am 6. August zu feiern pflegte, vielleicht auf Grund irrtümlicher Angaben Christianes. Die Jugend Christianes liegt weitgehend im dunkeln. Als sie am 12. Juli 1788 Goethe den Brief des um Hilfe bittenden älteren Bruders überbrachte, arbeitete sie in der Manufaktur für künstliche Blumen des Friedrich Justus Bertuch, der nicht nur Schatzmeister des Herzogs Karl August, sondern auch ein cleverer Geschäftsmann war.

Goethe, der sich nach dem soeben beendeten beinahe zweijährigen Italien-Aufenthalt noch nicht wieder in die Enge der Weimarer Residenz hineingefunden hatte und sich im übrigen darüber im klaren sein mußte, daß das alte Vertrauensverhältnis zu Charlotte von Stein erkaltet war, fand offensichtlich spontan Gefallen an dem zweiundzwanzigjährigen unkomplizierten und anscheinend fröhlichen Mädchen. Und sicherlich war es zunächst einmal männliche Regung, wenn er die Gelegenheit wahrnahm, ein junges, unverbildetes Mädchen, welches keine unüberwindlichen moralischen Schranken vor sich aufbaute, für sich zu gewinnen.

Da Christiane Goethe etwas gab, was ihm Charlotte über ein Jahrzehnt hinweg strikt verweigert hatte, auf der anderen Seite Frau von Stein eine von Herkunft und Bildung gegenüber dem einfachen Bürgermädchen geistvolle Vertraute war, mag er zunächst tatsächlich geglaubt haben, hier gäbe es nun zwei Beziehungen, die miteinander zu vereinbaren seien, zumal Christiane in diesem frühen Stadium kaum gewagt haben dürfte, Alleinansprüche an den Herrn Geheimrat geltend zu machen. Ein derartiger Alleinanspruch kam jedoch ohne jegliche Einschränkung von Frau von Stein, die unerbittlich eine Lösung der Beziehung zu Christiane Vulpius forderte.

Mit einem längeren, vom 1. Juni 1789 datierten Rechtfertigungs- und auch Anklageschreiben versuchte Goethe, das Verhältnis zu Charlotte zu retten. Zu glauben, daß die gekränkte, einst so geliebte Freundin seiner Argumentation folgen würde, zeugte hier allerdings von einer gewissen Naivität. Zu der Charlotte von Stein inzwischen bekanntgewordenen Bindung an Christiane Vulpius schreibt er: »Und das alles, eh von einem Verhältnis die Rede sein konnte, das dich so sehr zu kränken scheint. – Und welch ein Verhältnis ist es? Wer wird dadurch verkürzt? Wer macht Anspruch an die Empfindungen, die ich dem armen Geschöpf gönne? Wer an die Stunden, die ich mit ihr zubringe?«

Die Baronin antwortete auf dieses Schreiben nicht. Ein wenig war es in diesem Stadium auch Verrat des Hofmanns an dem Bürgermädchen, welches für Goethe in der Folgezeit eine immer unverzichtbarere Partnerin und Geliebte wurde, ohne daß sie eine ihrer Stellung gemäße Anerkennung fand, sondern im Gegenteil der Verachtung und Diskriminierung ihrer Umwelt ausgesetzt war.

Ende November 1789 zog Goethe mit Christiane in das ihm vom Herzog überlassene sogenannte Jägerhaus, und am ersten Weihnachtstag schenkte die junge Frau einem Jungen das Leben: August Walther (Julius). Einzige Patin des am 27. Dezember in der Hofkirche zu St. Jakob getauften Knaben war Christianes unverheiratete Tante Juliane, die ebenso wie Christianes kränkliche Schwester Ernestine mit ins Goethe-Haus gezogen war. August blieb der einzige lebende Nachkomme des Paares. Vier weitere Kinder wurden tot geboren oder starben kurz nach der Geburt.

Für das ungleiche Paar, welches im Juni 1792 in das große Haus am Frauenplan umzog, begann damit der Alltag unter den kritischen Augen der Weimarer Umgebung. Zunächst sicherlich eine wenig erfreuliche Situation für die junge, unverheiratete Frau, die jedoch offensichtlich über ein sonniges Gemüt verfügte und von allem Klatsch kaum berührt schien. Es gibt keine Überlieferung, daß sie je über ihr Los geklagt hätte, es sei denn über die lange Abwesenheit des Gefährten, wenn dieser wieder einmal Wochen oder auch Monate unterwegs war. Im Gegenteil war sie bemüht und in der Lage, dem Mann, der sie zu sich genommen hatte, eine ruhige Heimstatt zu bereiten, den großen und aufwendigen Hausstand mit Umsicht zu leiten und ihrem Kind eine gute Mutter zu sein. Das macht sie zu einer achtenswerten Frau.

Neben dem Klatsch der Außenstehenden ist vor allem der Briefwechsel des ungleichen Paares die Quelle, aus der wir uns heute ein Bild über das Familienleben im Goethe-Haus machen können. Und das zeugt von einem ständigen Zusammenwachsen und Füreinandereinstehen der Partner. Erhalten geblieben sind circa 600 Schreiben, davon etwa 350 von Goethe und 250 von Christiane, die jedoch nur einen Teil der umfangreicheren Korrespondenz abdecken. Daß Christiane das Schreiben nicht leicht von der Hand ging und ihre Briefe eine Orthographie aufweisen, die ihrem thüringischen Sprachduktus entsprach, kann ihr keiner zum Vorwurf machen. Erstens gibt es hier Parallelen. So war etwa auch Goethes Mutter Aja keine orthographische Perfektionistin, und auch die bereits betrachtete Karschin konnte nicht eine einzige fehlerfreie Zeile schreiben. Zweitens jedoch, und das ist das Entscheidende, wo sollte ein einfaches Bürgermädchen zu jener Zeit die simpelste Allgemeinbildung herhaben?

Viel wichtiger ist jedoch der Inhalt der Briefe, der erkennen läßt, daß die ungleichen Partner jeder auf seine Weise für den anderen da waren und bereit gewesen sind, sich mit den Empfindungen des anderen auseinanderzusetzen und hierauf Rücksicht zu nehmen. Der Briefwechsel Christiane–Goethe läßt über alle Jahre hinweg mit den immer wiederholten Liebesbeteuerungen erkennen, daß sich das Paar herzlich zugetan war und daß die Beziehung von Treue auf der einen Seite, aber auch von Toleranz gekennzeichnet war.

Wäre es nicht so, hätte die Verbindung sicherlich nicht achtundzwanzig Jahre, bis zum Tode Christianes im Jahre 1816, gedauert. Christiane war sich in aller Bescheidenheit immer über die Bedeutung ihres Partners und Ehemanns im klaren, und Goethe wußte genau, was er Christiane an häuslicher Ruhe und Pflege verdankte, abgesehen davon, daß im Goethe-Haus nicht nur die eigene Familie zu versorgen war. Von November 1791 bis zu seiner Heirat im Jahre 1803 gehörte Johann Heinrich Meyer, der »Kunscht-Meyer«, zum Goethe-Haushalt, der von Christiane ebenfalls versorgt und während einer schweren Krankheit gepflegt werden mußte. Anschließend war es von 1803 bis 1808 Friedrich Wilhelm Riemer (1774-1845), der, als Erzieher für den jungen August ins Haus geholt, später die ebenfalls zum Haushalt zählende Caroline Ulrich (1790-1855) heiratete. Nicht zu vergessen der Studiosus Nikolaus Meyer (1775-1855), der schließlich ein angesehener Arzt und Professor in Bremen wurde und Christiane zeitlebens ein guter Freund und Vertrauter blieb. Dazu kamen Köchin und Kutscher, weiterhin die Bestellung des Gartens und eines kleinen Ackerlandes. Und das alles lag auf den Schultern der jungen Frau.

Die Tüchtigkeit in praktischen Dingen war gepaart mit einer unkomplizierten Lebenslust. Christiane war eine leidenschaftliche Tänzerin und nahm jede Gelegenheit wahr, die sich ihr bot, ein paar Schuhe durchzutanzen. Außerdem hatte sie großes Vergnügen am Theater, wie es an der kleinen Weimarer Bühne realisiert werden konnte, wobei sie ein besonderes Talent entfaltete, ihre Affinität zur Schauspielerei durch persönliche Anteilnahme an den Sorgen und Problemen der Schauspieltruppe auszuweiten. Sie begleitete die Schauspieler von Zeit zu Zeit bei Auswärtsgastspielen, und Goethe war es zufrieden, wenn sie sich um die Harmonie innerhalb der Truppe kümmerte. Daß Christiane auch einem guten Tropfen nicht abgeneigt war, wird ihr oft zum Vorwurf gemacht. Den hat jedoch auch Goethe gerne genossen.

Ungerechtfertigt ist auch die Behauptung, daß Goethes dichterische Kraft nach der Italien-Reise nachgelassen habe, daß »sein hiesiges Verhältnis« ihn ganz »abpoetisiert« habe, wie Charlotte von Stein meinte. Freilich war es ein anderer Goethe, der sich in den *Venezianischen Epigrammen* und den *Römi-*

schen Elegien zu Wort meldete, Werken, von denen Frau von Stein meinte, daß der Dichter »edle Gefühle mit ein bißchen Kot beklebt habe ... um ja in der menschlichen Natur nichts Himmlisches zu lassen«.

Viel diskutiert wurde auch die Frage, warum Goethe die Verbindung erst nach siebzehn Jahren durch die Heirat am 19. Oktober 1806 legitimierte. Ohne Zweifel wäre jedoch in den ersten Jahren der Verbindung die Einführung der einfachen Frau in die Weimarer Gesellschaft so gut wie unmöglich gewesen. Goethe wird sich hierüber seine Gedanken gemacht haben, war er sich doch über die Unentbehrlichkeit der tüchtigen Hausfrau im klaren und die auf der anderen Seite beschämende gesellschaftliche Stellung seiner Gefährtin. So war der Entschluß zur Heirat, den er in den wirren Tagen der Schlacht bei Jena und Auerstedt und den Kriegswirren in Weimar faßte, als Christiane erneut ihre entschlossene Umsicht gegenüber rigiden Besatzern im Haus unter Beweis gestellt hatte, sicherlich lange gereift.

Christiane war nun die Frau Geheimrätin, und die Weimarer Damen mußten dies, wenn auch widerwillig, zur Kenntnis nehmen. Sie gehörte damit zur Weimarer Gesellschaft, hatte sich jedoch damit abzufinden, daß man auch künftig vielerorts Vorbehalte gegen die »Mesalliance« hatte. Goethes Mutter allerdings, die dem »Bettschatz« ihres Sohnes immer schon wohlgesonnen war, registrierte die Verehelichung überglücklich, und Christiane wurde damit ihre »liebe Tochter«. Aber auch unter den Damen der Weimarer Gesellschaft fanden sich Persönlichkeiten, die über allen Klatsch erhaben waren. Hierzu zählte die Hofrätin Johanna Schopenhauer, der Goethe mit seiner nun angetrauten Frau einen ersten Höflichkeitsbesuch abstattete. Ihr Kommentar: »Ich denke, wenn Goethe ihr seinen Namen gibt, können wir ihr wohl eine Tasse Tee geben.« Caroline von Wolzogen gehörte zu denjenigen, die ihr Gerechtigkeit widerfahren ließen, ebenso wie Elisa von der Recke. Aber auch bei Hofe wurde schließlich die Gattin des großen Dichters akzeptiert.

Hatte Christiane im Goethe-Haus absolut im Hintergrund gestanden, so etwa anläßlich eines längeren Besuches Friedrich Schillers, der sie nicht zu sehen bekam und wohl auch keinen Wert darauf legte, gehörte er doch zusammen mit seiner Frau, der Intimfreundin der Frau von Stein, zu denjenigen, die für Goethes Entscheidung kein Verständnis aufbringen konnten, machte sie andererseits nun offiziell die Honneurs im Hause, gab Visiten und ließ manchen auch den Einfluß spüren, der ihr als Frau Geheimrätin gegeben war. So etwa, wenn sie dafür sorgte, daß die immer schlecht über sie sprechende Witwe Schillers ihres Logenplatzes im Theater verlustig ging.

Vorgeworfen wurden ihr Verschwendungssucht und Unmäßigkeit in vielen Dingen, eine Gefahr, der aus Armut Emporgekommene leicht ausgesetzt sind. Letztlich blieb ihr Umgang im wesentlichen auf Schauspieler und junge Leute niederen Standes beschränkt, wenn ihr nunmehriger Ehemann auch immer wieder versuchte, ihr Ansehen in der vornehmen Gesellschaft aufzuwerten. Goethe blieb seiner Frau jedenfalls bis zu ihrem qualvollen Tod am 6. Juni 1816 in unerschütterlicher Treue zugetan.

Johanna Schopenhauer, die von Goethe wenige Tage nach dem Tode seiner Frau besucht wurde, berichtete Elisa von der Recke in einem Brief vom 25. Juni 1816: »Der Tod der armen Goethe ist der furchtbarste, den ich je nennen hörte. Allein, unter den Händen fühlloser Krankenwärterinnen, ist sie, fast ohne Pflege, gestorben; keine freundliche Hand hat ihr die Augen zugedrückt, ihr eigener Sohn ist nicht zu bewegen gewesen, zu ihr zu gehn, auch Goethe selbst wagte es nicht. Die entsetzlichen Krämpfe, in denen sie acht Tage lang lag, waren so furchtbar anzusehen, daß ihre weibliche Bedienung, die zu Anfang um sie war, auch davon ergriffen ward, und fortgeschafft werden mußte. Dies verbreitete allgemeinen Schrecken und niemand wagte, sich ihr zu nähern, man überließ sie fremden Weibern, reden konnte sie nicht, sie hatte sich die Zunge durchgebissen, ich mag das Schreckensbild nicht weiter ausmalen, aber herzlich dankte ich Gott, da ich hörte ihr Leiden wäre geendigt. Ihre Unmäßigkeit in allen Genüssen, zu einer sehr bösen Periode für unser Geschlecht, hatte ihr das fürchterlichste aller Übel, die fallende Sucht zugezogen. Aber eben diese Unmäßigkeit war vielleicht nur eine Folge ihrer auffallend starken, heftigen Natur, und ihrer körperlichen Beschaffenheit. Auf allen Fall hat sie die kurze Freude furchtbar gebüßt, und es kränkt mich, daß niemand mit Mitleid ihres Todes gedenkt, daß alles das viele Gute, welches doch in ihr lag, vergessen ist, und nur ihre Fehler erwähnt werden, selbst von denen, welchen sie wohltat und die ihr im Leben auf alle Weise schmeichelten.«

Ottilie Freiin von Pogwisch
(Goethe)

Nach dem Tode seiner Ehefrau Christiane im Jahre 1816 war Goethe alleine, und seinem Haushalt fehlte die umsichtige Hausfrau, die Christiane bei allen Schwächen, die sie gehabt haben mag, gewesen ist. Wie kam Goethe ohne Christiane zurecht?

Ein Jahr nach Christianes Tod heiratete Goethes Sohn August Ottilie Freiin von Pogwisch (1790–1872) und zog mit seiner Frau ins Elternhaus. Dort wurden auch die drei Enkel Walter Wolfgang (1818–1885), Wolfgang Maximilian (1820–1883) und Alma Sedina (1827–1844) geboren. Eine tüchtige Frau, die den großen Haushalt in gleicher Weise wie die Verstorbene führen konnte, war damit jedoch nicht am Frauenplan eingezogen. Kochen und ähnliche prosaische Dinge waren nicht ihre Sache. Wohl trat nun wieder eine Dame den Gästen entgegen, und es entfaltete sich eine rege Gesellligkeit im Haus, an der Goethe hin und wieder gerne teilnahm, zumal er zu seiner Schwiegertochter alles in allem ein gutes Verhältnis hatte.

Der greise Goethe, oft von Krankheit geplagt, fand in den jungen Damen Marianne von Willemer und der »heiteren, aber nicht lustigen« neunzehnjährigen Ulrike von Levetzow nochmals beglückende Gesellschaft und geliebte Briefpartnerinnen. Ja, selbst an eine Heirat mit der siebenundfünfzig Jahre jüngeren Levetzow dachte er zum Schrecken seines Sohnes und seiner Schwiegertochter und zum heimlichen Vergnügen der Weimarer. Unsterblich wurde Ulrike von Levetzow, die unverheiratet beinahe hundert Jahre alt geworden ist, jedoch in den unvergleichlichen späten Versen Goethes, den *Marienbader Elegien*.

Die sich über sechzehn Jahre erstreckende Korrespondenz Goethes mit der intelligenten Frankfurter Bankiersgattin Marianne von Willemer, die er die »liebe Kleine« nannte, beruht auf den wenigen Wochen persönlichen Zusammenseins in den Sommern 1814 und 1815. Die vierundzwanzig Jahre jüngere Marianne Willemer, geborene Jung, war die dritte Frau des umtriebigen Bankiers und Diplomaten Johann Jakob Willemer, der sich immer wieder auch schriftstellerisch betätigte. Er hatte die 1784 geborene Tochter einer Schauspielerin, die selbst auf der Frankfurter Bühne aufgetreten war, im Jahre 1800 als Pflegetochter in sein Haus aufgenommen und sie im Jahre 1814 geheiratet.

Marianne Willemer war sehr musikalisch und offensichtlich von großem Liebreiz. Vor der Wiederaufnahme seines Kontaktes mit Sophie Mereau hatte sich auch Clemens Brentano um sie bemüht und sie als Biondetta in seinen Romanzen vom Rosenkranz verewigt. Mit Goethe verband Marianne Willemer eine stille Liebe. Seine lyrischen Huldigungen beantwortete sie mit gekonnten Versen, die in Goethes Liedersammlung *West-östlicher Divan* (1819) als Äußerungen der Suleika Eingang gefunden haben, ohne daß sie als Verse der verehrten Frankfurter Freundin erkennbar waren. Goethes erstem Hatem-Lied aus dem Jahre 1815

Nicht Gelegenheit macht Diebe
Sie ist selbst der größte Dieb:

Denn sie stahl den Rest der Liebe
Der mir noch im Herzen blieb.

antwortete sie mit den Versen:

Hochbeglückt in deiner Liebe
Schelt ich nicht Gelegenheit;
Ward sie auch an dir zum Diebe,
Wie mich solch ein Raub erfreut!

Erst lange nach ihrem Tode im Jahre 1860 wurde offenkundig, daß Goethe einige der ihm von Marianne Willemer zugesandten Verse in seinen *West-östlichen Divan* einbezogen hatte. Gesehen haben sie sich nach Goethes Aufenthalt in Frankfurt im Jahre 1815 nicht mehr.

Im Haus am Frauenplan in Weimar war nach dem Tode Christianes nun jedoch Goethes Schwiegertochter die Dame des Hauses, wenn auch der Familie des Goethe-Sohnes nur eine Mansardenwohnung zugebilligt wurde. Ottilie, geboren am 31. Oktober 1796 in Danzig, entstammte einem adeligen Haus. Ihr Vater, der aus dem Holsteinischen stammende Wilhelm Julius Freiherr von Pogwisch, war preußischer Offizier und die sechzehn Jahre jüngere Mutter Henriette eine geborene Gräfin Henckel von Donnersmarck. Die Ehe der Eltern war auf Grund der vom Vater verschuldeten desolaten finanziellen Verhältnisse nicht von Dauer. Schließlich dienten die Großmutter und die Mutter von Ottilie am Weimarer Hof als Oberhofmeisterin und Hofdame. Ihre Töchter Ottilie und die jüngere Ulrike hatte sie 1809 nach Weimar geholt, die hier nun mit gleichaltrigen Freundinnen, zu denen vor allem die Schopenhauer-Schwester Adele zählte, eine unbekümmerte Jungmädchenzeit verbrachten.

Innerhalb der verflochtenen Zirkel hatten sich auch Ottilie von Pogwisch und der Goethe-Sohn August kennengelernt, der schon bald von dem attraktiven Mädchen sehr angetan war und sie für sich zu gewinnen trachtete. Ottilies Aufmerksamkeit wurde jedoch von anderen Männern abgelenkt, wie das auch späterhin immer wieder geschah. Zunächst einmal war es der schneidige preußische Premierleutnant Ferdinand Heinke, der als Quartiermacher nach Weimar gekommen war und dem sie, wie übrigens auch ihre Freundin Adele, ihre Sympathien entgegenbrachte. »Wir sind wirklich in einer traurigen Lage, denn fast liegt's am Tage, daß wir beide eine und dieselbe Person lieben«, schrieb Adele ihrer Freundin Ottilie. Ein kurzer Schwarm der jungen Mädchen, den sie beide jedoch zeit ihres Lebens nicht vergaßen. Heinke, von Beruf Jurist, war bereits einer anderen versprochen und heiratete im Jahre 1815. Später wurde er Polizeipräsident von Breslau und Ehrenbürger der Stadt.

Ottilies Zukunftsperspektiven waren zu dieser Zeit nicht sehr rosig. Der sieben Jahre ältere August von Goethe, inzwischen Kammerrat, dem sie ohne Sentiments als gutem Bekannten verbunden blieb, war weiterhin nicht abgeneigt, sie zur Frau zu nehmen. Für Ottilies adelige Verwandtschaft jedoch keine Idealvorstellung. Der Ruf des Goethe-Sohnes, immerhin unehelich geboren, war nicht der beste. Und auch Ottilies Freundin Adele konnte sich nicht mit dem Gedanken anfreunden, sie als Gattin des Goethe-Sohnes zu sehen: »Mein Kopf ist mir ganz verrückt, wenn er Dich als Augusts Frau denkt. Dieser harte, wilde Mensch. Ich weiß, er zerstört Dich noch ganz.«

Für Ottilie war die Heirat dann jedoch die einzige sich bietende Lösung, aus ihren familiären Querelen herauszukommen. Zudem war ihr der alte Goethe zugetan, und im Hause am Frauenplan konnte sie zumindest eine gesicherte Zukunft erwarten. Am 17. Juni 1817 wurde das ungleiche Paar getraut.

Daß ihre Bindung an August von Goethe eine Vernunftehe war, wurde in den kommenden Jahren immer deutlicher. Adele Schopenhauer sah es so: »Sie hat ihn lieb, aber sie liebt ihn nicht.« August, ein nüchterner und pedantischer Mensch, kann nicht der Vorwurf gemacht werden, daß er nicht das ihm mögliche für seine Frau getan hätte. Gutmütig gewährte er ihr immer wieder Reisen und Kuraufenthalte und schluckte, wenn auch zähneknirschend, ihre Amouren. Früh jedoch tauchte bei Ottilie der Gedanke an eine Scheidung auf. Mitte Juli 1824 schrieb sie ihrer Mutter aus Bad Ems: »... sieben Jahre lang habe ich mich ungeliebt gesehen, stets getadelt, stets verletzt: nun hängt nichts mehr von ihm ab; er mag sein, wie er will, es kann mich zwar noch peinigend, nicht mehr aber erfreuend berühren. Und was sollte ich ihm sagen? Hat er nicht in allem, was ihn jetzt schmerzt und worüber er sich beklagt, vollkommen recht?«

Abgesehen davon, daß ihr die Mutter riet durchzuhalten und auch August von Goethe nicht bereit war, in eine Scheidung einzuwilligen, fühlte sich Ottilie verpflichtet, schon ihrem Schwiegervater zuliebe, zu bleiben. Die unterschiedlichen Charaktere des ungleichen Paares prallten jedoch immer wieder aufeinander. August konnte sich mit der Lässigkeit und Freizügigkeit Ottilies nicht abfinden, und Ottilie hatte ihre Probleme mit der Biederkeit und Unduldsamkeit ihres behäbigen Mannes, die ihr keinerlei Anregungen boten. Selbst die drei Kinder, die sie gebar, konnten die Familienbande nicht festigen. August ging seinen Amtspflichten nach, während Ottilie für alle häuslichen Verrichtungen ihr Personal hatte, so daß sie nicht ausgelastet und gefordert war. Letztlich war es immer wieder der Schwiegervater, der sie im Hause hielt.

Sophie von Schardt schrieb über die Goethe-Schwiegertochter: »Sie ist geistvoll und gut, singt ganz himmlisch, versteht Musik auch gründlich.« Ottilie selbst hatte dieses Urteil schon als junges Mädchen in weiser Selbsterkenntnis gegenüber ihrer Intimfreundin Adele Schopenhauer dahingehend erweitert: »Du weißt wohl, in der Moral bin ich nicht stark« (17. Mai 1817). Ihre Aufmerksamkeit anderen Männern zuzuwenden, konnte sie sich auch nach der Eheschließung nicht enthalten. Ihr Flirt mit dem Kunstreiter Batist war zwar für einen Weimarer Klatsch gut, dennoch harmlos, während Ottilies Begegnung mit dem neunzehnjährigen Iren Charles Sterling im Jahre 1823 für ihr Leben von nachhaltiger Bedeutung gewesen ist, trauerte sie ihm doch ein Leben lang nach. Als sie

Sterling, nachdem er Weimar wieder verlassen hatte, ein Uhrband sandte, begleitete sie es mit den Versen:

Es sei dies Band um alle Deine Stunden
Gleich einem Talisman gewunden,
Der freundlich Dich erinnern mag,
Daß jede Stunde, jeder Tag,
Der froh, der trüb vorübereilt,
Die ferne Freundin mit dir teilt.

Das Verhältnis Ottilie/Sterling blieb durch Indiskretionen in Weimar nicht geheim. August war konsterniert, bewahrte jedoch Haltung und versuchte wenigstens nach außen hin, seinem Ehebündnis Bestand zu bewahren. Und dies auch, als Ottilie wenige Jahre später wiederum einem Weimar besuchenden Mann mehr als Sympathien schenkte.
Das Jahr 1826 brachte reichlich Unruhe und Verdruß. Bei einem Reitunfall erlitt Ottilie häßliche Gesichtsverletzungen, so daß sie sich über Wochen und Monate kaum an die Öffentlichkeit traute. Im gleichen Jahr mußte sie sich damit abfinden, daß ihre Herzensfreundin Adele Schopenhauer mit ihrer Mutter nach Unkel am Rhein zog, ein für Ottilie herber Verlust. Dann jedoch begegnete sie im Herbst des Jahres dem Schotten Charles DesVoeux. Er war sprachbegabt, dilettierte als Schriftsteller und hatte die Absicht, Goethes *Tasso* zu übersetzen. Goethe sah dies mit einiger Skepsis und veranlaßte Ottilie, bei der Übersetzung behilflich zu sein. Tatsächlich hat sie ihren Anteil an der Übersetzung. Wie so oft verlor sie jedoch ihr Herz und verstrickte sich hoffnungslos in eine Beziehung, die nicht von Dauer sein konnte. Zudem bekam sie wieder ein Kind, die Tochter Alma, die am 29. Oktober 1827 geboren wurde. Ottilie mußte jedoch schon bald einsehen, daß auch die Beziehung zu DesVoeux nur eine Facette in ihrem unruhigen Leben sein konnte. So schrieb sie dem verlorenen Liebhaber am 6. Dezember 1827: »DesVoeux! Sie haben mich tief und unheilbar verletzt. Mit dem Glauben an das Traumbild

Ihrer Freundschaft gebe ich den letzten Anspruch an Glück für ewig auf und kehre zu der einsamen Lebensalpe zurück, wo es meine Bestimmung war zu existieren, obgleich die Neigung anderer mir so oft nahte.«

Ottilie begann zu resignieren. Von ehelicher Gemeinschaft konnte nicht mehr gesprochen werden. August von Goethe, der seinem Vater zwar nach wie vor bei seinen Verlagsgeschäften behilflich war, ertränkte seine Unzufriedenheit zunehmend im Alkohol und sah schließlich nur noch in einer vorübergehenden Entfernung aus Weimar eine Lösung für seine Probleme. Im April 1830 reiste er voller Unruhe nach Italien, erkrankte anläßlich seines Aufenthaltes in Rom und starb dort am 27. Oktober. Ironie des Schicksals war, daß ihm Ottilies Sterling, den August im Grunde auch schätzte, am Krankenbett zur Seite stand. Eine dreizehnjährige unglückliche Ehe hatte ihr Ende gefunden.

Das Urteil der nun Vierunddreißigjährigen über ihre Ehe in einem Brief an Adele Schopenhauer: »Ich beklage mehr die Art unseres Zusammenlebens wie seinen Tod. Wir waren gewiß beide grenzenlos unglücklich; und was mir eine entsetzliche Empfindung gibt, ist der Gedanke, daß er gleichsam für uns, oder für mich gestorben ist. Oder vielmehr das Gefühl gehabt hat, daß es das beste für unser Glück sei.«

Die letzten Verse August von Goethes in dem von Ottilie initiierten und herausgegebenen Literaturblatt *Chaos* lauteten:

Ich will nicht mehr am Gängelbande
Wie sonst geleitet sein,
will lieber an des Abgrunds Rande
Von jeder Fessel mich befrein!

Ihrem Schwiegervater blieb Ottilie eine gute Tochter, und sie harrte bis zu seinem Tode im März 1832 bei ihm aus. Am 20. März 1831 schrieb Goethe, der das Schuldenmachen Ottilies zu zügeln versuchte, an Boisserée: »... wenn ich sage, daß Tochter und Enkel sich so betragen, daß man sich über ihre

Fügsamkeit, Zucht und Anmut, über alles unabsichtliche Zuvorkommen und harmonische Übereinsein nicht genug erfreuen kann, so ist noch nicht alles gesagt.« Goethe war sich ihrer Charakterschwächen vollauf bewußt, was sich schließlich in seinem Testament niederschlug, setzte er doch nicht sie, sondern seine Enkel als Alleinerben ein und bestimmte für seine Schwiegertochter lediglich eine Leibrente, von deren beschränktem Umfang Ottilie nach dem Tode ihres »Vaters« mit Entsetzen Kenntnis nahm.

So hielt sie nach dem Ableben des Schwiegervaters nichts mehr in Weimar. Ihr weiteres Leben, das, von ständigen Geldnöten begleitet, noch vierzig Jahre währte, war chaotisch und hektisch, sie selbst bezeichnete sich später als »eine alte Vagabundin«.

Auf der Suche nach Charles Sterling, der sich von ihr abgewandt hatte und den sie vergeblich zu treffen hoffte, ließ sie sich in Frankfurt mit dem dort wohnenden Engländer Captain Story ein, mag sein mit der Illusion, bei ihm als Ehefrau noch eine Heimstatt zu finden. Aber auch Story war nicht bereit, sich an Ottilie zu binden. Daß sie von ihm nun ein Kind bekam, war ihr tragisches Schicksal. Nicht zuletzt dank des Einsatzes ihrer selbstlosen Freundinnen, der schriftstellernden Engländerin Anne Jameson und der ihr verbundenen Bankiersgattin Sibylle Mertens-Schaaffhausen, die sie bis zum Tode ideell und materiell unterstützten, überstand sie auch diese heikle Situation, indem sie sich nach Wien begab und dort am 15. Februar 1835 ihr viertes Kind Anna gebar, der jedoch nur ein kurzes Leben beschieden war. Bereits im darauffolgenden Jahr starb das kleine Wesen in Abwesenheit ihrer Mutter.

Ottilie konzentrierte sich in den folgenden Jahren vor allem auf das berufliche Fortkommen ihrer Söhne. Walter, der ältere der beiden Jungen, hatte musisches Talent und strebte eine Musikerlaufbahn an. Mendelssohn Bartholdy, Carl Loewe und Robert Schumann sollten ihm zur beruflichen Karriere verhelfen. Alle waren sich jedoch darüber im klaren, daß für den jungen Mann der Name seines Vaters bedeutender war als sein Können. Dem sensiblen Walter ging jede Kritik unter die Haut, und er mußte schließlich einsehen, daß er nie ein großer Musiker bzw. Komponist werden konnte. Seine Lebensaufgabe fand er schließlich in der Verwaltung des väterlichen Nachlasses. Der verzärtelte Sohn Wolfgang wurde Jurist und brachte es bis zur Ernennung zum Legationssekretär, ohne jedoch in seinem Beruf eine erfolgreiche Karriere zu machen.

Ottilie, die Walter zu seinen Studien nach Leipzig begleitete, hatte auch dort für ihr Anlehnungsbedürfnis schon bald wieder einen Zielpunkt gefunden: Dr. August Kühne, elf Jahre jünger als Ottilie, Redakteur und Herausgeber der *Zeitung für die elegante Welt*. Kühne war gerne Gast bei Frau von Goethe, und tatsächlich konnte sie ihm bei seiner literarischen Tätigkeit behilflich sein. Aber auch Kühne hatte sich dagegen zu wehren, ihr mehr als ein guter Bekannter zu sein. Als sich Kühne mit einer Sechzehnjährigen verlobte und sie zwei Jahre später heiratete, notierte sie in ihr Tagebuch: »... verloren hat er mich für Zeit und Ewigkeit«, was sie jedoch nicht hinderte, ihm noch jahrzehntelang freundschaftlich verbunden zu bleiben.

Im Jahre 1842 brach Ottilie dann jedoch ihre Zelte in Weimar endgültig ab und erkor sich Wien als Wohnsitz. Dort verbrachte sie mit Ausnahme zahlreicher Reisen die nächsten vierundzwanzig Jahre. Auch in Wien hatte sich für sie ein Fixpunkt ergeben. Schon bei ihrer Flucht in die Stadt im Jahre 1834 zur Entbindung ihres vierten Kindes hatte sie den Arzt Romeo Seligmann kennengelernt, der ihr nicht nur als Mediziner beistand, sondern auch an ihren seelischen Nöten Anteil nahm. In dem immer wieder zutage tretenden Überschwang ihrer Gefühle stellte sie auch an diesen Mann Ansprüche, für die es keine Berechtigung gab, wenn er auch, wie die Zukunft zeigte, immer für sie da war.

An Sibylle Mertens-Schaaffhausen schrieb sie: »... es ist das Gefühl der Zufriedenheit, was mich hier jetzt erfüllt; ich weiß, daß es nicht so bleiben kann und wird, denn der größte Teil dieses Glückes kommt auf die Rechnung von Seligmann, den ich täglich sehe, und der mir dadurch den geistreichen Umgang bietet.« Die stets hilfreiche Anna Jameson-Brownell warnte jedoch Ottilie: »Only for God's Sake, do not make another beginning at Vienna to end in the same tragedy.« Und Seligmann schrieb ihr bei anderer Gelegenheit: »...es wäre ein großes Unglück für Sie, wenn ich zu den Dingen gehörte, die für Sie unentbehrlich sind.«

Das Jahr 1844 brachte Ottilie weiteres Leid und Ungemach, das sie zudem allseitigem Klatsch aussetzte. Sie hatte ihre hübsche und hoffnungsvolle Tochter Alma von Weimar nach Wien geholt, die dort vier Wochen vor ihrem siebzehnten Geburtstag einer Typhusepidemie zum Opfer fiel. Für Ottilie bedeutete dies, daß ihr das nicht unbeträchtliche Erbteil der Tochter zufiel, was die Gerüchteküche in Gang setzte, und man scheute sich nicht, den Verdacht zu äußern, Ottilie sei am Tode ihrer Tochter nicht unschuldig.

Die älter werdende Frau von Goethe, die in Wien zeitweilig ihre ganze Familie um sich versammelt hatte, das heißt ihre beiden Söhne und die Schwester Ulrike, genoß jedoch weiterhin großes Ansehen und konnte immer wieder namhafte Gäste bei sich begrüßen. Und das nicht nur in Wien, sondern auch bei ihren Aufenthalten in Rom. Schließlich wurde es jedoch immer einsamer um sie. Im Jahre 1849 starb ihre Jugendfreundin Adele Schopenhauer, 1851 ihre Mutter Henriette, die bis zu ihrem Tode Ottilies Vertraute war, alle Sorgen mit ihr teilte und ihr immer wieder finanziell unter die Arme griff. 1857 endete Sibylle Mertens-Schaaffhausen ihr Leben in Rom, die Freundin, der sie ebenfalls immer wieder Rettung aus ihren Geldsorgen verdankte. Ihre Schwester Ulrike ging 1859 in das Damenstift des holsteinischen St.-Johannis-Klosters, dessen Priorin sie später wurde.

Bei Ausbruch des Krieges Preußens gegen Österreich verließ Ottilie Wien und ging nach Weimar. Dort starb sie in bescheidenen Verhältnissen am 26. Oktober 1872. Krönender Abschluß ihres unsteten Lebens war der Besuch der deutschen Kaiserin, der einstigen Prinzessin von Sachsen-Weimar und nunmehrigen Kaiserin Augusta, in ihrem bescheidenen Mansardenzimmer des Stadthauses am Frauenplan, wo sie als junge Frau einst gewohnt hatte. So blieb ihr bis zum Tode im Jahre 1872 der Nimbus einer zwar in vielen Dingen exzentrischen und extravaganten, aber dennoch faszinierenden Dame.

Die Crux ihres unruhigen Lebens versuchte sie auf diese Weise zu definieren: »Mein ganzes Unrecht ist aus dem Wunsche entstanden, ein Wesen zu finden, dem ich mein Dasein ganz weihen könnte, das mich als sein Eigentum betrachtet ... und dem bis zum letzten Hauch jeder Gedanke angehört. Von Klippe zu Klippe bin ich diesem Traumbild nachgejagt bis hinunter in den tiefsten Abgrund.«

Es bleibt eine Frage, ob sie in einer guten Ehe dauernden Halt gefunden hätte. Die adelige Herkunft, die immer eine wesentliche Rolle gespielt hat, ihre intensive Neigung zu kapriziöser Fixierung auf ihr begegnende Männer, ihre Unausgeglichenheit und die mangelnde Ausbildung und Nutzung der in ihr schlummernden Fähigkeiten sowie ihre Unfähigkeit, mit den ihr zur Verfügung stehenden finanziellen Mitteln hauszuhalten, ließen sie nie zu einer Stärke reifen, wie sie eine Elisa von der Recke ausbildete. So war ihr Leben letztlich von einer gewissen Tragik umwoben.

Die Schwestern von Lengefeld

Charlotte von Schiller

Zu den Intimfreundinnen der Charlotte von Stein zählte ihr Patenkind, die vierundzwanzig Jahre jüngere Ehefrau Schillers, Charlotte, geborene von Lengefeld. Nicht nur im Urteil über die Goethe-Gefährtin Christiane Vulpius trafen sich die Baronin und die geistvolle junge Dame als Gleichgesinnte. Charlotte von Lengefeld war die einzige, der gegenüber sich die Baronin auch in Herzensangelegenheiten öffnete. In der langjährigen engen Freundschaft ist Charlotte von Lengefeld schließlich zur wichtigsten Vertrauten der Frau von Stein geworden. Sie war die einzige, die vor dem Tode der Goethe-Gefährtin Briefe des Dichters an die geliebte Frau lesen durfte. Geboren wurde Luise Charlotte Antoinette von Lengefeld am 22. November 1766 zu Rudolstadt als zweite Tochter des Fürstlich Schwarzburg-Rudolstädter Kammerjunkers und Rathes Carl Christoph von Lengefeld (1715–1775), als dieser bereits einundfünfzig Jahre alt war. Ihre Schwester Sophie Caroline Auguste, die in jungen Jahren mit Friedrich Wilhelm von Beulwitz und später mit Wilhelm von Wolzogen verheiratet war, hatte am 3. Februar 1763 das Licht der Welt erblickt.

Wie es den Zeitverhältnissen entsprach, fand auch bei den von Lengefelds die Erziehung und Bildung der Mädchen im Hause statt, weil der Vater, wie sich Caroline später äußerte, »uns besser unterrichtet sehen wollte, als in dem kleinstädtischen Wesen, das uns umgab, gebräuchlich war«. Doch starb der um die standesgemäße Erziehung bemühte Vater bereits im Jahre 1775, als Charlotte neun und Caroline zwölf Jahre alt waren.

Offensichtlich war die ältere der beiden Schwestern eine attraktive junge Dame, und so fand sich schon für die Sechzehnjährige in dem Adligen von Beulwitz, dem Prinzenerzieher am kleinen Rudolstädter Hof, ein Mann, mit dem sie sich verlobte oder mit dem sie verlobt wurde. Für Charlotte dagegen plante man, sie der Herzogin Luise in Weimar als Hofdame vorzuschlagen.

Zuvor reiste Frau von Lengefeld jedoch mit ihren Töchtern und Carolines Verlobtem, den sie 1784 mit großen Vorbehalten heiratete, zur Erlernung der französischen Sprache 1783/84 für ein knappes Jahr an den Genfer See.

Schicksalhaft war für Charlotte von Lengefeld jedoch die Begegnung mit dem großen Weggefährten Goethes, Friedrich Schiller (1759–1805). Durch den Vetter der jungen Damen von Lengefeld, Wilhelm von Wolzogen, in das Rudolstädter Haus eingeführt, fand der leicht entflammbare, noch keine dreißig Jahre alte Dichter, der immer auf der Suche nach einer Heimstatt und Geborgenheit war, Gefallen an den jungen Lengefeld-Damen, nachdem sich vorhergegangene, stets jedoch distanzierte Zuwendungen als Fehlentscheidungen erwiesen hatten. So die voreiligen Bewerbungen um die Hand Charlotte von Wolzogens im Jahre 1784 und der Buchhändlertochter Anna Margarete Schwan, vor allem jedoch die Beziehung zur unglücklich verheirateten Charlotte von Kalb, die nichts unversucht ließ, Schiller für sich zu gewinnen.

Schiller, der 1785 dem Ruf Körners nach Leipzig gefolgt war und 1787 auf Einladung der Charlotte von Kalb nach Weimar umsiedelte, hatte 1788 anläßlich eines halbjährigen Aufenthaltes in der kleinen Residenz Rudolstadt engen Kontakt zur Familie von Lengefeld gefunden, deren ständiger Gast er in diesen Monaten war. In dieser Zeit wurde er sowohl der verheirateten Caroline als auch der jungen Charlotte ein verehrter Gefährte und Freund. Da Caroline bereits verheiratet war, lag es nahe, sich vor allem der jungen Charlotte zuzuwenden. Die meisten Briefe Schillers gingen jedoch an beide Schwestern, war Caroline doch die lebhaftere und geistig wendigere.

Offensichtlich spielte auch Caroline mit dem Gedanken, Schiller die künftige Partnerin zu werden, war die so früh eingegangene Bindung mit dem sicherlich sehr ehrenwerten von Beulwitz doch bereits brüchig geworden. Wenn sich Charlotte und Schiller auch zugetan waren, gab es dennoch Unklarheiten über die Zukunft, die so weit gingen, daß Charlotte sogar in Erwägung zog, zugunsten ihrer Schwester zurückzutreten. Hier war es nun an der Zeit, klare Verhältnisse zu schaffen. Dies geschah schließlich mit Schillers bemerkenswertem Schreiben vom 15. November 1789 an die Schwestern, in welchem er erklärte: »Caroline ist mir näher im Alter und darum auch gleicher in der Form unserer Gefühle und Gedanken. Sie hat mehr Empfindungen in mir zur Sprache gebracht als Du, meine Lotte – aber ich wünschte nicht um alles, daß diese anders wäre, daß Du anders wärest als Du bist. Was Caroline vor Dir voraus hat, mußt Du von mir empfangen; Deine Seele muß sich in meiner Liebe entfalten, und mein Geschöpf mußt Du sein, Deine Blüte muß in den Frühling meiner Liebe fallen.«

Mochte der Vergleich der beiden Schwestern Charlotte vielleicht auch ein wenig schmerzen, gab ihr der Brief jedenfalls die Gewißheit, daß sich Schiller endgültig für sie entschieden hatte. Sicherlich die richtige Wahl, wie sich in der Zukunft zeigte. Eine Entscheidung zugunsten der Schwester wäre für Schiller möglicherweise fatal gewesen, war Caroline doch ein leidenschaftliches Wesen und von unsteter Natur. Ihr weiterer Lebensweg war voller Unruhe mit der Scheidung von ihrem Ehemann von Beulwitz, einem undurchsichtigen Verhältnis

Schiller mit seiner Verlobten Charlotte von Lengefeld und deren
Schwester Caroline in Volkstedt

zu dem Koadjutor Karl von Dalberg, der Heirat mit ihrem Vetter Wilhelm von Wolzogen im Jahre 1794 und nach dessen Tod
einem weiteren Liebesverhältnis, wobei ihr »ami« es jedoch
vorzog, eine andere zu heiraten. Ungeachtet dessen war Caroline sicherlich die geistig regere, und etliche Erinnerungen an
den Dichter sind den Aufzeichnungen, die in ihrem 1830 erschienenen Erinnerungswerk *Schillers Leben* ihren Nieder-

schlag fanden, zu verdanken. Und daß Caroline als Frau von Wolzogen zu denjenigen gehörte, die Christiane Vulpius ohne Vorbehalte gegenübertraten, spricht für sie als Charakter, der frei war von konventionellen Vorurteilen.

Schiller war sich sicherlich schon bald darüber im klaren, daß die ruhige und ausgeglichene Charlotte ihm die Heimstatt zu bieten in der Lage war, nach der er sich sehnte. Noch stand einer Verbindung jedoch nicht nur der Standesunterschied entgegen, sondern vor allem das Fehlen eines gesicherten Einkommens, auf dem eine Ehe gegründet werden konnte.

Als Schiller im Jahre 1789 jedoch auf Veranlassung Goethes eine Professur an der bedeutenden Universität zu Jena angetragen wurde, übernahm er diese Aufgabe mehr aus Gründen der Existenzsicherung als aus Begeisterung für eine derartige Tätigkeit, vor allem aber auch, um eine Ehe mit Charlotte von Lengefeld eingehen zu können.

Hochzeit war am 22. Februar 1790, und die junge Adlige wurde ihm hinfort eine treue Gefährtin und eine starke und wesentliche Partnerin, bemerkenswerterweise bei umgekehrten gesellschaftlichen Vorzeichen, indem hier die Frau aus adeligem Hause den bürgerlichen Gelehrten ehelichte. Schiller war glücklich, nun die Ruhe gefunden zu haben, nach der er sich sehnte. »Alle meine Wünsche von häuslicher Freude sind in ihre schönste Erfüllung gegangen. Wir führen miteinander das seligste Leben ... Jetzt erst kann ich sagen, daß ich lebe, weil ich mich jetzt erst meines Lebens freue.«

Der Ehe entsprossen vier Kinder: die Söhne Carl und Ernst und die Töchter Caroline und Emilie, die alle ihren Weg machten. Charlotte ging ganz in ihrer Rolle als Ehefrau Schillers auf. Diese Rolle war sicherlich nicht ganz einfach, war Schiller doch immer wieder kränklich und oft wohl auch unleidlich. Gegensätzlichere Ehen als die von Goethe und Schiller sind kaum vorstellbar. Dort der große Haushalt am Frauenplan mit der Hausfrau im Hintergrund. Hier der zunächst kleine Haushalt im Hause der »Demoiselles Schramm« in Jena, eingerichtet mit Hilfe von Frau von Lengefeld, Schillers »chère mère«, den Charlotte bescheiden, jedoch auch entsprechend ihrer adeligen Herkunft führte. Zur Verfügung standen die vorderen Zimmer im ersten Stock. Man hatte Gäste. Für die Küche sorgten die Schramm-Damen. Charlotte hatte eine Zofe und Schiller einen Diener.

Wilhelm von Humboldt wunderte sich ein wenig über Schillers Entscheidung. Er sprach im Vergleich zu Caroline vom »uninteressanten Lolochen«, womit er Charlottes Rolle als Partnerin des Dichters kaum gerecht wurde. Eine quirlige und lebhafte Person an seiner Seite hätte Schiller kaum ertragen. Jedenfalls blieben die Schillers beinahe vier Jahre zufrieden in der relativ kleinen Wohnung. Und erst im Jahre 1802 erwarb Schiller nach mehrmaligem Wohnungswechsel und Umzug nach Weimar sein eigenes, bescheiden eingerichtetes Haus.

Zu Charlottes Umgang zählten neben vielen anderen vor allem ihre Patentante, die Baronin von Stein, Caroline von Humboldt (geb. von Dacheröden) und die Klopstock-Nichte Johanna Fichte, insbesondere als diese nach dem sogenannten »Atheismusstreit«, der den Weggang ihres Mannes nach Berlin zur Folge hatte, einige Zeit mit ihrem kleinen Sohn alleine in Jena zurückbleiben mußte. Erhalten blieb auch die schwesterliche Bindung an Caroline, die inzwischen mit Wilhelm von Wolzogen verheiratet war. Selbst der Herzog Carl August redete die Schiller-Ehefrau schließlich mit »liebes Lottchen« an, und Herzogin Luise wurde Patin des ersten Sohnes, während Charlotte wiederum Patin Theodor Körners wurde, dessen Vater Gottfried zu den engsten Freunden Schillers zählte.

Die Verehrung, die man Schiller entgegenbrachte, galt stets auch seiner Frau. In den ersten Jenaer Jahren fand sich regelmäßig ein kleiner Kreis junger Freunde und Studenten zum Mittag- und Abendessen bei Schiller und seiner Frau ein, hierunter der junge Jurist Bartholomäus Fischenich, der von Charlotte so geschätzte Briefpartner nach Schillers Tod. Zugang zu den offiziellen Veranstaltungen des Hofes fand Charlotte allerdings erst wieder, nachdem Schiller auf Veranlassung des Herzogs im Jahre 1802 durch den Kaiser in Wien in den erblichen

Adelsstand erhoben wurde, was dem Dichter weniger für sich als für seine Kinder und seine Frau, die nun wieder »mit der Schleppe am Hof herumschwänzeln« konnte, als nützlich erschien.

Schiller fiel es schwer, ohne seine Lolo zu sein, und sie war immer für ihn da. Gearbeitet hat er, von Schlaflosigkeit geplagt, meist nachts, so daß er am Vormittag Ruhe brauchte, worauf die Familie Rücksicht nehmen mußte. Nachmittags hatte er dann auch einmal Zeit für seine Kinder und für Gäste. Bereits 1791 erkrankte er schwer, mit Folgen für sein weiteres Leben und seinen frühen Tod. Seinen universitären Pflichten konnte er nicht mehr nachkommen, wodurch sich auch die finanziellen Verhältnisse wieder dramatisch verschlechterten. Dänische Gönner verhalfen der Familie durch ein jährliches Geschenk von 1000 Talern für drei Jahre aus der größten Not.

Als Schiller keinen universitären Pflichten mehr nachzukommen hatte, auf der anderen Seite jedoch sein dramatisches Schaffen einen Höhepunkt erreichte, erwuchs der Wunsch, nahe der Weimarer Bühne zu sein, der er zusammen mit Goethe ein neues Gesicht gab. Im Jahre 1799 zog die Familie nach Weimar. In der kleinen Residenzstadt konnten sie sich ein eigenes Haus leisten, in dessen Dachgeschoß sich der Dichter für die ihm verbleibenden wenigen Jahre sein Refugium einrichtete. Am 9. Mai 1805 schloß er im sechsundvierzigsten Lebensjahr für immer die Augen, Charlotte, erst neununddreißig Jahre alt, mit vier Kindern zurücklassend. Fünfzehn Jahre währte ihre Ehe. Noch weitere einundzwanzig Lebensjahre hatte Charlotte vor sich.

Ganz auf Schiller eingestellt, dessen wiederkehrendes Kranksein zwar immer ein frühes Ende befürchten ließ, traf sie der Tod des geliebten Mannes dennoch tief. »Ich weiß nicht, wie ich leben kann, wie ich leben werde«, schrieb sie an Fritz von Stein. Zugleich aber auch: »Ihre Mutter hat mir treu in dem bittersten Moment meines Lebens beigestanden ...« Beileid und Zeichen der tiefen Verehrung für den Verstorbenen gingen

Charlotte von allen Seiten zu, ihre persönliche Niedergeschlagenheit war jedoch ungeheuchelt. An Schillers Schwester Luise schrieb sie am 8. Mai 1806 einen langen Brief, in dem sie ihre Verfassung zum Ausdruck brachte: »... unter uns Allen verlor Niemand so viel als ich, weil ich ihn liebte, weil ich in ihm die ganze Welt fand! Wie öde mir das Leben vorkömmt, kann ich nur fühlen; diesen treuen Antheil an meinem Wesen, wie die höhere geistige Existenz, deren ich durch seinen Umgang theilhaftig wurde, kann mir nichts, nichts mehr auf der Erde ersetzen, und sollte es auch nicht, wenn es möglich wäre; denn dieses Wesen, das vielleicht in Jahrtausenden nicht wieder so erscheint, muß auch einzig geliebt sein.« Manifestation des Urteils, welches Schiller fällte, als er sich bei der Wahl der Ehefrau für Charlotte von Lengefeld entschied.

Finanziell gab es für Charlotte als Schillers Witwe keine Probleme. Die Erbprinzessin des Weimarer Hofes sagte ihr zu, für die Erziehung der Söhne Carl und Ernst bis zum zwanzigsten Lebensjahr zu sorgen. Und Schillers Verleger Cotta zahlte mehr an Honoraren, als die Witwe zunächst erwarten konnte. Aufrecht hielt sie in jeder Hinsicht das Bedürfnis, für ihre Kinder dazusein und für ihre Bildung zu sorgen. »... sie allein halten mich noch am Leben«, lesen wir in ihrem Brief an die Schwägerin. Und tatsächlich standen die Kinder in ihrem späteren Leben im Mittelpunkt ihres Denkens und Handelns. Von ihren Söhnen wurde Carl, der Älteste, Oberförster, Ernst Assessor beim Landgericht in Köln, die Tochter Caroline kam als Erzieherin an den Hof nach Stuttgart, und Emilie, die Jüngste, die sich durch einige Publikationen über ihren Vater verdient gemacht hatte, vermählte sich mit Baron von Gleichen-Rußwurm.

Als Schillers Witwe und Hofrätin genoß Charlotte verständlicherweise überall höchstes Ansehen. Goethe blieb ihr nach wie vor gewogen, und neben ihrer Schwester Caroline von Wolzogen und der Freifrau von Stein blieben ihr etliche Freunde, denen sie ihr Herz ausschütten und von ihrem Dasein berichten konnte. Auch hier ist es wieder einmal Karl

Ludwig von Knebel, der zu den ständigen Korrespondenzpartnern zählt, sowie der Seelenfreund Bartholomäus Fischenich (1768–1831), nur zwei Jahre jünger als Charlotte, für sie jedoch »mein Sohn«. Fischenich, in Bonn geboren und früh verwaist, war als junger Jurist 1791 nach Jena gekommen, um dort bei Hufeland zu hören und damit seine juristischen Kenntnisse für den weiteren Berufsweg zu erweitern. Er wurde schnell mit den Koryphäen in Jena und Weimar bekannt und von allen geschätzt. Das Ehepaar Schiller betrachtete ihn, zusammen mit Fritz von Stein, als einen der wertvollsten Freunde aus dem ausgelassenen Kreis der jungen Leute, die sich bei ihnen einfanden, abgesehen davon, daß Schiller mit Fischenich die fruchtbarsten Diskussionen über die in jener Zeit gerade publik gewordene Philosophie Kants führen konnte. Im Herbst 1792 mußte Fischenich Jena jedoch schon wieder verlassen, um seine Professur für Strafrecht, Völker- und Naturrecht in Bonn anzutreten.

Zeitlebens blieb Fischenich, insbesondere nach Schillers Tod, der wichtigste Briefpartner Charlottes. Die erhaltenen Briefe wurden zu einer wichtigen Quelle für die Biographie des rheinischen Professors. 1805 schrieb sie ihm über ihr Verhältnis zu Schiller: »Die Jahre verbanden uns immer fester, denn er fühlte, daß ich durch das Leben mit ihm seine Ansichten auf meinem eigenen Wege gewann. Ich war ihm so nöthig zu seiner Existenz, als er mir. Er freute sich, wenn ich mit ihm zufrieden war, wenn ich ihn verstand. Dieses geistige Mitwirken, Fortschreiten war ein Band, das uns immer fester aneinanderknüpfte. – Nur zu Ihnen, lieber Freund, sonst zu keinem Menschen, würde ich so sprechen können.«

Wiedergesehen hat Charlotte ihren ständigen Briefpartner nur noch einmal im Jahre 1819, als Fischenich die Übersiedlung nach Berlin, wo ihm neue Aufgaben übertragen worden waren, zu einem Abstecher nach Weimar nutzte, um Charlotte zu besuchen und ihre Töchter kennenzulernen. Eine Ehe ist der Juraprofessor nie eingegangen. Auf eine diesbezügliche Brieffrage Charlottes hatte er geantwortet, er habe keine Frau gefunden, aber auch nicht danach gesucht. Fünf Jahre später als Charlotte starb er im Jahre 1831 in Berlin.

Nachdem im Jahre 1823 Charlottes Mutter verstorben war, entschloß sich die nunmehr Neunundfünfzigjährige, zu ihren Söhnen an den Rhein zu ziehen und sich in Bonn niederzulassen. Schon bald nach ihrem Umzug mußte sie sich wegen fortschreitender Sehschwäche einer Augenoperation unterziehen, die zwar positiv verlief, der jedoch ein Schlaganfall folgte, von dem sie sich nicht mehr erholte. Am 9. Juli 1826 erlosch das Leben der Hofrätin Charlotte von Schiller. Auf dem Friedhof in Bonn fand sie ihre letzte Ruhestätte.

Wo ordnen wir Charlotte von Lengefeld/Schiller ein? Charlotte war – und wollte auch nichts anderes sein – einzig und allein die Ehefrau Friedrich von Schillers. Das war unendlich viel. Der Dichter selbst sagte von ihr: »Meine liebe sanfte Frau trug sehr viel zu meiner Aussöhnung mit der Welt bei.« Sie hatte dem kränklichen und unruhigen Dichter, der sich nach einer Heimstatt sehnte, das gegeben, was er suchte und was allein dazu angetan war, ihm die Vollendung seiner Werke zu ermöglichen. Ihren Kindern war sie, mit der Bildung einer adeligen Tochter und den Konventionen verhaftet, eine gute und fürsorgliche Mutter. An den großen Bewegungen und Umbrüchen der Zeit nahm sie kaum Anteil. Ihre literarischen Versuche, einige Gedichte, die Prosaarbeit *Erinnerung aus den Kinderjahren* und kleine Erzählungen im *Journal der Romane,* sind ohne Bedeutung.

Wäre Charlotte nicht die Ehefrau des großen Dichters gewesen, hätte man sicherlich ihrer lebhaften und umtriebigen Schwester Caroline, von der Schiller Goethe gegenüber einmal äußerte, sie habe »eine zu große Willkür der Phantasie« (Brief vom 17. August 1797), die größere Aufmerksamkeit geschenkt. Alle Charlotte-Biographien sind Biographien Schillers, während über die ältere Lengefeld-Tochter ohne Zweifel eine ihrer Person geltende farbige Lebensbetrachtung geschrieben werden könnte.

Caroline war ihrer jüngeren Schwester Charlotte intellektuell in jeder Weise überlegen, und insoweit ist das Erstaunen Wilhelm von Humboldts über Schillers Wahl verständlich. An der Seite des von ihr heiß verehrten Schiller wäre Caroline jedoch wahrscheinlich ebensowenig glücklich geworden wie an der Seite ihrer Ehemänner und Schiller wohl auch nicht an ihrer Seite. Dafür war sie viel zu aktiv und auf eigene Entfaltung bedacht. Caroline gehörte zur Weimarer Gesellschaft. Ihr Name schwirrt durch alle Betrachtungen der Zeit. Nicht nur Schiller war ihr zugetan und sie ihm. Namen wie Goethe, Dalberg, Carl von La Roche, Wilhelm von Humboldt, Wolzogen, die Berliner »Tugendbündler« und viele andere gehören in ihre Biographie.

Ihre von Mutter Luise von Lengefeld nicht zuletzt aus ökonomischen Gründen forcierte Eheschließung mit Wilhelm von Beulwitz am 2. September 1784 stand von vornherein unter keinem guten Stern, mochte von Beulwitz sich auch Mühe geben, ein verläßlicher Ehemann zu sein, abgesehen davon, daß er den Lengefelds die wirtschaftliche Basis sicherte. Caroline suchte mehr. Ihr Verhältnis zu Schiller ist bezeichnend. Sie wollte nicht von ihm lassen (und Schiller auch nicht von ihr). So dauerte es einige Jahre, bis sie zu der Einsicht kam, daß sie Schiller ohne Einschränkung ihrer Schwester Charlotte überlassen müßte. Die »ménage à trois« hing immer in der Luft, wurde doch in Erwägung gezogen, daß sie mit in die erste Jenaer Wohnung der Schillers einziehen sollte; und auch auf der Reise der Schillers in die schwäbische Heimat im Jahre 1793 war sie dabei.

Hier fielen dann jedoch die Würfel. Die Scheidung der Ehe mit Wilhelm von Beulwitz schien unausweichlich, und das Ehepaar Schiller mußte sich ebenfalls damit auseinandersetzen. Charlotte fürchtete, daß nach einer Scheidung der Schwester die von Beulwitz gewährten Mittel nicht mehr zur Verfügung stünden, von denen auch die Schillers indirekt profitierten. Und Schiller selbst wurde von seinem Schwager bedrängt, sich zu dem Scheidungswunsch seiner Frau Caroline, dieser »fatalen Materie«, zu äußern, wozu er sich nur unwillig bereit fand.

Scheidung war schließlich jedoch seine eindeutige Empfehlung. Seine Begründung: Beulwitz sei zu jung, um sich auf die Dauer den »Phantasien einer kränklichen Frau« zu opfern. Es sei »gewiß das Beste, ein Verhältnis ganz aufzuheben, das so wenig Bestand in sich hat und eine Quelle so vieler Verdrießlichkeiten ist.« Hier hat nun auch Schiller einen zumindest emotionalen Schlußstrich gezogen, denn eine Trennung der Schillers von Caroline war damit keineswegs besiegelt worden. Dafür waren die gewachsenen Bindungen zu eng.

Caroline, unkonventionell, wie sie war, tat nunmehr einen entscheidenden, vielleicht auch verzweifelten Schritt, der für die Familie einem Skandal gleichkam. Noch die Ehefrau des Wilhelm von Beulwitz, reiste sie Anfang des Jahres mit ihrem, wohl auch geliebten, Vetter Wilhelm von Wolzogen, der zu jener Zeit noch ohne feste Stellung und geregeltes Einkommen war, für einige Monate in die Schweiz. Die unausweichliche Scheidung erfolgte nach elfjähriger Ehe im August 1794 und bereits wenige Wochen später, am 27. September 1794, die Vermählung mit Wilhelm von Wolzogen, der in den Augen Henriette von Lengefelds, der »chère mère«, der Verführer ihrer Tochter war. Ein Jahr später, am 20. September 1795, wurde Caroline in Stein am Rhein Mutter eines Sohnes (Adolf Karl Wilhelm von Wolzogen, 1795–1825). Beulwitz heiratete bald wieder, hielt die Verbindung mit Schiller jedoch aufrecht.

Abgesehen von ihrer übereilten Handlungsweise erwies sich Carolines Entscheidung als positiv, zumal es ihrem offensichtlich unterschätzten Ehegefährten, nicht zuletzt auf Grund der Fürsprache Schillers und der Vermittlung Goethes, gelang, bei Hofe eine Anstellung als Kammerrat zu erlangen, Beginn seiner erfolgreichen Karriere.

Caroline fand nun die innere Ruhe, sich der Schriftstellerei zu widmen, der sie nicht ohne Talent zugetan war. Sophie La Roche veröffentlichte in ihrer Zeitschrift *Pomona* die Aufzeichnungen über ihren Aufenthalt in der Schweiz, und Schiller brachte in den *Horen* 1796/97 anonym Carolines Roman *Agnes von Lilien*, zu dessen Erscheinen er Goethe am 6. Dezember 1796 schreibt: »Mit der Agnes von Lilien werden wir, scheint es, viel Glück machen; denn alle Stimmen, die ich hier darüber hören konnte, haben sich dafür erklärt. Sollten Sie es aber denken, daß unsre großen hiesigen Kritiker, die Schlegels, nicht einen Augenblick daran gezweifelt, daß das Produkt von Ihnen sei? Ja, die Madame Schlegel meinte, daß Sie noch keinen so reinen und vollkommenen weiblichen Charakter erschaffen hätten.« Friedrich Schlegel lieferte in diesem Zusammenhang im übrigen ein typisches Beispiel für die Unsicherheit bei der Beurteilung eines literarischen Werkes, dessen Autor unbekannt ist. Als vermeintliches Goethe-Werk hat er es abqualifiziert. Nachdem er erfahren hatte, daß es nicht von Goethe sei, bedauerte er, daß er es so streng behandelt habe.

Wilhelm von Wolzogen erwies sich für den Herzog als eine nützliche Kraft, so daß er ihn zum Geheimen Rat beförderte und mit der Führung der auswärtigen Politik beauftragte. Der Rang des Ehemannes und die Agilität der Frau Caroline von Wolzogen brachten es mit sich, daß das Haus der Wolzogens zu einem gesellschaftlichen Mittelpunkt Weimars wurde, ungeachtet aller gesellschaftlichen Ambitionen der im Jahre 1805 nach Weimar gekommenen Johanna Schopenhauer. Und Caroline war es auch, die Christiane Vulpius ohne Vorurteil gegenübertrat, so daß Goethe zusammen mit seiner Frau bei ihr ständiger Gast war. Die Nichte der Frau von Stein, Amalie von Imhoff, Sophie Mereau, Frau des Jenaer Professors Friedrich Karl Mereau und spätere Frau Brentano, sowie ihre Schwester Charlotte gehörten zu ihrem ständigen Umgang.

Caroline von Wolzogen und Amalie von Imhoff schriftstellerten sozusagen um die Wette und nahmen immer wieder Goethes und Schillers Aufmerksamkeit in Anspruch. Sowohl mit Carolines *Agnes von Lilien* als auch mit Amalies Gedicht *Die Schwestern von Lesbos* mußten sie sich auseinandersetzen, wie der Briefwechsel Goethe – Schiller erkennen läßt. Und als Sophie Mereau Schiller den Anfang eines Romans in Briefen für die *Horen* sandte (die *Briefe von Amanda und Eduard*), schrieb er Goethe am 30. Juni 1797: »Ich muß mich doch wirklich darüber wundern, wie unsere Weiber jetzt, auf bloß dilettantischem Wege, eine gewisse Schreibgeschicklichkeit sich zu verschaffen wissen, die der Kunst nahe kommt.«

Caroline verlor ihren Mann, dessen Gesundheit durch die mehrfachen Reisen nach Rußland Schaden genommen hatte, schon 1809 im Alter von nur siebenundvierzig Jahren. Und auch ihrem Sohn Adolf, der es, von Hause aus verwöhnt, nicht zu einem geradlinigen Fortkommen brachte, war nur ein kurzes Leben beschieden. Er starb dreißigjährig bei einem Jagdunfall, der einen Selbstmord vermuten ließ. Caroline jedoch, sozusagen die »Grande Dame« der Goethe-Schiller-Zeit, konnte sich eines hohen Alters erfreuen. Sie starb, beinahe vierundachtzigjährig, am 11. Januar 1847.

Die größte Beachtung aus ihrem literarischen Schaffen fand letztlich ihr im Jahre 1830 erschienenes Schiller-Buch *Schillers Leben, verfaßt aus den Erinnerungen der Familie, seinen eigenen Briefen und den Nachrichten seines Freundes Körner*, auf das alle Schiller-Biographen gerne zurückgreifen. Der alte Goethe, dem sie das Manuskript 1829 zur Durchsicht sandte, war nicht bereit, es zu lesen, da er sich nach dreißig Jahren die zurückliegende Zeit nicht mehr in Erinnerung rufen wollte (Brief an Caroline vom 29. September 1829).

Charlotte Marschalk von Ostheim (von Kalb)

Berlin, 12. Mai 1843. An diesem Tag endete im hohen Alter von zweiundachtzig Jahren das Leben einer völlig erblindeten Frau in ärmlichen Verhältnissen, der nicht nur die Aufmerksamkeit ihrer Zeitgenossen galt, sondern die auch der Nachwelt als eine Persönlichkeit in Erinnerung geblieben ist, die in das Beziehungsgeflecht ihrer Zeit verwoben war. Tragisch war das Schicksal dieser Frau, die aus einem angesehenen und vermögenden Rittergeschlecht stammte, die früh verwaist und lieblos verheiratet war, vier Kindern das Leben schenkte, ihren Mann und einen Sohn durch Selbstmord und einen Bruder anläßlich eines Duells verlor, deren Besitztümer durch ihren unseriösen Schwager verspekuliert wurden und mit der die Männer, die sie leidenschaftlich liebte, nicht bereit waren, eine dauerhafte Partnerschaft einzugehen: Charlotte Sophia Juliana Marschalk von Ostheim, verheiratete von Kalb. Schillers und Jean Pauls Charlotte von Kalb.

Geboren wurde Charlotte am 25. Juli 1761 auf Schloß Waltershausen an der Fränkischen Saale, nach dem Sohn Fritz als

141

zweites Kind des Herrn Aegidius Marschalk von Ostheim. Ihr folgten noch die Schwestern Eleonore, die am 28. Dezember 1782 den verabschiedeten Kammerpräsidenten Johann August von Kalb heiratete, und Wilhelmine, die, verheiratet mit einem Graf Waldner, bei der Geburt des ersten Kindes starb.

Charlotte war ein übersensibles Kind und von Geburt an mit einer Sehschwäche behaftet. Erzogen wurden die Geschwister von einer lothringischen Hausdame, wobei sich die Erziehung mehr oder weniger auf etwas französische Kultur und Sprache beschränkte. Korrektes Deutsch zu schreiben gehörte nicht zum Bildungsplan adeliger Töchter. Charlotte war noch keine acht Jahre alt, als sie und ihre Geschwister beide Eltern durch eine Pockenepidemie verloren, worauf ein unstetes Leben bei Onkeln und Tanten begann, nicht dazu angetan, den Kindern inneren Halt zu geben. Für das Wohl der Kinder und die Verwaltung des Ostheim-Vermögens sorgte Herr von Stein, ein Bruder der verstorbenen Mutter.

Herrn von Stein kam es nicht ungelegen, als der verwitwete Johann August von Kalb um die Hand der Ostheim-Tochter Eleonore warb und er sich damit der Verantwortung für die Kinder und deren Vermögen entledigen konnte. Diese Einheirat des nicht sehr zuverlässigen und wenig vermögenden ehemaligen Kammerpräsidenten in die Ostheim-Familie erwies sich später als eine schicksalhafte Weichenstellung für das Leben der Schwestern.

Johann August von Kalb konnte 1776 Präsident des Kammerkollegiums am Weimarer Hof werden. Karl August veranlaßte ihn 1782 jedoch zum Rücktritt. Goethe soll von ihm gesagt haben: »Als Geschäftsmann hat er sich mittelmäßig, als politischer Mensch schlecht, als Mensch abscheulich aufgeführt.« Und diesem Mann oblag nun die Obhut über das Vermögen der von Ostheims, mit der tragischen Folge, daß es eines Tages zerronnen war.

Und Charlotte hatte schließlich nicht nur einen von Kalb als Schwager, sondern auch als Ehemann. Johann Augusts Bruder stand in fremden Kriegsdiensten. Als der Major aus Amerika nach Hause zurückkehrte, ergab es sich, daß nicht nur Eleonore einen von Kalb zum Mann hatte, sondern auch ihre Schwester Charlotte. Im Herbst 1783 wurde sie dem Bruder Heinrich von Kalb angetraut. Mit Sicherheit war es keine Liebesheirat. Charlotte suchte jedoch, ebenso wie ihre Schwester, nach Sicherheit, weshalb sie nicht lange zögerte, ihre Einwilligung zu dieser Heirat zu geben.

Mit einigen Reisen und Aufenthalten auf den Familiengütern verlief das erste Ehejahr in ruhigen Bahnen. Als Heinrich von Kalb jedoch im Mai 1784 in seine Garnison nach Landau zurückkehren mußte, nahm er seine Frau mit. Die Reise führte über Mannheim, die Stadt, in der Schiller seit einem Jahr wieder tätig war. Ihm hatte Charlotte einen Gruß Henriette von Wolzogens zu überbringen, in deren Haus in Bauerbach er nach seiner Flucht aus Stuttgart ein halbes Jahr verbracht hatte. So wurde Schiller in Mannheim für einige Tage zum Cicerone des Ehepaars von Kalb. Es war eine freundliche Begegnung, die den Wunsch erweckte, die Beziehung fortzusetzen.

Die Garnisonsstadt Landau, wohin das Ehepaar von Kalb weiterreisen mußte, war mit seiner Nüchternheit für Charlotte jedoch ein Trauma. So war es ihr sehr lieb, daß sie ihr Mann schon im Juni nach Mannheim zurückbrachte, da es der Sitte widersprach, daß Offiziersdamen bei ihren Gatten wohnten.

Charlotte war inzwischen guter Hoffnung, und die Begegnungen mit Schiller, der in der jungen Frau von Kalb einer Dame von Welt begegnete, waren freundschaftlich und intensiv. Am 8. September 1784 wurde Charlottes Sohn Karl Friedrich geboren. Charlottes Kontakt zu Schiller wurde immer enger. Schließlich mußte sie sich eingestehen, daß sie Schiller liebte, eine Empfindung, die sie zu zügeln bemüht war und durch mütterliche Zuwendung zu ihrem Kind zunächst sublimierte. Die Charlotte-Biographin Boy-Ed deutete dieses Verhalten dahingehend, daß »es keine echte Frauenliebe« gebe, »der nicht Mütterlichkeit beigesellt« sei, ja, man könne sagen, sie sei »das Kriterium der echten Liebe«. Charlotte konnte tatsächlich viel dazu beitragen, dem jungen Dichter gesellschaftliche Umgangsformen zu vermitteln, und ohne Zweifel hatte sie positiven Einfluß auf sein dichterisches Schaffen. Offenbar war das Erleben dieser Zeit dem Dichter bei der Niederschrift des *Don Carlos* gegenwärtig. Sowohl in der Figur der Königin Elisabeth als auch in der der Eboli ist Charlotte erkennbar.

Daß schließlich auch Schiller von heftigster Leidenschaftlichkeit für die schöne, geistvolle aristokratische Frau erfaßt wurde, war unausbleiblich, womit sich beide schließlich in eine unbefriedigende Liebesbeziehung verstrickten. Ungeachtet ihrer tiefen Liebessehnsucht, die ihr Mann nicht erfüllen konnte, schreckte Charlotte vor dem letzten Schritt zurück. Jugendlichem Ungestüm entsprang das nur in den großen Werkausgaben nachlesbare Gedicht Schillers *Freigeisterei der Leidenschaft*, aus welchem die Verse stammen:

Jetzt schlug sie laut, die heißerflehte Schäferstunde,
Jetzt dämmerte mein Glück –
Erhörung zitterte auf deinem brennenden Munde,
Erhörung schwamm in deinem feuchten Blick.

Mir schauerte vor dem so nahen Glücke,
Und ich errang es nicht.
Vor deiner Gottheit taumelte mein Mut zurücke.
Ich Rasender! Und ich errang es nicht!

Mag Charlotte von Kalb geglaubt haben, wie auch eine Frau von Stein, den geliebten Mann auf einer ideell überhöhten Ebene an sich binden zu können, überkam diesen Ernüchterung durch die Einsicht in die Aussichtslosigkeit des Besitzes. Schiller drängte es fort aus Mannheim, das ihm auch aus anderen Gründen unleidlich geworden war. So verließ er die Stadt und reiste als Gast Gottfried Körners nach Leipzig und Dresden.

Charlotte blieb noch ein Jahr in Mannheim. Äußerte sie später rückblickend auf diese Zeit auch: »Schwermut ist mein Genuß, Nacht ist mein Tag«, war sie dennoch intensiv in das gesellschaftliche Leben der Stadt eingesponnen. Der Bekanntenkreis war groß, und wie sie schöpferische Männer anzog, zogen schöpferische Männer sie an. Eng wurde die Beziehung zur nun schon sechzigjährigen Sophie von La Roche, die Charlotte in ihr Herz schloß.

Im Frühjahr 1786 wünschte Charlottes Schwiegervater, daß sie ihren Wohnsitz auf dem Familiengut Kalbsrieth nehme. Nach wenig abwechslungsreichen Wochen auf dem einsamen Besitz mußte sie sich dann jedoch zur Behandlung ihres sich verschlechternden Augenleidens zunächst nach Gotha und schließlich nach Weimar begeben. Und hier in Weimar begann die wohl bedeutendste Epoche in ihrem Leben. Durch Sophie von La Roche fand Charlotte von Kalb schnell Verbindung zu Wieland. Sie lernte Herder, Frau von Stein und die Geschwister von Lengefeld kennen.

Alle bedeuteten ihr jedoch nur wenig gegenüber dem Mann, auf den sich alle ihre Gedanken richteten: Schiller. Die briefliche Verbindung war erhalten geblieben. Und als er auf ihre Einladung hin im Juli 1787 nach Weimar kam, zitterte sie der Wiederbegegnung entgegen. Folgt man Schillers Bericht über dieses Wiedersehen an Körner, muß es nicht ohne Peinlichkeit gewesen sein: »Unser erstes Wiedersehen hatte so viel Gepreßtes, Betäubendes, daß mir's unmöglich fällt, es Euch zu beschreiben.« Und in einem weiteren Schreiben vom 8. August 1787 bekennt er: »Lange Einsamkeit und eigensinniger Hang ihres Wesens haben mein Bild in ihrer Seele tiefer und fester gegründet, als es bei mir der Fall sein konnte mit dem ihrigen.« Charlotte jedoch hing mit allen Fasern ihres Lebens an dem geliebten Mann, und sie war bestrebt, ihn in die Weimarer Gesellschaft einzuführen. Das gemeinsame Auftreten und ständige Beisammensein des Paares wurde beinahe zur Normalität. Frau von Kalb, jetzt gerade achtundzwanzig Jahre alt, dachte an Scheidung. Schiller jedoch spürte mehr und mehr, daß ihm Charlotte nicht Gefährtin fürs Leben sein konnte. Sie war ihm zu bedeutend, zu kompliziert, zu anstrengend. Er brauchte Ruhe zur Arbeit. Und dann war er schließlich in den Bannkreis der Lengefeld-Schwestern geraten, die ihm fröhlicheren Umgang verhießen.

Für Charlotte wurde die Situation immer unerträglicher. Nachdem ihr Mann sich wieder einmal ein Jahr lang zu Hause aufgehalten hatte, war sie erneut schwanger. Dazu wuchs die Sorge um ihren Besitz, der mehr und mehr in Gefahr geriet verlorenzugehen. Und als es Gewißheit geworden war, daß sich Schiller für Charlotte von Lengefeld entschieden hatte, brach für sie eine Welt zusammen. Das immer noch freundschaftliche Verhältnis mit Schiller zerbrach, und erbost forderte Charlotte von Kalb ihre Briefe von Schiller zurück, die sie eines Tages zusammen mit Schillers Briefen an sie verbrannte. In ihren Lebenserinnerungen schrieb sie später: »Mit Wehmut sah ich weinend nach dieser Opferung, und wie spät habe ich erkannt, daß es nicht mir, daß es vielen geraubt war.«

Drei Jahre vergingen, in denen sie nach den gelegentlichen Besuchen ihres Ehemanns zwei weiteren Kindern das Leben schenkte, ehe sie den Kontakt mit Schiller wieder aufnahm. Sie bat ihn, ihr bei der Suche nach einem Erzieher für ihren Sohn Fritz zu helfen, worauf Schiller ihr Friedrich Hölderlin empfahl und ins Haus brachte. Der realisierte allerdings schon bald, daß er für diese Rolle nicht taugte. Für Charlotte von Kalb war das jedoch kein Grund, Hölderlin gehen zu lassen. Im Gegenteil wandte sie wieder einmal ihren ganzen Charme auf, den jungen Dichter in ihrer Nähe zu halten, womit sie ihn zu gewissem Dank verpflichtete. An Schiller schrieb er: »Die seltene Energie des Geistes, die ich an Frau von Kalb bewundere, soll, wie ich hoffe, dem meinigen aufhelfen, umsomehr, da alles beiträgt, mich zu heiterer Tätigkeit zu stimmen. Könnt' ich doch die mütterlichen Hoffnungen dieser edlen Dame realisieren.« Das war jedoch nicht möglich, und Charlotte mußte Hölderlin ziehen lassen, wobei sie ihn, selbst in finanziellen Nöten, noch mit Geld versah.

In dieser Zeit erregte ein junger Dichter mit einem Roman die Begeisterung des Lesepublikums, vergleichbar nur mit der Resonanz, die zwanzig Jahre zuvor Goethes *Werther* gefunden hatte. Charlotte von Kalb war von dem neuen Ton in Jean Pauls *Hesperus* so angetan, daß sie dem Schöpfer dieses Werkes in einem langen Brief ihre und die Bewunderung ihrer Freunde und Bekannten kundtat. Und im Frühjahr 1796 forderte sie ihn auf, nach Weimar zu kommen, kaum ahnend, daß sie damit neuen Verwirrungen entgegeneilte.

Jean Paul kam für drei Wochen, und im Juni 1796 stand er ihr erstmals gegenüber. Auch der junge Dichter machte eine ihn irritierende Erfahrung: Charlotte machte, offensichtlich wieder einmal in unbestimmter Erwartung, eine unglückliche Figur. »Dreivierteltheil der Zeit brachte sie mit Lachen hin (dessen Hälfte aber nur Schwäche ist)«, berichtete er seinem Freund Otto.

Charlotte jedoch knüpfte wiederum ihrem neugewonnenen Freund Verbindungen in alle Richtungen, und Jean Paul wurde ihr ständiger Gast. Freund Otto wird berichtet: »Meine gute Kalb hat für alle meine Bedürfnisse gesorgt ...« »Dienstag Abend bei der ewig teuren Kalb ...« »Wir bleiben jeden Abend ganz allein beisammen. Sie ist ein Weib wie Keines ...« Und obwohl Charlotte und Jean Paul sich täglich und oft zweimal am Tage sahen, tauschten sie noch Briefe aus. Charlotte war erneut von großer Leidenschaft erfaßt, die in Jean Paul ihr Echo fand. »Unter Guten wird man gut, unter Liebenden – glücklich. – Kommen Sie heute ja bald zu mir! ...« schrieb ihm Charlotte, und Jean Paul erwiderte: »Die Sehnsucht regte sich wie ein lebendes Kind in meiner Brust. Ich höre Ihre Gedanken und Ihr lautes Herz ...«

Auch nach der Abreise Jean Pauls setzte sich der gefühlvolle Briefwechsel zunächst fort. Doch Jean Paul war jung und immer auf der Suche nach der Frau, mit der er glaubte, eine Ehe eingehen zu können. So folgte die Beziehung zu Emilie von Berlepsch, eine Verbindung, die Charlotte nicht verborgen blieb und ihre Eifersucht erregte. Im Oktober 1798 kam Jean Paul erneut nach Weimar, mehr um in Herders als in Frau von Kalbs Nähe zu sein. Diese hatte jedoch nichts von ihrer leidenschaftlichen Zuneigung verloren, bestürmte Jean Paul mit ihrer Liebe und erklärte schließlich, sich für ihn scheiden zu lassen, so daß sich Jean Paul nunmehr genötigt sah, Charlotte deutlich zu machen, daß sie nicht für eine Ehe bestimmt sein könnten. Und wieder mußte Charlotte die Hoffnung auf eine durch Liebe begründete eheliche Bindung begraben. Mit gekränktem Stolz schrieb sie dem verlorenen Geliebten schließlich noch, daß sie und Herr von Kalb sich über seine Verlobung mit Fräulein von Feuchtersleben freuen würden. Eine Bindung Jean Pauls, die allerdings nur von kurzer Dauer war.

Drei Jahre hüllte sich Charlotte, deren Situation immer prekärer wurde, in Schweigen, ehe der Briefwechsel mit Jean Paul, der seit Februar 1801 nun endgültig mit der Professorentochter Karoline Mayer verheiratet war, in abgeklärter Freundschaft wieder aufgenommen wurde. Charlotte war festen Glaubens, daß sie Jean Paul nach wie vor etwas bedeuten könne, nicht zuletzt in der Eitelkeit entspringenden Überzeugung, daß sie seiner jetzigen Ehefrau gegenüber Vorzüge besitze, die der geliebte Mann bei dieser entbehren müsse. Und Jean Paul schrieb an seinen Freund, sie sei noch ganz dieselbe an Kraft, Geist und – Traum.

Doch alle Träume waren dahin, und Charlotte, gerade vierzig Jahre alt, wurde zur armen Witwe, nochmals vierzig Jahre eines bescheidenen Daseins vor sich. Nachdem alle Güter der Ostheims vom Schwager Johann August, dem der Bruder Heinrich bei seinen Unternehmungen immer freie Hand ließ, verspekuliert waren, erschoß sich Major Heinrich von Kalb am 6. April 1802 in München, seine Frau mit ihren drei Kindern allein zurücklassend. Für Charlotte war in Weimar kein Bleiben mehr, und sie verbarg ihre nunmehrige Armut in Berlin. Mit Handarbeiten und einem kleinen Handel mit verschiedenen Luxusgegenständen versuchte sie, solange ihr Augenlicht dies zuließ, ihren Lebensunterhalt und die Unterstützung der Kinder zu bestreiten.

Was ihr Halt gab, war ihre nicht versiegende Ausstrahlung. Wohl konnte sie nicht mehr eine großzügige Gastgeberin sein, aber ihre vielseitigen Verbindungen rissen nicht ab, und Frau von Kalb galt auch in Berlin noch etwas. Wilhelm von Humboldt und Hufeland waren alte Freunde aus Weimarer Zeiten. Fichte mit seiner Frau Johanna und später Varnhagen van Ense, Bettine von Arnim, Rahel Levin schenkten ihr ihre Aufmerksamkeit. Nachdem im Jahre 1814 ihr Schwager Johann August von Kalb sein Leben geendet hatte, ging auch der letzte Besitz zu Kalbsrieth nach jahrelangen Streitigkeiten verloren. Charlotte war nun mittellos. Der Mildtätigkeit der Prinzessin Marianne war es zu danken, daß der verarmten Frau von Kalb im Berliner Schloß eine kleine Wohnung als Freistatt zur Verfügung gestellt wurde. Ende der zwanziger Jahre war ihre Sehkraft endgültig erloschen. Charlotte war blind.

Wilhelm von Humboldt berichtete seiner »Freundin« Charlotte Diede über seine Besuche bei Charlotte von Kalb: »Der Himmel scheint aber den Blinden zum Ersatz eine eigne Fassung und milde Duldsamkeit in die Seele zu flößen. Das sehe ich an einer Person in Berlin, die ich absichtlich deshalb von Zeit zu Zeit besuche. Es ist eine Frau von Stande von einigen Jahren mehr als ich. Sie ist seit 6 bis 8 Jahren auf beiden Augen unheilbar am schwarzen Star blind, aber ohne Schmerzen und ohne Entstellung in den Augen. Sie war ehemals reich, und ihr Mann hatte einen angesehenen Posten. Sie hat aber so gut als alles verloren, und es bleibt ihr jetzt mit Mühe so viel, als hinreicht, die dürftigste Existenz zu sichern. Sie geht nie aus ihrer Stube, seitdem sie blind ist, und kommt also nie an die Luft. Kaum drei oder vier Leute besuchen sie, und das nur sehr selten. Ein Dienstmädchen, die ihre ganze Aufwartung ausmacht, ist zugleich ihre Vorleserin und findet ein vorzügliches Vergnügen an diesem Geschäft. In dieser Lage und bei dieser Lebensweise versichert die Frau, die jedem, der sie sieht, höchst beklagenswürdig scheinen muß, daß sie sich innerlich ruhig, heiter und glücklich fühlt und diese Periode ihres Lebens vielen früheren vorzieht. Sie ist mir wegen dieser wahren und ganz unaffektiven Zufriedenheit mit einem aller gewöhnlichen Beurteilung nach traurigen Schicksal im höchsten

Grade merkwürdig« (Brief an Charlotte Diede vom 10. September 1829).

Charlotte von Kalb suchte mit literarischer Betätigung noch einen Lebensinhalt zu finden. Im Diktat entstanden das verworrene romanartige Opus *Cornelia*, insbesondere jedoch die unter dem Titel *Charlotte* erschienenen Lebenserinnerungen. Ihr Stil war überladen, gestelzt, weitschweifig und zerfahren. Caroline Herder schrieb einmal über sie: »Allein ihr Geist – und Geist hat sie – ist doch in eine schiefe, verrenkte Form gegossen.«

Rahel Levin sei das letzte Wort über diese Frau gegeben, deren Name stets vor allem mit den Namen von Friedrich Schiller und Jean Paul genannt sein wird: »Frau von Kalb ist von allen Frauen, die ich je gekannt habe, die geistvollste; ihr Geist hat wirklich wie Flügel, mit denen sie sich in jedem beliebigen Augenblick, unter allen Umständen, in alle Höhen schwingen kann; dies ist ein absolutes Glück ... Ein wenig lüftet sie die Flügel: und die leere Last sinkt zu ihren Füßen, an den Boden: und die edlen Gedanken nehmen ihren Flug« (Rahel Levin am 18. März 1828 an Charlotte Birch-Pfeiffer).

Johanna
Schopenhauer

Trotz aller aufklärerischen und emanzipatorischen Tenden-
zen sowie zunehmender Entfaltungsmöglichkeiten für die
Frauen gab es auf einem Gebiet kaum Anzeichen einer Änderung: dem Personenstand innerhalb der Gesellschaft und den
durch die Herkunft bedingten Privilegien. Für die Betroffenen
oft genug tief kränkend und diskriminierend.
Schiller liefert hierfür einige bemerkenswerte Beispiele. Das
begann an der Kadettenschule auf der Solitude bzw. in Stuttgart, wo die Bürgerlichen (zu denen Schiller zählte) offiziell
keine Kontakte mit den adeligen Schulkameraden haben durften, unterschiedliche Kleidung tragen mußten, bei den Mahlzeiten an separaten Tischen zu sitzen hatten und erst mit dem
Essen beginnen durften, wenn ein adeliger Mitschüler das Zeichen dazu gab. Ähnliches widerfuhr ihm bei seinem späteren
Aufenthalt in Rudolstadt beim sogenannten »Vogelschießen«,
dem alljährlich stattfindenden großen Volksfest. Dort fand der
abendliche Festball in zwei Sälen statt, von denen der eine aus-

schließlich dem Adel vorbehalten war, womit Schiller von den verehrten Lengefeld-Damen, mit denen er am Fest teilnahm, zu seinem Ärger getrennt war. Und um wieviel ausgeprägter war die Etikette bei Hof und den dortigen Festlichkeiten. Denken wir nur daran, wie empfindlich es Caroline Herder traf, daß sie bei Empfängen und Festen am Hof nur von der Galerie des Festsaals im Schloß zusehen durfte.

Daß unter diesen Umständen für die Töchter des Adels die standesgemäße Heirat die Regel war, liegt auf der Hand. Und das war in aller Regel die Vernunftheirat. Nach »Liebe« wurde nicht gefragt, entscheidend waren Geld und Titel, jedenfalls bei den für ihre Töchter auf Brautschau gehenden Müttern (denen es im übrigen ja zuvor nicht anders ergangen war). Typisch war hier die Verheiratung der Caroline von Lengefeld mit dem ungeliebten, jedoch sehr wohlhabenden Freiherrn von Beulwitz, der praktisch die ganze Familie von Lengefeld unterhielt.

Mit Aufklärung, Sturm und Drang und der angehenden Epoche der »Empfindsamkeit« und Romantik bahnte sich allmählich ein Wandel an. Und insoweit war die Ehe der Charlotte von Lengefeld mit dem bürgerlichen Dichter ein Ausbruch aus überkommenen Konventionen, verbunden hier mit dem Verlust ihrer Adelsprivilegien, die ihr erst wieder nach zwölfjähriger Ehe, nachdem Schiller im Jahre 1802 in den Adelsstand erhoben wurde, zuteil wurden. Schiller, der bei seinem ersten Aufenthalt in Weimar im Jahre 1787 Kontakte und Unterhaltung suchte, mußte sich damit begnügen, der neugegründeten Mittwochsgesellschaft nichtadeliger Damen und Herren beizutreten.

Von welcher Wichtigkeit das Adelsdiplom war, macht die Nobilitierung Schillers deutlich. Nachdem er im Jahre 1802 in den Adelsstand erhoben war, schrieb er seinem Freunde Körner mit Seitenhieb auf Herder: »... der Herzog hatte mir schon seit länger her etwas zugedacht, was mir angenehm sein könnte. Nun traf es sich zufällig, daß Herder, der in Bayern ein Gut gekauft, was er nach dem Landesgebrauch nicht besitzen konnte, vom Kurfürsten von der Pfalz, der sich das Nobilitationsrecht anmaßt, den Adel geschenkt bekam. Herder wollte seinen pfalzgräflichen Adel hier geltend machen, wurde aber damit abgewiesen und obendrein ausgelacht, weil ihm jedermann diese Kränkung gönnte; denn er hatte sich immer als der größte Demokrat herausgelassen und wollte sich nun in den Adel eindrängen ... Dazu kommt noch, daß sich Kotzebue, den der Hof auch nicht leiden konnte, zudringlicherweise an den Hof eindrang, welches man ihm, da er und seine Frau Ansprüche hatten, nicht verwehren konnte ... Dies mag den Herzog noch mehr bestärkt haben, mich adeln zu lassen. Daß mein Schwager den ersten Posten am Hof bekleidet, mag auch mitgewirkt haben; denn es hatte was Sonderbares, daß von zwei Schwestern die eine einen vorzüglichen Rang am Hofe, die andere gar keinen Zutritt zu demselben hatte, obgleich meine Frau und ich sonst viele Verhältnisse mit dem Hofe hatten. Dies alles bringt dieser Adelsbrief nun ins Gleiche, weil meine Frau, als eine Adlige von Geburt, dadurch ihre Rechte, die sie vor unserer Heirat hatte, restituiert wird; denn sonst würde ihr mein Adel nichts geholfen haben.«

Johanna Schopenhauer, bürgerlicher Herkunft und von der Gesinnung her Republikanerin, ging es da nicht viel anders als den Herders. Ihr Titel einer Hofrätin öffnete ihr nicht die Türen des Adels. Zwar war ihr die Herzogin Amalia in Weimar wohlgesonnen, nicht jedoch die Schwiegertochter Herzogin Luise, ebensowenig wie die stolze Frau von Stein und die von ihr beeinflußte Charlotte Schiller. Sie mieden zum Kummer Johanna Schopenhauers ihren ansonsten fleißig frequentierten Salon. Und vergeblich hoffte sie im stillen, geadelt zu werden. Die zwischenmenschlichen Beziehungen Adel – Bürgertum sind so fortgesetzter Konfliktstoff und andauerndes Thema, nicht zuletzt in Johanna Schopenhauers umfangreichem literarischem Werk.

Da war es dann außerordentlich revolutionär, wenn der Erfurter Koadjutor Carl Theodor Reichsfreiherr von Dalberg sich von Standesdenken und Standesdünkel frei machte und in seinem Amtssitz wöchentlich stattfindende Assembleen organisierte, zu denen Bürger und Fremde ohne Ansehen ihres Standes freien Zutritt hatten.

Johanna Schopenhauer wurde am 9. Juli 1766, also im gleichen Jahr wie Charlotte von Lengefeld, als älteste von vier Töchtern des Kaufmanns und Ratsherrn Heinrich Trosiener in Danzig geboren. Das Los ihrer Erziehung war das der Töchter aus gutem Hause in jener Zeit. Öffentliche oder private Mädchenschulen gab es nicht, das heißt, sie erhielt privaten Unterricht mehr oder weniger zufälliger Art: ein für sie schwärmender junger Geistlicher, eine in Danzig wirkende Französin, die sich mit einer »Société des jeunes Dames« betätigte, Freunde des Hauses, die die jungen Mädchen von ihrem Wissen profitieren ließen. Rechtschreibung und mathematische Kenntnisse blieben allerdings auf der Strecke. Johannas Wunsch, eine Kunstschule zu besuchen, um die Fertigkeiten des von ihr geschätzten Chodowiecki zu erlernen, wurde ihr versagt.

Die gute Partie blieb damit erster Lebenszweck. Sie bot sich im Jahre 1784 durch die Vermählung mit dem neunzehn Jahre älteren Heinrich Floris Schopenhauer, einem tüchtigen Kaufmann aus geachteter Patrizierfamilie der Danziger Republik. Schopenhauer garantierte seiner jungen Frau Wohlstand in einem großen Haus mit Bediensteten, welche die Hausherrin mühevoller Hausfrauenarbeit enthoben. In einer Schopenhauer-Monographie werden ihr geistige Beweglichkeit, lebhafte Phantasie, heiteres Temperament, Abwechslungsbedürfnis, aber auch Vergnügungssucht attestiert.

Am 22. Februar 1788 wurde der Sohn Arthur geboren, der als bedeutender Philosoph in die Geistesgeschichte eingehen wird, zu seiner Mutter allerdings nie ein tragbares Verhältnis findet. Die Tochter Adele erblickte 1797 in Hamburg das Licht der Welt, hatte der Vater doch 1793, aus dem Streben nach Freiheit heraus, unter großen Verlusten die vom preußischen Staat einverleibte Stadt Danzig mit seiner Familie verlassen. Johanna eröffnete sich von Hamburg aus auf mehreren Reisen mit ihrem Mann, sowohl in deutschen Gebieten als auch in

England, Schottland, den Niederlanden, in Frankreich, der Schweiz und Österreich, eine wesentliche Erweiterung ihres Weltbildes. Dann jedoch verlor sie bereits im Jahre 1805 unter nicht geklärten Umständen ihren Gatten durch einen Sturz vom Speicherboden, wobei nicht auszuschließen ist, daß es sich um einen Freitod handelte, hatte der Verunglückte doch offensichtlich Schwierigkeiten, sich nach dem Wegzug aus Danzig mit den veränderten Verhältnissen in Hamburg abzufinden.

Der seiner Mutter nicht wohlgesonnene Sohn Arthur hatte für ihr Verhalten in jener Zeit nur böse Worte. »Da mein guter Vater siech und elend an seinen Krankenstuhl gebannt war, wäre er verlassen gewesen, hätte nicht ein alter Diener sogenannte Liebespflicht an ihm erfüllt. Meine Frau Mutter gab Gesellschaften, während er in Einsamkeit verging, und amüsierte sich, während er bittere Qualen litt.« Ein hartes Urteil des Sohnes, wenn auch zugegeben werden muß, daß Johanna Schopenhauer sicherlich stets zu den angenehmeren Seiten des Lebens hin tendierte. Allerdings war sie bemüht, zumindest in den ersten Jahren nach dem Tod ihres Mannes, ein erträgliches Verhältnis zu ihrem Sohn zu bewahren.

Johanna war nun neununddreißig Jahre alt und nicht gewillt zu resignieren. Im Gegenteil suchte sie zielstrebig nach einem ihr gemäßen Wirkungsfeld, welches sie in Weimar zu finden glaubte. Während ihr Sohn Arthur in Hamburg zurückbleiben mußte, um dort die vom Vater gewünschte, jedoch ungeliebte kaufmännische Ausbildung zu beenden, zog Johanna Schopenhauer im Jahre 1806 mit ihrer Tochter Adele und den Bediensteten nach Weimar.

In ihrem neugewählten Domizil geriet sie unvermittelt in die kriegerischen Unruhen nach der Schlacht bei Jena, die sie jedoch gelassen über sich ergehen ließ. Ihr praktischer Sinn veranlaßte sie, zusammen mit der in ihrem Haus wohnenden Frau Ludecus, die unter dem Pseudonym Amalie Berg schriftstellerte, Obdachlose bei sich unterzubringen und Verwundeten hilfreich zur Seite zu stehen, womit sie sich sogleich

Sympathien in der kleinen Residenz erwarb. In einem umfangreichen Schreiben vom 18./19. Oktober 1806 berichtet sie ihrem in Hamburg verbliebenen Sohn über ihre Erlebnisse in diesen ersten Weimarer Wochen, ein beredtes Zeugnis der Kriegswirren in der kleinen Residenzstadt nach der Schlacht bei Jena.

Johanna Schopenhauer verstand es, in ihrem Weimarer Heim schon bald Menschen um sich zu versammeln – sicherlich ein von vornherein gehegter Wunsch –, indem sie ihr Haus ohne große Formalitäten Gästen öffnete, woraus sich regelmäßige Teezirkel am Donnerstag und Sonntagabend entwickelten. Daß Goethe hier ein Sprungbrett fand, seine Ehefrau in die Gesellschaft einzuführen, wurde bereits erwähnt. Mochten Frau von Stein und Charlotte von Schiller ihren Salon auch meiden und auch Wilhelm von Humboldt mehr Abfälliges als Gutes über ihr Haus äußern, war Johanna Schopenhauer mit ihrem Zirkel dennoch schnell zu einer Weimarer Institution geworden. Auf dieser Ebene wetteiferte sie mit Caroline von Wolzogen, wenn ihr auch das Flair des adeligen Hauses fehlte.

Noch ein Vergleich bietet sich an. Sowohl Johanna Schopenhauer als auch Charlotte von Schiller verloren ihren Ehemann im gleichen Jahr und im gleichen Alter von neununddreißig Jahren. Gab es für Charlotte, abgesehen davon, daß ihr nichts daran gelegen war hofzuhalten, nur die Pflege des Vermächtnisses ihres verstorbenen Gatten und die Sorge für ihre Kinder, war die Witwe Schopenhauer keineswegs geneigt, sich der Aufmerksamkeit der sie umgebenden Männer zu entziehen.

Zu ihren vertrautesten Gesprächspartnern zählte der Bibliothekar der Herzogin Anna Amalia, Carl Ludwig Fernow (1763–1808), der zuvor zwei Jahre als außerordentlicher Professor an der Universität Jena lehrte. Fernow, kränklich, aber gesellig, hatte ein bewegtes Leben hinter sich. Ursprünglich zum Apotheker bestimmt, wählte er die Kunstwissenschaft als sein Metier. Als er Italien zum Studium der Antike besuchte, brachte er bei der Rückkehr eine Römerin aus einfachen Verhältnissen mit, die kein Wort Deutsch sprach und ihren frühen

Tod mit einer schweren Tuberkulose in sich trug. Als seine Ehefrau schenkte sie ihm zwei Söhne, ohne in Weimar heimisch zu werden.

Für Johanna war Fernow zunächst lediglich ihr Italienischlehrer, dann aber mehr und mehr auch Vertrauter, der sich regelmäßig in ihrem Hause aufhielt. Und als schließlich auch er zunehmend kränker wurde und der Pflege bedurfte, nahm sie ihn ganz bei sich auf, wobei gesagt werden muß, daß dies erst nach dem frühen Tod seiner Frau geschah. Das Schicksal der einsamen Frau, die bis zu ihrem frühen Tod mit ihren zwei unmündigen Kindern mehr oder weniger alleine fertig werden mußte, blieb den Weimarern jedoch nicht verborgen und wurde Johanna sehr übelgenommen.

Sicherlich war dies eine Konstellation großer Tragik, jedoch mit merkwürdigen Auspizien. Als Fernow im Jahre 1808 im Alter von fünfundvierzig Jahren gestorben war, lernte Johanna am Grabe Fernows dessen besten Freund, den Dresdner Maler Gerhard von Kügelgen, kennen, der ihr hinfort ein guter Freund wurde und von dem es ein Porträt Johannas gibt. Zum anderen eröffnete ihr der Tod Fernows, dessen Nachlaß sich in ihren Händen befand, den Weg zur Schriftstellerei, indem Cotta ihr den Vorschlag machte, eine Biographie Fernows zu schreiben.

Johanna Schopenhauer machte sich an die Arbeit, und im Jahre 1810 präsentierte Cotta ihr erstes Buch *Carl Ludwig Fernows Leben*, nachdem zuvor von der Autorin nur kleinere Beiträge in Zeitungen und Almanachen erschienen waren. Die Publikation, vom Publikum mit Interesse und Wohlwollen aufgenommen, wurde der Beginn der Schriftstellerkarriere Johanna Schopenhauers.

Inzwischen hatte sich auch für Johannas Sohn Arthur eine entscheidende Wendung vollzogen. Nicht zuletzt dank Fernows Zuspruch gestattete man ihm den Abbruch der kaufmännischen Ausbildung und die Fortsetzung der vom Vater seinerzeit als überflüssig angesehenen schulischen und schließlich akademischen Studien in Gotha, Weimar und Göttingen.

Der Briefwechsel, den die Mutter in der Folgezeit mit ihrem sicherlich eigenwilligen Sohn führte, wurde stetig kontroverser und späterhin beinahe ausschließlich von Auseinandersetzungen um geldliche Dinge geprägt. Als Arthur nach beendetem Studium sein Domizil vorübergehend in Weimar aufschlug, fühlte sie sich bemüßigt, ihm in einem ausführlichen Schreiben Verhaltensmaßregeln für ihr Zusammensein zu erteilen, waren Wesen und Anschauungen von Mutter und Sohn offensichtlich doch so konträr, daß sie seine Nähe als Belastung empfand. Wie konnte auch die lebenshungrige Mutter mit der sich bereits abzeichnenden pessimistischen Weltsicht des Sohnes, für die sie nicht das geringste Verständnis aufzubringen in der Lage war, eine Basis des Zusammenlebens finden?

»Höre allso auf welchem Fuß ich mit Dir seyn will, Du bist in Deinem Logis zu Hause, in meinem bist Du Gast ... ein willkommener lieber Gast der immer freundlich empfangen wird, sich aber in keine häusliche Einrichtung mischt; um diese, um Adeles Erziehung und Gesundheit um meine Domestiken bekümmerst Du Dich gar nicht ... Alle Mittage um ein Uhr kommst Du und bleibst bis drey, dann sehe ich Dich den ganzen Tag nicht mehr, außer an meinen Gesellschaftstagen wozu Du kommen kannst wenn Du willst ... wenn Du Dich dabey des leidgen Disputierens etc das mich auch verdrüslich macht, wie auch allen Lamentirens über die dumme Welt und das menschliche Elend Dich enthalten willst, weil mir das immer eine schlechte Nacht und üble Träume macht und ich gern gut schlafe« (Brief an Arthur vom 13. Dezember 1807).

Zum endgültigen Bruch kam es, als Johanna Schopenhauer den etwa dreizehn Jahre jüngeren Regierungsrat Friedrich von Gerstenbergk (1760–1838) in ihr Haus aufnahm. Johanna suchte auch hier wieder, ebenso wie bei Fernow, zunächst geistige Anregung, abgesehen davon, daß ihr die Hausgemeinschaft auch finanzielle Vorteile brachte. Inwieweit es auch intime Beziehungen gab, bleibt undurchschaubar. Kolportiert wurde auch, daß sie ihn möglicherweise als Schwiegersohn auserkoren habe. Als der Sohn Arthur Gerstenbergk im Hause der Mutter vorfand, empörte er sich. Er provozierte ständig Streit mit ihm, fand die häuslichen Verhältnisse, nicht zuletzt im Hinblick auf das Zusammenleben des Vertrauten seiner Mutter unter einem Dach mit der jetzt siebzehnjährigen Schwester, amoralisch und vermutete, die Mutter plane eine zweite Heirat. Als er die Mutter schließlich vor die Wahl stellte: Gerstenbergk oder er, weist ihm Johanna die Tür. »Die Thüre die Du gestern nach dem Du Dich gegen Deine Mutter höchst unziemend betragen hattest so laut zuwarfst, fiel auf immer zwischen mir und Dir. Ich bin es müde länger dein Betragen zu erdulden« (Brief, etwa 17. Mai 1814). Der Sohn verließ Weimar, quartierte sich in Rudolstadt ein und sah seine Mutter nie wieder.

Außer dem streitigen Briefwechsel um finanzielle Dinge gab es nach beinahe zwanzig Jahren noch einmal einen kühlen brieflichen Kontakt. Der Stachel saß jedoch so tief, daß die Mutter ihren Sohn testamentarisch enterbte, obwohl nach dem Bankrott der Danziger Firma, bei der die Schopenhauers ihr Geld angelegt hatten, so gut wie nichts zu vererben war, abgesehen davon, daß Johanna ihrem Sohn bei früherer Gelegenheit schon sein ihm nach dem Tode des Vaters zustehendes Erbteil übertragen hatte.

Aber auch Gerstenbergk, mit dem Johanna allem Gerede zum Trotz ihre Tage verbrachte, jedoch auch manchen Streit durchstehen mußte, war ihr kein Partner auf Lebenszeit. 1824 heiratete er die Gräfin Amalie von Häseler und zog nach Eisenach, ohne daß die Verbindung damit ihr Ende fand.

Im Jahre 1827 gewann die nunmehr Sechzigjährige schließlich nochmals einen Vertrauten, der ihr Freund und Sohnersatz in einem war: Karl von Holtei, zweiunddreißig Jahre jünger als sie. Der umtriebige Schriftsteller und Theaterleiter, nur selten in Weimar anwesend, hielt ihr die Treue bis über den Tod hinaus.

Das Schreiben wurde Johanna Schopenhauer, neben der Pflege der Geselligkeit, zum Lebensinhalt und nach dem Verlust ihres Vermögens im Jahre 1819 auch Notwendigkeit zum Lebensunterhalt. 1815 erschien ihr erster Roman *Gabriele*. Zu ihren weiteren Arbeiten zählten u. a. 1823 *Die Tante*, 1827 *Sidonia*, 1828 *Novellen*, 1831 *Ausflug an den Niederrhein* ... 1837 *Richard Wood*; insoweit ein Kuriosum, als Johanna Schopenhauer mit ihren Trivialromanen großen Erfolg beim Publikum hatte, während der bedeutende Philosoph auch um nur ein wenig Aufmerksamkeit verzweifelt kämpfen mußte. Aufmerksamkeit und Achtung, die ihm schließlich erst im Alter zuteil wurden.

Im Jahre 1829 übersiedelte Johanna an den Rhein, nach Unkel und Bonn, kehrte 1837 jedoch nach Thüringen zurück, dieses Mal nach Jena. Dort starb sie im Jahre 1838.

Ihre Tochter Adele, die zeitlebens bei der Mutter wohnte und sich nicht aus deren Schatten lösen konnte, starb elf Jahre später, am 28. August 1849. Goethe hat Adele gerne gemocht. Ihre Intimfreundin war die von ihr bewunderte Ottilie von Pogwisch, spätere Ehefrau des Goethe-Sohnes August. Da auch ihr Erbteil von Mutter und Tochter aufgezehrt war, mußte sie sich mit Schreiben über Wasser halten. Ihre Hauptwerke waren der Roman *Anna*, Gedichte und Tagebücher. Nach dem Tod der Mutter gab Adele 1839 zunächst jedoch deren Erinnerungen *Jugendleben und Wanderbilder* heraus, eine von Johanna Schopenhauer im hohen Alter geschriebene, bedauerlicherweise unvollendet gebliebene Autobiographie, in der sie schreibgewandt das Danzig ihrer Jugend schilderte.

Das Leben Adeles, deren Intelligenz, vielseitige Kenntnisse und Fähigkeiten von Zeitgenossen gerühmt wurden, war nicht ohne Tragik: Ihre gezügelte Leidenschaftlichkeit hielt die Männer, denen sie nahestand, stets auf Distanz, und ihre glühende Liebe zu Ferdinand Heinke (1782–1857), dem auch Ottilie von Pogwisch ihre Aufmerksamkeit zugewandt hatte, vor allem jedoch das Verhältnis zu dem Chemiker Gottfried Osann (1796–1866) oder das zu dem später berühmten Arzt Louis Strohmeyer (1804–1876) fand mehr in den Tagebüchern seinen Niederschlag als in den persönlichen Beziehungen. In den erst im Jahre 1921 unter dem Titel *Tagebuch einer Einsamen* erschienenen Niederschriften Adeles aus den Jahren 1823–1826 wird vom Herausgeber (H. H. Houben) mit Recht auf eine »mimosenhafte Überreiztheit« mancher junger Frauen der Zeit verwiesen, verbunden mit der völligen Unfähigkeit, das Schifflein ihres Lebens mit kräftiger Hand zu steuern, hin bis zur völligen Selbstaufgabe, wie etwa bei Karoline von Günderode und Charlotte Stieglitz. Auch Adele Schopenhauer spielte manches Mal mit dem Gedanken des freiwilligen Ausscheidens aus dem Leben. Ihre resignierende Erkenntnis im letzten Gespräch mit Osann war: »Du bist nicht, wie ich Dich dachte, das ist's!« Und das war letztlich ihr Schicksal. Keiner der von ihr geliebten Männer nahm sie zur Frau. Im November 1843 schrieb sie ihrem Bruder Arthur, zu dem sie immer Kontakt zu halten versuchte: »... laß mich Dir offen sagen: Ein Mädchen ohne Familienbande, die altert u kränkelt ist nie und nirgend glücklich.« Und so ist sie am 25. Mai 1849 in Bonn gestorben.

Im Jahre 1860 korrespondierten Ottilie von Goethe und Arthur Schopenhauer nochmals über Adeles Briefe und Tagebücher, die sich in Händen von Sibylle Mertens-Schaaffhausen befanden, die Adele auf dem alten Friedhof in Bonn einen Grabstein gestiftet hatte: »Sie wissen, daß ich nie sehr gesellig war und jetzt zurückgezogener lebe als je«, antwortete der nun schon zweiundsiebzigjährige Philosoph.

Arthur war unverheiratet geblieben. Ungeachtet seiner wenig schmeichelhaften Urteile über die Frauen in seinen *Parerga und Paralipomena* war er für deren Reize dennoch nicht unempfänglich gewesen, über mehr oder weniger lose Verbindungen jedoch nicht hinausgekommen. Abgesehen davon, daß ihm im Jahre 1818 in Dresden ein einfaches Mädchen eine Tochter gebar, die jedoch schon im Säuglingsalter starb, spielte in seinem Leben offensichtlich sein Verhältnis zu der Berliner Chorsängerin, die sich Caroline Medon nannte, rechtmäßig jedoch Richter genannt Medau hieß, eine gewisse Rolle. Als uneheliches Kind trug sie ursprünglich nur den Namen der

Mutter, dem nach der Heirat der Eltern der Familienname des Vaters angefügt werden durfte. Caroline hat mehreren außerehelichen Kindern das Leben geschenkt, für die eine Vaterschaft Schopenhauers jedoch nicht in Betracht kommt. Dies könnte allerdings bei einer dritten Schwangerschaft, die sie nicht austrug, der Fall gewesen sein (nach Abendroth).

Bemerkenswert ist, daß die Verbindung zwar nach einiger Zeit abbrach. Als Caroline Medon jedoch anläßlich des siebzigsten Geburtstages Schopenhauers den Kontakt zu ihrem Jugendfreund wieder aufnahm, war dies für ihn Anlaß, sie in seinem Testament mit einem Vermächtnis zu bedenken, das ihr noch einundzwanzig Jahre lang bis zu ihrem Tode im Jahre 1882 zugute kam.

Letztlich galt für Schopenhauer jedoch die Maxime, keine Ehe einzugehen, da er nicht seine Rechte halbieren und seine Pflichten verdoppeln wolle, wie er bei anderer Gelegenheit verlauten ließ.

Caroline von Dacheröden
(von Humboldt)

Die Geselligkeit Weimars, von den Damen der Gesellschaft geprägt, hatte spätestens mit dem Tode Goethes ihr Ende gefunden. Letztlich ist es jedoch lediglich die Geselligkeit einer ver-
schwindend kleinen Minderheit gewesen. In der zweiten
Hälfte des 18. Jahrhunderts zählte Weimar etwa 6000 Einwoh-
ner, von denen etwa sechzig Personen der Hofgesellschaft
zuzurechnen waren. Mit dem Zuzug von Goethe, Wieland,
Herder und dann auch Schiller avancierte Weimar zu einer
Metropole des Geistes, von der die Koryphäen der Zeit und
ihre Ehefrauen kündeten, nicht zuletzt in der von diesen mit
Eifer gepflegten Korrespondenz, wichtigstes Informationsme-
dium der Zeit. Zudem war es nicht unüblich, erhaltene Briefe,
wenn es nicht gerade nur für den Empfänger bestimmte Herzensergießungen waren, zur Kenntnisnahme weiterzurei-
chen, nicht immer mit Wohlwollen der in irgendeiner Weise
Involvierten. Theodor Körners Mutter ließ die ehemalige
Braut ihres in jungen Jahren gefallenen Sohnes bei späterer

Gelegenheit wissen, »die jetzige Wut, Briefwechsel ins Publikum zu bringen«, sei der Schreiberin so empörend, daß sie alles, was von Briefen im Nachlaß ihres Gatten gewesen, darunter auch die Briefe Tonis (der damaligen Braut) an Theodor und die Familie verbrannt habe. Charlotte von Kalb hatte ihr Autodafé im Alter allerdings bereut.

In Weimar waren die Damen Charlotte von Stein, Caroline von Wolzogen und Johanna Schopenhauer Kristallisationspunkte des gesellschaftlichen Geschehens. Frauen wie Charlotte von Kalb, Amalie von Imhoff, die Gräfin Henriette von Egloffstein und Henriette von Wolfskehl hielten zwar nicht in gleicher Weise hof, hatten jedoch ebenso ihr Gewicht wie etwa Caroline Herder, die als Ehefrau des obersten Weimarer Geistlichen jedoch zur Zurückhaltung in der Öffentlichkeit gezwungen war. Wielands Ehefrau Anna Dorothea kam da schon weniger Aufmerksamkeit zu. Nach Schillers Einschätzung eine Frau »häßlich wie die Nacht, aber brav wie Gold und bis zur kindlichen Einfalt natürlich und munter«. Sie sei ein gutmütiges, nachgiebiges Geschöpf, wie Wieland es brauche, um zufrieden zu sein mit sich und seiner Umgebung.

Etwas windiger war da das Verhalten der Schwägerin der Frau von Stein, Sophie von Schardt, geborene von Bernstorff (1755–1819), der Nichte des großen dänischen Ministers. 1778 hatte sie Charlotte von Steins Bruder Karl geheiratet. Von Herder wurde sie als »liebe Unschuld« angehimmelt und vielleicht auch nicht nur das. In den Augen Schillers war sie eine »fille de joie«. Ihre Eskapaden waren schließlich auch außergewöhnlich. Sie liierte sich mit dem romantischen Dramatiker Zacharias Werner (1768–1823), dessen literarische Arbeiten, wie sein Schauspiel *Wanda,* nach Ansicht empfindlicher Damen der Gesellschaft die weibliche Schamhaftigkeit durch sinnliche Beschreibungen beleidige. Mit ihm verließ sie Weimar, ging nach Wien und konvertierte schließlich mit Werner zusammen zum Katholizismus.

Die Verflechtung der Gesellschaft reichte jedoch weit über die kleine Residenzstadt hinaus. So läßt sich von Weimar ausge-

hend, aber auch von der Nachbarstadt Jena, der Blick auf viele
weitere Frauengestalten lenken, die das Gesicht der Zeit zumindest auf dem Gebiet des Geistes prägten. Charlotte Schillers gleichaltrige Freundin Caroline von Dacheröden, die
Ehefrau Wilhelm von Humboldts, ist es vor allem, welche
Aufmerksamkeit auf sich lenkt.

Caroline von Dacheröden-Humboldt gilt als eine der interessantesten Frauen der Goethe-Zeit und als eine der talentierte-
sten Briefschreiberinnen. Ihre Korrespondenz, im wesentlichen erhalten, ist ein wichtiges Kulturzeugnis und ein
Kaleidoskop der Zeit. Herausgegeben wurden ihre Briefe Anfang dieses Jahrhunderts von ihrer Urenkelin Anna von Sydow. Sie erschienen in sieben Bänden mit circa 3000 Seiten.
Tatsächlich sind der Wortreichtum und die Formulierungs-
gabe dieser Frau beeindruckend und sicherlich in unserer Zeit
ohnegleichen. Hinzu kommt ein außergewöhnlich ausgeprägtes Gefühlsleben, dem sie beinahe exhibitionistisch Ausdruck
verleiht. Und dieses Verströmen von Gefühlen bleibt auch
nicht ohne Wirkung auf eine Vielzahl von Männern.

Die Dacheröden stammten aus dem Raum Mansfeld. Hier gehörten ihnen die Güter Burgörner und Auleben. Für Caroline,
wie sie als junges Mädchen in ihren Briefen zu sagen pflegte,
die »Wüste«. Geboren wurde sie am 23. Februar 1766 in Min-
den, wo ihr Vater als Kammerpräsident wirkte. Bereits im Alter
von acht Jahren verlor sie ihre Mutter, und ihre Erziehung oblag hinfort einer wenig geistvollen Gouvernante. Ihr großes
Glück war, daß für ihren Bruder Rudolf Zacharias Becker
(1752–1822) als Hofmeister angestellt wurde. Er war in der
Lage, etwas für die Bildung der jungen Leute zu tun, und Caroline war es, die diese Möglichkeit in jeder Weise ausschöpfte,
im Gegensatz zu ihrem Bruder, der in ihren Augen ein »Flach-
kopf« gewesen ist. Darüber hinaus profitierte sie von dem
Wohlwollen Karl Theodor von Dalbergs, wenn sie sich in der
Stadtwohnung der Dacherödens in Erfurt aufhielt.

In Erfurt begegnete Caroline als heranwachsendes Mädchen
dem ein Jahr jüngeren Carl von La Roche (1767–1839), dem

Sohn der zu Ansehen gelangten Schriftstellerin. Carl von La Roche arbeitete in Berlin als Eleve im Bergdepartement und gehörte dort zum Kreis der Henriette Herz, die er zur Gründung des »Tugendbundes« angeregt hatte und mit der zusammen er die Statuten für diesen Seelenbund entwarf. Der La-Roche-Sohn wurde die erste Liebe Carolines, und wie es zu jener Zeit üblich war, galten sie als verlobt. Auf diese Weise wurde auch Caroline in den Kreis der Tugendbündler einbezogen, dem Kreis der Empfindsamen, denen der Rationalismus der Aufklärung zu nüchtern war. Die Darmstädter mit ihrem Kreis um Merck hatten ein Beispiel gegeben. Die Gepflogenheiten der zu dem Bunde Zählenden fielen bei Caroline auf fruchtbaren Boden, und hier bereits konnte sie ihre Seele in Briefen verströmen.

Zu Henriette Herzens Kreis zählte zu dieser Zeit auch Wilhelm von Humboldt (1767–1835). Ein Jahr jünger als Caroline, war er offensichtlich von gleicher Empfindsamkeit wie die junge von Dacheröden. Als er Caroline im Jahre 1788 in Erfurt kennenlernte, hatte es ihm nach einigen jugendlichen Schwärmereien gerade die wenig glücklich verheiratete Therese Forster angetan, die Tochter seines Göttinger Lehrers Chr. G. Heyne, die sich später jedoch Schillers Jugendfreund Ludwig Ferdinand Huber (1764–1804) anschloß, den sie nach dem Tode Forsters im Jahre 1794 heiratate.

Da Therese Heyne-Forster und Caroline von Dacheröden dem Berliner Tugendbund als assoziierte Briefschreiberinnen angehörten, erleichterte das in diesem Kreis übliche Du die Kommunikation schon bei und nach der ersten Begegnung Carolines mit Wilhelm von Humboldt. Trotz aller Achtung vor bereits bestehenden Bindungen muß es sogleich eine emotionale Beziehung zwischen den beiden jungen Leuten gegeben haben. Jedenfalls ließen sie in ihren Briefen sogleich erkennen, welche Gefühle sie füreinander hatten, wobei hier schon Caroline die Schicksalsfäden zu ziehen schien, wie sie später ein Leben lang als seelische Stütze ihres Partners bedeutenden Einfluß auf dessen Gefühlsleben hatte. Nach der ersten Begeg-

nung schrieb sie Wilhelm von Humboldt im Stile der Tugend-
bündler-Empfindsamkeit: »Als Du fort warst, mein Wilhelm,
war eine fürchterliche Leere in meinem Herzen und eine
Angst, ein Gefühl der Verlassenheit, des Alleinseins.«

Ein Jahr später, Mitte Dezember 1789, als sie gemeinsam an
einem Ball in Erfurt teilnahmen, gaben sie sich ihr Eheversprechen und am 29. Juni 1791 das Jawort, Beginn einer achtunddreißig Jahre währenden Ehe, aber auch einer Ehe besonderer
Art, die zu definieren sich sowohl Zeitgenossen als auch spätere Biographen mit gewählten Worten, aber auch eindringlich bemühten.

Von Varnhagen van Ense stammt die Sentenz, mit größe-
rer Grazie sei noch niemals jemand verheiratet gewesen, völ-
lige Freiheit gebend und nehmend. Der Humboldt-Biograph
Berglar ist der Ansicht, daß Caroline von Dacheröden und
Wilhelm von Humboldt sich in ihren Vorzügen, aber auch
Fehlern ähnlich gewesen seien. Und in wohlgesetzten Worten
definiert der Caroline-Biograph Sichelschmidt die Partnerschaft wie folgt: Die »ungebundene Geistesfreiheit, die sie sich
gegenseitig zugestanden, ihre Toleranz, auf einem absoluten
Vertrauen auf ihre gemeinsame Bestimmung füreinander be-
ruhend, gab ihnen die Kraft, sich von den Fesseln bürgerlicher
Konvention zu befreien, um ganz der Vollendung ihrer Indivi-
dualität zu leben«.

Tatsache ist, daß Caroline von Humboldt zu den bedeutenden
Frauen der Zeit zählt, deren Ehe, im Gegensatz zu vielen anderen, nicht zerbrach. Ohne Frage war es jedoch eine sehr
unkonventionelle Ehe zweier sehr selbstbewußter Persönlichkeiten, eine Ehe, die nicht immer ohne Spannungen verlief
und bis an die Grenzen der stillschweigend gewährten Toleranz geriet. Hierfür war nicht nur das oft monate-, ja jahre-
lange Getrenntsein die Ursache (insgesamt fast acht Jahre),
sondern nicht zuletzt auch die den beiden Partnern eigene Ge-
fühlsbetontheit auch in erotischen Dingen, die – sicherlich in
Maßen – auszuleben, sie sich zugestanden. Das wiederum ließ
einen Theodor Mundt, der freilich erst einundzwanzig Jahre

alt war, als die betagte Caroline starb, die freche und unbewiesene Behauptung aufstellen, jedes Kind der Caroline habe einen anderen Vater.

Ohne Einschränkung läßt sich jedoch sagen, das Leben der Caroline von Humboldt war das Leben an der Seite Wilhelm von Humboldts, das Leben für ihren Ehemann und ihre mit mütterlicher Liebe umsorgten Kinder. Caroline wollte, ungeachtet ihrer Liebesabenteuer, nie etwas anderes sein als die Frau von Humboldt. Und ohne Zweifel hat Wilhelm von Humboldt trotz seiner Eskapaden nie ein anderes weibliches Wesen als Ehefrau haben wollen als Caroline, mußte er sich doch bei kritischer Selbstbetrachtung eingestehen, wie sehr er sie als seelische Stütze brauchte. Die jedoch konnte ihm nur eine Frau wie Caroline sein, eine Frau, die ihm ebenbürtig war. Letztlich war es für den hochintelligenten, oft jedoch auch labilen und unentschlossenen Mann das Gefühl der Zugehörigkeit zu dieser Frau, das ihm Halt gab und Lebensinhalt war. Nach achtzehn Ehejahren bekannte er in einem Schreiben an den Philologen Friedrich Gottlieb Welcker (1784–1868): »... Eine Heirat hat selten auf einen Mann einen günstigen Einfluß. Mich aber, kann ich wohl sagen, hat die meinige gerettet ...«

Das umfangreiche Vermögen der Humboldts und der Dacherödens gestattete dem Paar ein sorgenfreies Leben, stets umgeben von hilfreichen Geistern, die später manche Reisen der großen Familie zu kleinen Karawanen werden ließen. So quittierte der junge Ehemann den gerade begonnenen Dienst als Jurist am Preußischen Kammergericht in Berlin, um seinen persönlichen Vorlieben nachgehen zu können. Mit seiner jungen Frau zog er sich auf die Güter der Dacherödens, Burgörner und Auleben, zurück und führte dort das Leben eines Privatiers. Caroline lernte Griechisch und Latein und las mit ihrem Mann Homer, Herodot und die *Metamorphosen* des Ovid. Am 16. Mai 1792 kam in Erfurt als erstes Kind der Humboldts die Tochter Caroline zur Welt, deren Schicksal es wurde, immer ein wenig zu kränkeln und unverheiratet bei der Familie zu

bleiben. Sie war es dann auch, die später dem seine Frau überlebenden Vater den Haushalt führte.

Im Jahre 1794 zog die noch kleine Familie nach Jena in den
Dunstkreis der Weimarer und Jenaer Klassik. Dort zählte
Schiller mit seiner Ehefrau Charlotte, der Jugendfreundin Carolines, zum engsten Freundeskreis, und dort erblickte am
5. Mai der Sohn Wilhelm, dem nur ein neunjähriges Leben beschieden war, das Licht der Welt. Er starb bereits 1803 in Rom
und fand dort, ebenso wie das siebente Kind der Humboldts,
der Sohn Gustav, der keine zwei Jahre alt wurde, die letzte Ruhestätte.

Jena war in mehrfacher Hinsicht für das Ehepaar von Humboldt von Bedeutung. Die Verbindung mit Schiller, der Wilhelm von Humboldt ein Freund wurde, und der gemessene
Umgang mit Goethe bewirkten, daß Wilhelm von Humboldt
mit seiner Affinität zur Antike später gerne neben den beiden
Heroen als einer der bedeutenden Klassiker genannt wird. Ungeachtet dieser Tatsache, schlug sich seine Geisteshaltung, mit
der er für Schiller und Goethe ein geschätzter Gesprächs- und
Korrespondenzpartner war, nur in wenigen literarischen Tex-
ten nieder. Caroline hat in späteren Jahren jedoch, als man
sich in deutschen Landen erhob, um das französische Joch ab-
zuschütteln, manches bittere Wort über Goethe verlauten lassen, konnte sie es ihm doch nicht verzeihen, daß er auch in
dieser Zeit das ihm von Napoleon verliehene Kreuz der Ehren-
legion nicht ablegte und wenig Neigung zeigte, in das Aufbegehren gegen den Imperator einzustimmen.

Für die junge Ehefrau Humboldts, die am 19. Januar 1797 als
drittes Kind ihren Sohn Theodor gebar, bahnte sich in den
Jenaer Jahren mit ihrer leidenschaftlichen Zuneigung zu
dem märkischen Junker Friedrich Wilhelm von Burgsdorff
(1772–1822), den sie in Berlin kennengelernt hatte, eine persönliche Konfliktsituation an. Mitte des Jahres 1795 veranlaßte eine schwere Erkrankung der Mutter Wilhelm von Humboldts das Paar, Jena vorübergehend zu verlassen und sich
nach Tegel zu begeben. Während dieses Berliner Aufenthaltes

hatte Caroline bei Rahel Levin Burgsdorff kennengelernt, der dort vom schwedischen Legationssekretär Karl Gustav von Brinckmann eingeführt worden war.

Burgsdorff, von Schulzeiten her ein enger Freund Ludwig Tiecks und nicht ungebildet, hatte ein besonderes Talent, sich anzubiedern. Marianne Thalmann charakterisiert ihn in ihrer Tieck-Biographie als einen »Zaungast aller eleganten Salons, Spielhöllen und Theater zwischen London und Madrid«. Hier sind es nun die Humboldts, denen er nach Jena folgt und in deren Umkreis er sich beinahe zwei Jahre lang aufhält, ja sie selbst auf ihren Reisen nach Dresden, Wien, Zürich und Paris begleitet. Die dreißigjährige Caroline ist dem sechs Jahre jüngeren Freund des Hauses mit Haut und Haaren verfallen, und die *ménage à trois* ist offenkundig. Im klatschsüchtigen Umfeld wird von Scheidung der Humboldts gemunkelt.

Im Dezember 1796 beichtet Caroline ihrer Briefpartnerin Rahel Levin: »Meine süße Kleine, bewahren Sie es tief in Ihrem Herzen, wie ich ihn liebe, wie ich ihn verbunden fühle mit dem Besten in mir, mit dem unendlichen, unbegrenzten Gefühl, das ein höheres Leben der Schönheit und Kraft um mich webt. Es könnte doch die Zeit kommen, wo ich es ihm nicht mehr sagen könnte, – und es ist mein Bedürfnis, das Geständnis meines Glücks, des Glücks, das er geschaffen und gegeben hat, in ein treues Herz zu legen, damit ihm die reinste Zusicherung nicht fehle. Ich bin wehmütig, aber still und rein gestimmt, und mein inneres und äußeres Dasein bildet sich zur schönsten Harmonie, zuweilen ergreift mich wohl die Ahnung, daß mein Leben still zu einem anderen hinüberströme, aber sie trübt keinen Gedanken, sie streift keinen Glanz von der seligen Gegenwart, die ich mit unbeschreiblicher Heiterkeit voll und ganz genieße.«

Die Bindung dauerte bis ins Jahr 1799 hinein und blieb auch in Paris noch voller großer Leidenschaft, der nun aber Burgsdorff entfloh. Er reiste in die Pyrenäen. Für Caroline eine Zeit der Selbstbesinnung. Als Burgsdorff wieder in Paris auftauchte, freute sie sich ehrlich, stellte jedoch fest, daß ihre innige Liebe zu diesem Mann erloschen war. Ihre Gefühle analysierte Caroline wiederum in einem Schreiben an Rahel mit dem Fazit: »Der goldene Zauber ist vorüber.« Burgsdorff verließ Paris und begab sich nach London.

Für die Humboldt-Ehe war die damit beendete Affäre eine der häufigen Bewährungsproben. Schließlich hatten sich die Partner gegenseitige Toleranz zugesichert, und Humboldt zeigte sich souverän und nicht nur hier und nicht nur er. Mag es eine offene Frage bleiben, ob Wilhelm von Humboldt dem Liebesbedürfnis seiner Frau gerecht wurde. Er verlor über die Affäre kein Wort. Im Gegenteil versicherte er seiner Frau, die im übrigen in dem in Paris lebenden schlesischen Grafen Gustav von Schlabrendorf wiederum einen Freund gefunden hatte, auch in dieser Zeit seine unverbrüchliche Anhänglichkeit.

Wir würden der Bedeutung Caroline von Humboldts jedoch nicht gerecht, wenn wir unser Augenmerk nicht dem zuwendeten, womit sie sich den Ruf einer bemerkenswerten Dame der Gesellschaft erworben hat. Das Humboldtsche Haus wurde in Paris, nicht zuletzt dank der Agilität und Ausstrahlung Carolines, schnell zu einem gesellschaftlichen Treffpunkt deutscher und französischer Geistesgrößen. Wer in Paris weilte, mußte die Humboldts besucht haben. Und sowohl für Wilhelm von Humboldt als auch für seine Ehefrau Caroline wurde Paris zu einem Lebensabschnitt der Reife.

Das Traumziel der Humboldts war jedoch nicht Paris, sondern Italien. Und da wegen der Unruhen in diesem Land eine Reise dorthin noch nicht angezeigt war, machten sie sich mit ihrem ganzen Troß auf den Weg nach Spanien. Erstaunlich bleibt, in welcher Weise die Humboldts mit ihren damals drei Kindern, Hauslehrer Gropius und Kindermädchen die Strapazen dieser achtmonatigen Reise quer durch Spanien bis an die Südküste nach Cádiz und zurück auf sich nahmen, zumal Caroline, wie sich zeigte, wiederum schwanger war. Nur vier Wochen nach der Rückkehr der Humboldts nach Paris erblickte am 17. Mai 1800 als viertes Kind die zweite Tochter Adelheid das Licht der Welt.

1801 begaben sich die Humboldts zurück nach Deutschland, und am 28. Mai 1802 wurde Caroline von ihrem fünften Kind, der Tochter Gabriele, entbunden. Dann jedoch erfüllte sich der Traum Humboldts, Italien kennenzulernen. Und nicht nur das. Wilhelm von Humboldt, immer noch unstet und ohne gefestigte Lebensvorstellung, bewarb sich um den gerade frei gewordenen, letztlich aber nicht sehr bedeutenden Residentenposten beim Heiligen Stuhl in Rom. Tatsächlich wurde Rom den Humboldts für die nächsten sechs Jahre zur zweiten Heimat.

Im September 1802 machte sich die nunmehr siebenköpfige Familie mit vier Bediensteten auf die zehn Wochen dauernde Reise. Nach einer Eingewöhnungszeit in die fremde Umgebung und dem Umzug in den geräumigen Palazzo Tomati nahe der Spanischen Treppe wurde das Humboldtsche Haus auch in Rom wieder zu einem gesellschaftlichen Treffpunkt und der Mittwochs- und Sonntagstee zu einer ständigen Einrichtung. Wiederum bewiesen sich die Talente der Caroline von Humboldt, die geistige Prominenz um sich zu versammeln, und mit besonderer Liebe wurden die in Rom weilenden Künstler bewirtet, darunter die Bildhauer Christian Daniel Rauch (1777–1857) und Bertel Thorwaldsen (1770–1844).

Im ersten römischen Sommer 1803 widerfährt den Humboldts jedoch großes Leid durch den Tod ihres neunjährigen Sohnes Carl Wilhelm, den ein Malariafieber dahinraffte. Obwohl erneut schwanger, zog es Caroline im folgenden Frühjahr fort von Rom, und mit dem zweiten Sohn Theodor und der ältesten Tochter Caroline reiste sie zum Vater nach Thüringen. Ihr in dieser Phase unzufriedener und bedrückter Mann blieb mit den zwei kleinen Mädchen zurück. Elf Monate wird es dauern, bis sie sich wiedersehen.

Undurchsichtig bleibt die hastige Reise der nun kurz vor ihrer Niederkunft stehenden Caroline mit ihren beiden Kindern im Juni 1804 von Thüringen aus nach Paris. Dort bringt sie Ende Juni ihr sechstes Kind zur Welt, die Tochter Louise, der jedoch nur vier Lebensmonate beschieden waren. Anlaß für die Reise dürfte das Bedürfnis gewesen sein, Gustav von Schlabrendorf, den Freund aus den Pariser Tagen, wiederzusehen. Überliefert ist ein Brief, den sie ihm aus Erfurt geschrieben hatte, in dem es heißt: »Ich bin so wenig wie Du geschickt, meine Gedanken und Empfindungen schriftlich auszudrücken. Darum muß ich Dich wiedersehen. Ich darf es mit der tiefsten Wahrheit sagen: Ich brauche es, brauche den Genuß, mein innigstes Verlangen darin zu befriedigen, um weiter fortzuleben.« Ihrem dritten Sohn, der im Jahre 1806 geboren wurde und schon ein Jahr später starb, hatte Caroline im Andenken an Schlabrendorf den Namen Gustav gegeben. Noch im Dezember 1807 schrieb sie an Schlabrendorf, den »menschlichsten und edelsten Menschen«: »Du weißt, wie innig ich Dich liebe …«

Der rasche Tod des in Paris geborenen kleinen Mädchens ging Caroline sehr zu Herzen. Ihrem Mann klagte sie in einer Nachricht aus Paris: »Ach Wilhelm, ich komme nicht reicher zurück, ärmer …« Und mitten im Winter trat sie mit ihren zwei Kindern die beschwerliche Rückreise über die Alpen an. Mit Freuden schlossen sich Caroline und Wilhelm von Humboldt wieder in die Arme. Und am 7. Januar 1806 ist es wieder soweit. Gustav ist das siebente Kind der Humboldts, dem ebenfalls nur ein kurzes Leben beschieden war. Im zarten Alter von knapp zwei Jahren hauchte er Ende des Jahres 1807 sein junges Leben aus. Neben seinem 1803 verstorbenen Bruder Wilhelm wurde auch Gustav in Rom bestattet. Dieses Kind war noch nicht das letzte. Caroline war dreiundvierzig Jahre alt, als sie am 28. April 1809 ihr achtes Kind Hermann zur Welt brachte. Zu diesem Zeitpunkt hatte Wilhelm von Humboldt, zusammen mit Sohn Theodor, Rom allerdings bereits verlassen. Aus Deutschland waren schlechte Nachrichten über Plünderungen und Brandschatzungen der Besitzungen in Tegel, Burgörner und Auleben durch die französischen Besatzer eingetroffen, und Humboldt wollte nach dem Rechten sehen.

Für Wilhelm von Humboldt begann nunmehr die aktive Tätigkeit, die ihn in die deutsche Geistesgeschichte eingehen ließ. Es war die Zeit der Steinschen Reformen, und Stein veranlaßte, daß Humboldt zum Staatsrat und Direktor der Sektion des Kultus und öffentlichen Unterrichts im Ministerium des Innern berufen wurde, ein Amt, das infolge der Kriegsereignisse in Königsberg wahrgenommen werden mußte und das Humboldt, der bis dahin im wesentlichen nur seinen eigenen Interessen nachgegangen war, zukunftsweisend ausübte. In nur sechzehn Monaten wurden von ihm eine Reform des gesamten Schulwesens und die Einrichtung einer Universität in Berlin auf den Weg gebracht, eine Leistung, die ihn unsterblich machte.

Im Herbst 1808 hatte Humboldt Rom verlassen, und im Juli 1810 war seine ministerielle Tätigkeit, die er während acht Monaten in Königsberg und danach in Berlin ausübte, auf eigenen Wunsch bereits beendet. Humboldt wurde nun zum Staatsminister und Gesandten in Wien ernannt. Im Herbst 1810 sah sich das Humboldt-Paar nach zweijähriger Trennung dort wieder.

Die Zeit in Königsberg war für Humboldt nicht nur Höhepunkt seines gesellschaftspolitischen Wirkens, sondern auch mit Eheproblemen befrachtet. Hier hatte er die Frau des in Königsberg praktizierenden schottischen Arztes, Johanna Motherby, kennengelernt, eine Frau, wie Berglar schreibt, mit »Vergangenheit und Zukunft«. Später hatte sie, die Mutter zweier Kinder, die leidenschaftliche Zuneigung Ernst Moritz Arndts entfacht, 1824 ließ sie sich von Motherby scheiden, um den bekannten Berliner Chirurgen Ludwig Dieffenbach zu heiraten, von dem sie sich jedoch 1833 ebenfalls wieder trennte.

Johanna Motherby war es, die Humboldt über das Alleinsein in Königsberg hinweggetröstete, und die Sinnlichkeit dieser Frau ließ ihn in leidenschaftlicher Liebe zu ihr entbrennen, wie spätere Briefe Humboldts aus Wien, die von ihr jedoch nicht mehr beantwortet wurden, deutlich machen. Noch im Jahre 1813 schrieb er der fernen Geliebten, daß er zwar mit seiner Frau und mit seinen Kindern glücklich lebe, daß er für sie und aus Liebe zu ihnen lebe, daß es jedoch eine andere, viel eigentlichere und tiefere Liebe gebe, von der er mit niemandem reden möchte als mit ihr, die ihn verführt habe, aus sich herauszugehen und ihr sein Inneres zu öffnen. Aber auch Motherby war letztlich nur eine Episode in der Humboldt-Ehe, allerdings eine typische.

War die Familie Humboldt in Wien nun auch wieder einmal einschließlich der Kinder für kurze Zeit beisammen, wurde die Stadt dennoch nur für knapp vier Jahre ihr Domizil. Humboldt blieb zwar mehr Zeit, sich seinen literarischen und Sprachforschungsarbeiten zu widmen, immer wieder war er jedoch unterwegs, in Berlin und Thüringen, als preußischer Unterhändler auf dem Prager Kongreß, als Teilnehmer am Feldzug im österreichischen Hauptquartier, als Bevollmächtigter auf dem Kongreß zu Châtillon und schließlich, wieder in Wien, neben Hardenberg als preußischer Vertreter beim Wiener Kongreß. In ihrem nie abreißenden Briefwechsel sinnieren Caroline und Wilhelm von Humboldt über die politischen Probleme in jener unruhigen Zeit, und Caroline zeigt sich hier als engagierte Vertreterin der preußischen Sache, nicht selten auch ihren Mann beratend oder in seinem Handeln bestärkend.

Und hier in Wien ist es wieder Caroline, die sich mit ihren Gefühlen für einen anderen Menschen auseinandersetzen muß. Zu den engeren Freunden der Humboldts gehörte der Arzt und Schriftsteller David Ferdinand Koreff (1783–1851). Zeitweilig war er täglicher Gast im Haus, und Caroline verliebte sich leidenschaftlich in den sechzehn Jahre jüngeren Mann. Rahel Levin ist wieder einmal Beichtschwester, und am 22. Januar 1814 schreibt sie ihr: »Mit Koreff bin ich sehr nahe gekommen, er hat eine unbeschreibliche Tiefe des Gemüts, und es neigt sich alles in Liebe und Sehnsucht einem anderen Leben zu«, ohne daß Caroline Koreff ihre Zuneigung jedoch zu erkennen gab. Rahel Levin sollte herausbekommen, ob er ihr gut sei. Nun bald fünfzig Jahre alt, scheint Caroline sich jedoch bemüht zu haben, diese späte Leidenschaft niederzuringen.

Im Mai 1814 wurden die Zelte in Wien abgebrochen, und nach einem dreimonatigen Aufenthalt in der Schweiz kehrte Caroline mit ihrem Troß im November nach Berlin zurück, das ihr mit Ausnahme einiger Reisen und nochmals zweier Jahre in Rom (1817–1819) Heimstatt wurde. Die Kinder waren nun größer geworden und gingen mehr und mehr ihre eigenen Wege. Im April 1815 heiratete die erst vierzehnjährige Adelheid den dreißigjährigen Adjutanten des Prinzen Wilhelm, den Generalleutnant August von Hedemann. Und im Oktober 1816 ist es die Tochter Gabriele, ebenfalls erst vierzehn Jahre alt, die sich mit dem elf Jahre älteren Legationssekretär ihres Vaters, Heinrich von Bülow, dem künftigen Gesandten in London, verlobte und diesen fünf Jahre später heiratete.

Die Jahre von 1814 bis 1819, dem Jahr der Entlassung Humboldts aus dem Staatsdienst, sind noch einmal voller Unruhe und die Humboldts meist voneinander getrennt. Das zunächst gute Verhältnis Wilhelm von Humboldts mit dem Staatskanzler von Hardenberg war nicht von Dauer. Humboldt wurde auf Außenposten in Frankfurt und London delegiert, und im Jahre 1817 machte sich Caroline mit den Töchtern Caroline und Gabriele nochmals auf den Weg nach Italien. Dort wurde ungeachtet der langen Abwesenheit der Palazzo Tomati wieder Treffpunkt der Gesellschaft zum Tee. Wieder galt Carolines Aufmerksamkeit der Kunst und den in Rom weilenden Künstlern, deren Arbeiten sie mit kritischen Blicken zu würdigen und zu beurteilen wußte. Mit Veit, Overbeck, Schadow, Thorwaldsen, Rauch, Angelika Kauffmann und vielen anderen hatte sie persönlichen Kontakt, und manche Arbeit wurde von ihr erworben.

Mit dem Bewußtsein, das ihr ans Herz gewachsene Rom nie wiederzusehen, kehrte Caroline im Sommer 1819 nach Deutschland zurück, inzwischen mehr und mehr an rheumatischen Schmerzen leidend. Zwei Jahre lang hatten sich die Humboldts nicht gesehen und wie schon so oft nur durch den ständigen Briefwechsel den Kontakt miteinander aufrechterhalten. Am 31. Dezember des gleichen Jahres erhielt Wilhelm von Humboldt seine Entlassung, nachdem er Preußen zehn Jahre lang mit großem Engagement gedient hatte. Mag er den abrupten Verzicht auf seine Dienste auch als Affront empfunden haben und lag ihm die künftige staatliche Ordnung, die allerdings nicht den Vorstellungen seiner Kontrahenten entsprach, auch sehr am Herzen, fühlte er sich dennoch erleichtert, der Fron der Abhängigkeit entronnen zu sein.

Im Schloß der Humboldts in Tegel konnte er sich nunmehr wieder wissenschaftlichen Studien widmen. Sein umfassendes Wissen und seine Sprachkenntnisse ermöglichten es ihm, sich auch als Wissenschaftler zu profilieren.

Zehn gemeinsame Jahre waren Caroline und Wilhelm von Humboldt mit den Kindern Caroline und dem jüngsten Sohn Hermann noch gegönnt. Adelheid und Gabriele waren gut und glücklich verheiratet. Da Gabriele, die in wenigen Jahren drei Töchtern das Leben schenkte, in Berlin wohnte, konnte Caroline auch noch Enkelkindern Großmutter sein. Ein Sorgenkind blieb der charakterlich labile älteste Sohn Theodor, der seinen Militärdienst quittieren mußte. Das gesellige Leben hatte für das alternde Paar nun nicht mehr die frühere Bedeutung. Tegel lag etwa eine Wagenstunde von Berlin entfernt, so daß Besuche mit einem gewissen Aufwand verbunden und mühselig waren. Wohl hatten die Humboldts noch eine Stadtwohnung, die sie vor allem im Winter als Quartier wählten, die dort stattfindenden gesellschaftlichen Ereignisse konnten jedoch nicht mit denen in Paris und Rom verglichen werden, abgesehen davon, daß sich das Befinden Carolines immer mehr verschlechterte. Unvermindert jedoch war sie eine fleißige Briefschreiberin und pflegte eine umfangreiche Korrespondenz.

Zu den letzten, eindrucksvollen Unternehmen Carolines zählt die große Reise, die sie im April 1828 unternahm, als ihr Schwiegersohn von Bülow als Gesandter nach London versetzt worden war und sie ihre Tochter Gabriele mit Kindern, Ehemann Wilhelm, Tochter Caroline und allen Bediensteten auf der Fahrt zu ihrem neuen Wohnsitz begleitete. In Paris und London standen die Humboldts nochmals im Mittelpunkt der Aufmerksamkeit, und in London ließ es sich Caroline trotz körperlicher Ungemach nicht nehmen, ihrem Kunstinteresse nachzugehen und Museen und Galerien zu besuchen.

Im Oktober war man nach einem Aufenthalt in Gastein wieder in Tegel. Carolines Lebenskraft war jedoch erloschen. Auch der geachtete Berliner Chirurg Dieffenbach, der pikanterweise inzwischen mit der geschiedenen Johanna Motherby verheiratet ist, kann ihr nicht helfen. Den Winter verbringen die Humboldts wie stets in ihrer Berliner Stadtwohnung. Und dort verlischt Carolines Leben am 26. März 1829. Wilhelm von Humboldt überlebte seine Frau, deren Verlust ihn schwer traf, um sechs Jahre. Mit der Wiederberufung in den preußischen Staatsrat und der Verleihung des Schwarzen Adlerordens im Jahre 1830 widerfuhr ihm noch späte Genugtuung.

Und wenn wir auch hier nun die Frage stellen, wodurch sich Caroline von Humboldt als bedeutend erwies – manche Biographien bezeichnen sie als eine der bedeutendsten Frauen jener Zeit –, so ist die vordergründige Antwort die: Bedeutend war sie, weil sie die Ehefrau von Wilhelm von Humboldt gewesen ist. Nicht etwa weil sie durch das Licht des Politikers, Reformers und Wissenschaftlers angestrahlt war, sondern weil hier einer ohne den anderen nicht das werden konnte, was er war. Wilhelm von Humboldt war auf den Halt in der Familie mit Caroline als ständigem Kommunikationspartner angewiesen, um aktiv tätig zu werden. Sein ererbtes Vermögen und die zum Genuß tendierende Psyche hätten ihn leicht verleiten können, sich ausschließlich den angenehmen Seiten des Lebens zu widmen. Durch Caroline und die Familie war er gewissermaßen in die Pflicht genommen, und dessen war er sich vollauf bewußt. »Ich bin bei weitem mehr und in allem kontemplativ als handelnd«, schrieb er Caroline am 12. Mai 1817. Caroline gab ihm den Antrieb zu kreativem Wirken.

Zu den bemerkenswerten Seiten Carolines zählen ihre Ausstrahlungskraft als Frau und als brillante und intelligente Gesellschafterin. An ihrem Jour fixe, insbesondere in Paris und Rom, teilzunehmen, ließ man sich nicht entgehen. Und so hatte sie stets alles, was Rang und Namen hatte, um sich versammelt. Wäre ihr Aufenthalt in jenen Jahren Berlin gewesen, hätte sich ihr Salon sicherlich nicht neben denjenigen von Rahel Levin und Henriette Herz zu verstecken brauchen. Und letztlich ist Caroline von Humboldt als Briefschreiberin zeitlos geworden. Wie kaum ein zweites Mal entfaltet sich durch den erhaltenen Briefwechsel der beiden Partner über vierzig Jahre hinweg historisches und zwischenmenschliches Geschehen. In diesem Fall läßt sich sagen, »begünstigt« durch die langen Trennungsphasen, die vieles sichtbar machen, was im Miteinanderleben verborgen bleibt und durch die Zeit gelöscht wird. Wenn es denn etwas Besonderes war – es wurde immer wieder darauf hingewiesen –, so war es schließlich auch die Haltbarkeit dieser Ehe, die als »unkonventionell« galt. Es war eine Ehe, in der Caroline gegen die Veranlagung ihres Mannes, die davon geprägt war, sich die Frau untertan zu machen, der tragende Part gewesen ist. Humboldt war sich dessen absolut bewußt und akzeptierte es, ja, er war seiner Frau stets von neuem dankbar dafür, da er letztlich aus dieser Ehe heraus die Kraft für seine Aktivitäten schöpfte.

Und in diesem Zusammenhang ist auch auf den Menschen Wilhelm von Humboldt noch ein kritischer Blick zu werfen, war sein Verhältnis zur Frau doch ein, gelinde gesagt, durch und durch patriarchalisches, wenn nicht gar in mancher Hinsicht unwürdiges, was schriftlich zu hinterlassen er sich nicht gescheut hat, wenn ihm sein Gewissen es auch wohlweislich untersagte, dies Caroline gegenüber deutlich werden zu lassen. Zu diesen verborgenen Hinterlassenschaften zählt sein Tagebuch aus Jugendjahren, in dem er akribisch aufzeichnete, was er in Bordellen und für »Huren« ausgegeben hatte. Mehr als Kuriosum denn als literarische Hinterlassenschaft betrachtet man die über 1000 Sonette, die er nach Carolines Tod in den Jahren 1831–1835 in täglichem Rhythmus verfaßte, Sonette, in denen sich so decouvrierende Verse über die Frau befinden wie diese:

So kann auch meine Treue nichts erreichen,
und wie die Hündin vor den Herrn sich legt,
zu winseln unter seiner Peitsche Streichen,

bleibt meine Treu dir fest und unbewegt.
Gern mag ich mich dem armen Tier vergleichen,
das ja, wie ich, die Sklavenkette trägt,
und Hündinnen nur sind wir Christenweiber
auch in den Augen unsrer harten Treiber.

Diesen literarischen Versuchen des labilen und lasziven Wilhelm von Humboldt werden gerne die belehrenden, in ihrer Art aber auch merkwürdigen Briefe an Charlotte Diede gegenübergestellt. Humboldt war ihr als Göttinger Student im Jahre 1788 einmal drei Tage lang freundschaftlicher Partner. Als die nach gescheiterter Ehe und in Not befindliche Charlotte Diede, die sich mit der Anfertigung von künstlichen Blumen über Wasser hielt, sich 1814 an die sechsundzwanzig Jahre zurückliegende Begegnung erinnerte und hilfesuchend an Wilhelm von Humboldt wandte, entwickelte sich hieraus ein zwei Jahrzehnte dauernder intensiver Briefwechsel. Ihr Anerbieten, in seinem Haus tätig zu werden, lehnte Humboldt zwar höflich und bestimmt ab, unterstützte sie jedoch finanziell. Es ist schwierig zu erahnen, was Humboldt veranlaßte und bewog, diese Korrespondenz derartig intensiv zu pflegen, lag der Bildungsgrad der Briefpartnerin doch weit unter dem des akademisch gebildeten Adligen. Und was von dieser Korrespondenz erhalten ist, sind auch ausschließlich die Briefe Humboldts, die aufheben zu dürfen Charlotte Diede sich ausdrücklich von Humboldt erbat. Mit Sicherheit ging es hier nicht um vordergründige Erotik. Charlotte Diede muß für Wilhelm von Humboldt ein Ventil gewesen sein, um seelische Bedürfnisse zu befriedigen. Am 23. Mai 1827 finden wir in einem der immer ausführlichen Schreiben den Satz: »Mir ist es ein sehr angenehmes Gefühl, mich so vor Ihnen ganz zwanglos gehen zu lassen und zu Ihnen zu reden wie zu mir selbst.« Das ist entlarvend, aber auch bezeichnend und sicherlich nicht nur einem Wilhelm von Humboldt eigentümlich.

Charlotte Diede, die Humboldt um elf Jahre überlebte, starb am 16. Juli 1846. Sie hatte sich vorher bemüht, die Briefe für eine Buchausgabe vorzubereiten, aber auch einen Teil der Originalbriefe vernichtet. Die nach ihrem Tode erschienene Publikation mit dem Titel *Briefe an eine Freundin* wurde ein großer Erfolg, und alleine bis zum Jahre 1850 erschienen vier Auflagen. Karl August Varnhagen von Ense, dessen Korrespondenz mit der Engländerin Amely Bölte von dieser später (1860) unter dem gleichen Titel *Briefe an eine Freundin* veröffentlicht wurde, hatte dieser am 30. November 1847 zu den Humboldt-Briefen geschrieben, sie seien ihm »zu mönchisch, zu asketisch, und bei den besten Stellen läßt mich das Wissen, wie Humboldt bis zuletzt auf ganz entgegengesetzte sinnliche Richtungen hingegeben war, zu keiner Erbauung kommen«. Der zeitgenössische Herausgeber der Varnhagen-Schriften Werner Fuld bezeichnet die Veröffentlichung als »salbungsvoll verlogenes Erbauungsbuch«.

Wilhelm Freiherr von Humboldt starb am 8. April 1835 im Alter von siebenundsechzig Jahren. Als Staatsmann, Philosoph, Sprachforscher und führender Vertreter des humanistischen Bildungsideals ist er in die Geschichte eingegangen. Seine Frau Caroline ist ihm zeit seines Lebens in unvergleichlicher Weise eine starke Partnerin gewesen. Damit sind sie unsterblich geworden. Menschliches und Allzumenschliches war beiden auf ihrem Lebensweg Begleiter.

Caroline

Es mangelte in jener Zeit weiblichen Glanzes wahrhaft nicht an Damen, denen der schöne und offensichtlich beliebte Name Caroline mit auf den Lebensweg gegeben wurde. Und so ist es nicht einfach, sie auseinanderzuhalten: Caroline Herder, Caroline von Wolzogen, Caroline von Humboldt, Caroline Paulus, Karoline von Günderode usw. Ungeachtet dessen beliebt es, *einer* Frau ihren Vornamen sozusagen als Synonym beizulegen, voraussetzend, daß, wenn der Name Caroline fällt, ihre Person assoziiert werden müsse. Tatsächlich lautet mancher Buchtitel schlichtweg: *CAROLINE*.

Hier jedoch ist die Rede von Caroline Albertine Dorothea Michaelis (Böhmer/Schlegel/Schelling), geboren als Tochter des bereits sechsundvierzig Jahre alten Orientalisten Ritter Johann David Michaelis und dessen zweiter Frau, der Oberpostmeistertochter Luise Schröder. Zur Welt gekommen ist sie am 2. September 1763 in Göttingen und früh verstorben am 7. September 1809 in Maulbronn. Es ist die Caroline, die Schiller später einmal die »Dame Lucifer« nannte und deren Leben an Abenteuerlichkeit von kaum einer ihrer Zeitgenossinnen übertroffen wird.

Das älteste der Geschwister war der Halbbruder Fritz aus erster Ehe, bei Carolines Geburt bereits neun Jahre alt. Nach Caroline erblickten noch die Schwestern Charlotte Wilhelmine und Luise sowie als Jüngster der Bruder Gottfried Philipp das Licht der Welt; drei Geschwister, von denen Caroline als junges Mädchen behauptete, daß diese von ihrer Mutter stets bevorzugt behandelt worden seien. Der Bruder Philipp war es jedoch, der ihr später einmal in großer Not beistand.

Tatsächlich hatte die überkommenen Vorstellungen verhaftete Mutter ihre Schwierigkeiten mit der temperamentvollen und lebenshungrigen Caroline, die Unterweisungen in Schreiben, Rechnen, Englisch und Französisch im wesentlichen von ihrem alten Vater erhielt, der sich ansonsten wenig um die Erziehung seiner Kinder kümmerte. Als Zwölfjährige wurde Caroline für zwei Jahre zum Oberbibliothekar Julius Karl Schläger und dessen Ehefrau nach Gotha in Pension gegeben. Das Ehepaar stand nicht im Rufe besonderer Umgänglichkeit und Freundlichkeit. Caroline kam mit »Mutter Schläger«, die intelligent war und sich bemühte, Caroline in Verbindung zu angesehenen Familien zu bringen, jedoch gut zurecht. So blieb Caroline aus dieser Zeit die Hofratstochter Luise Stieler, spätere Frau Gotter (1760–1826), bis zum Lebensende eine treue Freundin.

In Göttingen fand Caroline zunächst bei dem schwärmerisch geliebten Stiefbruder Fritz Halt, Student der Medizin und Freund des nachbarlichen Professorensohnes Franz Wilhelm Böhmer. Wilhelms Schwestern, den als langweilig empfundenen Böhmer-Töchtern, konnte Caroline jedoch nicht viel abgewinnen. Die Töchter des Professors Heyne, Therese und Marianne, erschienen ihr interessanter. Diese waren freilich wesentlich flottere junge Damen. Und als sich sowohl Caroline als auch Therese Heyne zu gleicher Zeit leidenschaftlich in den einundzwanzigjährigen Bibliothekar Friedrich Ludwig Wilhelm Meyer (1759–1840) verliebten, führte das zu häßlichen Auseinandersetzungen zwischen den »Rivalinnen« und durch das wenig kavaliermäßige Verhalten des Angebeteten zur Schädigung des guten Rufs der jungen Damen.

Als dann jedoch der Nachbarssohn und beste Freund ihres Bruders Fritz, der inzwischen sechsundzwanzigjährige und promovierte Dr. med. und Bergmedikus zu Clausthal Franz Wilhelm Böhmer, um ihre Hand anhielt, glaubte Caroline ihren Herzensverwirrungen durch eine Heirat entrinnen zu können und gab ihr Jawort, war ihr doch auch daran gelegen, von zu Hause fortzukommen. Am 15. Juni 1784 – Caroline war inzwischen zwanzig Jahre alt – war Hochzeit.

Ihrer Gothaer Freundin Luise, die inzwischen die Ehefrau des vierzehn Jahre älteren Kanzleibeamten und Theaterliebhabers Johann Friedrich Wilhelm Gotter (1746–1797) geworden war und als Zweiundzwanzigjährige bereits ihr drittes Kind erwartete, schrieb sie vor der Hochzeit: »Ich bekenne es mit Thränen der Freude, geliebte Louise, ich bin ganz glücklich. Wohl mir, daß ich endlich im ruhigen Hafen bin! Gefährlich war die Fahrt. Unbesonnenheit führte mich auf Irrwege, Leidenschaften warfen mich hin und her, ich hätte sinken können, aber die Hand der Vorsehung hielt mich, und ließ mich nur darum alle Unannehmlichkeiten des Wegs fühlen, um mich seines glücklichen Ziels werth zu machen. Und hier danke ich dem Gott der es mir bereitete ...« (23. Oktober 1782)

Eine Liebesheirat war die Ehe mit Franz Wilhelm Böhmer nicht. Die Eltern waren es jedoch zufrieden, daß die älteste ihrer drei Töchter versorgt war, heiratete Caroline doch einen Mann, dessen Stellung die Gründung einer Familie möglich machte. So zog Caroline mit ihrem stets um sie besorgten Gatten in das für sie langweilige Clausthal. Am 28. April 1785 gebar sie ihr erstes Kind, die Tochter Auguste, der im Jahre 1788 die Tochter Theresa folgte. Als sie zum dritten Mal schwanger war, starb im Februar 1789 nach kurzer Krankheit der erst fünfunddreißig Jahre alte Kreisphysikus, und Caroline blieb nichts als die Auflösung des Haushaltes und die Rückkehr in die elterliche Wohnung nach Göttingen. Dort schenkte sie ihrem dritten Kind, dem Söhnchen Wilhelm, das Leben, das jedoch schon nach wenigen Wochen seinem Vater in den Tod folgte.

Caroline begab sich nun in die Obhut ihres in Marburg als Arzt praktizierenden Bruders Fritz. Dort verlor sie auch ihr zweites Töchterchen Therese nach Masern und einer Lungenentzündung. Der Bruder hatte der Kleinen nicht helfen können. Caroline glaubte, ihm eine Mitschuld an dem Tod des Mädchens vorwerfen zu können, woran die alte Bindung der Geschwister zerbrach. Und so kehrte sie mit ihrer verbliebenen Tochter Auguste erneut zurück ins Elternhaus nach Göttingen.

Göttingen brachte wieder einmal Unruhe in das Leben der Umhergetriebenen. Der junge August Wilhelm Schlegel, der zu jener Zeit zum Studium der Literatur bei Gottfried August Bürger und Christian Gottlieb Heyne in Göttingen weilte, fand Gefallen an der jungen Witwe und versuchte, sich ihr als glühender Verehrer zu nähern. Caroline hatte aber nichts für den jungen Wissenschaftler übrig. Sie fand ihn »rührend und komisch«. An ihre Schwester Lotte Michaelis hatte sie bereits aus Marburg geschrieben: »…Schlegel und ich! ich lache indem ich schreibe! Nein, das ist sicher – aus uns wird nichts …« Dagegen richtete sich Carolines Augenmerk wieder einmal auf einen Schönling, den Prinzenerzieher Georg Tatter, der jedoch keine Neigung zeigte, sich an die Arztwitwe mit Kind zu binden.

Schließlich waren es die Gotters in Gotha, die Caroline und der kleinen Auguste in unverbrüchlicher Freundschaft eine Heimstatt boten. Aber auch der dortige Aufenthalt währte nicht lange. In Gotha bemühte sich der Generalsuperintendent Josias Friedrich Löffler um Caroline. Löffler war seit kurzem verwitwet und suchte für sich eine Ehefrau und für seine kleinen Töchter eine Mutter. Beides glaubte er in Caroline finden zu können. Diese lehnte es jedoch trotz des nachdrücklichen Zuredens ihrer Gothaer Freunde ab, dem Antrag Löfflers, der ihr eine gesicherte Zukunft hätte bescheren können, Gehör zu schenken.

Glaubte Caroline 1782, wie sie ihrer Freundin Luise damals schrieb, »im sicheren Hafen« zu sein, begab sie sich nunmehr, wenig verständlich und sicherlich unbesonnen, auf stürmische See. Die wenig charaktervolle und nicht immer vertrauenswürdige Therese Heyne, mit der sie bei anderer Gelegenheit in unversöhnlichen Streit geraten war und die inzwischen mit dem zehn Jahre älteren Johann Georg Adam Forster verheiratet war, hatte Caroline eingeladen, nach Mainz zu kommen. Als sie Meyer, der sie bei anderer Gelegenheit nicht gerade fair behandelt hatte, vor diesem Unternehmen warnte, schrieb sie ihm: »Ich wage mich mit getrostem Mute dahin ... Auf ihre Freundschaft habe ich nie gerechnet – es gibt keine unter Weibern – ich zweifle selbst daran, daß sie mir recht aufrichtig gut ist ...« Letztendlich meinte Caroline jedoch, Therese nützlich sein und ihr edle Dienste leisten zu können, spricht allerdings auch davon, daß ihr Unabhängigkeit ein Bedürfnis geworden sei. Nur dieses Unabhängigkeitsbedürfnis läßt die Reise nach Mainz im Jahre 1792 verstehen.

Was die nächste Zeit bringen würde, war Caroline mit Sicherheit nicht bewußt und konnte auch nicht vorausgesehen werden. Die Situation in Mainz war schon recht seltsam. Caroline bezog mit ihrer kleinen Tochter eine bescheidene Unterkunft in der Nähe der Forsterschen Wohnung und war beinahe täglich Gast der Forsters. Therese Forster war mittlerweile eine enge Beziehung zu dem Freund ihres Mannes, Ludwig Ferdinand Huber, eingegangen und hatte möglicherweise den Hintergedanken, daß Caroline die Aufmerksamkeit Forsters finden könnte. Daß im Hause Forster die von ihm nach der Französischen Revolution aus Paris mitgebrachten republikanischen Ideen geneigte Ohren und Zustimmung fanden, barg, wie sich zeigen sollte, zusätzlichen Konfliktstoff.

Caroline manövrierte sich damit – unbesonnen und politisch unbedarft – in eine in mehrfacher Hinsicht prekäre Situation, die zur absoluten Katastrophe führte, zumal sie alle wohlmeinenden Warnungen ihrer Freunde in den Wind schlug. Therese dagegen setzte sich, um drohenden kriegerischen Auseinandersetzungen aus dem Weg zu gehen, mit ihren Kindern und Huber nach Straßburg ab und ließ Caroline fürderhin den

Haushalt ihres zurückgebliebenen Mannes besorgen. Forster, der sich ganz der französischen Sache verschrieben hatte, wurde Vizepräsident der mit den Franzosen kollaborierenden neuen Mainzer Verwaltung und verabschiedete sich schließlich am 25. März 1793 als Deputierter der Stadt Mainz zur Pariser Nationalversammlung.

Und in diesen Tagen, die Caroline im Mainz unter französischer Besatzung bereits politisch kompromittierten, geschah es, daß sie sich dem jungen französischen Offizier Jean Baptiste Crancé-Dubois, der ihr den Hof machte, unbedacht hingab. Als Caroline nun, von allen verlassen, Ende März 1793 der Festung Mainz mit ihrer Tochter entfloh, fiel sie einer preußischen Patrouille in die Hände und wurde als zum Kreis um Georg Forster zählend und als Schwägerin des ebenfalls in französischen Diensten stehenden Georg Böhmer als Gefangene auf die Festung Königstein verbracht.

Verzweifelt richtete sie Hilferufe nach allen Seiten, zumal Caroline erkennen mußte, daß ihre Unbesonnenheit in Mainz nicht ohne Folgen geblieben war. Sie bekam ein Kind. Niemand konnte oder wollte ihr jedoch helfen, weder Tatter noch Meyer, und auch der Bittbrief Gotters an Dalberg blieb unbeachtet. Von zwei Seiten jedoch nahte schließlich Hilfe. Befreiung aus der vierteljährigen Haft verschaffte ihr der jüngste Bruder Philipp mit einem Gnadengesuch an den König Friedrich Wilhelm II., dem stattgegeben wurde, wobei Philipp, um den guten Ruf der Familie besorgt, verlangte, daß sich Caroline von Verwandten und Bekannten fernhalte.

Als guter Geist erwies sich schließlich der zur Zeit in Holland als Hauslehrer tätige August Wilhelm Schlegel, der sich ungeachtet der bei anderer Gelegenheit erlittenen Abfuhr um die sozusagen auf der Straße stehende Caroline kümmerte und sie zunächst nach Leipzig zu Göschen begleitete, der Caroline wiederum bei einem alleinstehenden Arzt im nahen Lucka unterbrachte. Und dort gebar sie ihr Kind, einen Sohn, der laut Eintragung im Kirchenbuch von Lucka als Sohn der Madame Julie Krantz den Namen Wilhelm Julius erhielt.

Der Lebens- und Behauptungswille der Caroline muß beachtlich gewesen sein. Unentwegt sann sie auf Auswege aus ihrer mißlichen Lage. August Wilhelm hatte seinen einundzwanzigjährigen Bruder Friedrich Schlegel gebeten, sich um Caroline zu kümmern, der dies mit Bewunderung, ja auch mit Liebe für die vom Schicksal gebeutelte Frau tat. Der Eindruck, den sie auf ihn machte, und der Einfluß, den sie auf ihn hatte, muß groß gewesen sein. Auch ihr hat er in seiner späteren *Lucinde* ein Denkmal gesetzt.

Caroline hoffte jedoch immer noch auf Meyer, welcher die Verbindung zu ihr zwar nicht abreißen ließ, aber nach wie vor nicht die geringste Neigung zeigte, sich mit der kompromittierten Frau einzulassen. Schließlich waren es wieder einmal die in ihrer Selbstlosigkeit unvergleichlichen Gotters, die Caroline in Gotha Unterkunft gewährten. Der kleine Julius allerdings wurde in Lucka zurückgelassen. Welch zweifelhafte Aura Caroline jedoch inzwischen umgab, mußten die armen Gotters in Gotha erfahren, mieden doch mehr und mehr ihre Freunde das Haus, in dem die politisch Verfemte wohnte. (Der kleine Sohn war sowieso ein Tabu, das selbst die zarte und liebenswerte kleine Auguste mittragen mußte.)

Caroline sah schließlich ein, daß sie für die gutmütigen Gotters eine nicht zumutbare Belastung darstellte. Aber auch der Aufenthalt in ihrer Heimatstadt Göttingen wurde ihr durch die Regierung untersagt. Nachdem ihre Mutter mit der jüngsten Tochter Luise nach Braunschweig gezogen war, blieb ihr nur dieser Zufluchtsort. So machte sie sich im April 1795 dorthin auf den Weg. Ohne jegliche Anregung und nach wie vor gebrandmarkt, war der Aufenthalt in Braunschweig für sie mehr als langweilig. Schließlich erreichte sie auch noch die Nachricht, die eine geheime bleiben mußte, daß ihr kleiner Sohn in Lucka gestorben sei.

Dann bahnte sich jedoch eine entscheidende Änderung ihrer Verhältnisse an. Wieder war es August Wilhelm Schlegel, der sich ihr nach wie vor verbunden fühlte, der Licht in ihre hoffnungslose Lage brachte. Schlegel hatte seine Tätigkeit in Holland beendet und kam nach Braunschweig. Hier begann er mit seinen Shakespeare-Übersetzungen und ließ Caroline daran teilnehmen. Die Philologen und Biographen machten sich später Gedanken darüber, ob Caroline hierbei irgendwelche Verdienste zukamen, was jedoch nur in geringem Maße der Fall gewesen sein dürfte. Ohne Zweifel war Schlegel der alleinige Übersetzer. Möglich wäre, daß Caroline bei der Gestaltung des deutschen Textes da und dort mitgewirkt hat. Auf jeden Fall blieb das Zusammensein mit dem klugen Wissenschaftler für Carolines Bildung nicht ohne Wirkung. Und auch nicht ohne Einfluß auf ihre gesellschaftliche Reputation.

Das Zusammensein und Zusammenarbeiten der beiden gab schließlich Veranlassung, daß man sie zur Ehe drängte. Schließlich waren es dann diese äußeren Einflüsse, aber auch, mehr als Carolines Zuneigung, die Einsicht in ihre mißliche Lage, die zum Ehebund führten, zumal Caroline klar war, daß sie sich nur auf diesem Wege aus der Isolation lösen und wieder Eingang in die Gesellschaft finden konnte. Sie gab ihre Einwilligung zur Eheschließung, und am 1. Juli 1796 wurden August Wilhelm Schlegel und Caroline in Braunschweig getraut. Schlegel war inzwischen angeboten worden, Mitarbeiter Schillers zu werden, so daß das Paar nach der Hochzeit seinen Wohnsitz nach Jena verlegte.

Hier nun erst, so könnte man sagen, hat das Leben der Caroline begonnen. Es muß ihr wie ein Wunder erschienen sein, alles hinter sich gelassen zu haben, was sie während dreiunddreißig Jahren hin und her warf. Das Ehepaar Schiller, Goethe, Herder, Wieland, Frau von Kalb gehörten hinfort zu ihrem Umgang. Von letzterer schrieb sie in naiver Freude an Luise Gotter, sie sei doch eine »Adliche«. Und bereits im September kann sie ihrer Gothaer Freundin berichten: »Es geht mir noch immer über alle Maaßen wohl hier, und ich habe mich recht angesiedelt, mit dem Gefühl, als wenn meines Bleibens hier seyn könnte.«

Ihre Odyssee war jedoch noch nicht beendet. Wohl besorgte sie den Haushalt mit Umsicht, kümmerte sich mütterlich um das Wohl ihrer, auch von ihrem Mann geliebten, Tochter Auguste und half Schlegel bei seinen schriftlichen Arbeiten, insbesondere bei Abschriften seiner Manuskripte. Daß ihre Ehe vor allem auf praktischer Vernunft und nicht auf Liebe gegründet war, sollte ihr jedoch nochmals mit entsprechenden Konsequenzen bewußt werden.

Im Oktober 1798 kam der junge Friedrich Wilhelm Joseph Schelling (1775–1854), gerade dreiundzwanzig Jahre alt, an die Universität nach Jena. Caroline hatte sich zu dieser Zeit entschlossen, in ihrem Haus einen Mittagstisch zu geben, eine zu jener Zeit gerne wahrgenommene Gepflogenheit, um ein wenig hinzuzuverdienen, abgesehen davon, daß dies stets auch Leben und interessanten Umgang ins Haus brachte. Auch Schelling gehörte zu den täglichen Gästen. Die Betriebsamkeit im Hause Schlegel vermehrte sich zusätzlich durch die Übersiedlung von August Wilhelms Bruder Friedrich in das Jenaer Domizil der Schlegels, kam er doch nicht alleine, sondern zusammen mit der soeben geschiedenen Brendel Veit und deren Sohn Philipp, der Frau, die sich nun Dorothea nannte und die Ehefrau Friedrich Schlegels werden sollte.

Zu den ständigen Besuchern des Hauses zählte auch die etwas betuliche Johanna Fichte. Sie wußte ihrem Mann von ihren Beobachtungen im Schlegelschen Haus zu berichten, die, wie sich zeigte, nicht aus der Luft gegriffen waren: Sie »habe freilich gesehen, daß die Schlegelin dem Schelling, alle nur möglichen avancen macht, und daß sie auf eine unanständige art, vertraut miteinander sind: man sagte mir, Schelling sey der ergebene Anbether der Schlegelin, dies that mir um Schelling willen weh« (16. Oktober 1799).

Johanna Fichte hatte nicht unrecht. Schelling war von Caroline fasziniert. Auch sie hatte Gefallen an dem jungen Mann gefunden. Schellings verschlüsselte Verse zeugen von seiner heimlichen Liebe:

Als in der ernsten frühen Weihestunde
Aus freiem Trieb das Heil'ge ich erwählt,

Hat auch ein Gott zu ewig schönem Bunde
Auf ewig dich mit meinem Geist vermählt.
Wenn auch von unsrer Lieb' die süße Kunde
Kein weiches Lied der künft'gen Welt erzählt.
Doch wird aus des Gedichtes dunklen Chiffern
Sie das Geheimnis unsrer Lieb' entziffern.

Was sorgsam wir dem Aug' der Welt verborgen,
Das Glück, das nur die Unsichtbaren sehn,
Wird an des künft'gen Tages schönem Morgen
Aus dem Geheimnis glorreich auferstehn.
Begierig seh' ich späte Zeiten horchen
Der Melodie, die nimmer kann vergeh'n,
Denn mit des Weltalls ew'gen Harmonien
Wird dieses Lied zur fernen Nachwelt ziehn.

Die zunächst harmonische Gemeinsamkeit im Schlegel-Haus
war nicht von Dauer. Schon bald wurde sie durch Mißtrauen,
Mißgunst, Verdächtigungen und Unaufrichtigkeit zersetzt, so
daß schließlich Haß, insbesondere der Frauen Caroline und
Brendel, die Atmosphäre vergifteten. Zudem glitt Caroline bereits wieder einmal aus ihren geordneten Verhältnissen ab in
durch Emotionen bestimmte Ungewißheiten.
Nach einer schweren Typhuskrankheit fuhr sie mit Auguste
zur Erholung in das damals beliebte Bad Bocklet. Da Schelling
Jena verließ, um in Bamberg weitere Studien zu betreiben, rei-
sten sie zusammen. Und was sich in Jena bereits auf Distanz
angebahnt hatte, brach nun in aller Heftigkeit aus. Die sieben-
unddreißigjährige Caroline sah in dem dreizehn Jahre jüngeren Schelling den Mann, den sie lieben konnte und dem sie
Liebe schenken konnte. Den stets auf Haltung bedachten
Schelling auf der anderen Seite faszinierte die reife und erfahrene Frau, und in Bamberg fielen die letzten Schranken, bevor
Caroline und Auguste nach Bad Bocklet weiterreisten.
In dem Kurbad wurde nun auch die zarte Auguste von der gleichen Krankheit wie zuvor ihre Mutter befallen. Während Ca-

roline sie jedoch trotz einer zweifelhaften Behandlung überstand, blieb diese Therapie, die der herbeigeeilte Schelling
nun auch bei Auguste für zweckmäßig befand, erfolglos. Am
13. Juli des Jahres 1800 erlosch das Lebenslicht des liebenswerten und mit vielem Unbill konfrontierten Mädchens. In
Bad Bocklet fand sie ihre, heute verlorene, letzte Ruhestätte.
Der Tod des unschuldigen Kindes erschien wie eine Strafe des
Himmels. Der persönliche Gram aller Betroffenen, von Caroline über August Wilhelm bis zu Schelling, dem man eine
Mitschuld am Tode der Auguste anlasten wollte, vervielfältigte
sich durch die gespannten zwischenmenschlichen Beziehungen. August Wilhelm machte Schelling, der sich nicht an
Augustes Tod, sondern durch die Liaison mit Caroline schul-
dig fühlte, die bittersten Vorwürfe. Schließlich zerstob das
Trio in die verschiedensten Richtungen: Caroline wieder einmal zu Luise Gotter nach Gotha und anschließend nach Braunschweig, August Wilhelm nach Göttingen und Schelling
zurück nach Jena, wo der Klatsch um Augustes Tod nicht zuletzt durch Friedrich und Dorothea Schlegel herumgetragen
wurde.
Schelling war völlig niedergeschlagen. Er konnte mit dem, was
geschehen war, nicht fertig werden. Er fühlte sich Caroline
nun verbunden und sandte ihr zu Weihnachten seinen Ring.
Er sollte Caroline zeigen, und vielleicht wollte er es sich selbst
beweisen, daß Bamberg für ihn nicht ein leichtfertiges Abenteuer war. Doch was ging in Caroline vor? In dem Augenblick,
da sie mit wahrer Liebe einen jungen Menschen traf, der hiervon tief berührt war und sich durch sein Verhalten in diese
Liebe verstrickt sah, ging sie auf Distanz. In einem langen
Schreiben versuchte sie, rational eine Basis für ihr Verhältnis
zu Schelling zu fixieren. Auch bei ihr muß es ein tiefes Schuld-
gefühl gegeben haben, insbesondere gegenüber August Wilhelm, den sie zwar nie geliebt hat, dem sie jedoch so viel zu
verdanken hatte.
Unverzüglich antwortete sie Ende Dezember aus Braunschweig: »Mein lieber Freund, mein Schelling, Du hast die

Abrede gehalten und ich nicht ... Ja, dieß ist der erste, der einzige ächte Trauring für mich, und er bleibt einzeln. Er sagt sich von der Zukunft los und bindet uns nur an eine kurze Vergangenheit ...« Schelling muß gegen diese Entscheidung Sturm gelaufen sein. Er wollte es nicht wahrhaben, daß sich Caroline mit einer Mauer umgab, und sie mußte ihm immer wieder ihre Liebe versichern, der sie in einem Brief vom 17. Februar 1801 schließlich eine überraschende neue Note gab: »... Ich scheide nicht von Dir, mein Alles auf Erden ... Ich bin die Deinige, ich liebe, ich achte Dich – ich habe keine Stunde gehabt, wo ich nicht an dich geglaubt hätte ...« Und dann die Scheinlösung mit der Formulierung, die auch schon andere Frauen für ihre Herzensnöte fanden: »... Ich sehe dich wieder, vermuthlich so bald, als ich mir kürzlich vorstellte. Als Deine *Mutter* begrüße ich Dich, keine Erinnrung soll uns zerrütten. Du bist nun meines Kindes Bruder, ich gebe dir diesen heiligen Seegen. Es ist fortan ein Verbrechen, wenn wir uns etwas anders seyn sollten ...«

Und so geht es fort in den Briefen an Schelling. Immer wieder die Versicherung der unverbrüchlichen Liebe. Man könnte sich vorstellen, daß so die nicht erhaltenen Briefe der Charlotte von Stein an Goethe ausgesehen haben. Eigentümlichkeiten der Liebe: »... Wenn Du Dich jetzt nicht mehr traurend an Unmöglichkeiten wendest, so können wir uns noch ein schönes Leben bilden ...« Währenddessen geht der intensive Briefwechsel mit dem in Berlin weilenden Ehemann unentwegt fort. Den Brief vom 27. Februar 1801 endigt sie mit der Bitte: »... Du bist ein hülfreicher Freund. Leb wohl und bleib auch der meinige.« Und am 6. März dies: »... Was ich Dir zu sagen habe, ist jetzt blos das – ich kann niemals Schelling als Freund verläugnen, aber auch in keinem Fall eine Gränze überschreiten, über die wir einverstanden sind. Dies ist das erste und einzige Gelübd meines Lebens, und ich werde es halten, denn ich habe ihn angenommen in meiner Seele als den Bruder meines Kindes ...« Und mit diesem Vorsatz fuhr Caroline zurück nach Jena.

Nun war es jedoch August Wilhelm, der sich in Berlin in verworrene Situationen manövrierte. Durch seinen Freund Ludwig Tieck lernte er dessen mit dem Direktor Bernhardi verheiratete Schwester Sophie kennen. Die nicht sonderlich charakterfeste Dame verstand es, August Wilhelm mehr und mehr für sich einzunehmen und sich dienstbar zu machen. Er gab ihr, im Glauben von ihr geliebt zu sein, was sie materiell und ideell von ihm forderte. Selbst ihr zweiter Sohn wurde dem Liebhaber schließlich als sein Kind untergeschoben. Skrupellos nutzte sie Schlegel mit fortgesetzten Forderungen aus, was soweit ging, daß sich August Wilhelm von Caroline Geld borgen mußte. Und das, obwohl Sophie Bernhardi schon lange ein Verhältnis mit dem Baron Karl Georg von Knorring unterhielt, dem sie im Jahre 1810 in zweiter Ehe angetraut wurde. Erst das Auftauchen der Germaine de Staël, deren Geschick Schlegel auf Jahre mit dem seinen verkettete, bewahrte ihn vor dem völligen Ruin.

Als Caroline mit Schelling ihren Mann in Berlin besuchte, wurde die Unhaltbarkeit der Vernunftehe offenkundig und die Scheidung vereinbart. Am 17. Mai 1803 hatten die Formalien schließlich alle Instanzen durchlaufen. Und am 26. Juni, also nur fünf Wochen später, wurde die jetzt einundvierzigjährige Caroline in dritter Ehe von ihrem nunmehrigen Schwiegervater, dem Prälaten am Theologischen Seminar in Murhardt, mit dem zwölf Jahre jüngeren geliebten Friedrich Wilhelm Joseph Schelling getraut. Danach zogen sie nach Würzburg, wohin Schelling als ordentlicher Professor berufen worden war.

Carolines Sinnen und Trachten war nun nur noch auf die Gemeinsamkeit mit dem Mann gerichtet, der ihr wirklich die Geborgenheit eines sicheren Hafens gab. Ihrer alten Freundin Luise Gotter schreibt sie am 4. Januar 1804:»So steht es nun mit Deiner Freundin. Du dürftest sehr ruhig über sie seyn, wenn ihre äußerliche Lage auch nicht so glücklich wäre – diese ist es indessen mehr als irgend eine vorhergehende.« Glücklich konnte sie jedoch nur sein, soweit sie sich auf sich selbst und Schelling zurückzog.

Der nunmehrigen Schelling-Ehefrau wird gesellschaftlicher Ehrgeiz nachgesagt. Die Dienstwohnung der Schellings war die aufwendigste unter den Professoren, was man neidvoll registrierte. Der hin und her wogende Klatsch war schäbig und alle Beziehungen untereinander unaufrichtig. Caroline schimpfte in ihren Briefen auf die Paulus: »Die ganze Familie Paulus ist hierzulande mit der öffentlichen Verachtung beladen ...« Der Bruder von Frau Paulus sei »ein anerkannter Taugenichts und Spieler«. Caroline dagegen wird von den Frauen der Gesellschaft mit Skepsis betrachtet. Das sah dann so aus, daß Henriette von Hoven erklärte, Caroline würde, sich wie ein fünfzehnjähriges Mädchen putzend, mit Gelehrsamkeit, mit Einrichtung prunkend, ihr imponieren und befehlen wollen. Die Dame Lucifer sitze jedoch ganz allein in Verbitterung. Und Frau Paulus schreibt: »Von dem Übel«, womit sie Caroline meint, »sind wir ziemlich befreit.« Ihre Impertinenz habe jeden Umgang aufgehoben usw. Zu all diesen Querelen erschien späterhin im Jahre 1898 ein Text von Wegele mit dem Titel *Der Frauenkrieg an der Universität Würzburg*.

Aber auch Schelling hatte seine Probleme. Selbstbewußt, eigenwillig und streitbar, provozierte er immer wieder Auseinandersetzungen mit geistigen Widersachern. Auf der einen Seite machte der katholische Klerus gegen ihn Front, was soweit ging, daß katholischen Studenten der Besuch bestimmter Vorlesungen Schellings untersagt wurde. Aber auch die Protestanten um den Theologen Heinrich Eberhard Gottlob Paulus verübelten ihm seine philosophischen Thesen. Politische Veränderungen gaben Schelling schließlich die Möglichkeit, Würzburg den Rücken zu kehren und nach München zu wechseln, wo man ihn ohne Lehrauftrag in die Akademie der Wissenschaften aufnahm.

Friedrich und Dorothea Schlegel hatten den Schwierigkeiten der Schellings von Ferne mit Schadenfreude zugesehen. Der Haß des Paares auf Caroline muß abgrundtief gewesen sein, wie ein Brief Friedrich Schlegels an Caroline Paulus erkennen läßt: »Was macht der philosophische Chirurgus und besonders Madame Schwerdtlein? Geht es ihr wohl unter dem Einfluß der Franzosen? Mir deucht, es müßte ihr sehr wohl gehen; von da ging sie aus, nun ist sie wieder da und hat ihren Kreislauf vollendet, wenn anders der krumme Weg einer solchen zweibeinigen Schlange kreisförmig genannt werden kann …«

Ab Mai 1806 wird die bayerische Hauptstadt Domizil für die Schellings. Im November 1806, zu der Zeit, da Weimar und Jena von den Kriegswirren schwer betroffen waren, schreibt Caroline an Luise Gotter: »Ich lebe hier in der Hauptstadt, als wenn ich auf dem Lande lebte nach meiner gewöhnlichen stillen Weise.« Ihre Wohnverhältnisse waren jedoch selbst 1808 noch spartanisch. »Wir haben hier immer gelebt wie der Vogel auf dem Zweige, ohne alle Einrichtung, eben nur das Notdürftigste an Mobilien und dergl.« (9. März 1808). Die Ernennung Schellings zum Generalsekretär der Akademie der bildenden Künste verbesserte schließlich die materiellen Verhältnisse des Paares.

Carolines Briefe aus München, soweit sie erhalten sind, lassen keine wesentlichen Ereignisse im Hause Schelling erkennen. Dagegen wird viel Klatsch und Tratsch kolportiert, sei es über die Brentanos, über Tieck und seine Schwester, den Baron von Knorring oder Bettine, sowie das, was man aus Wien, Rom oder Weimar erfahren hat. Schelling ging seiner wissenschaftlichen Arbeit nach, nicht immer fröhlich, hatte er doch auch in München seine Widersacher. Die Bekanntschaft mit dem Philosophen Friedrich Heinrich Jacobi, die sich später in erbitterte Gegnerschaft wandelte, war mehr als distanziert, wenn Caroline am 14. Mai 1806 in einem Brief an Windischmann auch noch glaubte berichten zu können: »Schelling ist mit Jacobi gar gut, sie gehn mit einander spazieren und haben auch philosophische Gespräche, bey denen wohl freilich keine Philosophie gewonnen wird, aber doch gegenseitige Liebe und Freundlichkeit.«

Im Jahre 1809 wollten die Schellings schließlich ihre schon lange geplante, jedoch immer wieder verschobene Italien-

Reise unternehmen. Zuvor machte man sich auf den Weg nach
Maulbronn, um den Eltern einen Besuch abzustatten. Das
Schicksal wollte es, daß dies Carolines letzte Reise wurde. Wie
einst ihre Tochter Auguste wurde sie von Typhus befallen, und
wenige Tage nach dem Eintreffen in Maulbronn schloß sie im
Hause ihrer Schwiegereltern am 7. September 1809 nach kurzer Krankheit für immer ihre Augen. Am 10. September wurde
sie in Maulbronn zu Grabe getragen.

Schelling war vom Tode seiner Frau tief betroffen. Carolines
lebenslanger Freundin Luise Gotter schrieb er am 24. September: »Sie wissen es nun bereits, verehrteste Freundin der ewig
theuren Caroline, daß die beste, geliebteste Frau für dieses
Leben nicht mehr ist ... Sie ist gestorben, wie sie sich immer
gewünscht hatte. Am letzten Abend fühlte sie sich leicht und
froh; die ganze Schönheit ihrer liebevollen Seele that sich
noch einmal auf ... Ich stehe da erstaunt, bis ins Innerste
niedergeschlagen und noch unfähig meinen ganzen Jammer
zu fassen. Mein ewiger Dank folgt der herrlichen Frau in das
frühe Grab ...«

Als unersetzlichen Verlust schienen außer Schelling nur Luise
Gotter und ihre Tochter Pauline den Tod Carolines empfunden
zu haben. Charlotte Schiller schrieb an Cotta: »Aber für manche seiner Freunde ist es doch, als wäre ein Gefesselter befreit.« Sie hatte mit Sicherheit unrecht. Schelling fühlte sich in
der Ehe mit Caroline nie unter Zwang, und seine Niedergeschlagenheit über den Verlust war echt. So ist der nach Carolines Tod fortgesetzte Briefwechsel mit der jungen Pauline
Gotter zunächst das, was er ihr am 9. Oktober 1809 schrieb: ein
Reden von ihr, der einzigen ewig Unvergeßlichen. Und als Pauline ihm zum Jahrestag des Todes ihre Teilnahme zum Ausdruck brachte, antwortete er ihr: »Wir haben ein gemeinsames
Andenken, das uns ewig verbindet.«

Rätselhaft bleibt, daß Schelling nach Carolines Tod, außer der
Streitschrift gegen Jacobi, nichts Wesentliches mehr publizierte. Daß ihm jetzt Caroline nicht mehr seine Manuskripte abschreiben konnte und er ihr »reines und zartes Urteil«

entbehren mußte, konnte es nicht allein gewesen sein. Ein schicksalhafter Lebensabschnitt hatte sein Ende gefunden.

Caroline, die von ungeheurer Faszination für die Männer gewesen sein muß, und es verstand, diese an sich zu fesseln, hatte auch Schelling in ihren Bann geschlagen. Ihr Wesen war für manche unheimlich, und nicht umsonst war sie immer wieder hämischen Urteilen ausgesetzt. Von gleicher Stärke war jedoch auch ihr Behauptungswille. Ein Leben wie das ihre zu bewältigen, bedurfte es mehr als einer durchschnittlichen Durchsetzungskraft. Ohne Zweifel war sie jedoch bei aller Intelligenz auch von einer gewissen Naivität, durchschaute sie doch oft nicht die Unaufrichtigkeit ihrer Mitmenschen, wie etwa die der Therese Huber. Als eine große und eifrige Briefschreiberin hinterließ sie jedenfalls der Nachwelt bedeutsame Zeitzeugnisse.

War die Verbindung zu Caroline aus den Versuchungen der Liebe erwachsen, reifte die zweite Ehe Schellings aus langjähriger brieflicher Verbundenheit und einer rationalen Abwägung der künftigen Sicherheit. Die Bande zu Pauline Gotter hatten sich so gefestigt, daß er glaubte, in ihr eine Partnerin für das weitere Leben finden zu können. Seine Furcht, eine zweite Frau ebenfalls durch Krankheit verlieren zu können, war jedoch so groß, daß er Erkundigungen über die Gesundheit des jungen Mädchens einzog. Erst als er sich hier Gewißheit verschafft hatte, trug er ihr die Ehe an. Seinem Bruder Karl berichtete er über seine Wahl: »Was aber freilich über alles geht, ist ihr ganz vortreffliches, von jedem der sie kennt, dafür erkanntes Herz, und daß sie mich mit der reinsten, innigsten Liebe liebt. Ich habe ein Herz gefunden, in welchem der allgemeine Same des Bösen so wenig Wurzel geschlagen, es ist kein böses Äderchen in ihr, sie ist ganz Huld, Liebe und Güte ... Ihre häusliche Erziehung läßt mich auf eine gute Führung meiner Haushaltung hoffen.«

So wurde am 11. Juni 1812 die sechsundzwanzigjährige, von Goethe mit Aufmerksamkeit bedachte, Pauline Gotter die zweite Ehefrau F. W. J. Schellings. War seine erste Frau zwölf

Jahre älter als er, war die zweite nun elf Jahre jünger. Ein halbes Jahr später schreibt Pauline ihrer Freundin Margarethe von Schmerfeld: »Ich bin über alles glücklich – Schelling ist der liebste, beste Mensch ... Unsere Wünsche, unsere Bestrebungen sind eins, wir leben nur in und für einander ...« Aber auch hier heißt es: »Der Kreis unserer Bekannten ist eng gezogen, wir wollen es nicht anders.«

Groß war das Unheil für den übervorsichtigen Schelling, als Pauline ihr erstes, von Schelling sehnsüchtig erwartetes Kind vorzeitig verlor. Und als sie im darauffolgenden Jahr wieder schwanger war, zerbrach er sich den Kopf, wie er seine Frau vor erneutem Schaden bewahren könne. Da Paulines Mutter sich nicht in der Lage sah zu kommen, übernahm Schellings inzwischen verwitwete Mutter Gottliebin den Münchner Haushalt. So war er über die Geburt eines gesunden Knaben, den man Paul nannte, am 17. Dezember 1813 überglücklich, und er konnte sich nicht genugtun, der Schwiegermutter in Gotha alle Details ausführlich zu schildern. Selbst um die Frage, ob Pauline ihr Kind stillen sollte, was ihr Wunsch war, kümmerte er sich.

Im Laufe weniger Jahre gebar Pauline ihrem Mann sechs weitere Kinder. Die achte Schwangerschaft endete wiederum mit einer Fehlgeburt. Bezeichnend ist, daß diese Informationen über Pauline ihr Leben kennzeichnen. Vierzig Jahre lang war sie ihrem Mann eine gute Ehefrau und ihren Kindern eine gute Mutter. Es liegt nicht nur daran, daß Pauline keine so intensive Briefschreiberin war wie Caroline, wenn die Nachrichten über sie und ihre Ehe spärlich sind. Pauline hatte aus ihrem Elternhaus eine gute Bildung mitgebracht. Nicht umsonst hatte Goethe sie geschätzt. Die Alltagsaufgaben nahmen ihr jedoch die Möglichkeit, sich darüber hinaus zu entfalten, und für Klatsch bot sie absolut keine Angriffsflächen. Hinzu kommt, daß bei aller Wertschätzung, die Schelling genoß, eine intensivere Geselligkeit nicht gepflegt wurde. So starb Pauline Schelling nach beinahe vierzigjähriger Ehe am 13. Dezember 1854 nur vier Monate später als ihr Mann, dem sie ihr Leben gewidmet hatte.

Therese Heyne
(Forster/Huber)

Die Gutgläubigkeit der Caroline, die einer gewissen Naivität nahekam, zeigte sich ausgeprägt in ihrem Verhältnis zu ihrer Jugendfreundin Therese Heyne, mit der sie schon als junges Mädchen in Streit geraten war, der sie sich jedoch immer wieder näherte, und das in einer schicksalhaften Weise. Selbst im Alter noch, wenn Therese als verwitwete Frau Huber kaum je einmal auch nur ein gutes Wort für Caroline verlauten ließ, sprach Caroline noch positiv von dieser Frau, deren Leben ebenfalls einige Abenteuerlichkeiten aufwies, wobei Therese allerdings wesentlich rationaler, ja gerissener die Weichen für ihren Lebensweg zu stellen verstand. Und bei aller Unaufrichtigkeit in ihrem Wesen muß ihr zugute gehalten werden, daß sie einiges zu bewegen verstand und insoweit eine viel selbständigere Persönlichkeit war als Caroline.

Göttingen ist ihre Geburtsstadt, ebenso wie die der Caroline Michaelis. Der Herausgeber der Carolinen-Briefe, Georg Waitz, nannte die beiden Mädchen, Caroline und Therese, die begabtesten und interessantesten unter Göttingens Professorentöchtern. Thereses Vater Christian Gottlob Heyne (1729–1812), Professor der klassischen Philologie, Sekretär der Akademie der Wissenschaften und Leiter der Universitätsbibliothek, war einer der angesehensten Wissenschaftler des 18. Jahrhunderts. Am 7. Mai 1764 gebar ihm seine Frau als zweites Kind, nach dem Sohn Karl Wilhelm Ludwig (1761–1794), die Tochter Therese Wilhelmine, der vier Jahre später die Tochter Marianne (1768–1834) folgte. Die 1769 geborene jüngste Tochter Amalie starb bereits im Alter von zwei Jahren.

Das, was Therese im Alter von neununddreißig Jahren über ihre frühe Kindheit niedergeschrieben hat, ist wenig schmeichelhaft. Sie spricht von der liederlichen Haushaltsführung und schlampigen Kindererziehung der Mutter und von deren jungen Liebhabern, zu denen sie den später in Gotha ansässigen Friedrich Wilhelm Gotter (1746–1797) zählt, der mit seiner Frau Luise dort so viel für Caroline getan hat, sowie Johann Nikolaus Forkel (1749–1818), später Musikdirektor in Göttingen, verheiratet mit der Schriftstellerin und Übersetzerin Meta Wedekind, in zweiter Ehe Meta Liebeskind (1765–1853). Noch als Sechzigjährige grollt sie in einem Brief vom 24. Juni 1824 an ihren Sohn Aimé: »Meine Kinderjahre gingen in der heilloßesten Vernachläßigung von Seite meiner rechten Mutter hin. Weder Reinlichkeit, Ordnung, Züchtigkeit, Beschäftigung, nichts was Zucht heißt wurden uns von ihr gelehrt ... Allein meiner Mutter Betragen als Gattin war ebenso exentrisch, unfein, verlezend als, das als Mutter ...«

Therese war elf Jahre alt, als die Mutter starb, für die die Tochter nur bittere Worte erübrigte und von der Herder so sehr angetan war. So mag dahingestellt bleiben, ob das, was das kleine Mädchen in sich aufnahm, aus der Erinnerung wahrheitsgemäß wiedergegeben wurde. Luise Mejer konnte ihrem Briefpartner Boie allerdings auch nur vermelden: »Seiner ersten Frau fehlten die äußeren Vollkommenheiten (sie war sonst eine treffliche Frau) ...« (Brief vom 8. September 1783).

Immerhin zählte das Haus der Heynes zu denen der angesehenen Göttinger Familien, welchen man seine Aufwartung
machte, auf jeden Fall nachdem Heyne 1777 in zweiter Ehe die
junge Professorentochter Georgine Brandes (1752–1834) geehelicht hatte. Daß Therese ziemlich ungebunden und ohne
festen Halt in der Familie ihre Kindheit verbrachte, dürfte wohl
der Fall gewesen sein. Das hatte auch Herder bemerkt und in
seinen Briefen an Caroline zum Ausdruck gebracht. Der Bil-
dungsweg des jungen Mädchens war zeitgemäß sehr mangelhaft. Rechtschreibung und Grammatik machten ihr bis ins
Alter Schwierigkeiten. Unterweisungen erhielt die Professorentochter von wenig eifrigen Studenten und nach dem Tod
der Mutter in einem französischen Pensionat anläßlich eines
einjährigen Aufenthaltes in Hannover. Ihrem Korrespondenzpartner Karl August Böttiger (1760–1835) erklärte Therese
Huber 1816: »Was mich betrifft, ich lernte als Kind fast gar
nichts.«
Gepackt von der grassierenden »Lesewut«, wie man es nannte,
erwarb sich Therese so eine recht diffuse Bildung, und schon
in jungen Jahren erwies sie sich als unkonventionell, unbekümmert und in ihren Äußerungen wenig diszipliniert, nicht
immer zum Besten ihres Rufes. »Das Mädchen bleibt ein
sonderbares Gemisch von Edelmut, Größe der Seele und tausend Torheiten, wozu Eitelkeit und Schwärmerei sie verführt«,
schrieb Luise Mejer im März 1783 an Christian Boie.
Um das Wohl seiner Tochter besorgt, schickte Vater Heyne
die Neunzehnjährige schließlich für einige Wochen mit der
Schwester seiner jetzigen Frau und deren Mann (Blumenbach) auf Reisen. Hier hatte Therese die Möglichkeit, in Weimar Herder, Wieland und Goethe kennenzulernen, war sie
doch als Tochter des berühmten Heyne überall willkommen.
Therese konnte jedoch auch nach dieser Reise nicht zu sich
selbst finden. Sie kam sich »unnütz« vor und fürchtete sich
vor der Rückkehr ins elterliche Haus, obwohl das Verhältnis
zu ihrer nur zehn Jahre älteren Stiefmutter nicht schlecht
war.

Zu den Koryphäen, die in Göttingen damals besondere Aufmerksamkeit fanden, zählte der 1754 geborene Georg Forster, Professor für Naturgeschichte in Kassel und berühmt geworden durch die Weltumseglung mit James Cook. Und mit diesem zehn Jahre älteren Mann verlobte sich Therese im Frühjahr 1784, bevor Forster nach Wilna abreiste, wohin er an die Universität berufen worden war.

Über zwanzig Jahre später, als bereits ihr zweiter Mann gestorben war, versuchte Therese dem befreundeten Diplomaten und Schriftsteller Gotthard von Reinhold (1771–1838) ihre Handlungsweise zu begründen und die Situation zu schildern, in der sie sich als Neunzehnjährige befand. Auch diese Auslassungen sind jedoch nur ein Selbstzeugnis, das wir so nehmen müssen, wie es überliefert ist. Therese schreibt: »Meine erste Heirat ward mit unerhörter Unvorsichtigkeit geschlossen. Ich liebte nicht, hatte mir nie zu lieben erlaubt, war neunzehn Jahre alt, war sehr bewundert worden, fühlte die Notwendigkeit, daß ein bewundertes Mädchen bald Frau werden mußte, war so rein sittlich, so jungfräulich an Seele und Gewissen, wie wenig Mädchen sein mögen … Von mehreren wählte ich Forster. Soweit handelte meine Vernunft mit drolliger Kälte … Ich ward Braut, ohne Forster mehr wie 8–10 mal sehr flüchtig gesehen zu haben.«

Diese Aussagen werden im gleichen Schreiben allerdings um einiges relativiert, reduziert man das, was Therese sonst noch zu erkennen gibt, auf die Fakten. In einem im Oktober 1783 geschriebenen Brief der zwanzig Jahre älteren Freundin Luise Mejer (1744–1806) an ihren späteren Mann Heinrich Christian Boie lesen wir über Therese: »Sie hat sich an alle verkehrten Köpfe adressiert, ist halb gelehrt und halb Freigeist geworden, ein unnützes Geschöpf für die Welt, das ich aber dennoch herzlich liebe. Sie hat verschiedene junge Leute wie im Strudel mit sich fortgerissen. Das hasse ich, denn das Herz verliert dadurch den reinen Glanz der Unschuld …«

Diesen »Glanz der Unschuld« nimmt man Therese tatsächlich nur schwer ab. Einiges deutet sie selbst an. Nachdem Forster seine Verlobte zurückgelassen hatte, fand sich im Hause Heyne ein Verehrer ein, der sowohl Mutter wie Tochter bzw. Stieftochter, deren Altersunterschied ja nur zehn Jahre betrug, den Hof machte. Es soll sich um den Bruder des Generals Karl Philipp Fürst von Wrede gehandelt haben. Laut Therese machte »der Mensch, den meine Mutter liebte, mir den Kopf warm ... ich fühlte meine Einbildungskraft sich verwirren, fühlte mich meiner nicht mehr Herr ... Das fühlte ich als Jungfrau, als Braut meiner unwürdig und entfloh ...«

Therese verließ Göttingen für sieben Monate von September 1784 bis April 1785, um in Gotha ihrer sterbenskranken Freundin Auguste Schneider, der Geliebten des Herzogs Ernst II. von Sachsen-Gotha, bis zu ihrem Tod beizustehen. Auguste Schneider war ein Bürgermädchen, welches der Herzog leidenschaftlich verehrte, der er jedoch, als sie schwindsüchtig darniederlag, nicht so beistehen konnte, wie er begehrte. Selbst Goethe machte ihr im Juni 1784 seine Aufwartung, wie er Charlotte von Stein berichtete. »Was aus dem Herzog werden soll, wenn sie stirbt, seh' ich nicht. Gott bewahre Jeden für so eine Lage. Er hofft noch: ich würde nicht hoffen können«, schreibt Goethe seiner Vertrauten.

Therese Huber war es, die dem armen Mädchen für den Rest ihres Lebens beistand. Luise Mejer hat jedoch auch hierzu ihren bissigen Kommentar: »Es ist wahr, Therese kann Forster in Göttingen nicht treu bleiben, denn ihr Herz oder Verstand ist von Schmetterlings-Art. Aber zu einem Mädchen sie zu schicken, dessen Ruf zweideutig ist?« (22. Oktober 1784) Thereses Hilfe in Gotha war jedoch mit Sicherheit ein Freundschaftsdienst. Und so glaubte sie von sich sagen zu können: »Das Bild einer Kokotte, eines Romanmädchens, das sich die Leute von mir machen, fängt an zu verschwinden« (Brief vom 20. Januar 1785).

Daß ihr in Gotha der beinahe dreißig Jahre ältere Leibarzt Johann Friedrich Karl Grimm einen Heiratsantrag machte (Therese erklärte: Ich sah ihn »zu meinen Füßen«), gehört zu den Episoden der Verlobungszeit mit Forster, der nach der

Rückkehr Thereses nach Göttingen das wesentlich ernstere Liebesabenteuer mit dem im Zusammenhang mit Caroline Michaelis bereits erwähnten Bibliothekar Friedrich Ludwig Wihelm Meyer folgte. Und hier spricht Therese im Brief an Reinhold von »Flammengefühl, mit dem ich M. liebte ... Ich liebte nun zum erstenmal, allumfassend, unbeschreiblich, und glücklich.« Aber sie verbot ihm ihren Mund und gestattete ihm lediglich, ihren Fuß zu küssen. Meyer habe sich beherrscht und ihre kindliche Keuschheit in Gedanken und Tat erhalten.

Im Sommer 1785 kehrte Forster aus Wilna zurück. An Thereses Freundschaft mit Meyer nahm er keinen Anstoß. Im Gegenteil schien er sie noch gefördert zu haben, ohne sich allerdings bewußt gewesen zu sein, daß diese Verbindung mehr war als Freundschaft. Am 4. September 1785 war schließlich Hochzeit, und bereits am nächsten Tag reiste das jungvermählte Paar nach Wilna ab.

Die Berichte aus dem in gewisser Weise öden Wilna klingen sowohl bei Forster als auch in den Briefen Thereses positiv. Forster berichtet seinem Freund Sömmering, Therese sei »ruhig und glücklich«. Und Therese schreibt an Spener: »Forster ist glücklich ... Ich bin es, denn ich bin zufrieden mit mir.« Aber sie schreibt auch: »denke, wie ich sonst lebte! Von Schmeichelei umringt, von Freunden umgeben, mit Witz, Kenntnis und Verstand von einem jeden unterhalten – mit Vergnügen denk' ich jener Tage, fühle, daß ich das alles noch genießen würde, wenn ich Gelegenheit hätte ...«

Am 10. August 1786 kommt das erste Kind der Forsters, das Mädchen Therese, zur Welt. Frau Forster scheint ihren Haushalt mit Umsicht und fleißig besorgt zu haben, und auch an der Arbeit ihres Mannes hatte sie offensichtlich Anteil, insbesondere bei der Übersetzung von *Captain Cook's dritter Entdeckungs-Reise*. Tief im Innern nagten jedoch die Zweifel, ob die Verbindung mit Forster die Erfüllung ihres Lebens sein sollte. Nochmals muß der Brief an Reinhold herhalten, in dem sie bekennt: »Nun lernte ich, was Sinnengenuß sei, und lernte es zu meiner Qual – ich dachte in meiner Unschuld, das sei also mein individuelles Los, und ertrug es als unabänderlich ... Ich liebte Forster mit jedem Gefühl, nur nicht mit meinen Sinnen ...« Sicherlich ein offenes Wort über das Schicksal so vieler Frauen der Zeit, denken wir nur an Elise von der Recke, für die diese Erfahrung Grund war, ein für allemal einer Ehe zu entsagen.

Nachdem Forster im Jahre 1787 das Angebot der russischen Regierung, an einer vierjährigen Expedition teilzunehmen, angenommen hatte, kehrte die Familie im September nach Göttingen zurück, wo Therese auf Forsters Wunsch während seiner Abwesenheit wohnen sollte. Hier aber lebte Thereses Verhältnis zu Meyer sogleich wieder auf, und die ganze Hohlheit der Verbindung mit Forster wurde in aller Deutlichkeit sichtbar, was soweit ging, daß Therese die Auflösung der in die sichtbare Krise geratenen Ehe anstrebte. Auch hierüber berichtete sie Reinhold später mit dramatischen Worten: »Kein Ausdruck kann die Qualen schildern, die nun für mich begannen. Sie leiden keine Schilderung, aber wie ich sie überlebte, weiß ich nicht. Forster nahm den unseligsten Weg, er wollte die Liebe erzwingen, die ihm die Natur versagte ...«

Hier war es dann jedoch Meyer, der den Wirren ein Ende setzte. Immer seine Chancen beim weiblichen Geschlecht auskostend, ging er letztlich jedoch allen Komplikationen aus dem Weg, wie das auch Caroline Michaelis erfahren mußte. Thereses Meinung hierzu war: »Er hätte mich sanft freilassen sollen, früh, eh mein Leben vergiftet war, oder mich von einem Mann, der mich elend machte, trennen sollen: Er tat keines von beidem.« Meyer sollte also schuld an allen Verwirrungen gewesen sein.

Nach Therese begann nun die fürchterlichste Epoche ihres Lebens. Sie habe in der Ehe wie eine der Unglücklichen gelebt, die ihren Körper preisgaben, um nicht Hungers zu sterben. Nach heftigen Auseinandersetzungen mit Forster und Interventionen des Vaters wurde schließlich ein Modus vivendi gefunden, und im Oktober 1788 zog die Familie nach Mainz, wo

Forster eine Stelle als Oberbibliothekar der Universitätsbibliothek erhalten hatte. Nach einem Jahr glaubte Forster seinem Schwiegervater berichten zu können, daß Therese »gesunder, ruhiger, glücklicher« geworden sei. Am 2. November 1789 gebar sie ihr zweites Kind, die Tochter Claire.

Inzwischen wurde Thereses wenig geradlinig verlaufender Lebensweg jedoch erneut auf schicksalhafte und auch endgültige Weise berührt. Im Dezember 1788, also nur wenige Wochen nach den Forsters, war der wenig erfolgreiche Schriftsteller und Übersetzer Ludwig Ferdinand Huber (1764–1804), der Freund Schillers und Verlobte der Dora Stock, als sächsischer Legationssekretär nach Mainz gekommen. Hier gewann er schnell die Freundschaft der Forsters, und nach einer schweren Krankheit wurde er in deren Haus aufgenommen. Was dies für Therese bedeutete, lesen wir im Reinhold-Brief: »Im Jahre 1788 lernte ich meinen angebeteten Wohltäter, den Schöpfer meines edleren Selbst kennen . . .«

Als Forster 1790 mit Alexander von Humboldt in die Niederlande, nach England und Frankreich reiste, fielen alle Schranken, und Therese gab sich nun ohne Vorbehalte Huber hin. So blieb es bei der Geburt der nächsten beiden Kinder in den Jahren 1791 und 1792, die allerdings beide im Säuglingsalter starben, offen, wer der Vater war. Zumindest das erste der beiden hatte wahrscheinlich Huber zum Vater.

In welcher Weise sich Georg Forster der französischen Sache verschrieben hatte, wurde bereits im Zusammenhang mit Caroline erwähnt. Diese war nun inzwischen nach Mainz gekommen. Im Oktober 1792 rückten die französischen Truppen in Mainz ein. Forster kooperierte mit den Besatzern, Huber zog sich mit dem diplomatischen Korps nach Frankfurt zurück, und Therese benutzte die Wirren, um sich mit ihren beiden Kindern nach Straßburg abzusetzen, von wo sie Anfang 1793 nach Neuenburg weiterzog. Dies war die endgültige Trennung von Forster, den sie nur noch einmal wiedersah. Caroline war sprachlos. Am 17. Dezember 1792 schreibt sie Meyer: »Therese ist nicht mehr hier – warum – das fragen sie mich nicht.« Sie mißbilligt Thereses Verhalten und läßt erkennen, wie hoch sie Forster schätzt: »Er ist der wunderbarste Mann ... Dieses Mannes unglückliche Empfänglichkeit, und ihr ungroßmütiger Eigennutz verdammen ihn zu ewiger Qual. Guter Forster, geh und klag die Götter an ...«

Forster hatte allerdings verspielt. Im März 1793 ging er als Deputierter des Rheinlands nach Paris. Da die Preußen das Rheinland jedoch zurückeroberten, war ihm die Rückkehr als »Verräter« verwehrt. Seine Hoffnung auf eine Wiedervereinigung mit seiner Familie war illusorisch. Verzweifelte Briefe an Therese konnten diese nicht mehr erweichen. »Bestehe nicht mehr darauf, mein Schicksal zu ändern. Ich will nicht zu Dir zurückkehren«, so ihre unerbittliche Entscheidung. Huber war ihr inzwischen in die Schweiz gefolgt, nachdem er seine diplomatische Karriere aufgeben mußte. Anfang November 1793 traf sich die Familie Forster nochmals für zwei Tage an der französischen Grenze. Therese wollte die Scheidung, zu der es jedoch nicht mehr kam. Forster, gerade neununddreißig Jahre alt, starb am 10. Januar 1794 völlig verarmt nach kurzer Krankheit in Paris.

Therese war nun frei, und am 10. April des gleichen Jahres heiratete sie in Neuenburg ihren Gefährten Ludwig Ferdinand Huber. Da die Familie als unerwünschte Ausländer nicht in Neuenburg bleiben konnte, verlegte sie im Juni ihren Wohnsitz in den kleinen Schweizer Ort Bôle.

Therese, die es von sich wies, als gelehrt und geistreich angesehen zu werden, wie etwa eine Germaine de Staël oder Emilie von Berlepsch, hatte jedoch außer ihren sicherlich guten hausfraulichen Eigenschaften ein ausgeprägtes Talent zu reden »wie mir der Schnabel wächst«, und dieses Talent befähigte sie, das Gedachte und Gesagte auch zu Papier zu bringen. Angeregt durch Huber und nicht zuletzt, um die ökonomischen Verhältnisse aufzubessern, begann sie mit schriftstellerischen Arbeiten. So erscheint bereits 1793 ihr erster Roman *Abentheuer auf einer Reise nach Neu-Holland*, dem weitere Romane und Erzählungen folgen: *Die Familie Seldorf* (1795/96), *Luise.*

Ein Beitrag zur Geschichte der Konvenienz (1796), *Sophie*
(1798), *Das mißlungene Opfer* (1801).

Diese literarischen Werke, die meist bei Cotta und unter dem
Namen ihres Mannes erschienen, waren begleitet von sich an-
einanderreihenden Schwangerschaften. Von 1795 bis 1804
wird sie von insgesamt sechs Kindern entbunden, von denen
lediglich zwei überlebten. Sie hatte damit zehn Kinder zur
Welt gebracht und nunmehr für vier Kinder zu sorgen, die früher geborenen Töchter Therese und Claire sowie für die in der
Huber-Ehe geborene Tochter Luise und den Sohn Aimé. Ihrer
Stuttgarter Freundin Anna Marietta von Hartmann klagt die
nunmehr Vierzigjährige: »Wenn mich doch Gott vor Schwan-
gersein bewahrt! Huber wünscht noch mehr Kinder – wie
kann er das tun!« Ihre schriftstellerische Tätigkeit schilderte
sie Reinhold so: »Ich schrieb mit dem Kind an der Brust, neben
3–4 lärmenden Kleinen, abends, wenn nach ermüdender
Arbeit alles schlief – da ich nie Zeit zum Denken hatte, ging ich
zuweilen in die Kirche, und dort setzte ich mir dunkle Punkte
meiner Geschichten auseinander.«

Unruhe gab es auch in den äußeren Verhältnissen. Die Rückkehr nach Deutschland verdankte die Familie dem Verleger
Cotta, der Huber die Mitredaktion der *Neuesten Weltkunde* angeboten hatte und nach deren Verbot die Redaktion der später
so bedeutenden *Allgemeinen Zeitung*. 1798 wurde so zunächst Tübingen Wohnsitz der Familie und im September des
gleichen Jahres Stuttgart. Hier gelingt Therese die Reintegra-
tion in die Gesellschaft. Der Bekanntenkreis ist groß, und man
verkehrt wieder im Hause Huber. Als im Oktober 1803 auch
die *Allgemeine Zeitung* in Württemberg verboten wurde, verlegte Cotta den Sitz nach Ulm. Huber wurde 1804 zum Landes-
direktionsrat der Provinz Schwaben in der Schulabteilung
ernannt, so daß auch Therese im April schweren Herzens die
angenehme Wohnung in Stuttgart verläßt und mit den Kindern nach Ulm umzieht. Ein Unglücksjahr für Therese. Im
Juni verstirbt die wenige Wochen vorher geborene Tochter na-
mens Lavinia, im Sommer die fünfjährige Tochter Adele, und

am 24. Dezember des Jahres verliert sie auch ihren geliebten Mann an einem Lungenleiden. Ihr Jugendfreund Friedrich Ludwig Wilhelm Meyer ist der erste, dem sie ihr Leid klagt: »Das Wesen, mit dem ich sechzehn Jahre jedes Gefühl, jeden Gedanken teilte, alles genoß – mit dem ich dachte, dichtete, las, schrieb, mit dem ich das Schicksal bekämpfte, mit dem ich sorgte. Nun muß ich für meine Kinder Brot erwerben ... Du bist die letzten Trümmer meiner Jugend, Willy, ich will ein stolzes Weib sein ...«

Im Mai 1805 heiratet die noch keine sechzehn Jahre alte Tochter Claire aus der Forster-Ehe den Schweizer Forstinspektor in bayerischen Diensten Gottlieb von Greyerz (1778–1855), und mit diesem jungvermählten Paar zieht Therese Huber mit den Kindern Luise und Aimé ins schwäbische Dorf Stoffenried, während die ältere Forster-Tochter Therese zunächst als Gesellschafterin der Mme. de Charrière in der Schweiz blieb. Isabelle de Charrière (1740–1805), zu jener Zeit Geliebte Benjamin Constants, der sich später Mme. de Staël zuwandte, machte sich unter dem Pseudonym Abbé de la Tour einen Namen als Schriftstellerin. Sie zählte nicht nur zu den engsten Schweizer Freunden der Hubers, Therese Huber war sie sicherlich auch Vorbild für ihre eigene literarische Tätigkeit.

Als Greyerz 1807 nach Günzburg versetzt wurde, wechselte auch Therese Huber ihren Wohnsitz in die Donaustadt, die ihr nunmehr für beinahe zehn Jahre Heimstatt blieb. Von hier aus gibt sie *L. F. Hubers sämtliche Werke seit dem Jahre 1802, nebst seiner Biographie* heraus, und seit dem Erscheinen von Cottas *Morgenblatt für gebildete Stände* im Jahre 1807 schreibt sie für dieses Blatt.

Therese Huber ist nun Schriftstellerin. Aber auch jetzt war sie noch nicht bereit, ihre Arbeiten mit dem eigenen Namen zu zeichnen. Ihre Ansicht blieb, daß die Schriftstellerei nicht Frauensache sei und daß sie sich mit dieser aus materieller Not geborenen Tätigkeit eine Blöße gebe, die ihren Stolz verletze. So erleben wir hier das Paradoxon, daß sich *die* Frau, die wir heute zu den Vorläuferinnen weiblicher Emanzipation zählen, an eine Frauenrolle klammert, aus der sie mit ihrer Tätigkeit ausbricht. Das Weib bedürfe einer anderen Entwicklung als der Mann; das Weib müsse ganz Weib und der Mann ganz Mann sein, damit in beiden die höchste Würde der Menschheit dargestellt werde, gibt sie ihren Geschlechtsgenossinnen in einem Beitrag in Cottas *Morgenblatt für gebildete Stände* zu verstehen.

In den äußeren Verhältnissen gab es in der Folgezeit Probleme mit der 1795 geborenen Huber-Tochter Luise. Herders Sohn Emil war als Forstgehilfe zu Thereses Schwiegersohn Greyerz gekommen. Eine Verbindung zur Herder-Familie hatte natürlich etwas Verlockendes an sich. Im Oktober 1813 heiratete Luise Huber den zwölf Jahre älteren Emil Herder und zog mit ihm nach München. Nur ein halbes Jahr später kehrte Luise jedoch nach anhaltenden Auseinandersetzungen mit ihrem Mann, woran Therese, die mit dem jungen Paar nach München gegangen war, nicht unschuldig gewesen sein soll, krank an Leib und Seele mit der Mutter nach Günzburg zurück. Im Jahre 1816 erfolgte die Scheidung, was nicht hinderte, daß die geschiedene Luise, die sich in den nächsten Jahren bei ihrer Mutter aufhielt, ihren Exmann im Jahre 1822 wieder heiratete. Im Alter von nur sechsunddreißig Jahren mußte sie jedoch bereits 1831 ihr Leben lassen. Während ihrer zweiten Ehe verlor sie in kurzer Zeit drei ihrer Kinder, ein Sohn, Ferdinand Gottfried Theobald, wurde später Bibliothekar.

Therese Huber war inzwischen zweiundfünfzig Jahre alt geworden, als ihr Leben nochmals eine entscheidende Wendung nahm. Cotta, der Thereses literarische Werke verlegt hatte, suchte für das *Kunstblatt*, eine Beilage seines *Morgenblattes für gebildete Stände*, einen Redakteur und glaubte, mit seiner langjährigen Mitarbeiterin Therese Huber diesen Posten besetzen zu können. Dies war ein absolutes Novum in der damaligen Zeitschriftenlandschaft, wurde Therese Huber schließlich doch auch die Redaktion des Hauptblattes übertragen sowie die Mitherausgabe des Cottaschen *Taschenbuches für Damen*, eine wahrlich ansehnliche Position. So zog Frau

Huber im Jahre 1816 mit ihrer Tochter Luise nach Stuttgart, und hier begann ihre bedeutendste Zeit.

Sie erfüllte die ihr übertragenen Aufgaben mit Vehemenz und großem Engagement, immer aber auch mit gewissen Skrupeln. Bezeichnend ist das Schreiben an den Sohn Aimé vom 9. Januar 1817, in dem sie bekennt: »Ich komme von meinem Beruf, mit Nadel und Faden zu arbeiten, dadurch ganz ab; aber da ich keine Töchter mehr zu erziehen habe, tue ich ihnen keinen Schaden durch mein literarisches Pfuschen. Ich hätte es freilich lieber anders. Mir ist eigentlich nur wohl beim Strückzeug.« Die Sehnsucht nach Nadel und Faden war nicht einmal Koketterie, insbesondere da sie schließlich ein ständiges Gerangel mit Cotta zu ertragen hatte, der ihr in die Redaktion hineinredete, für Therese ein »Leben unter einem eisernen Despotismus«, das sie nur ertrug, um ihrem Sohn Aimé sein Studium bezahlen zu können.

Ihre Stellung brachte es mit sich, daß man ihr erhebliche Aufmerksamkeit schenkte und sie zahlreiche prominente Besucher begrüßen konnte, seien es Charlotte von Schiller, Karoline von Humboldt und Henriette Herz (die ihr beide gefallen haben), Jean Paul (mit dem Therese offensichtlich nicht viel anfangen konnte und den sie als »Irrstern« bezeichnet) oder Ludwig Börne (welcher wiederum Therese die »Morgenblattlaus« nennt), schließlich Friedrich von Matthisson (1761–1831), der schon 1798 zum Huberschen Bekanntenkreis zählte und den Therese nun als »Dichtermumie« tituliert. Ihre gesellschaftliche Stellung definiert Therese Huber letztlich jedoch wie folgt: »Innigkeit finden wir nirgend, Artigkeit überall, Teilnahme häufig.«

Mit dem Ansehen der bedeutenden Redakteurin ist sie dann 1819 auch erstmals bereit, zwei Bände Erzählungen unter ihrem Namen zu veröffentlichen, denen zahlreiche weitere Romane und Übersetzungen folgen: *Hannah, der Herrenhuterin Deborah Findling* (1821), *Ellen Percy, oder Erziehung durch Schicksale* (1822), *Jugendmuth* (1824), *Die Ehelosen* (1829). Nach der Wiederverheiratung der Tochter Luise und deren

Umzug nach Bayreuth fühlt sich Therese in Stuttgart vereinsamt, und als davon die Rede ist, daß die Redaktion des *Morgenblattes* nach Augsburg verlegt werden soll, zieht sie 1823 dort in die Nähe ihrer Tochter Claire. Cotta nahm jedoch von der Verlegung Abstand und nutzte die veränderte Situation, sich von der immer selbstbewußter auftretenden Therese Huber zu trennen und ihr die Redaktion des Blattes zu entziehen.

»Cotta wird Gott Vater immer ähnlicher«, schreibt sie am 11. September 1826 an den Schweizer Arzt und Schriftsteller Paul Usteri. Bis zu seinem frühen Tod übernahm Wilhelm Hauff die Redaktion, in den Augen Thereses ein »verdorbener Kandidat, der ein paar quasi satyrische Romane schrieb«. Er habe »einiges Talent, gar keine Bildung, gar keinen Geschmack, gar keine Literatur«. Fortgesetzte Auseinandersetzungen führen 1828 schließlich nach beinahe dreißigjähriger Zusammenarbeit zum endgültigen Bruch mit Cotta, was nicht hinderte, daß sie weiterhin für das *Morgenblatt* schrieb. Nachdem Therese im Jahre 1829 den Briefwechsel Johann Georg Forsters herausgegeben hatte, stirbt sie am 15. Juni 1829 nach kurzer Erkrankung im ungeliebten Augsburg im Alter von fünfundsechzig Jahren.

In einem Nachruf im *Morgenblatt für gebildete Stände* zählt der Altsprachenprofessor Gustav Schwab ihre literarischen Arbeiten »in unserer an Unterhaltungsliteratur überreichen Zeit unter das Beste ... was noch auf den heutigen Tag in dieser Gattung geleistet wird«. Eine fleißige Schreiberin war sie sicherlich sowie eine talentierte Übersetzerin aus dem Englischen und Französischen, und gelesen wurde sie auch. Für die Ewigkeit zu schreiben war nie ihr Anspruch. In ihrer Tätigkeit als Redakteurin der angesehenen Publikation Cottas war Therese Huber ohne Beispiel bis in dieses Jahrhundert hinein.

In den Literaturgeschichten wird sie durchweg in einem Atemzug mit Johanna Schopenhauer genannt. Robert König charakterisiert Johanna Schopenhauer in seiner *Deutschen Lite-*

raturgeschichte als »die Mutter der Entsagungsromane«, während er bei Therese Huber anmerkt, daß sie, obwohl sie zweimal verheiratet gewesen war, in ihrem Roman *Die Ehelosen* verlange, daß die Mädchen zur Ehelosigkeit erzogen würden, und in anderen Romanen darauf dränge, daß die Frau, wenn sie die Ehe nicht umgehen könne, doch von vornherein auf das Glück der Liebe in derselben verzichten müsse.

Zu denjenigen, die eine gute Meinung von Therese Huber hatten, zählte Wilhelm von Humboldt, der sie schon in jungen Jahren zum Verdruß seiner späteren Ehefrau Caroline während seines Göttinger Aufenthaltes verehrte. In seinem Tagebuch bescheinigt er ihr am 7. Oktober 1788 »einen über alle Beschreibung lebhaften Geist« und notiert: »Es ist ein herrliches Weib.« Nach dem Tode Thereses schreibt er seiner Briefpartnerin Charlotte Diede: »Von Geisteskräften gewiß eine der vorzüglichsten Frauen der Zeit« (6. Juli 1829).

Diesen Elogen standen jedoch bittere Urteile in nicht geringer Zahl gegenüber. Besonders hart äußerte sich Schiller, als Therese Huber nach dem Tod ihres Mannes Körner und Schiller um Rückgabe von Briefen Hubers bat. Schiller, der nie verwinden konnte, daß Therese der Grund für den Bruch der Verlobung seines Freundes Ludwig Ferdinand Huber mit Johanna Dorothea Stock gewesen ist, schrieb hierauf seinem Freund Christian Gottlieb Körner: »Von Hubers Witwe mußt Du Dich losmachen, so bald Du kannst. Mit diesen schlechten Naturen beschmutzt man sich nur und ist nichts als Verdruß zu gewinnen« (25. April 1805). Körner hat dessenungeachtet der Bitte Therese Hubers entsprochen und ihr die erbetenen Briefe überlassen.

Caroline Schlegel/Schelling, die Therese immer wieder zu verstehen und zu rechtfertigen versucht hatte und von der Therese nach deren Tod sagte, sie sei eines der merkwürdigsten Geschöpfe – an Sinnlichkeit, Falschheit und Verstand – gewesen, schrieb Wilhelm Meyer nach ihrer unglücklichen Mainz-Episode allerdings: »Von dem Einfluß dieses Sterns bin ich entzaubert.«

Bei Therese Huber wird man letztlich nicht umhinkommen, Leben und Werk zu trennen. Ihre Tüchtigkeit muß unbestritten bleiben. Charakterlich hatte sie sicherlich ihre Schwächen, die sie stets zu beschönigen verstand. Immer wieder wird man sich jedoch ins Bewußtsein rufen müssen, auf welcher Herkunfts- und Bildungsbasis sich ein außergewöhnliches Leben wie das der Therese Huber entfaltete.

Brendel Mendelssohn
(Dorothea Veit/Schlegel)

Im gleichen Jahre 1764, als seine Tochter Brendel das Licht der
Welt erblickte, wurde dem jüdischen Mitbürger Berlins, dem
Philosophen Moses Mendelssohn (1729–1786), die Ehre zuteil, daß ihm die Preußische Akademie für seine Schrift *Abhandlung über die Evidenz in den metaphysischen Wissenschaften* einen Preis zuerkannte.

Moses Mendelssohn hatte sich, aus einfachen Verhältnissen
stammend, mit ungeheurem Wissensdrang eine vielseitige
Bildung erworben und sich mit Fleiß eine kaufmännische
Stellung in einem Berliner Textilbetrieb erarbeitet, die ihn
allerdings mehr in Anspruch nahm, als ihm für seine wissenschaftlichen Arbeiten lieb war. »Die Geschäfte! die lästigen Geschäfte! Sie drücken mich zu Boden und verzehren die Kräfte
meiner besten Jahre«, klagte er seinem Freund Lessing.

Als Wortführer der jüdischen Emanzipation neben Lessing,
Kant und dem Verleger Nicolai konnte Moses Mendelssohn
für sich in Anspruch nehmen, zu den Repräsentanten der Aufklärung in Preußen zu zählen, womit die Reputation dieses
Mannes, der Lessing als Vorbild für seinen *Nathan* galt, ge-

wichtiger war als die vieler seiner akademischen Zeitgenossen.

Brendel war seine älteste Tochter. Ihr Geburtstag war der 24. Oktober 1764. Sie war also ein Jahr jünger als Caroline, die einmal ihre Schwägerin werden sollte. Zwei Frauen schließlich, die schon von ihrer Herkunft voller Kontraste sein mußten. Nicht nur daß die ökonomischen Verhältnisse im Mendelssohn-Haus wesentlich bescheidener waren als diejenigen im Hause eines Göttinger Professors, auch das Umfeld und der Geist in dem Berliner Haushalt des gläubigen Juden kontrastierten mit der Ungezwungenheit des Michaelis-Haushaltes, in der Caroline, nicht immer zu ihrem Vorteil, aufwuchs.

Um das Wohl seiner drei Töchter und drei Söhne (zwei weitere Kinder waren früh gestorben) war Moses Mendelssohn liebevoll besorgt. Für ihre Erziehung und Bildung hatte er einen Hauslehrer (Herz Homberg) engagiert, und der Bildungsgrad der Mendelssohn-Kinder lag so ohne Zweifel über dem Durchschnitt. Alle haben, ohne daß ihnen ihre Eltern materielle Werte hinterlassen konnten, ihren Weg gemacht. Weltoffenheit im Hause des angesehenen Philosophen und die vielen prominenten Besucher, die hier verkehrten, prägten die Kinder zusätzlich für ihren späteren Lebensweg.

In einem jedoch blieb der zwar unorthodoxe, jedoch gläubige Jude Moses Mendelssohn der Tradition verhaftet: die Verehelichung der Töchter nach dem Willen der Eltern in jungen Jahren. Ansehen und die finanziellen Verhältnisse des Bräutigams waren alleiniges Kriterium für die Beurteilung des potentiellen Schwiegersohns. So erwies sich für zwei der Mendelssohn-Töchter die Wahl der Eltern nicht als feste Basis für eine glückliche Ehe. Sowohl Brendel als auch die Tochter Recha trennten sich später von dem für sie ausgewählten Partner (die dritte Tochter Henriette blieb unverheiratet, und auch Recha heiratete nicht noch einmal).

Unter diesen Auspizien wird die gerade vierzehnjährige Brendel im Jahre 1778 dem zehn Jahre älteren Simon Veit verlobt, einem angesehenen, wohlhabenden jüdischen Kaufmann und

Bankier. Am 3. April 1783 wird sie im Alter von neunzehn Jahren dessen Frau. Simon Veit war ein rechtschaffener Mann, der sehr wohl eine Familie ernähren konnte. Sein Verhalten, auch nachdem sich Brendel von ihm getrennt hatte, kann nur als nobel bezeichnet werden, und der Name Veit lebte in seinen Söhnen fort, die beide Künstler wurden und von denen insbesondere Philipp Veit (1793–1877) als bedeutender Maler in die Kunstgeschichte eingegangen ist.

Nur eines konnte Simon Veit einer Frau wie Brendel nicht geben: die geistige Anregung, deren eine intellektuell erzogene junge Dame, wie es die Mendelssohn-Tochter war, bedurfte, die sich zudem in den Kreisen der sich etablierenden Berliner Salons in einem anderen Umfeld bewegte als demjenigen, welches ihr der nüchterne Kaufmann bieten konnte. Dennoch war die Verbindung eine konventionelle Ehe, wie sie zu tausenden geschlossen wurden. Daß eine derartige Ehe ihren Bestand haben und nach herkömmlicher Anschauung gut sein konnte, wurde den Mendelssohn-Kindern von ihren Eltern vorgelebt, wobei allerdings nicht übersehen werden darf, daß die Mutter Fromet Moses Mendelssohn ihrem Mann aus eigenem Entschluß in die Ehe gefolgt war.

Die Zeiten befanden sich jedoch im Umbruch. Ein neuer Ton ging um: Jean-Jacques Rousseaus Roman *Emil oder Über die Erziehung* und seine *Nouvelle Héloïse*, Goethes *Werther* rüttelten an konventionellen Schranken, die bis dahin alle Gefühle gegenüber Nützlichkeitserwägungen hintanstellten. So hatte auch Brendel Veit ihre Ehe, ohne daß sie ihrem Mann aus Liebe gefolgt war, zunächst in herkömmlicher Weise geführt. Nach vierjähriger Ehe gebar sie ihr erstes Kind, das wie so viele andere Kinder der Zeit kurz darauf starb. Am 2. März 1790 wird ihr Sohn Jonas (später Johannes) geboren und nach einem weiteren nach nur drei Monaten gestorbenen Sohn am 13. Februar 1793 der Sohn Philipp. Ihren beiden überlebenden Söhnen war Brendel eine besorgte und pflichtbewußte Mutter, auch nach ihrer Trennung von Simon Veit. Doch Brendel Veit, die sich schließlich Dorothea nannte, verlangte es nach mehr als Hausarbeit und Kinderpflege, und so nahm sie wahr, was ihr Berlin an Abwechselung zu bieten in der Lage war.

Zu diesen Abwechselungen zählte die Verbindung zur gleichaltrigen Henriette Lemos, der es ebenso ergangen war wie ihr. Im Alter von nur fünfzehn Jahren war Henriette dem siebzehn Jahre älteren Arzt Marcus Herz angetraut worden, der seiner schönen jungen Frau aber einen weiten Freiraum gewährte, insbesondere was ihren Berliner Salon betraf. Der Salon der Henriette Herz zählte neben dem der Rahel Levin zu den angesehensten Treffpunkten der Gesellschaft. In ihrem Umfeld war in den 80er Jahren der kleine Kreis einiger Schwärmer entstanden, der sich Tugendbund nannte, zu dem außer Henriette Herz und Brendel Veit auch Wilhelm von Humboldt sowie einige auswärtige Damen zählten.

Rahel Levin, »die kleine Levi«, wie sie von Brendel genannt wurde, war sieben Jahre jünger. Mit ihr und dem gleichaltrigen schwedischen Legationssekretär Carl Gustav von Brinckmann ging sie hin und wieder in Konzerte oder ins Theater. Ansonsten war sie jedoch viel ans Haus gebunden, vor allem nach der Geburt ihrer Söhne, um die sie sich ängstigte und Sorgen machte. Am 18. November 1790 schrieb sie an Brinckmann: »... erinnern sie sich nur einmal, wie eng ich immer im Winter, in meinen häuslichen Kreis zusammengedrängt werde, u wie meine Existenz dadurch so unangenehm wird.«

Hin und wieder ist zu lesen, daß auch Brendel Veit einen »Salon« geführt habe. Das trifft jedoch nur ganz eingeschränkt zu. Tatsächlich traf sich eine Zeitlang wöchentlich eine kleine, rein jüdische »Vorlesungsgesellschaft« in ihrem Haus, eine Zusammenkunft, der aber in jeder Weise das Flair der Salons von Henriette Herz und Rahel Levin mangelte.

Eines Tages wurde der Henriette-Herz-Salon, den Brendel so gerne aufsuchte, für sie zur Schicksalsstätte. Im Juni 1797 kam der junge Friedrich Schlegel als Mitarbeiter an Johann Friedrich Reichardts Zeitschrift *Lyceum der schönen Künste* nach Berlin. Nach unsteten Jahren in Hannover, Göttingen, Leipzig und Dresden konnte sich der am 10. März 1772 in Hannover geborene jüngere Bruder von August Wilhelm Schlegel, der sich in der Leipziger Zeit auch um die von August Wilhelm nach Lucka gebrachte Caroline gekümmert hatte, in Jena einige Reputation verschaffen. Mit seinen Polemiken gegen Schiller, Auseinandersetzungen, die auch seinem Bruder zum Nachteil gereichten, hatte er sich dort aber auch die Feindschaft Schillers zugezogen.

Da er als bekannter Autor nach Berlin gekommen war, fand er überall offene Türen, insbesondere jedoch gewann er in kürzester Zeit die nachhaltige Freundschaft von Friedrich Daniel Ernst Schleiermacher, der ihm in seiner Wohnung Quartier bot. Zu seinen Berliner Verbindungen zählte auch die zu Ludwig Tieck, um dessen Werk sich allerdings August Wilhelm Schlegel mehr gekümmert hatte als sein jüngerer Bruder. Wie es in Berlin Brauch war, besuchte er selbstverständlich auch die Salons der Rahel Levin und der Henriette Herz. Und dort begegnete er Brendel Veit.

Was sich zwischen Friedrich Schlegel und Brendel Veit in den kommenden Wochen und Monaten anbahnte, ist außer der später sichtbaren Konsequenz freilich Spekulation. Fest steht, daß sie Gefallen aneinander gefunden hatten. Sie begegneten sich immer wieder, und Friedrich Schlegel nahm auch an Brendels Leseabenden teil. Was jedoch als das große Liebesabenteuer in der Literatur geschildert wird, basiert so gut wie ausschließlich auf Friedrich Schlegels Erlebnisroman *Lucinde*, der nach Brendels Scheidung im Jahre 1799 erschien und die Begegnung mit und die Liebe zu ihr zum Inhalt hat. Friedrich Schlegel hat sich während seiner Berliner Zeit nur wenig über sein Verhältnis zu der Veit-Ehefrau geäußert. Daß es eine Bindung gab, blieb nicht verborgen. Er bemühte sich jedoch, sie in Briefen nach Jena herunterzuspielen. Es sei selten genug, daß er Brendel Veit einige Stunden der Konvenienz opfere. Er bekannte allerdings auch, daß es eine Frau mit Sinn für Liebe, Musik, Philosophie und Witz sei, »in deren Armen er wieder jung geworden sei« (der nun Sechsundzwanzigjährige!).

So reiste Friedrich Schlegel Mitte 1798 von Berlin nach Dres-

den, um dort den Sommer zusammen mit seinem Bruder sowie Caroline nebst Tochter Auguste, Novalis und Schelling zu
verbringen, ohne daß ersichtlich ist, was sich Brendel und
Friedrich für die Zukunft versprochen hatten. Brendel jedenfalls blieb voller Zweifel und Verzweiflung zurück, unschlüs-
sig, wie es weitergehen sollte. Nur Schleiermacher, den Friedrich gebeten hatte, sich um die Verlassene zu kümmern, war
ihr ein vertrauter Freund. Und diesem offenbarte sie ihr ganzes Leid. Hatte sie sich bisher, nicht zuletzt der Kinder wegen,
der Konvenienz gebeugt, reift nun, nachdem sie Friedrich
Schlegel kennen und lieben gelernt hatte, der Entschluß, sich
aus der Ehe, die ihr zur Qual geworden, zu lösen. Schleiermacher, der ihr zur Trennung rät, räumt schließlich ihre letzten Zweifel aus. Brendel bittet ihren Mann um die Scheidung,
der, einsehend, daß er sie nicht länger an sich binden kann,
willigt ein, und am 11. Januar 1799 wird die Veitsche Ehe geschieden.

Brendel, die ihren sechsjährigen Sohn Philipp unter Bedingungen bis zum zehnten Lebensjahr bei sich behalten darf,
verläßt das Veitsche Haus und bezieht eine kleine Wohnung in
Berlin, worüber sie dem Freund Brinckmann am 2. Februar
1799 berichtet: »Seit 3 Wochen bin ich nach vielen Contestatio-
nen, Scenen – nach manchem Schwanken, und Zweifeln – endlich von V geschieden, und ich wohne allein, aus diesem
Schiffbruch, der mich von einer langen Sklaverey befreit, habe
ich nichts gerettet, als eine sehr kleine revenue, von der ich nur
äußerst sparsam leben kann, vielen guten, frohen Muth, meinen Philipp, einige Menschen, mein Klavier, und das schöne
›bureau‹, den ich von Ihnen habe, u. vor den ich Ihnen jetzt
schreibe – da haben Sie in wenigen Worten alles was ich nun
besitze – aber wie soll ich Ihnen alles herrechnen was ich los
geworden bin?« Nach ihren Worten ist es nun das erste Mal,
daß sie von der Furcht frei sei, eine unangenehme Unterhaltung, eine lästige Gegenwart oder gar eine demütigende Grob-
heit ertragen zu müssen. »Jetzt bin ich glücklich«, läßt sie
Brinckmann wissen.

Vage ist jedoch, was sie sonst noch verlauten läßt. Wohl erwähnt sie den Mann, dem sie nahegekommen ist: »Welch eine vortreffliche Seele ist dieser Schlegel!« Und sie spricht auch von einem Roman, den er nun schreibe. Nichts jedoch davon, daß sie ihm folgen werde. Tatsächlich gehörten sie sich jedoch bereits. Und bei dem erwähnten Roman handelte es sich um die skandalumwitterte *Lucinde*. Friedrich Schlegel schreibt diesen ersten Versuch, sich auf einem anderen Feld als dem der Wissenschaft zu betätigen, in Fortsetzungen, die auf der einen Seite seinem Bruder und der Schwägerin Caroline zur Begutachtung und Korrektur vorgelegt, auf der anderen Seite aber auch bereits der Öffentlichkeit zugänglich gemacht werden.

War schon die Scheidung der Tochter des großen Mendelssohn und ihre Hinwendung zu dem sieben Jahre jüngeren, schriftstellernden Pastorensohn ohne festes Einkommen Anlaß genug für bösartigen Klatsch, so nun vollends die ans Exhibitionistische grenzende Bloßlegung dieser Verbindung in den Figuren des *Julius* und der *Lucinde* in Friedrich Schlegels Romanversuch. Die kursierenden ersten Bogen vor Erscheinen des Buches wirbelten bereits einen zuvor kaum dagewesenen Sturm der Entrüstung, des Spotts und der Verunglimpfung auf. Und schon im April 1799 schreibt Brendel an Schleiermacher: »Was Lucinde betrifft – – ja was Lucinde betrifft! – Oft wird mir es heiß, und wieder kalt ums Herz, daß das Innerste so herausgewendet werden soll – was mir so heilig war, so heimlich; jezt nun allen Neugierigen, allen Hassern Preiß gegeben.« Und August Wilhelms Caroline fragt Hardenberg/Novalis am 20. Februar 1799: »Was werden Sie zu dieser Lucinde sagen? ... Sagen Sie mir nun, wie es Ihnen zusagt. Rein ist der Eindruck freilich nicht, wenn man einem Verfasser so nahe steht. Ich halte immer seine verschlossene Persönlichkeit mit dieser Unbändigkeit zusammen und sehe wie die harte Schale aufbricht – mir kann ganz bange dabey werden, und wenn ich seine Geliebte wäre, so hätte es nicht gedruckt werden dürfen ...«

Auch zu Schlegels alter Mutter drangen die Nachrichten, und als das Buch schließlich erschienen war und Friedrich und Brendel, die sich nun Dorothea nannte, bereits nach Jena gezogen waren, erkundigt sie sich ängstlich bei ihrem älteren Sohn August Wilhelm: »Nur glaube ich, daß ich (durch die Hoppenstedts) etwas von Fritz erfahren habe, was mir Kummer macht. Ich wente mich also an Dich, bester Sohn, mich zu beruhigen und mir zu sagen, je eher je lieber, was an der Sache ist. Es wird nehmlich gesagt, er lebe mit einer Person, einer Jüdin. Es wäre Mentelsons Stieftochter, und wäre reich. Gott, das will ich doch nicht hoffen, und noch weniger, daß ihr ihn mit dieser Person hättet aufgenommen. Fritz hat sich mir schon durch seinen Roman (die Lucinde!) als einen gezeigt, der keine Religion und keine guten Grundsätze hat. Ich wollte lieber, daß er ein ganz ortinärer, aber guter nützlicher Mensch wäre, als so. Beruhige mich bald darüber.«

Daß die Jenaer Schlegels den Bruder und Schwager mit »dieser Person« bei sich aufgenommen haben, war nun allerdings eine Tatsache. Im September, etwa zur gleichen Zeit wie das Erscheinen der *Lucinde*, hatten Friedrich und Brendel/Dorothea Berlin verlassen und waren zu August Wilhelm und Caroline übergesiedelt.

Die *Lucinde* wurde zum Tagesgespräch. Und die allseitigen Kommentare glichen einer Hexenjagd. Von Unzucht war die Rede, Unanständigkeit und Obszönität. Und auch die Freunde und Wohlgesonnenen taten sich schwer. Goethe meinte: »Jedermann las dies Buch, jedermann schalt darauf, und man erfuhr nicht, was eigentlich damit sei.« Und Schiller schrieb an Goethe: »Das Werk ist übrigens nicht ganz durchzulesen, weil einem das fade Geschwätz gar zu übel macht.« Novalis schließlich äußerte: »Ich prophezeie mir wenig Gutes von der Aufnahme. Viele werden sagen: Schlegel treibts zu arg – nun sollen wir ihm auch noch das Licht zu seinen Orgien halten.«

Was waren dies für Orgien und Unanständigkeiten, worüber sich alle Welt aufregte? Für den sechsundzwanzigjährigen Friedrich Schlegel muß die Erfüllung der Liebe zu der sieben

Jahre älteren Frau, die wiederum erstmals erfuhr, was wahre Liebe bedeutete, wie ein Mysterium gewesen sein. Ungeachtet aller Konventionen, die, wenn es überhaupt zu innigen Beziehungen kam, diese ein Tabu sein ließen, hatte der junge Schlegel das Bedürfnis, das ihn tief bewegende Erlebnis niederzuschreiben und – hier zeichnet sich die Hinwendung zu der Gefühlsseligkeit der Romantik ab – ohne Skrupel öffentlich zu machen. So etwas hatte es bis dahin – sieht man von barocken Frivolitäten ab – freilich noch nicht gegeben. Hinzu kam, daß für alle erkennbar die Hauptpersonen *Julius* und *Lucinde* mit Friedrich und Dorothea zu identifizieren waren, die zudem im Konkubinat lebten, da eine Vermählung auf Grund der Scheidungsvereinbarung in bezug auf die Erziehung der Kinder noch nicht möglich war.

Daß man die Lippen in dem Schnee des Busens kühlt … einen schüchternen Kuß auf die frischen Lippen und die feurigen Augen drückt … daß man um alles bittet, was man eine Geliebte bitten kann, und sie es den Umständen überließ, die es so fügten, wie es gut war … daß die üppige Ausbildung ihres schönen Wuchses für die Wut seiner Liebe und seiner Sinne reizender war, wie der frische Reiz der Brüste und der Spiegel eines jungfräulichen Leibes … all dies trug man in der Regel nicht zu Markte. Dabei war es Friedrich Schlegel absolut darum zu tun, die Beziehung der Hauptpersonen ohne niedrige Beweggründe in überhöhter und idealischer Form zu gestalten. Ob ihm dies gelungen ist, ist eine andere Frage. Die Literaturkritik verneint es bis in die Gegenwart hinein. Neben wenigen Zeitgenossen, die Schlegels Arbeit goutierten, war es einzig der gute Freund Schleiermacher, der sich auf Drängen Schlegels bereit fand, sich mit sachlicher Kritik des Opus anzunehmen. Unter dem Titel *Vertraute Briefe über Friedrich Schlegels Lucinde* versuchte er, ohne daß der Verfassername genannt wurde, die Moralität der *Lucinde* deutlich zu machen, und vor allem Dorothea war es, die Schleiermacher überschwenglich für seine Auslegung dankte, war sie doch die vor allem Betroffene. Die Kritik zog jedoch auch über diese Vertei-

224

digungsschrift mit dem gleichen Gekeife vom Leder wie bei Erscheinen des Romans, und auch die Anonymität des Verfassers der Epistel blieb kaum einige Tage gewahrt.

Mit dem Erschlaffen des jugendlichen Ungestüms distanzierte sich auch Schlegel, der ursprünglich vorhatte, einen zweiten Teil der *Lucinde* zu schreiben, von seinem Jugendwerk. Nicht einmal in seine *Gesammelten Werke* wurde es aufgenommen. In gewisser Weise ist es eine tragische Begleitmusik zu der mit großen Skrupeln erfolgten Lösung einer nach dogmatischen Konventionen in eine Ehe gezwungenen Frau.

Dies war alles jedoch nur der spektakuläre Auftakt der dauernden Bindung Dorotheas an Friedrich Schlegel. Im Hause August Wilhelms, in welchem sie mit ihrem kleinen Sohn Philipp das Erdgeschoß, Caroline das erste Geschoß, August Wilhelm die dritte Etage und Friedrich das Dachgeschoß bewohnte, fühlte sie sich gleich heimisch. Caroline sei unermüdlich, es allen recht zu machen, berichtet sie Schleiermacher nach Berlin. Die Frauen waren offensichtlich zunächst ehrlich bemüht, miteinander auszukommen. Der Kreis der beiden Schlegel, Tieck, Novalis, Schelling war bei allen Eifersüchteleien Fundament eines anregenden geselligen Lebens, ein Kreis, der bis in die Gegenwart hinein als Inbegriff der Romantik gilt. Der Ton in Dorotheas Briefen wird in der Folgezeit jedoch immer distanzierter und das Einvernehmen im Schlegel-Haus immer brüchiger. Nach einem halben Jahr bereits schreibt Dorothea an Rahel Levin: »Von Caroline habe ich mein Herz vollends abgewandt, sie zeigt sich jetzt in einem gehässigen Licht ...«

Die gegenseitigen Animositäten eskalierten kontinuierlich und währten schließlich bis zum Tode, wobei Caroline zugute gehalten werden kann, daß sie weit weniger zu Haß neigte als ihre streitsüchtige Berliner Schwägerin. Dafür war sich Caroline offensichtlich ihrer Schwächen allzudeutlich bewußt. Sicherlich war es zudem so, daß sich hier zwei willensstarke Frauen gegenüberstanden, die einem Brüderpaar verbunden waren, das ebenfalls seine Probleme miteinander hatte, was einer freundschaftlichen Beziehung der Schwägerinnen nicht gerade förderlich war.

Vor allem Carolines Hinwendung zu Schelling war die Ursache der heftiger werdenden Auseinandersetzungen. Friedrich, der Caroline in tiefer Not beigestanden und sie schätzen, ja lieben gelernt hatte, sah es voller Unwillen, daß sie sich nun von August Wilhelm, der sie in alter Verbundenheit in kritischer Lage zur Frau genommen hatte, abwendete. Und das ausgerechnet wegen Schelling, der ihm als Philosoph überlegen war. So bekam Caroline zu spüren, daß ihr der Schwager und schließlich auch Dorothea immer feindlicher gegenüberstanden, bis hin zum völligen Zerbrechen der Beziehungen nicht nur der Frauen, sondern auch der Brüder, die sich allerdings bald wieder versöhnten.

Aber auch die Beziehung Dorothea und Friedrich verlor an Intensität. Dorothea war oft kränklich, und Friedrich Schlegel hatte immer wieder Augen für andere Frauen, sei es – zum Ärger Clemens Brentanos – Sophie Mereau oder in Berlin Rahel Levin.

Durch das Auseinanderfallen des Jenaer Kreises wurden Dorotheas Verbindungen nach außen schließlich immer mehr eingeschränkt. Einzig in Caroline Paulus, der Frau des angesehenen Theologieprofessors, fand sie eine enge Freundin. Frau Paulus war jedoch immer für einen Klatsch gut, insbesondere wenn es um Caroline Schlegel/Schelling ging. Daß die Tochter Sophie Paulus, der auch Jean Paul anläßlich seines Heidelberg-Aufenthaltes im Jahre 1817 zugetan war, unter mehr als obskuren Umständen die papierne Ehefrau August Wilhelm Schlegels wurde, gehört zu den pikanten Sonderheiten der zwischenmenschlichen Beziehungen.

In die Jenaer Zeit fallen auch Dorotheas erste literarischen Versuche. Sie schrieb Stanzen und Gedichte, vor allem jedoch ihr Romanfragment *Florentin*, das wie üblich anonym im Jahre 1801 in kleiner Auflage erschien, wobei auch hier die Verfasserin schnell ausfindig gemacht wurde. Die geplante Fortsetzung ist trotz wiederholter Ansätze jedoch nie erschienen.

Nach dem mißglückten Versuch Friedrich Schlegels, sich an der Universität Jena als Privatdozent zu behaupten, und in Anbetracht der mißlichen finanziellen Lage folgte er zunächst seinem Bruder August Wilhelm nach Berlin, der sich nach der Trennung von Caroline dorthin begeben hatte. Da sich jedoch auch in Berlin keine Wirkungsmöglichkeit bot, verließ er Deutschland zusammen mit Dorothea und suchte in Paris ein neues Tätigkeitsfeld. Hier fand er nun tatsächlich zu sich selbst und sein großes Thema in der Vision eines künftigen »Europa« (dies übrigens auch der Titel seiner dem *Athenäum* folgenden Zeitschrift) und in der Aufarbeitung der deutschen Literatur und Philosophie, über die er in Paris regelmäßige private Vorlesungen hielt, insbesondere aber auch über die romantische Literatur und Malerei. Seinen persönlichen Gesichtskreis erweiterte er in dieser Zeit durch intensive Studien des Persischen und des Sanskrit.

An Geld mangelte es jedoch nach wie vor. Finanziert hatte die Paris-Reise Dorotheas geschiedener Mann Simon Veit, der auch in der Folgezeit immer wieder Bettelbriefe erhielt. Der Gedanke der Schlegels, schon vor dem Tod der Mutter Dorotheas Erbteile zu erhalten, scheiterte an dem Unwillen der Geschwister, womit Dorothea und Friedrich auch hier Feindschaft statt Freundschaft ernteten. Gegenüber Schleiermacher klagte Dorothea: »Bittere Sorgen verdecken wie schwarze Gewitterwolken den blauen Himmel der Wünsche und Hoffnungen in uns.«

Zur Minderung der finanziellen Sorgen nahm Dorothea schließlich Pensionsgäste bei sich auf. Zum Segen der Schlegels befanden sich hierunter die reichen Brüder Sulpiz und Melchior Boisserée und der Kaufmannssohn Johann Baptist Bertram aus Köln. Von November 1803 bis April 1804 durfte Friedrich Schlegel seinen wissensdurstigen und kunstinteressierten Pensionsgästen gegen gutes Geld ein Privatkolleg halten, dem sich auch die in Paris ansässige Enkelin der Karschin, Helmina Hastfer (1783–1856), anschloß.

Wilhelmine Christiane Klencke war bereits mit sechzehn Jahren Ehefrau des Baron A. von Hastfer geworden, dem sie allerdings schon nach wenigen Monaten davonlief. Die Ehe wurde 1801 geschieden, und im Jahre 1805 heiratete sie den französischen Orientalisten Antoine Léonard de Chézy, den sie als Persischlehrer Friedrich Schlegels kennengelernt hatte. Auch ihn verließ sie jedoch nach fünf Ehejahren, während deren sie zwei Söhne zur Welt brachte. Helmina von Hastfer bzw. später de Chézy wurde als eine schöne und gutmütige, aber völlig unbeherrschte und durch grenzenlosen Leichtsinn gekennzeichnete junge Frau charakterisiert (Josef Körner). Sie war in Paris so etwas wie eine Auslandskorrespondentin für Cotta und hatte gute Beziehungen zu einflußreichen und bedeutenden Personen, wie Madame Récamier, was allen zugute kam, die als Paris-Besucher Kontakt mit ihr aufnahmen.

Sowohl Dorothea Mendelssohn als auch Helmina de Chézy versuchten sich in jener Zeit auf dem Felde der Literatur. Dorothea übersetzte während ihres Paris-Aufenthaltes mittelalterliche Texte in, wie es heißt, »einfacher, hie und da etwas alterthümlich gefärbter Prosa«, unter anderem die *Geschichte des Zauberers Merlin*, während Helmina de Chézy die *Geschichte der tugendsamen Euryante von Savoyen* schrieb, die Carl Maria von Weber als Textvorlage für seine Oper *Euryante* verwandte.

Helmina de Chézy war es auch, die einen Beitrag zur erwünschten Legalisierung der Verbindung von Dorothea und Friedrich Schlegel leistete, indem sie die Verbindung zu dem Pastor Gambs herstellte, der einst auch Germaine Necker mit dem Baron de Staël getraut hatte. Er unterwies Dorothea im protestantischen Glauben. Am 6. April 1804 taufte er sie in der evangelischen Kapelle der schwedischen Gesandtschaft auf den Namen Dorothea und vollzog anschließend die Trauung mit ihrem langjährigen Gefährten Friedrich Schlegel. Hatte Dorothea auf der einen Seite diese Zeremonie hinausgezögert, nicht zuletzt, um nicht ihren Sohn Philipp hergeben zu müssen, vielleicht auch aus Furcht vor der Konversion als Tochter Moses Mendelssohns, gab es nun jedoch wichtige Gründe, den schon lange anstehenden Schritt zu tun. Friedrich war von den Boisserées nahegelegt worden, nach Köln zu kommen und an der dort geplanten Universität eine Professur zu übernehmen, was im frommen katholischen Köln sicherlich eine legale Ehe voraussetzte.

Anfang Juni 1804 erfolgte der Umzug nach Köln. Unterkunft fand das Paar im Haus der Äbtissin von St. Marien. Da die Pläne zur Errichtung der Kölner Universität jedoch scheiterten, mußte sich Friedrich seinen Lebensunterhalt wieder mit Vorlesungen und literarischen Arbeiten verdienen. Mit der Mentalität der zu jener Zeit unter französischem Einfluß lebenden Kölner kamen die Schlegels einigermaßen zurecht. Der Freundeskreis blieb jedoch sehr beschränkt, und Dorothea klagt ihren Brieffreunden oft über ihre Einsamkeit. Ihren Alltag verbrachte sie überwiegend mit Übersetzungen, die unter dem Namen ihres Mannes veröffentlicht wurden. Hierzu zählte auch Germaine de Staëls Roman *Corinna*, dessen Übersetzung Friedrich Schlegel gegen Bezahlung von Mme. de Staël übertragen worden war, um ihn finanziell zu unterstützen. Ins Deutsche übertragen wurde er jedoch von Dorothea.

In Köln bahnte sich schließlich auch der Entschluß des Schlegel-Paares an, zum Katholizismus zu konvertieren. Im Januar 1807 schrieb Dorothea an Friedrich, der während der Kölner Jahre oft monatelang unterwegs war: »Du kannst mich jeden Sonntag zwischen 9 und 11 Uhr morgens in den Dom denken; ich versäume das Hochamt niemals.« Am 16. April 1808 legten die beiden Schlegels in einer Nebenkirche des Doms zum Entsetzen ihrer Freunde und Angehörigen, der protestantischen Mutter Friedrichs, der jüdischen Mutter und der Schwester Dorotheas, das katholische Glaubensbekenntnis ab. Die Hinwendung zum Katholizismus zu erklären ist nicht einfach. Zwar zeichnete sie sich sowohl bei Friedrich als auch bei Dorothea schon seit längerem ab, letztlich lag es jedoch wohl an dem allgemeinen Trend einer Renaissance mittelalterlicher Geisteshaltungen, die parallel zur Romantik weite Kreise erfaßte und nicht nur bei den Schlegels, sondern ebenso bei

Tieck, Wackenroder, Novalis, Brentano usw. auf fruchtbaren Boden fiel.

Wie so oft bei Konvertiten ist bei Dorothea hinfort ein geradezu fanatischer Glaubenseifer zu beobachten, und sie gab nicht eher Ruhe, bis sie auch ihre Söhne zum Glaubenswechsel überredet hatte. Bewundernswert und beispielhaft ist der Brief, den der Vater Simon Veit nach diesem Entschluß am 28. Oktober 1910 an seinen Sohn Philipp schrieb: »Ich werde Euch beide nicht aufhören zu lieben und das Mögliche thun, wenn wir auch in Rücksicht der Religion nicht einerlei Meinung sind ... Es gibt nur eine Moral für alle Nationen, für alle Menschen, von Anbeginn der Welt bis zum jüngsten Tag, und diese kann mit den Worten ausgedrückt werden: Liebe deinen Nächsten wie dich selbst.« Als zeitloses Dokument der Toleranz müßte es allen Glaubenseiferern vorgehalten werden. Auch Dorothea hätten diese Worte zu denken geben sollen. Sie jedoch war unnachsichtig, und Caroline von Humboldt nannte Dorothea später einmal »unaussprechlich katholisch«. Zu den Folgen ihrer zunehmenden Bigotterie zählt der Bruch mit Schleiermacher, dem sie und Friedrich so viel zu verdanken hatten, die Abwendung von Goethe, dem sie jetzt Heidentum nachsagte, und auch die Lösung von der protestantischen Caroline Paulus, die ihr lange eine Freundin gewesen ist.

Hatte sich der Bruder August Wilhelm schon von Coppet aus, wo er in Diensten der Germaine de Staël stand, um Friedrich gekümmert, so erwies er sich im Jahre 1808 als rettender Engel. Eine Reise mit seiner Gönnerin nach Wien machte es ihm möglich, dort seinem Bruder Friedrich den Boden für die weitere Zukunft zu bereiten. Nach August Wilhelms Interventionen begeben sich die Schlegels Ende 1808 von Köln nach Wien, und am 29. März 1809 erhielt Friedrich eine Anstellung mit dem Rang und Gehalt eines Hofsekretärs in österreichischen Diensten. Die Verhältnisse blieben zunächst jedoch verwirrend. Das Kriegsgeschehen zwang Friedrich nach Ungarn. Zudem war es außerordentlich schwierig, eine vernünftige Wohnung in Wien zu finden, wie Dorothea an Helmina de

Chézy, die nach der Trennung von ihrem Mann auch nach Wien kommen wollte, ausführlich berichtete.

Das Problem des Bekannten- und Freundeskreises tat sich auch hier wieder auf und vor allem das der Klassenunterschiede. Friedrich hatte sich zwar um den Titel eines Vorfahren bemüht und nannte sich nunmehr zur Genugtuung Dorotheas Friedrich von Schlegel, Fürstenhäuser, Exzellenzen und die Damen des Adels blieben jedoch nach wie vor eine Kaste für sich. Für Dorothea fanden sich die Bekannten im Umfeld des katholischen Redemptoristenpredigers Klemens Maria Hofbauer, allerdings auch im Hause des reichen jüdischen Bankiers von Arnstein. Franziska von Arnstein (1758–1816), meist Fanny genannt, Tochter des reichen Berliners Itzig, hatte den Bankier Adam von Arnstein geheiratet, der zusammen mit Bernhard von Eskeles Inhaber des berühmten Wiener Bankhauses Arnstein und Eskeles war. Der von Berlin nach Wien übergewechselte Friedrich von Gentz, nicht gerade ein Judenfreund, schreibt am 11. August 1802 aus Wien über das Haus Arnstein: »Das Arnsteinersche Haus ist die größte und gewissermaßen die einzige Ressource aller hier ankommenden Fremden … Dies Haus ist in mehr als einem Sinne des Wortes eine kleine Welt.« Als persönliche Freundin gewann Dorothea zudem Julie Gräfin von Zichy. Auch die Wien besuchenden Freunde aus dem Kreis der Romantiker versäumten nicht, den Schlegels ihre Aufwartung zu machen, sei es Eichendorff, Brentano oder Wilhelm von Humboldt mit seiner Frau, mit denen die Schlegels freundschaftlich verkehrten.

Friedrich konnte neben seiner wissenschaftlichen und literarischen Tätigkeit nun auch auf der politischen Bühne aktiv werden. Während des Wiener Kongresses wurde er von Metternich mit Arbeiten für die künftige deutsche Bundesakte beauftragt. Hier war es ihm ein Anliegen, neben den Bürgerrechten der Israeliten insbesondere auch der katholischen Kirche durch die Säkularisation verlorengegangene Positionen wiederzugewinnen. Bemühungen, die ihm die Verleihung des Christusordens durch den Papst einbrachten, aber auch die

Überwachung durch Metternichs Geheimpolizei. Letzteres hinderte jedoch nicht, daß Metternich ihn 1815 als Legationsrat an der österreichischen Gesandtschaft zum Bundestag nach Frankfurt sandte, es sei denn, daß er ihn aus Wien entfernen wollte.

Dorothea folgte ihm einige Wochen später. Gesundheitlich labil, war sie in Frankfurt wenig auf gesellschaftliches Treiben erpicht. Sie versuchte, sich in Einsamkeit zu fügen, korrespondierte eifrig mit ihren Söhnen und Rahel Varnhagen und mietete sich ein Klavier, um die Präludien und Fugen von Bach zu üben.

Friedrich aber erlitt auch auf dem neueröffneten Wirkungsfeld bei allem Eifer und gutem Willen Schiffbruch. Friedrich von Gentz schrieb am 18. Mai 1816 an den Vetter Metternichs, den Freiherrn I. H. K. von Wessenberg: »Was Sie mir von Schlegel sagen, wundert mich gar nicht. Zu praktischen Geschäften war er nie tauglich; und seit einigen Jahren hat ihn die religiöse, oder besser kirchliche Wut vollends zum Narren gemacht, woran seine Frau großen Anteil hat.« Sein österreichischer Vorgesetzter in Frankfurt, Graf Buol-Schauenstein, hielt es nach einem Jahr schließlich für angezeigt, Metternich die Abberufung Friedrich Schlegels nahezulegen, der sich in Frankfurt neben dem Unwillen seines Dienstherrn wieder nur Schulden eingehandelt hatte. Geldnot zog sich durch sein ganzes Leben. Schon in Köln schrieb Dorothea an Helmina de Chézy: »Du weißt nicht, wie sehr Schulden mich quälen.« So schickte Friedrich seine Frau zu ihren Söhnen nach Rom, womit für Dorothea ein langgehegter Wunsch in Erfüllung ging.

Während Friedrich, in Ungewißheit über seine weitere Verwendung, in Frankfurt blieb, reiste Dorothea im Frühjahr 1818 nach Italien. Hier konnte sie zunächst in Gesellschaft von Henriette Herz und Caroline von Humboldt einen angenehmen Sommer außerhalb Roms verbringen. Im folgenden Winter findet sie Quartier in der Nähe der in Rom weilenden Künstlergemeinschaft, die als die Nazarener in die Kunstgeschichte eingegangen ist und der sich auch ihr Sohn Philipp zugehörig fühlte. Ende März 1819 kommt auch Friedrich für zwei Monate als Kunstbegleiter des Kaisers Franz I. und des Fürsten von Metternich nach Rom. Zurück in Wien, muß er dann jedoch zu der betrüblichen Erkenntnis kommen, daß man seiner in Staatsdiensten nicht mehr bedarf. Dorothea blieb jedoch noch bis zum Frühjahr des Jahres 1820 in Rom.

Für die Zeit der Trennung gibt es einen umfangreichen Briefwechsel des Paares, in dem sich Dorothea als talentierte Erzählerin erweist. Von Rom sagt sie, daß sie keine herrlichere, bedeutendere, das innere Leben nährendere Stadt wüßte als diese. Der Petersdom dünkt ihr allerdings mehr ein kaiserlicher Palast als ein Tempel des lebendigen Gottes. Kontakt mit der italienischen Bevölkerung hat sie, nicht zuletzt auf Grund der fehlenden Sprachkenntnisse, wenig. Oft klagt sie über die lästige, weitverbreitete Bettelei. Über die deutschen Künstler und insbesondere ihren erfolgreichen Sohn Philipp wird sie jedoch nicht müde zu berichten, ebensowenig über alles, was in Beziehung zu ihrem katholischen Glauben steht.

Auch persönliche Dinge werden durch diesen Briefwechsel wieder einmal sichtbar. So etwa Dorotheas Einstellung zu Friedrichs Beziehungen zu Christine Freiin von Stransky, die er 1808 kennengelernt und der er im Laufe der Zeit ca. 200 Briefe geschrieben hat, eine Verbindung, die allerdings mehr von mystischen Vorstellungen geprägt war als von Zuneigung. Nicht anders verhielt es sich mit seiner Verbindung zur Gräfin Saint-Aulaire, mit der er über die Hellseherei kommunizierte. Gegen den Vorwurf »mörderischer Eifersucht« wehrt sie sich jedoch entschieden: »Wie viel, viel anders steht es nicht jetzt mit allen meinen Seelenkräften als vor zehn Jahren wo noch jede Leidenschaftlichkeit Gewalt über mich übte!« (18. September 1818).

Leidenschaftlichkeit ist bei Dorothea nur noch in religiösen Fragen zu spüren. Über die zum Protestantismus konvertierte Henriette Herz gibt es viele abfällige Bemerkungen. Und daß der Schwager August Wilhelm die einst von Jean Paul umworbene protestantische Theologentochter Sophie Paulus geheiratet hat, will ihr nicht in den Kopf: »Er ist nun in den Schooß des Ultraprotestantismus und des Exegesierenden Unglaubens aufs Neue und nun wohl auf Lebenlang versunken!« (Daß die Ehe des Fünfzigjährigen mit der fünfundzwanzig Jahre jüngeren Sophie Paulus eine Farce gewesen, steht auf einem anderen Blatt. Noch ehe eine gemeinsame Wohnung in Bonn bezogen wurde, kehrte sie nach Hause zurück, womit die nicht geschiedene Ehe ihr praktisches Ende fand.)

Friedrich Schlegel ist es schließlich, der seiner Frau Milde gegenüber der protestantischen Kirche in Rom nahelegt, die sie allerdings nicht bereit ist, walten zu lassen. »Die Protestanten sind Rebellen gegen das Oberhaupt«, erwidert sie ihrem Mann. Und schließlich muß Friedrich Dorothea bitten, doch das Malerhandwerk ihres Sohnes Philipp zu respektieren und von ihren Gedanken zu lassen, ihn als Geistlichen zu sehen.

Wenn bei Dorothea schließlich noch auf anderem Gebiet von großer Leidenschaftlichkeit die Rede sein kann, dann in ihrer Empörung über die negative Kritik einer Ausstellung der deutschen Künstler in Rom in der *Allgemeinen Zeitung* (Nr. 124, 1819). Da ist die Rede davon, daß dem Kritiker eins »auf seine Schnauze« zu geben sei; sie spricht »vom elenden Gaukler Pack«, und an anderer Stelle nennt sie den Kritiker einen »elenden Affen« und eine »Mißgeburt«.

Bemerkenswert an dem zweijährigen Briefwechsel ist im übrigen die offensichtlich nicht unbegründete Furcht vor einer Briefzensur der Metternich-Administration. In Venedig fand Friedrich einmal einen an ihn gerichteten Brief »auf dem Tische liegen, wo er ohne Zweifel lag, um wie man das nennt, operiert zu werden«. Und am 14. August 1819 schreibt Dorothea: »Dein Brief aus Wien war ganz sichtbar geöffnet. Es ist erstaunlich verdrießlich seine Briefe nicht sicher zu wissen. Das Beste würde man sich zu schreiben scheuen. Gut, daß wir vor der Hand nichts Geheimes haben, doch ist es etwas sehr unangenehmes.«

Im Frühjahr 1820 kehrte Dorothea nach Wien zurück. Friedrichs Hoffnungen auf eine feste Anstellung und damit ein geregeltes Einkommen erfüllten sich jedoch nicht, und so war er weiterhin auf die Erträge aus seinen Vorlesungen und der Veröffentlichung seiner Werke angewiesen, mit denen gerade die Notwendigkeiten des Lebensunterhaltes gedeckt werden konnten, nicht jedoch die immer vorhandenen Schulden. Dorothea, die in der letzten Zeit des Italien-Aufenthaltes häufig krank war, fühlte sich erschöpft und alt, wie sie Rahel Varnhagen von Ense nach ihrer Rückkehr aus Wien schreibt. Die große Zeit des Schlegel-Ehepaares war vorüber. Metternich sah in Friedrich Schlegel, dem er im Prinzip wohlgesonnen war, mit dessen Affinitäten zur römischen Kirche keinen brauchbaren Diener mehr.

Auch die Gemeinsamkeit der Brüder zerbrach nun endgültig. Wohl hatte Friedrich noch versucht, seinem Bruder in der mißlichen Ehesituation beizustehen, indem er sich bemühte, Sophie Paulus/Schlegel wenigstens zur versuchsweisen Rückkehr zu ihrem Mann zu bewegen (die Ehe hätte im übrigen nur nach einem zeitweiligen Zusammenleben des Paares geschieden werden können), die konträren religiösen Anschauungen, aber auch Friedrichs Schuldenprobleme erhöhten die Spannungen jedoch kontinuierlich. Auch ein Artikel Friedrichs in seiner Zeitschrift *Concordia*, in welchem er allem, was einmal gewesen war, abschwor, verfehlte nicht seine Wirkung, und August Wilhelm fühlte sich zu einer scharfen Stellungnahme gegen die Anschauungen seines Bruders veranlaßt. Nach dieser Replik im Jahre 1827 war die Trennung endgültig.

Ein Jahr später starb Friedrich Schlegel plötzlich und unerwartet während eines Aufenthaltes in Dresden am 11./12. Januar 1829. Dorothea blieb nun die mißliche Aufgabe, sich wegen Friedrichs hinterlassener Schulden mit ihrem Schwager August Wilhelm auseinanderzusetzen, der schließlich auf die Rückzahlung verzichtete.

Der verarmten Legationsratswitwe Dorothea Schlegel wurde vom österreichischen Kaiser eine bescheidene Pension gewährt, und als ihr Sohn Philipp, der 1820 die fünfzehn Jahre jüngere Tochter seiner italienischen Wirtin Pulini geheiratet hatte, Direktor des Städelschen Museums in Frankfurt geworden war, zog sie 1830 zu ihm in sein Haus, welches er mit seiner siebenköpfigen Familie bezogen hatte. Sie kümmerte sich um den Haushalt und die Enkelkinder, korrespondierte mit alten Freunden und bemühte sich um das Erscheinen der nachgelassenen Schriften ihres verstorbenen Mannes. Hin und wieder empfing sie Besuch, wie zum Beispiel von Clemens Brentano oder ihrer Freundin Helmina de Chézy aus Pariser Jahren, die mit ihren literarischen Arbeiten zu Ansehen gelangt war, aber ruhelos durch die Lande zog. Zehn Jahre nach dem Tod ihres Mannes schloß sie am 3. August 1839 für immer ihre Augen.

Im alten Literaturlexikon von Wilhelm Kosch überlebt Dorothea als »Erzählerin und Übersetzerin, als Freundin der Wiener Schriftstellerin Karoline Pichler und als Mittelpunkt eines (Wiener) literarischen Kreises, dem auch der hl. Klemens Hofbauer angehörte«. Alles stimmt, wenn es so in modernen Lexika auch nicht mehr formuliert wird. Letztlich hat sie Aufmerksamkeit und Sympathie jedoch als die anhängliche und besorgte Ehefrau des nicht immer einfachen Friedrich Schlegel gefunden. Zu ihrer (zeitbedingten) Lebensweisheit zählt die Tagebucheintragung der Vierzigjährigen: »In einer schönen Ehe ist es nothwendig, daß die Frau gerade so viel Verstand besitze, um den des Mannes zu verstehen; was darüber ist, ist vom Übel.« Und so hat sie gelebt.

Sophie Mereau
(Brentano)

Mag es heute möglich sein, ein Buch über Frauen zu schreiben, ohne auch nur einen Mann zu erwähnen – der Blick auf die Frauen der Romantik und Spätromantik ist dagegen ohne Einbeziehung der Männer, die sie umkreisten, unmöglich. Die Geschichte dieser Frauen ist keine Historie ökonomischer Eigenständigkeit und beruflicher oder politischer Karriere. Die Geschichte dieser Frauen ist die Geschichte der Abnabelung aus der konventionellen, totalen Abhängigkeit vom Mann. Es ist die Geschichte der Überwindung überkommener Tabus, der Weg zur Gleichwertigkeit (nicht Gleichrangigkeit) der weiblichen Persönlichkeit im Zuge der Aufklärung und der Folgen der Französischen Revolution.

So sieht man sich bei dem Versuch, das Mysterium der Frauen der Romantik zu erhellen, immer wieder mit der Frage konfrontiert, ob der rote Faden eines Frauenschicksals entlang der sie hofierenden Männer verläuft oder ob von der Biographie eines Mannes ausgegangen werden sollte, dessen Lebenslinien sich mit denen mehr oder weniger interessanter Frauen kreuzten. Sehr prägnant stellt sich diese Frage bei Clemens Brentano, dessen Lebenslauf kaleidoskopisch mit Frauenschicksalen verschiedenster Observanz umkränzt ist.

In der Biographie Clemens Brentanos wird einmal mehr deutlich, daß die Zeit der Aufklärung und Romantik geprägt ist von einem Geflecht großer Namen und dem Verwobensein einer Gesellschaftsschicht des Geistes. Vor allem hier, ja beinahe nur hier finden die gesellschaftspolitischen Veränderungen ihren literarischen Niederschlag. Und es sind nicht zuletzt Frauen, denen wir es zu verdanken haben, daß durch ihre literarischen Zeugnisse ein Bild der Zeit mit ihren zwischenmenschlichen Beziehungen deutlich wird. Ob diese Zeugnisse *die* Frau der Romantik widerspiegeln, also ein Bild der zigtausend Frauen zeichnen, die ihr Leben gemäß den – sich zwar modifizierenden – Konventionen führen, dies zu klären bleibt Historikern oder Soziologen vorbehalten, die nach anderen Kriterien das Bild der Zeit zu entschlüsseln und zu verdeutlichen suchen.

Wenn es um den Typus der modernen Frau der Zeit geht, das heißt einer Frau, die das überkommene Frauenbild für sich nicht mehr gelten lassen will, dann wird der Blick zwangsläufig auf das Geistesdreieck Berlin – Weimar – Jena gelenkt. Hier war es, wo sich zumindest en passant die aktuellen Geistesströmungen manifestierten. Und unter der großen Zahl bemerkenswerter Persönlichkeiten finden sich in bis dahin nicht dagewesenem Umfang Frauen, sei es zum überwiegenden Teil auch im Licht stehend als Partner ihrer Männer.

Von großer Eigenwilligkeit und Eigenständigkeit (sie selbst nannte es »Selbstbestandheit«) ist in diesem Koordinatensystem die am 28. März 1770 in Altenburg als Tochter des gräflichen Sekretarius Gotthelf Schubart geborene Sophie Schubart. Sie erhielt als Kind, zusammen mit ihrer ein Jahr älteren Schwester, eine für damalige Verhältnisse ausgezeichnete Ausbildung, vor allem auch in modernen Sprachen, was den beiden später wichtige Übersetzungen ermöglichte.

Sophie muß von großer Schönheit und Ausstrahlung gewesen

sein, so daß es an Bewerbern um ihre Gunst nicht mangelte. Nachdem sie im Alter von sechzehn Jahren ihre Mutter und 1791 auch den Vater verloren hatte, gab sie dem achtundzwanzigjährigen Juristen und Universitätsbibliothekar Friedrich Karl Mereau nach beinahe sechsjährigem Werben des Auserwählten ihr Jawort. Am 4. April 1793 war die Trauung. Wiederum wurde eine Ehe geschlossen, die sich kaum auf Liebe und Zuneigung gründete.

Die nunmehrige Sophie Mereau hatte bereits zahlreiche Gedichte zu Papier gebracht, und ihr Mann, der um ihre Begabung wußte, wurde nicht müde, Schiller ihr Talent anzupreisen, zumal er hierin eine Möglichkeit sah, Sophie für sich geneigt zu machen, der tatsächlich das Seßhaftwerden in Jena reizvoll erschien. Daß diese Ehe jedoch auf Illusionen beider Seiten gegründet war, wurde schon nach kürzester Zeit deutlich. Mereau war des Glaubens gewesen, daß sich Sophie letztlich doch in die Rolle der Ehefrau und Mutter fügen würde. Und Sophie, die Mereau schon vor der Ehe wissen ließ, daß Freiheit für sie wesentlich sei, was immer sie darunter verstanden haben mag, schien zu glauben, daß ihr Selbständigkeitsbedürfnis sowie ihr Drang zu literarischem Schaffen mit den Pflichten einer Ehefrau in der Jenaer Gesellschaft vereinbar seien.

Sophie Mereau war voller Tatendrang. Sie schrieb, sie spielte Theater, hörte bei Johann Gottlieb Fichte philosophische Vorlesungen, mußte ihren gesellschaftlichen Verpflichtungen nachkommen und hatte nach einem Jahr bereits ein Kind, den Sohn Gustav, zur Welt gebracht, dem allerdings nur ein sechsjähriges Leben beschieden war. Alles miteinander zu vereinbaren war allerdings nicht möglich. So waren schon bald Spannungen in der Ehe unausweichlich, paßte diese Umtriebigkeit ihrem Mann doch nicht, abgesehen davon, daß ihm ihre bereits nach einjähriger Ehe erwachte Neigung zu dem drei Jahre jüngeren Juristen Johann Heinrich Kipp, in den sie sich spontan verliebt hatte, nicht unbemerkt blieb.

Kipp war ein Leichtfuß, der sich unbekümmert den schönen

Seiten des Lebens hingab und Jena 1795, von seinen Gläubigern bedrängt, schließlich verlassen mußte. Er kehrte nach Lübeck zurück und machte dort seinen Weg. Kipp wurde Richter, Senator und im Jahre 1833 schließlich Bürgermeister der Stadt. Für Sophie war die Begegnung mit diesem jungen Mann eine Offenbarung. Hier glaubte sie, all das zu finden, was sie bei ihrem Mann vermißte, und als er Jena verlassen hatte, schrieb sie ihm: »Zwei Seelen sind getrennt, die ohne einander nicht leben können.« So dauert die Verbindung nach seinem Weggang brieflich fort, und ihm klagt sie ihr Leid: »Ich habe mit M. erneut eine Szene gehabt, die mir auf einige Tage alle Heiterkeit des Geistes geraubt und mich in einen Abgrund von düsteren Gefühlen gestürzt hat . . .« (26. Oktober 1795). Hier findet sich dann auch bereits die resignierende Erkenntnis über ihre Heirat: ». . . ich wählte ja selbst, zwar aus Irrtum, aber ich wählte doch.« Sie trägt sich mit Fluchtgedanken, nennt sich aber auch Sünderin, und Mereau bleibt nichts anderes, als ihre Eskapaden zu ertragen. Einzige Bindung der Ehe ist nur noch der kleine Sohn.

Dabei ging es ihr nicht schlecht. Durch ihren inzwischen zum Professor an der Universität Jena avancierten Ehegatten hatte sie Kontakte zur gesamten geistigen Elite Jenas, ein Umgang, der ihr manches Mal allerdings zur Last wurde. Sophie Mereau wollte ihren literarischen Ehrgeiz befriedigt sehen, der bereits ein Jahr nach ihrer Eheschließung in ihrem 1794 anonym erschienenen Roman *Das Blütenalter der Empfindung* Ausdruck fand. Zuvor hatte Schiller bereits von ihr Notiz genommen und 1791 in seiner *Thalia* zwei ihrer Gedichte veröffentlicht.

Ihr persönliches Problem war, sofern wir es als ein Problem sehen wollen, daß ihre fraulichen Reize sie durch Zudringlichkeiten stets neuer Verehrer in Bedrängnis brachten. Zur kursierenden Jenaer Fama gehörte die Behauptung, die Mereau könne nicht mit einem Manne im Zimmer sein, ohne von ihm umarmt zu werden. Freilich schien es ihr, die sich in ihrer Ehe unglücklich fühlte, aber auch schwerzufallen, sich den stets neuen Liebeserweisen zu entziehen. Immer wieder gab es seelische Konflikte, wenn sie in Versuchung geriet, Neigungen zu erwidern, und sich in Liebesgefühle verstrickte. Johann Heinrich Kipp, der sich mehr um seine berufliche Karriere als um Sophie Mereau kümmerte und später eine Witwe heiratete, war schließlich zum Seelenfreund geworden. Ihre Beziehung zu dem vier Jahre älteren Schriftsteller und Liederdichter Georg Philipp Schmidt (von Lübeck), der in Jena 1797 als Mediziner promoviert wurde, brachte sie jedoch in ernste Konflikte. War Sophie Mereau bei Kipp von leidenschaftlicher und hemmungsloser Liebe erfaßt, ist die Beziehung zu Schmidt von dauernden rationalen Selbstzweifeln begleitet. Hier war es offensichtlich der Gedanke, sich der Enge in ihrer Ehe entziehen zu können, der das Eingehen auf das Werben des kultivierten Mannes förderte. Und tatsächlich setzt sie sich über alle Konventionen hinweg und begibt sich mit dem Liebhaber auf eine Reise nach Berlin, deren Ablauf mit Höhen und Tiefen aus Tagebucheintragungen nur andeutungsweise nachzuvollziehen ist. Ihr hat die Reise wohl einige Illusionen genommen, und sie betrachtete die Episode, ungeachtet der rufschädigenden Folgen, als erledigt. Schmidt blieb ihr jedoch aus der Ferne ein ständiger Verehrer.

Nach der Rückkehr von ihrem Berlin-Ausflug sah sie sich zu Rechtfertigungsversuchen genötigt und wählte hierzu, sozusagen als neutralen Richter, den ihr wohlgesonnenen, über allen Klatsch erhabenen Schiller. In der zweiten Oktoberhälfte berichtet der Dichter seinem Weimarer Gefährten Goethe: »Unsere Dichterin hat vor ein paar Tagen an mich geschrieben und mir ihre Geschichte mit ihrem Mann und Liebhaber gebeichtet. Sie gesteht, das Leben mit jenem sei ihr fast unerträglich geworden und sie habe ihn vor einiger Zeit verlassen wollen. Doch habe sie sich zusammen genommen und sich zur Pflicht gemacht, ferner und verträglich mit ihm zu leben. Doch hätte sie notwendig noch vorher von ihrem Liebhaber Abschied nehmen müssen, dies sei die Veranlassung ihrer letzten Reise gewesen, und diesen Vorsatz habe sie wirklich, obgleich nicht ohne großen Kampf, vollführt. Von jetzt an hoffe sie alles zu ertragen und endlich noch mit ihrer Lage zufrieden zu werden. Soweit ihr Geständnis, das sie mir ablegen zu müssen glaubte, wie sie schreibt, um doch von jemand richtig beurteilt zu werden. Ich habe Ursache zu glauben, daß es nicht so ganz aufrichtig war.«

Ganz aufrichtig war ihr Geständnis sicherlich nicht. Die Affäre war jedoch abgeschlossen, und für die nächste Zeit galt ihr Hauptaugenmerk der literarischen Arbeit, abgesehen davon, daß sie wieder ein Kind erwartete. Am 4. September 1797 wurde ihre Tochter Hulda Emina Gisela geboren, die sie später auf ihrem weiteren Lebensweg begleiten wird.

Die Veröffentlichungen in Schillers *Musenalmanach* und in den *Horen* hatten den Ruf der Sophie Mereau als begabte Dichterin nachdrücklich gefestigt. Die Tagebuchnotizen der jungen Dichterin lassen jedoch erkennen, daß die häuslichen Auseinandersetzungen fortdauerten. »Streit mit M.«, »Verdruß mit M.« gehörten zu den wiederkehrenden Eintragungen.

Und dann tauchte im Tagebuch der Buchstabe B. auf. Clemens Maria Wenzeslaus Brentano, geboren am 9. September 1778 als Sohn der La-Roche-Tochter Maximiliane in Frankfurt am Main und ohne Neigung für den Kaufmannsberuf im väterlichen Geschäft, kam im Frühsommer 1798 nach Jena, um dort Medizin zu studieren. Die Verhältnisse in dem zwar bedeutenden, letztlich jedoch kleinen Universitätsstädtchen brachten es mit sich, daß er schon bald auch der berühmten Professorengattin Mereau begegnete. Was Wunder, daß auch der neunzehnjährige Studiosus, wie so viele vor ihm, von der attraktiven und reizvollen Dichterin fasziniert war.

Sophie Mereau sieht sich in dieser Zeit von dem jungen Indologen Friedrich Majer (1772–1818) bedrängt, der immer wieder ihre Nähe sucht, dessen aufdringlichen Werbungen sie jedoch nicht allzuviel abzugewinnen vermag. Neben dem »M« für Majer wird »B.« in ihrem Tagebuch erstmalig am 6. November 1798 in der für ihre Aufzeichnungen charakteristischen lapidaren Kürze verzeichnet: »Freude an B. Ahndungen«. Derartige Hinweise häufen sich hinfort mit Zusätzen wie »Süße

Stunden mit B.«, »Aufwachende Neigung«, »Freude an B.«, »Schlittenfahrt mit B.« und ähnlichen Kommentaren.

Brentano, kaum ein halbes Jahr in Jena, war inzwischen zu der Erkenntnis gelangt, daß auch die Medizin nicht sein künftiges Metier sein könne. Der Umgang in dem von der Romantik geprägten Jena, in dem mehr geistige als profane Themen diskutiert wurden, ließ ihn erkennen, daß er zu anderem berufen sei, wozu sicherlich nicht zuletzt auch die Begegnung mit Sophie Mereau beigetragen hat. Seinem Bruder berichtet er, daß er seinen Umgang mit Studenten gänzlich abgebrochen habe und den Umgang einiger junger, schon vorteilhaft bekannter Gelehrter und Professoren genieße sowie der »vortrefflichen Dichterin Professor Mereau, die ganz, körperlich und geistig, das Bild unsrer verstorbenen Mutter ist«.

Sophie jedoch zeigt sich wieder einmal zwiespältig. Das Jahr 1799 bringt für sie und Clemens Brentano, wie sich erkennen läßt, viele Stunden innigster Gemeinsamkeit und geistiger Anregung, in gleicher Weise aber auch wiederholte Auseinandersetzungen und Spannungen. Für Brentano gab es nur noch die leidenschaftliche Zuneigung zu der geliebten Sophie. Sie jedoch war sich bei aller Liebe zu ihm ihrer Gefühle nicht sicher, vor allem jedoch nicht darüber im klaren, wie sie ihr künftiges Handeln ausrichten solle. Ihr literarisches Schaffen war ihr nach wie vor wichtig und auch Lebensinhalt. Sie schrieb Gedichte, gab Almanache heraus und arbeitete an ihrer Schriftensammlung *Kalathiskos*. War ihr das Zusammenleben mit ihrem Mann auch unerträglich, den entscheidenden Schritt zur unvermeidlichen Trennung schob sie immer wieder hinaus. Und als sie sich schließlich zur Trennung entschied, tat sie es nicht wegen Brentano, sondern nach dem plötzlichen Tod ihres kleinen Sohnes, der ein letztes Bindeglied gewesen war.

Es ist schwer zu durchschauen, was die Liebenden nach den mit großer Zuneigung verbrachten zwei Jahren für die nächste Zeit trennte. Womöglich spielte Friedrich Schlegel hier eine gewisse Rolle. Auch er gehörte, nachdem er nach Jena gekommen war, schon bald zu den Verehrern Sophie Mereaus. Inwieweit er auf unlautere Weise gegen Clemens Brentano, der für ihn offenkundig ein Konkurrent in der Werbung um die Gunst der Dichterin war, intrigiert hatte, sei dahingestellt. Jedenfalls war er, der sich immer in Geldnöten befand, auch Clemens Brentanos Schuldner. An Hinweisen, daß er sich ihm gegenüber unaufrichtig, ja hinterhältig benommen habe, lassen es die Mereau- und Brentano-Biographen nicht fehlen. Letztlich lag es aber ja in den Händen der Professorengattin, wem sie ihre Gunst und wessen Worten sie ihr Ohr schenkte.

Verfolgt man die Eintragungen Sophies in ihrem Tagebuch, muß einem erschreckend deutlich werden, daß diesem ungleichen Paar wohl ein Zusammensein himmlischer Seligkeit zuteil werden konnte, nie und nimmer jedoch ein geruhsames, glückliches und dauerndes Zusammenleben. »Meine Fröhlichkeit, sein Trübsinn«, heißt es da, und den Eintragungen »Süße Stunden mit Brentano« und »Langes süßes Beisammensein« stehen Notizen wie »Unangenehmes Gespräch mit Brentano«, »Sein Wahnsinn«, »Zweifel an ihm« und »Verdrüsliche Gespräche mit Brentano« und ähnliches gegenüber.

Sophie Mereau war keine Dorothea Veit, keine Caroline Schlegel, keine Caroline von Humboldt und keine Therese Huber, Frauen, die wohl der Stimme ihres Herzens folgten, aber auch bereit waren, sich dem Mann zuzuordnen, den sie sich als Partner erwählt hatten. Sophie Mereau war der sinnlichen Liebe bedürftig, aber nicht in der Lage, sich mit einem anderen ohne Vorbehalte und Einschränkungen zu arrangieren. Dem war ein so sensibler, weicher, in seinen Gefühlen überschwenglicher, aber auch unausgeglichener Mann wie Clemens Brentano nicht gewachsen. So war eine gewisse Tragik in dem Verhältnis der beiden von vornherein angelegt.

Sophie Mereau hatte sich offensichtlich nicht ohne Grund mit der Vita der Ninon de Lenclos beschäftigt, die eingangs Erwähnung fand. Im Inneren ihres Herzens sah sie in dieser Frau, die sich von allen Konventionen gelöst hatte und in ihrem neunzigjährigen Leben nie eine Ehe eingegangen war, die ihr eigentlich gemäße Lebensgestaltung.

Im Frühjahr des Jahres 1800 trennte sich Sophie Mereau endgültig von ihrem Mann und übersiedelte mit ihrer Tochter Hulda zu Verwandten nach Camburg. Die letzten Begegnungen mit Brentano in Jena waren unerfreulich. Da heißt es dann: »Szene mit Brentano. Fürchterlich«, »Gespräche mit Brentano. Tränen und Vorwürfe«. Über ihre eigene Stimmung jedoch notiert sie: »Gräßlicher Trübsinn« oder »Ganz einsam, ganz entsagend, ganz traurig«. Sicherlich eine natürliche Reaktion auf die Umbruchsituation. Brentano war mit seinem Drängen und seinen Vorwürfen nicht in der Lage, ihr beizustehen und zu helfen. Sie schreibt ihm schließlich: »Sehen kann und will ich Sie nicht …«, und im August 1800 ist in ihrem Tagebuch zu lesen, daß ihr Umgang mit B. gänzlich aufgehoben sei.

Aber auch das Kapitel Friedrich Schlegel war nur von kurzer Dauer. Sicherlich hatte er Sophie Mereau in ihrer sinnlichen Labilität unterschätzt, als er glaubte, sich ihr mit lässiger Frivolität nähern zu können. Hier sah er sich genötigt, eine Kehrtwendung zu vollführen. Nur als Ratgeber in literarischen Dingen blieb ihm eine Chance. Diese nutzte er – auch für Sophie Mereau – gewinnbringend. Daß in dem unterschwelligen Rivalitätengerangel Brentano schließlich den Sieg davontrug, konnte er nur schwer verwinden. In seinem Bemühen, ihn bei ihr herabzusetzen, erwies er sich nicht als Ehrenmann. Daß er Brendel Veit als Gefährtin mit nach Jena gebracht hatte, stand seinen Bemühungen um die Gunst der Sophie Mereau offensichtlich nicht entgegen.

Am 21. Juli 1801 wurde die Mereau-Ehe von einer Kommission unter Leitung des Superintendenten Herder endgültig geschieden. Die vierjährige Tochter Hulda durfte bei der Mutter bleiben, der zudem ein kleiner jährlicher Betrag zugebilligt wurde. Mereau ging schon bald darauf mit der Zwanzigjährigen Tochter eines vermögenden Kattunfabrikanten eine neue Bindung ein, eine weniger komplizierte Ehe, der zwei Töchter und ein Sohn entsprossen.

Sophie jedoch sah sich nunmehr auf sich gestellt. Besucher

und Verehrer fand sie auch in Camburg. Zudem hatte sie ihre Arbeit. Ihr literarischer Ruhm war bereits so weitreichend, daß es für sie kaum Schwierigkeiten gab, Verleger für ihre Werke zu finden. Ihre Mitarbeit an Almanachen und ähnlichen Periodika war stets willkommen. Mit der Herausgabe des Sammelwerkes *Kalathiskos* (Blumenkorb), von dem in den Jahren 1801 und 1802 zwei Folgen erschienen, erfüllte sie sich den lange gehegten Wunsch, einen eigenen Almanach herauszugeben. 1802 erschien der Gedichtband *Serafine*, zu dem ihr Friedrich Schlegel Beistand geleistet hatte, 1803 der Roman *Amanda und Eduard*. Darüber hinaus zeugten Erzählungen und Übersetzungen von ihrer intensiven literarischen Tätigkeit.

Einen Vorsatz, den weiteren Lebensweg alleine fortzusetzen, wie etwa eine Elisa von der Recke, gab es jedoch wohl nicht. Nicht nur Friedrich Schlegel machte ihr den Hof. Zu ihren Verehrern zählten der junge Student Stephan August Winkelmann, dem nur ein kurzes Leben beschieden war (1780–1806), ein Freund Brentanos und späterer Arzt und Professor in Braunschweig, und auch der Jurist Friedrich Müller (1779–1849), der 1815 Kanzler in Weimar wurde. Ihr Schicksal war jedoch Brentano.

Nachdem Brentanos geliebte kleine Schwester Sophie in Oßmannstedt bei Wieland gestorben war, war es vor allem Bettine, mit der er in ständiger Verbindung stand. Bettine war mit Karoline von Günderode befreundet. Mit ihr sprach sie über die Torheiten des Bruders. Die Günderode mit dem Bruder verbunden zu sehen war ihr ein schöner Gedanke. Ihm aber schrieb sie: »Ich weiß, daß die Günderode Dir gütig gesinnt ist, sie ist die beste und edelste von uns dreien. Aber natürlich, wenn Du auf dem Tanzplatz herumgaukelst all Deiner seltsamlich verphantasierten Scheingöttinnen, da kann die echte sich nicht herablassen, eine von Dir gewählte Rolle zu übernehmen.« Das bezog sich auf Brentanos kleine Liebschaften im Rheinland.

Clemens hatte Sophie Mereau jedoch nicht vergessen, wenn

sie ihn auch bei gelegentlichen Wiederannäherungsversuchen auf Distanz hielt. Ein Brief des jüngeren Bruders Christian vom 10. Dezember 1802 an Sophie Mereau mit der Bitte um Übersendung eines von Clemens schon mehrfach zurückerbetenen Bildes der Mutter Maximiliane Brentano, aber auch mit einer wortreichen Schilderung des Kummers seines Bruders, brachte dann jedoch eine kaum zu erwartende Wendung. Ihr Antwortschreiben richtete Sophie nicht an den jungen Christian Brentano, sondern an Clemens mit der Bitte und Frage: »Sagen Sie, weshalb beklagen Sie sich über mich?«

Clemens antwortet ihr Anfang des Jahres 1803 weit ausholend in einem sarkastischen Brief mit abwertenden Bemerkungen über ihre Gedichte, Ausfällen gegen Friedrich Schlegel und dem Versuch, ihr Wesen zu definieren: die zur Schau gestellte Seite und das ihr nicht bewußte Bessere in ihr. Aus dem Sie zu Beginn des Briefes wird am Ende das Bekenntnis: »Adieu, liebe, liebe Sophie vergiß mich nicht, o wüßtest Du wie ich liebe, Dich und so unglücklich.« Sophies Antwort ist kalt und stolz: »Ihr Brief, junger Mann«, beginnt sie und schließt »mit ausgezeichneter Hochachtung Ihre Dienerin Sophie Friedricke Mereau geb. Schubart«.

Der quälende Briefwechsel setzt sich fort mit stets wiederholten Liebesbezeugungen Brentanos und vagen Antworten Sophies. Selbst ein Wiedersehen in Weimar verläuft für ihn trostlos, und er fordert: »Ich bitte Dich um alles in der Welt, Sophie, wiße, was Du willst, und bedenke, daß alle Liebe ein Ende haben kann ...«

Wußte Sophie Mereau, was sie wollte? Welch erniedrigendes Spiel ging hier vor sich? Brentano benahm sich wie ein Primaner bzw. lieferte ein Exempel für das Verrennen in ein Phantom, das Ausrichten eines Liebesverlangens auf eine Frau, die sich durch derartige sentimentale Ausbrüche mehr bedrängt als befriedigt fühlt (was im übrigen umgekehrt absolut in gleicher Weise geschehen kann). Viele Jahre später schrieb Clemens Brentano an seine Schwester Bettine: »Ich kenne ganz dieses Leiden, sich einen Götzen schaffen zu müssen, und mit allen Kräften der Seele und der Natur liebend ihn zu beleben und anzubeten, trotz selbst der innersten Mahnung, es sei ein Wahnsinn« (17. Juni 1834).

Nur mühselig kamen sich die beiden Liebenden wieder näher. Immer wieder kommt es zu Unmutsbezeugungen bei Brentano, wenn er meinte, daß sie ihm nicht liebevoll genug begegnete. Wie Sophie auf die fortgesetzten Schreiben Brentanos reagierte, ist wegen Fehlens der Antwortschreiben leider nicht nachzuvollziehen. Alte Gefühle der Zuneigung erwachten jedoch im Zusammensein. So konnte Clemens seiner geliebten Schwester Bettine im Juni 1803 berichten, mit Sophie täglich vertraulich zusammenzusitzen und daß sie ihn jetzt leidenschaftlich liebe. In einem im Juli geschriebenen Brief heißt es, daß in Weimar jetzt alles vom Schuster bis zum Herzog von ihm und der Mereau spreche. Schließlich glaubt man, gemeinsam den weiteren Lebensweg gehen zu können. Es wird vereinbart, daß Sophie nach Marburg zieht und daß ihr Brentano dort eine Wohnung besorgt.

Wenn Clemens Bettine in dieser Situation schreibt: »Liebe kann ich nicht für sie empfinden, aber ein Vertrauen, eine Neigung, die nahe an Liebe grenzt« (August 1803), mag er Bettine trösten wollen, daß seine Liebe nach wie vor ihr, seiner Schwester, gehöre, ein wenig wird hier jedoch auch die Ambivalenz seines Wesens sichtbar. Vorgesehen hatte das Paar, zunächst ohne eheliche Bindung zusammenzuziehen, was die katholische Frankfurter Familie Brentano jedoch aufs heftigste verstörte. Clemens sah sich von allen Seiten bedrängt, klare Verhältnisse zu schaffen.

So bittet er schließlich die noch in Weimar weilende Sophie von Marburg aus eindringlich, mit ihm die Ehe einzugehen, um nicht ins Gerede seiner Familie und der Leute zu geraten. Und einmal mehr zeigt sich die Diskrepanz in ihrer Beziehung. Zu der von ihm geäußerten Unzufriedenheit schreibt sie:»Ich empfand einen Augenblick jenes grauenvolle Zurückbeben vor Dir ... Glaube mir, Lieber, es ist Krankheit, ich beschwöre Dich, frage einen Arzt, lerne pflügen und holzsägen wenn es sein muß, Du bist wirklich krank«, und kategorisch erklärt sie: »Vom Heurathen sprich mir nicht« (6. September 1803).

Daß dieser kategorischen Aussage jedoch wenige Wochen später gegenteilige Nachrichten folgten, hatte einen schicksalhaften Grund: Sophie fühlte sich schwanger. »Clemens, ich werde Dein Weib – und zwar so bald als möglich. Die Natur gebietet es …«, schreibt sie ihm Ende Oktober aus Weimar. Am 29. November 1803 werden »Herr Clemens Brentano aus Frankfurt am Main, privatisierender Gelehrter«, und Frau »Sophia Maria Mereau« in der lutherischen Pfarrkirche in Marburg getraut, und am 11. Mai 1804 wird der Sohn Achim Ariel Tyll geboren. Nur fünf Wochen später ist das zarte Leben wieder erloschen. Als werdendes Leben hatte es die Ehe des ungleichen Paares bewirkt, und ein mögliches Bindeglied ging mit dem Tod des gemeinsamen Kindes nun schon so bald wieder dahin. Wieder werden verborgene Mißstimmungen und Animositäten sichtbar. Ihre Freundin Charlotte Ahlefeld ließ Sophie wissen: Das Zusammenleben mit Clemens enthalte Himmel und Hölle, aber die Hölle sei vorherrschend. So geht es fort mit Stunden des Glücks und Stunden des Mißmuts.

Mag man streiten, wen die Hauptschuld an den die Ehe belastenden Spannungen trifft. Zwei so konträre und von ihren eigenwilligen Seinsvorstellungen geprägte Charaktere paßten einfach nicht zueinander. Eine große Tragik sowohl für die attraktive und als Dichterin bedeutende Sophie Mereau als auch für den romantischen, nicht realisierbaren Idealen anhängenden Clemens Brentano.

Sophie Brentano war eine gestandene Frau, acht Jahre älter als ihr Mann, anerkannt, geehrt, aber auch in ihrer exponierten Stellung stets böswilliger Kritik ausgesetzt. Eines hatte sie nicht erfaßt: daß sie Unvereinbares miteinander verbinden wollte: ihre Arbeit als Dichterin, die Befriedigung ihres Liebesbedürfnisses und die von ihr immer wieder eingeforderte Freiheit. Clemens dagegen blieb weltfremd und naiven, schwärmerischen Gemüts, bar einer ihn festigenden Aufgabe. Die

Konventionen der damaligen Zeit zwangen Sophie Mereau, nachdem sie von Brentano ein Kind erwartete, in die Ehe. Das war letztlich ihre Tragik. Brentano hätte sie aus Gründen der Konvention sicherlich auch ohne ihre Schwangerschaft immer wieder beschworen, die Ehe mit ihm einzugehen. Für Sophie Mereau wäre es jedoch ohne Zweifel besser gewesen, ihre gewonnene Freiheit zu behalten.

Im Herbst 1804 reist Brentano, nicht zuletzt auf Zureden seiner Frau, nach Berlin zu seinem Freund Achim von Arnim. Ehe er dort angekommen ist, jammert er schon wieder, heimkehren zu wollen. Als er jedoch jetzt erst von Sophies lange zurückliegender Reise mit Georg Philipp Schmidt nach Berlin erfährt, geriert er sich, als hätte sie soeben Ehebruch begangen. Sophie ist es immer wieder, die ausgleichend wirkte und, sich in ihre jetzige Stellung schickend, ermunternde Worte für ihn findet und die versucht, die Ehe erträglich zu gestalten. Seinetwegen trat sie zum Katholizismus über. Und der Sommer 1805 bringt in Heidelberg bei der gemeinsamen Arbeit an *Des Knaben Wunderhorn* mit Clemens und Achim von Arnim, der ihr ein gut gesonnener feiner Freund war, nochmals glückliche Tage. Spät erst, zu spät sollte Clemens Brentano bewußt werden, was er mit Sophie Mereau als Ehefrau für sich gewonnen hatte.

Zweimal noch trug Sophie ein Kind unter dem Herzen. Im Frühjahr 1805 überlebte die zweite Tochter ihre Geburt nur wenige Wochen, und am 30. Oktober 1806 riß die totgeborene dritte Tochter ihre unglückliche, erst sechsunddreißig Jahre alte Mutter mit ins Grab. Tragisches Schicksal einer schönen und begabten Frau an der Schwelle zu einer sich verändernden Gesellschaft.

Auguste Bußmann –
Luise Hensel –
Emilie Linder

Luise Hensel

Die Überlieferung läßt nicht erkennen, daß Clemens Brentano durch den Tod seiner Frau tief betroffen war. Das Jahr 1806, übrigens das Jahr, in dem Goethe Christiane Vulpius heiratete und in dem sich Karoline von Günderode das Leben nahm, stand für Clemens Brentano im Zeichen der Arbeit an *Des Knaben Wunderhorn*, die ihren Fortgang nahm. Auch das Eintreffen von Johann Joseph Görres (1776–1848) in Heidelberg brachte ihm neue Partnerschaft für sein weiteres literarisches Schaffen. Jedoch die Fährten des unruhigen und unausgeglichenen Dichters kreuzten auch auf seinem weiteren Lebensweg in hergebrachter problembehafteter Weise das Dasein von Frauen, ohne in einer Ehe und Familie zu einem geruhsamen Ziel zu gelangen.
Brentano konnte in einer Ehe nicht glücklich werden. Hatte er die acht Jahre ältere und reife Sophie Mereau mit Ansprüchen bedrängt, die sie nur zum Teil zu erfüllen bereit war, womit

251

Spannungen unvermeidlich waren, erwies sich seine nächste Bindung, in die er nur einige Monate nach Sophies Tod hineinsteuerte, als absolute Katastrophe.

Im Frühjahr 1807 hatte der verwitwete Clemens Brentano in Frankfurt die erst sechzehn Jahre alte Auguste Bußmann (1791–1832) kennengelernt. Auguste Bußmann war die Tochter aus erster Ehe der Gräfin de Flavigny, der Mutter der Gräfin d'Agoult, Großmutter Cosima Wagners. Das Mädchen hatte nur wenige Wochen nach ihrer Geburt den Vater verloren, worauf der Bruder der Mutter, der reiche Bankier Moritz Bethmann, die Vormundschaft übernahm. Über ihre Jugendjahre ist nichts Näheres bekannt, außer daß sie, als Brentano sie kennenlernte, bereits auf etwas obskure Art einem Adjutanten des Königs von Holland versprochen war. Offensichtlich muß die heranwachsende junge Dame launisch und von außerordentlich schwierigem Charakter gewesen sein. Ihr Vormund erklärte später, als die Ehesituation einer Katastrophe zusteuerte, die Mutter könne Auguste nicht zu sich nehmen, da sie niemals im Stande gewesen sei, sie in Zucht und Gehorsam zu erhalten. Und dieses Mädchen heiratete Clemens Brentano unter dubiosen Umständen.

Es ist kaum nachzuvollziehen, wie diese Bindung tatsächlich realisiert wurde. Begonnen hat sie jedenfalls mit einer »Entführung«, wobei es offenbleibt, wer wen »entführt« hat. Die auf die Jetztzeit überkommenen Nachrichten gleichen einem schlechten Kriminalroman. In jüngster Zeit hat Hans Magnus Enzensberger versucht, alle Auguste Bußmann, verheiratete und geschiedene Brentano, betreffenden Dokumente zusammenzutragen. Aber auch er wagt kaum einen Kommentar. Fest steht, daß Auguste Bußmann und Clemens Brentano in den letzten Julitagen des Jahres 1807 Frankfurt heimlich verlassen haben. Es sei dahingestellt, ob es, wie die Fama lautet, eine »Entführung« war. Sicherlich wurde Clemens jedoch von dem jungen eigenwilligen und haltlosen Mädchen, dem er zuvor einige Avancen gemacht hatte, zum Verlassen Frankfurts gedrängt. Die kopflose Flucht des Paares ging zunächst nach Marburg und dann zu Brentanos Schwager Jordis nach Kassel, wohin es die Beschimpfungen und Verwünschungen der beiderseitigen Angehörigen verfolgten. Den Forderungen der Familie, aus dem skandalösen Verhalten die Konsequenzen zu ziehen, beugte sich das Paar schon vier Wochen später. Am 20. August 1807 ließ es sich katholisch trauen. Zur Verschleierung des Hochzeitsdatums hatte Jordis die Trauung in Fritzlar und nicht in Kassel arrangiert.

»Die ganze Handlung war so läppisch, so elend«, schrieb Clemens später an seinen Freund Achim von Arnim, »die Kirche schien über mir einzustürzen und eine innere Trauer vernichtete mich.« Seine Charakterisierung des jungen Mädchens im gleichen Brief spricht für sich: »... ein Wesen ohne alle ideale Natur, verwöhnt, plump und heftig, mit einer an Blödsinn grenzenden Entschlossenheit, ohne Reiz des Leibes und der Seele ...« (19. Oktober 1807). Und aus der »inneren Trauer« wurde Verzweiflung. Die scheinbare Vertrautheit des ungleichen Paares wandelte sich schon nach wenigen Wochen in Unausstehlichkeit, zumindest seitens Clemens Brentanos. Sie zankten sich, sie schlugen sich, sie spuckte ihn an und trat ihn, sie redeten tagelang kein Wort miteinander, und Auguste brachte sich selbstmordvortäuschende Verletzungen bei. »Alle ihre Verkehrtheiten machen mir den Eindruck, als sei sie simpel oder wahnsinnig«, läßt Brentano Arnim wissen. Ungeachtet dessen gab es hin und wieder auch »ein paar Stunden recht gut Wetter«, in denen Clemens glaubte, Auguste sei zu zähmen. Im Frühjahr 1808 bittet er Savigny dann jedoch flehentlich, etwas dazu beizutragen, »daß wir ohne Öffentlichkeit auseinanderkommen«.

Eine schnelle Trennung der Ehe war unter den damaligen Verhältnissen jedoch nicht möglich. So versuchte man die unhaltbaren Zustände zunächst dadurch zu mildern, daß man Auguste mit einer Bedienung in Allendorf bei dem befreundeten Pfarrer Mannel unterbrachte, der Brentano bei der Sammlung von Volksliedern zum *Wunderhorn* behilflich gewesen war. Hier gab sich die dorthin Verbannte den Anstrich der Sanftheit. Sie schrieb liebevolle Briefe an ihren »lieben süßen Clemens«, Briefe, die manche glauben lassen, daß Auguste Charakterseiten gehabt habe, die es nicht zulassen, ihr die alleinige Schuld an den unmöglichen Eheverhältnissen zuzuschreiben. Ein kurzer Besuch Brentanos in Allendorf brachte jedoch nichts als neuen heftigen Streit und endete schon nach zwei Tagen.

Alle Bemühungen der Familie Flavigny/Bethmann, die sich, wie aus überkommenen Briefen ersichtlich ist, recht fair benommen hatte, und die scheinbare Zerknirschung der jungen Frau konnten Clemens nicht von seinem stetig zunehmenden Widerwillen gegen Auguste, die ihm auch weiterhin mit vorgetäuschtem Selbstmord Szenen machte, abbringen. Er floh vor ihr und versteckte sich bei einem Eremiten. Ein nochmaliges hoffnungsloses Zusammensein in Landshut ließ Auguste schließlich einsehen, daß es ihrem Mann ernst war, sich unter allen Umständen von ihr zu trennen. So begab sie sich wieder nach Allendorf, wo sie, wie es den Anschein hat, eine Beziehung mit dem Pfarrerssohn einging.

Die Scheidung wurde unausweichlich. Nur – es gab nach damaligem (französischem) Recht keinen plausiblen Grund, und eine Scheidung wie die der Sophie Mereau war für diese katholisch geschlossene Ehe nicht möglich. Augustes Vormund Bethmann eruierte, daß einzig »böswilliges Verlassen« des Ehemanns ein Scheidungsgrund sein konnte. Wenn Clemens auch nicht wahrhaben wollte, daß sein Verhalten auf diese Weise zum Scheidungsgrund wurde, ließ er sich widerstrebend auf diese einzige Möglichkeit einer Trennung ein. Beinahe fünf Jahre dauerten jedoch die im Januar 1810 begonnenen prozessualen Auseinandersetzungen, und die bedauernswerten Freunde und Verwandten, Achim von Arnim, Friedrich Carl von Savigny, die Brüder Grimm und die Schwester Bettine, waren fortgesetzt mit den skandalösen Verhältnissen und den ständigen Auseinandersetzungen konfrontiert, bis die Ehe im Dezember 1814 endlich wegen »böswilligen Verlassens seitens des Ehemanns« aufgelöst wurde.

Ohne Zweifel scheiterte auch diese Ehe zu einem nicht geringen Teil an den unrealistischen Vorstellungen und Ansprüchen Brentanos. Hierzu gehörten manche Details, über die man hätte hinwegsehen können. So verbot er in der vorhergegangenen Ehe Sophie Mereau zu reiten und forderte von ihr, sich nicht zu schminken. Bei Auguste störte ihn, daß sie zur Gitarre sang und ähnliches. Clemens Brentano war stets geneigt, seine Sympathien lebenslustigen Frauen zuzuwenden. Wenn sie mit ihm liiert waren, forderte er jedoch strengste Unterordnung und das Eingehen auf seine Wünsche und Vorstellungen.

Auguste war eine von ihrer Anlage her viel zu komplizierte und unausgeglichene Frau, um sich bedingungslos unterzuordnen. Hierfür sprechen Tatsachen außerhalb der Ehe mit Brentano. Als sie nach dem zweiten Aufenthalt in Allendorf abgereist war, schrieb der Pfarrer Mannel einem Auskunftsuchenden: »Ob sie kürzlich mit Beth.(mann) nach Wien ist, weiß ich nicht, da ich mich fast zu Todt freue, aus aller Connexion mit ihr zu seyn.« Und schließlich hat Auguste in ihrer zweiten Ehe mit dem Bankier Johann August Ehrmann (1786–1876), in der sie vier Kinder zur Welt brachte, wovon sie eines möglicherweise noch vom Pfarrerssohn Mannel empfangen hatte, alte Drohungen wahr gemacht und sich im Jahre 1832 tatsächlich durch Ertränken im Main selbst umgebracht.

Friedrich Carl von Savigny äußerte in einem Schreiben vom 13. April 1810 treffend: »Die Leute mögen die Auguste loben, ich sage Euch, daß sie durch und durch nichts taugt, obgleich ich nicht läugne, daß auch mit einer besseren Frau der Clemens vielleicht nicht hätte leben können.« Clemens Brentano taugte nicht für die Ehe.

Auguste war es als Protestantin, nicht zuletzt dank guter Beziehungen der Bethmanns und ungeachtet der Probleme, welche durch das damals geltende Recht vorgegeben waren, in dem Scheidungsdokument ausdrücklich gestattet worden, eine weitere Ehe einzugehen. Clemens als Katholiken war dies verwehrt. Nach Aufenthalten in Prag, wo es wegen antisemitischer, Rahel Levin treffender Äußerungen Brentanos zu einer Auseinandersetzung mit Varnhagen von Ense kam, und einem Aufenthalt in Wien hatte Brentano 1814 schließlich in Berlin bei seinem Schwager Friedrich Carl von Savigny Quartier genommen.

Ohne Zukunftsperspektive fühlte sich Brentano krank und traurig, trauriger als er je in seinem Leben gewesen, schrieb er seinem Gefährten Achim von Arnim. Nach der Fama führte er ein unstetes Leben, suchte bei leichten Mädchen Ablenkung bis zum Überdruß, eine Situation, aus der ihn nur ein nie ganz verlorenes religiöses Gefühl befreite.

Wohlan! so bin ich deiner los
Du freches, lüderliches Weib!
Fluch über deinen sündenvollen Schoos,
Fluch über deinen feilen geilen Leib,
…
Mein Gott, mein Gott, er will sich mein erbarmen,
Mein Herr hat mich befreit aus deinen Armen.
…

Und dann begegnete Brentano im Herbst 1816 als Gast im Hause des Staatsrats Friedrich August von Staegemann der achtzehnjährigen protestantischen Pfarrerstochter Luise Hensel (1798–1876), Schwester des Malers Wilhelm Hensel. Und wieder einmal war der leicht entflammbare Dichter spontan von jugendfrischer Weiblichkeit fasziniert. Die am 30. März 1798 in Linum/Brandenburg geborene Luise Hensel war mit der Tochter des Hauses, Hedwig Staegemann (1799–1891), der späteren angesehenen Frau von Olfers, befreundet. Zum Freundeskreis gehörten neben dem Dichter und Bibliothekar Wilhelm Müller (1794–1827), von dessen Liedern einige von Schubert als Zyklen unter dem Titel *Die schöne Müllerin* und *Die Winterreise* in Musik gesetzt wurden, der junge Jurist und spätere Oberlandesgerichtspräsident und Herausgeber der berühmt-berüchtigten *Kreuzzeitung*, Ludwig von Gerlach (1795–1877), ein glühender Verehrer der Luise Hensel.

Über die ersten Begegnungen von Clemens und Luise gibt es abweichende Überlieferungen. Ein unter den ersten Eindrükken von Hedwig Staegemann geschriebener Brief dürfte authentischer sein als die nach Jahrzehnten niedergeschriebenen Erinnerungen der Luise Hensel. Während die Freundin Hedwig vom Spaß berichtet, den die Vorlesungen Brentanos bereitet hätten, versuchte Luise Hensel die Begegnung zu versachlichen und unemotionell darzustellen. Die Beachtung, die Clemens Brentano fand, war jedenfalls so groß, daß er schon einige Wochen später zum Weihnachtsfest in die Familie Luise Hensels eingeladen wurde.

Luise Hensel war auf ihre Weise eine Persönlichkeit, der als Kontrapunkt zu den extrovertierten großen Frauen der Romantik und Spätromantik Aufmerksamkeit nicht versagt werden kann. Die Bezüge zu bedeutsamen Menschen ihrer Zeit, nicht zuletzt zu Clemens Brentano, sind von bemerkenswerter Eigenwilligkeit, zumindest stellen sie eine Variante zu den eingeschränkten Entfaltungsmöglichkeiten dar, die sich jungen Frauen, welche aus vorgegebenen Bahnen auszuscheren strebten, erschlossen. Hier allerdings mit wenig glückverheißenden Folgen und von manchen Zeitgenossen mit Kopfschütteln und Unverständnis begleitet, was jedoch nichts gegen die Lauterkeit und Aufrichtigkeit der als exaltiert geltenden, unruhigen Frauensperson aussagt.

Als das Paar gemeinsam das Weihnachtsfest im Hause Hensel feierte, muß das Verhältnis bereits sehr herzlich gewesen sein. Von Luise als Bruderliebe gesehen, von Clemens sicherlich mit der Erkenntnis, daß dieses junge Mädchen nicht mit all den anderen weiblichen Personen verglichen werden könne, denen er sich zuvor genähert hatte. Ob er selbst daran geglaubt hat, daß seine der Pfarrerstochter gemachten Heiratsanträge erhört werden, möchte man bezweifeln, waren seine vorausgegangenen Affären doch nicht unbekannt geblieben. Sicherlich waren sich Luise Hensel und Clemens Brentano auf liebevolle Weise nahegekommen. Luise Hensel versuchte jedoch, die Verbindung mit ihren religiösen Vorstellungen zu untermauern und auf eine ideell überhöhte Ebene zu transponieren. So bezeichnete sie das ihr zugewandte Herz Brentanos als eine »Weihnachtsgabe Gottes«. Und wenn sie Brentano schreibt, liest sich das so: »Wenn Du meine Hand in Deinen Händen wärmst, geht es mir warm und menschlich und vertraulich an die Seele (ich glaube, nicht sündlich), dann zucken ein paar Flügel in mir und möchten davon fliegen mit Deiner Seele, und du weißt nicht wohin . . .«

Die persönlichen Sympathien waren so von vornherein verwoben mit mystischen Vorstellungen und gemeinsamen Überlegungen zu religiösen Fragen. Luise, die Protestantin, hatte eine in die Tiefe gehende Affinität zur katholischen Kirche, der in der romantischen und spätromantischen Phase so viele ihre Zuneigung schenkten. Clemens war Katholik, sah sich jedoch von seiner Kirche entfernt, weniger durch Unglauben als durch seine Vergangenheit. Versuchen des Theologen Johann Michael Sailer, ihn für die aktive Mitwirkung in der katholischen Erweckungsbewegung in Bayern zu gewinnen, stand er zunächst ablehnend gegenüber. Die Verbindung zu Luise Hensel hatte dann jedoch zur Folge, daß er am 27. Februar 1817 in der Berliner St.-Hedwigs-Kirche die sogenannte Generalbeichte ablegte, die zu jener Zeit für einen zurückliegenden Lebensabschnitt vorgenommen wurde und nicht wie in der Folgezeit in wiederkehrenden Zeitabschnitten. Der Schritt zum praktizierenden Katholizismus war damit vollzogen, möglicherweise auch in der Hoffnung, dadurch die Zuneigung Luise Hensels zu gewinnen.

Die Verbindung blieb auf der von ihr vorgegebenen Ebene bestehen. Nicht nur bis zur Abreise Brentanos aus Berlin im Jahre 1818, sondern weit darüber hinaus bis zu seinem Tod. Allerdings hatte Brentano in dem jungen Juristen Ludwig von Gerlach einen ernsthaften Konkurrenten. Nicht nur das. Es wurde gesagt, Ludwig von Gerlach sei Luise Hensels »erste und einzige Liebe« gewesen, soweit bei Luise Hensel von Liebe im herkömmlichen Sinne gesprochen werden kann. Sicherlich hatte der ältere Mann mit Vergangenheit gegenüber dem jugendlichen Verehrer keinen leichten Stand. So traf es ihn tief, daß er mit seiner Abreise aus Berlin einem Nebenbuhler den Platz geräumt hatte. Und es war schon etwas naiv, daß er Luise nun den Rat gab: »ehe Du gedenkst, Dich nach einem irdischen Haupt und Gefährten umzusehen, sei im vollen Wandel auf den rechten geistlichen Weg, vor einer menschlichen Verbindung denke an den Verband mit der Kirche.« Diesen Rat brauchte Luise Hensel jedoch nicht mehr. Im Dezember 1818 trat sie zur katholischen Kirche über. Achim von Arnim kommentierte es sarkastisch: »Kein großer Verlust für unsere Kirche, ein verdrehtes Wesen ursprünglich, an der Clemens zwei Jahre alle Schlüssel probiert hatte, bis das Schloß ganz verbrochen war.«

Die Wege, sowohl von Clemens Brentano als auch von Luise Hensel, waren nun in einer Weise vorgezeichnet, die alles Weltliche weit hinter sich ließ. Brentano reiste im September 1818 nach Dülmen, um die stigmatisierte Nonne Anna Katharina Emmerick aufzusuchen und deren Visionen im Auftrag der katholischen Kirche aufzuzeichnen. Für fünf Jahre, bis zum Tode der Emmerick, wurde dieses Unterfangen zum Inhalt seines Lebens, wobei sein Verhältnis zu dieser Frau, der man seitens der preußischen Regierung auch Betrug unterstellen wollte, unklar bleibt.

Brentano war jetzt ganz in die Bestrebungen der Kirche integriert, die katholische Bewegung in den Rheinlanden und Westfalen zu festigen. Sein ganzes Spätwerk ist hiervon geprägt. Die in zwölf Heften mit mehreren tausend Seiten aufgezeichneten Gespräche mit der Anna Katharina Emmerick verarbeitete Brentano zu einer Lebensgeschichte der Nonne, die im Jahr 1833 unter dem Titel *Das bittere Leiden unseres Herrn Jesu Christi. Nach Betrachtungen der gottseligen Anna Katharina Emmerick, Augustinerin des Klosters Agnetenberg zu Dülmen († 9. Februar 1824)* erschien.

Brentano betrachtete die Niederschrift und literarische Verarbeitung der Emmerick-Visionen als die Krönung seines Lebens. Die Authentizität der Niederschrift blieb jedoch fragwürdig, da Brentano nachgewiesenermaßen viel Eigenes und Angelesenes in seine Aufzeichnungen eingeflochten hat. Selbst Luise Hensel äußerte nachdrücklich ihre Bedenken, worauf sich Brentano mit dem Argument verteidigte, daß der Titel seiner Arbeit ja »*Nach* Betrachtungen der gottseligen Anna Katharina Emmerick« laute.

Luise Hensels Weg bleibt unstet und wechselhaft. Ihre Konversion wurde zunächst geheimgehalten. Brentano vermittelte ihr, nicht zuletzt, um sie in seiner Nähe zu wissen, eine Anstellung als Gesellschafterin der Fürstin Salm in Münster. Mit den Salms (der Fürst verbat ihr im übrigen den Besuch der Emmerick) zog Luise Hensel 1819 nach Düsseldorf, eine weitere schicksalhafte Station ihres bewegten Lebens. Am 6. Mai 1820 legte sie dort das Gelübde der Jungfräulichkeit ab: »Ich, Luise, gelobe vor Gott, Maria, der Königin der Jungfrauen, meinem heiligen Schutzengel und allen lieben Heiligen, daß ich die Reinigkeit des Leibes und der Seele strenge bewahren und darum ernstlich alles das fliehen will, das gegen dieselbe ist; auch den Ehestand zu vermeiden und mein Herz ganz Jesus zu schenken, auf so lange als es meinem Beichtvater beliebig sein wird. Dazu helfe mir Gott, der Vater, und der Sohn und der heilige Geist. Amen.«

Und dem Beichtvater, Pater Heinrich Wüsten S. J., war es beliebig, ihr, als Luise Hensel im Jahre 1832 einen Heiratsantrag des Arztes C. A. Albertz erhielt, Weisung zu geben, diesen Antrag abzulehnen: »Viel Schreiben erlauben mir meine Kräfte noch nicht. Kurz und gut habe ich zu sagen, daß ich die Annahme des Heiratsantrages nicht genehmige. Erstens weil der Herr Witwer ist; denn dieser Stand ist meist beschwerlicher als zwischen zwei Ledigen, wie die Erfahrung lehrt. – Zweitens, weil Kinder da sind, welche oft die Leiden vergrößern; drittens und am meisten, weil Sie mit Gott vermählt sind.«

Die Sympathien, die Luise Hensel stets von neuem bei Männern erweckte, so etwa bei dem Prinzen Gallitzin, einem Verwandten der Fürstin Salm, beweisen ihre frauliche Ausstrahlung. Die Flucht in eine extreme Jesusliebe und die damit selbstauferlegten Verhaltensvorgaben belasteten sie jedoch zeitlebens mit wiederkehrender Melancholie und einem Gefühl der Sündhaftigkeit und damit verbundenem »Lebensekel«. Halt suchte sie bei ihren Beichtvätern, ihren »Seelenführern«, die mit Luise Hensels Absolutheit ihre Last hatten und ihren Einfluß auf sie unterschiedlich ausübten. Die einen mit nicht zu tolerierender Strenge, andere aber auch mit dem ehrlichen Versuch, ihr eine positive Lebenseinstellung zu vermitteln.

Luise Hensel zog von Ort zu Ort und von Aufgabe zu Aufgabe. Sie übernahm in einem Koblenzer Hospital Krankenpflege und in einem bei Boppard gelegenen Mädcheninstitut die Leitung des Hauses. Dann war sie fünf Jahre lang Lehrerin an einer mit einem katholischen Töchterpensionat verbundenen Realschule in Aachen, die einzige Zeit, in der sie einen festen Berufsstand hatte. Ihren Wunsch, in ein Kloster einzutreten, hat sie nie realisiert.

Bei der Erziehung ihres kleinen Neffen Rudolf, der seine Mutter (Luises Schwester Karoline Rochs) bei der Geburt im Dezember 1816 verloren hatte und um den sie sich kümmern mußte, machte sie keine sehr gute Figur. Luise hatte die Pflegschaft übernommen, überließ die Betreuung und Erziehung des kleinen Jungen jedoch weitgehend ihrer Mutter. Als sie schließlich den Neffen zu sich nahm, kam sie zu der Erkenntnis: »Ich sehe immer klarer ein, wie wenig ich für Kinder passe« (Tagebucheintragung im Januar 1822). Dennoch stemmte sie sich dagegen, daß ihr Pflegekind zu seinem Vater zurückkehrte, da dieser protestantisch war. Die Folgen waren kläglich. 1829 wurde Rudolf wegen Alkoholgenusses vom Gymnasium in Düren verwiesen und brannte mit einem Kameraden durch. 1832 zog er schließlich zu seinem Vater, wurde Offizier und heiratete 1847 eine Protestantin. Die Verbindung zu seiner Pflegemutter blieb dennoch bis zu seinem Tode im Jahre 1856 erhalten.

Nach Beendigung der Tätigkeit in Aachen kehrte Luise nach Berlin zurück. Dort fand sie im Hause ihres Bruders Wilhelm

Hensel liebevolle Aufnahme. Aber auch in Berlin fand sie keine Ruhe, und die Hoffnungen und Bemühungen des an der Akademie als Professor tätigen Malerbruders und seiner Ehefrau Fanny, der Schwester Felix Mendelssohn Batholdys, Luises Leben auf realistische Bahnen zu lenken, fruchteten nichts, trotz vielfältiger Kontakte, die sich Luise Hensel boten. Die Jugendfreundin Hedwig von Staegemann, nunmehrige Frau von Olfers, konstatierte, Luise sei unglücklich nicht wegen ihrer Ehelosigkeit, sondern wegen ihrer »religiösen Exaltation«.

Im protestantischen Berlin war die kleine katholische Gemeinde, der Luise zugehörte, isoliert. So fühlte sie sich einsam, verlassen und nutzlos. Wenn sie ihren Freunden in Briefen aus Berlin ihr Herz ausschüttete, dann gehörte auch Clemens Brentano nach wie vor dazu.

Im Jahre 1838 verließ Luise Berlin wieder, und auf ihrem weiteren Weg findet man sie von Ostpreußen bis Prag, von Holland und Stettin bis Südtirol. Lediglich Köln war ihr für die Zeit von 1842 bis 1849 als Betreuerin der Waisenkinder der Familie Bartmann eine dauerhafte Bleibe. Und hier in Köln stand sie nochmals vor der Frage, einen Heiratsantrag, den ihr der Vormund und Onkel der Kinder, Wilhelm Bartmann, machte, anzunehmen. Aber auch dieser Bewerber mußte sich mit ihrer Ablehnung abfinden.

Nach dem Berlin-Aufenthalt begegnete Luise Hensel in München neben Görres auch Clemens Brentano wieder, dem sie sich nach wie vor in »schwesterlicher« Liebe verbunden fühlte. In ihrem letzten, am 21. Februar 1842 kurz vor seinem Tod geschriebenen Brief nannte sie ihn »den Freund meines Lebens«.

Was Luise jedoch nicht wußte und was sie, als sie es durch Brentanos Schwägerin Emilie aus dem Nachlaß ersehen hatte, tief verbitterte, war die späte Liebe des sechzigjährigen Dichters zu der Schweizer Malerin Emilie Linder, die er in München kennengelernt hatte und deren häufiger Gast er in ihrem Haus gewesen ist. Ihr widmete er zahlreiche Gedichte, die an

Verse aus jungen Jahren erinnern und von denen Luise zum Teil, nicht ohne weibliche Eifersucht, meinte, daß Clemens Brentano diese früher einmal ihr gewidmet hatte. Bezeichnend ist ihre Anmerkung zu dem Linder-Verhältnis Brentanos, indem sie ihre Verwunderung darüber äußert, daß sie ihren armen alten Freund für viel weiter in der geistlichen Vollkommenheit geachtet, nachdem er sich jahrelang ausschließlich mit geistlichen Dingen beschäftigt habe, als daß sie ihn noch an solchen Klippen, wenn auch nicht untergehen, doch sich verletzen sah.

Luise Hensel ist achtundsiebzig Jahre alt geworden. Am 18. Dezember 1876 starb sie im »Westphalenhof«, wo ihre ehemalige Aachener Schülerin Pauline von Mallinckrodt Oberin der Schwestern der christlichen Liebe war. Ihre heute noch erhaltene letzte Ruhestätte befindet sich auf dem Nordfriedhof in Paderborn.

Luise Hensels in jungen Jahren geschriebenes Abendgebet *Müde bin ich, geh' zur Ruh'* ist unvergänglich geblieben. Als konvertierte Katholikin war sie in ihrer Haltung unerbittlich und in ihrem Glauben einem weltfremden Jesus-Mystizismus verfallen. Insoweit bleibt sie mehr den Kirchenhistorikern eine Figur der Geschichte, insbesondere in den Religionskämpfen des 19. Jahrhunderts. Literarhistorisch wird ihr Weg immer mit dem Clemens Brentanos verwoben bleiben. Ob ihr für die Emanzipation der Frau Bedeutung zukommt, sei dahingestellt. Sicherlich war sie eine eigenständige Frau wie wenige andere ihrer Zeit, eine Frau, die den selbstvorgezeichneten Weg mit stoischer Konsequenz gegangen ist.

Clemens Brentano war nach mehrjährigem Aufenthalt in München am 28. Juli 1842 im Hause seines Bruders Christian in Aschaffenburg gestorben. Emilie Linder, um die er vergeblich geworben hatte und die er stets zum Katholizismus bekehren wollte, traf den Dichter, als sie ihn auf dem Krankenbett besuchen wollte, nicht mehr lebend an. Später ist auch sie noch zum Katholizismus übergetreten.

Wir haben an dieser Stelle nicht Clemens Brentanos literarische Bedeutung zu interpretieren. Als Mitherausgeber der Liedersammlung *Des Knaben Wunderhorn* zusammen mit Achim von Arnim wird er im allgemeinen Bewußtsein bleiben. Als Menschen glaubte ihn sein Neffe Lujo Brentano mit der Bemerkung charakterisieren zu können: »er war in seinen politischen Anschauungen reaktionär, in seinen gesellschaftlichen in mancher Hinsicht eng und spießig geworden.« Auch Clemens Brentano hatte das Leben auf seine Art nicht gemeistert.

Bettine Brentano
(von Arnim)

Die Verflechtung der Geisteselite um die Wende vom 18. zum
19. Jahrhundert war von einmaliger Intensität. Man kannte
sich untereinander, man verkehrte miteinander, man nahm
am Schicksal der anderen teil, mitfühlend und kritisch, lobend
und tadelnd, zustimmend und verurteilend, wenn es sein
mußte mit Spott und nicht selten auch intrigant. Man schenkte
sich Sympathien und scheute sich nicht vor Haß. Wird heute
davon gesprochen, daß unsere Zeit transparent sei, in jener
Zeit war sie es nicht minder. Dafür sorgte der in gleichem Umfang nie wieder gepflegte intensive Briefverkehr.
So ist es ein leichtes, den einmal geknüpften Faden fortzuspin-
nen von Person zu Person, von Stadt zu Stadt, von einer Beziehung zur anderen. Und da von Clemens Brentano und
seinem Freunde Achim von Arnim die Rede war, richtet sich
das Augenmerk zwangsläufig auf die Frau, die für den einen
die Schwester und für den anderen die Ehefrau war: Bettine
von Arnim, geborene Brentano, jene Frau, von der Wilhelm
Grimm sagte, sie gehöre zu den Geistreichsten, die ihm sein
Lebtag begegnet seien. Ihr Herz sei noch besser, als sie sich an-

stelle, und ihr Geist einer, wie ihn Gott nicht häufig auf die Welt geschickt habe.

Nicht alle urteilten so überschwenglich. Sicherlich zählt Bettine von Arnim zu den bemerkenswertesten Frauen ihrer Zeit, die wie kaum eine andere Aufmerksamkeit fand. Jedoch nicht immer wohlwollend und zustimmend, ließ ihre natürliche Impulsivität sie doch manches Mal über das angesteuerte Ziel hinausschießen. Zu wirken und tätig zu sein war allerdings eine der markanten ihr angeborenen Eigenschaften. Selbstzweifel kannte sie kaum, und mit ihrer Direktheit hatte sie keine Skrupel, Vorsätze zu realisieren und Schranken zu überwinden.

Als siebtes Kind der von vielen verehrten, aber auch geplagten La-Roche-Tochter Maximiliane und des Kaufmanns Peter Anton Brentano erblickte Bettine am 4. April 1785 in Frankfurt am Main das Licht der Welt, sechseinhalb Jahre nach ihrem ältesten Bruder Clemens, der in ihrem Leben eine so wichtige Rolle spielte. Gemäß dem Glauben ihres Vaters wurde auch sie katholisch getauft. Nur acht Jahre waren ihr im Elternhaus gegönnt. Bereits 1793 starb ihre Mutter. Vater Brentano, der bald darauf wieder heiratete, schickte sie mit drei ihrer Schwestern in die Klosterschule des St.-Ursula-Ordens in Fritzlar. Die vier Jahre, die sie dort verbrachte, sind ihr nicht in schlechter Erinnerung geblieben. Als 1797 die Franzosen in Fritzlar einrückten, kehrte sie nach Frankfurt zurück. Ein Zuhause fand sie dort nicht. Am 3. März des Jahres war auch ihr Vater gestorben, und Bettine war nun mit zwölf Jahren Waise. Da war es die Großmutter, Sophie von La Roche, die ihr in ihrem Haus in Offenbach eine Heimstatt bot.

Im Hause der Großmutter, die damals sechsundsechzig Jahre alt war, hatte auch ihre geschiedene Tochter Louise, die unleidliche »Tante Möhn«, Unterschlupf gefunden. Sie bemühte sich nun, zusammen mit der Großmutter, der Nichte und Enkelin Schliff beizubringen, ein mühseliges Unterfangen, entwickelte Bettine doch schon als Kind eigene Ansichten über das, was man tun und was man nicht tun dürfe bzw. was ihrem

Wesen angemessen sei. In weiser Selbsterkenntnis sprach sie später einmal von ihrer »Eigentümlichkeit, die doch so absonderlich war und der damaligen Zeit so auffallend«. Und an Clemens schrieb sie von ihrer Verwunderung über die »Lehren, die jene Leute mir geben, die mich zu einem angenehmen und liebenswürdigen Mädchen erziehen wollen«. »Das kommt mir aber gar nicht angenehm, sondern sehr horribel vor, was andere Leute wohlerzogen oder gebildet nennen.« Für Bettine war es eine »sklavische Art des Seins, vor anderen Menschen sich zu benehmen«. So konnte sie keinerlei Verständnis dafür aufbringen, daß sie von ihrer Tante mit derbsten Ausdrücken wegen ihrer Respektlosigkeit und Frechheit beschimpft wurde, als dieser zu Ohren gekommen war, daß Bettine zusammen mit der Jüdin Veilchen, bei der sie Stickunterricht hatte, vor der Türe die Straße gekehrt habe.

Bis zu ihrem siebzehnten Lebensjahr lebte Bettine im Hause ihrer Großmutter. Es war die Zeit, da ihr der beinahe sieben Jahre ältere Bruder Clemens ein Vertrauter wurde, eine Bindung, die bis zum Tode Clemens Brentanos im Jahre 1842 erhalten blieb. Die Jugendzeit und die Bindung an den Bruder fanden ihren Niederschlag in dem Erinnerungsbuch *Clemens Brentanos Frühlingskranz. Aus Jugendbriefen ihm geflochten, wie er selbst schriftlich verlangte.*

So können wir, wenn die erwachsene, schriftstellernde Frau von Arnim später auch manches zurechtgefeilt hatte, Einblick nehmen in das herzliche Verhältnis des Geschwisterpaares. Wieder einmal sehen wir den älteren Bruder mit weisen Ratschlägen nicht sparen, wie es einst Wolfgang Goethe mit den Ermahnungen an seine Schwester Cornelia tat. Bei Clemens heißt es: »Sei fleißig in der Musik und Zeichnung« oder »spiele brav Klavier, singe, zeichne und lerne, wo du kannst« usw. Als die Großmutter Bettine schließlich auch noch nahelegte, Latein zu lernen, streikte Bettine allerdings. Die liebevollen Briefe, die sich Bettine und Clemens schrieben, waren der Großmutter offensichtlich suspekt, wurden sie von ihr doch nicht nur geöffnet, sondern Bettine hin und wieder auch vorenthalten. So gab Clemens der Schwester den Ratschlag, ihre geschwisterliche Liebe für sich zu behalten und ihm nicht zu heftig zu schreiben.

Es war jedoch nicht nur der Bruder Clemens, der Bettine in jener Zeit nahestand. Im Hause ihrer Großmutter hatte sie die Bekanntschaft der fünf Jahre älteren Karoline von Günderode gemacht, die schon im sechsten Lebensjahr ihren Vater verloren hatte und in einem Stift für bedürftige evangelische Adlige lebte. Bettine und Karoline verknüpfte eine enge Freundschaft, die bei der Verschiedenheit der Charaktere jedoch nur von kurzer Dauer war. Die geistig regen jungen Damen beschäftigten sich mit Geschichte, Sprachen und Literatur, wobei hier die Ältere sicherlich die Gebende war, von der Bettine mit Eifer zu lernen versuchte, ein schwieriges Unterfangen, wie eine Bemerkung Bettines erkennen läßt: »Mir scheint Dein Denken außer den Kreisen zu schweifen, wo ich Dir begegne. Du bist herablassend, daß Du vor mir solche Dinge aussprichst, die ich nicht nachempfinden kann und auch nicht mag, weil sie unsern engen Lebenskreis überschreiten, in dem allein mir nur lieb denken ist.« Eine Ebene des innigen Verstehens fanden sie nicht. Ja, Karoline empfand die quirlige und undisziplinierte Bettine schließlich als Last. So kam es zu einem unfreundlichen Abbruch der Verbindung.

Bettine hat diese Beziehung später ebenfalls literarisch zu einem *Die Günderode* betitelten Buch verarbeitet, das 1840 erschien. Auch hier ist es der Blickwinkel der Autorin, der die Feder führte, so daß die Betrachtung dem Charakter der Günderode nicht immer gerecht wird. Karoline von Günderode machte es sich nicht leicht. Als junges Mädchen hatte sie sich in Clemens Brentanos Studienfreund Friedrich Carl von Savigny verliebt, der im April 1804 jedoch die Brentano-Schwester Kunigunde (Gundel) heiratete. Unglückliche Erlebnisse der feinfühligen Karoline, denen die Enttäuschung in der Beziehung zu dem Geschichtsprofessor Georg Friedrich Creuzer folgte, die zu ihrem tragischen Ende führte.

Die inzwischen zwanzigjährige Bettine übersiedelte im Winter 1805/06 in das Haus der Savignys in Marburg und zwei Jahre später, nach wechselnden Aufenthalten in Kassel und Frankfurt, mit der inzwischen angewachsenen Familie ihrer Schwester nach München bzw. Landshut. Die langjährige Verbindung zu dem Freund ihres Bruders Clemens führte am 11. März 1811 schließlich zur Ehe mit dem ihr seit Jugendzeiten vertrauten Achim von Arnim (1781–1831).

Man muß sich vergegenwärtigen, welche Fülle von Ereignissen und persönlichen Erlebnissen die relativ kurze Zeitspanne von Bettines Weggang aus der Klosterschule in Fritzlar im Jahre 1797 bis zu ihrer Vermählung prägten. Bettine war zwölf, als sie zur Großmutter kam, und ist sechsundzwanzig, als sie ihren eigenen Hausstand in Berlin gründet. Das sind vierzehn Jahre, in denen sie mit ihrer eigenen, nicht selten zudringlichen, aber immer lockeren und auch respektlosen Art auf die Menschen ihrer Umgebung zuging und all das aufnahm, was sie spontan in ihre umfangreiche Korrespondenz und später in literarische Arbeiten umsetzte.

Als junges Mädchen wälzte sie in der Korrespondenz mit ihrem Bruder Clemens Probleme über Lüge und Tugend, über Mirabeau und die französische Emigrantin Louise de Gachet. Später nahm sie Anteil an den so problematischen Beziehungen ihres Bruders, in die sie während ihres München-Aufenthaltes mit den skandalträchtigen Auftritten der Auguste selbst involviert war. Sie gewann Karoline von Günderode zur zeitweiligen Freundin, verlor sie im Streit und erlebte deren tragischen Tod. Sie pflegte den Kontakt zu Goethes Mutter, der Frau Rat Katharina Elisabeth Goethe bis zu deren Tod im Herbst 1808. Sie näherte sich Ludwig Tieck und dem sechsundsechzigjährigen Friedrich Heinrich Jacobi, von dem sie sagte: »der alte Jacobi kann mich nicht ausstehen«, sowie den Schellings, von Frau Caroline allerdings mehr Spott als Zustimmung erheischend. Vor allem jedoch, und hier wieder Stoff für eine literarische Arbeit sammelnd, suchte und fand sie die Nähe von Johann Wolfgang von Goethe.

Ausgangspunkt waren alte Goethe-Briefe, die sie bei ihrer

Großmutter gefunden hatte, sowie die intensiven Gespräche, die sie nach dem Verlust der Freundin Karoline mit der betagten Goethe-Mutter führte, die ihr immer wieder aus vergangenen Tagen ihres Sohnes Wolfgang erzählte und auf diese Weise in der Vorstellung Bettines ein Idol aufbaute, dem sich zu nähern ihr heißer Wunsch wurde. Zum ersten Mal begegnete Bettine Goethe am 23. April 1807, als sie auf der Durchreise von Berlin nach Kassel mit ihrer Schwester Lulu und deren Mann, dem Bankier Karl Jordis (der wenige Wochen später Clemens und Auguste Bußmann bei sich aufnahm), nach Weimar kam. Dort wurden die Reisenden von Wieland bei Goethe eingeführt und freundlich aufgenommen. Als Enkelin der Sophie von La Roche und Tochter der von Goethe in jungen Jahren so sehr geschätzten Maximiliane, über die er Sophie von La Roche einmal geschrieben hatte: »Von ihrer Maxe kann ich nicht lassen so lang ich lebe, und ich werde sie immer lieben dürfen ...«, war ihm die Begegnung mit der Tochter der so früh gestorbenen Maximiliane eine Freude. In seinem Tagebuch findet sich jedoch lediglich die lapidare Eintragung »Mamsell Brentano«.

Nach diesem Kennenlernen, das die jetzt zweiundzwanzigjährige Bettine bereits nutzte, sich Goethe geneigt zu machen, pflegt sie in Frankfurt den Kontakt zu Goethes Mutter, die ihr im freundschaftlichen Umgang nahelegt, sie Mutter zu nennen und Goethe sozusagen als ihren Bruder zu betrachten. Im November des gleichen Jahres bot sich Bettine die Gelegenheit, mit den Savignys, ihrem Bruder Clemens und Achim von Arnim zehn Tage lang in Weimar zu weilen. Tage, in denen sie eifrig bemüht ist, die Nähe Goethes zu suchen. Schon nach dem ersten Besuch hatte sie Goethe überschwengliche Briefe geschrieben: »Nun wend' ich mich wie die Sonnenblume nach meinem Gott und kann ihm mit dem von seinen Strahlen glühenden Angesicht beweisen, daß er mich durchdringt. O Gott! Darf ich auch!« (15. Mai 1807). Und zehn Tage später: »O Goethe! – Meine Sehnsucht, mein Gefühl sind Melodien, die sich ein Lied suchen, dem sie sich anschmiegen möchten. Darf ich mich anschmiegen?« Und am 18. Juni lesen wir: »O Goethe, ertrag mich, nicht alle Tage bin ich so schwach, daß ich mich hinwerfe vor Dir und nicht aufhören will zu weinen, bis Du mir alles versprichst. Es geht wie ein schneidend Schwert durch mein Herz, daß ich bei Dir sein möchte.«

Wenn Bettine später ihre diesbezüglichen Erinnerungen *Goethes Briefwechsel mit einem Kinde* nennt, drängt sich die Frage auf: War die Zweiundzwanzigjährige ein Kind? Sicherlich war ihr Gebaren in gewisser Weise kindlich und naiv. Letztlich näherte sich dem bald Sechzigjährigen hier eine sehr selbstbewußte Nymphe, die ohne Hemmungen mit ihrer zupackenden, respektlosen Art Anteilnahme und auch Zuneigung zu ergattern suchte. In diesem Fall warb nicht, wie bei mancher anderen Gelegenheit, der alternde Dichter um das Herz einer jungen Schönen, wie etwa bei Marianne Willemer und Ulrike von Levetzow. Hier war es die »Tollheit«, wie Bettine es selbst einmal als mögliche Erklärung definierte, die ein junges Ding um das Herz des alternden Poeten ringen ließ. Und Goethe ging darauf ein, zwar immer mit gewisser Distanz, mag er sie in einer trauten Stunde in Teplitz auch einmal auf den Busen geküßt haben. Immer war er sich der durch Bettines Heftigkeit bedingten Ausnahmesituation bewußt, die er bei der Maximiliane-Tochter und Vertrauten der Mutter tolerierte. Stets versuchte er aber auch, wenn er die Hymnen der jungen Briefschreiberin auch nicht ungern las, ihr Schwärmen zu realistischeren Dingen umzulenken, indem er etwa darum bat, ihr die Erinnerungen der Mutter mitzuteilen.

Was war die Triebfeder für Bettines Goethe-Kult? Der *Frühlingskranz*, ihr jugendlicher Briefwechsel mit dem geliebten Bruder Clemens, läßt nicht erkennen, daß sich Bettine mit dem Schaffen Goethes intensiv beschäftigt hatte. Das war auch nicht ihre Sache. Traute sich Rahel Levin, in deren Salon eine Goethe-Verehrung ohne Beispiel getrieben wurde, kaum, sich Goethe zu nähern, fällt dieses junge Mädchen dem Geistesheroen ohne Hemmungen um den Hals. Es war nicht der Mann, dem eine junge Frau in entbrannter Leidenschaft ihr

Herz schenkte (wozu Bettine im übrigen offensichtlich überhaupt nicht in der Lage war), es war das Idol, das Bettine sich
aufgebaut hatte und das sie für sich gewinnen wollte, dem sie
sich zugesellen wollte und dem sie etwas bedeuten wollte. Vergleichbar etwa heutigen Teenagern, die sich auf ein Pop-Idol
fixieren.

Daß die Verbindung nicht von Dauer war, überrascht nicht,
wurde Goethe die Aufdringlichkeit der jungen Dame schließlich doch lästig. Eines Tages wies er ihr die Tür, was Bettine
nicht hinderte, das Verhältnis später literarisch zu verarbeiten
und in vorgeblich kindlicher Unschuld zu verklären. Das Ende
entbehrt bei aller Peinlichkeit der Vorkommnisse nicht einer
gewissen Kuriosität, beweist aber zugleich auch die Brüchig-
keit der Beziehung.

Nach ihrer Vermählung reiste das frisch getraute Paar von
Arnim im August/September des Jahres 1811 für drei Wochen
nach Weimar, in der Hoffnung und Annahme, daß sie als alte
Freunde im Hause Goethe willkommen seien. Tatsächlich waren die Arnims häufiger Gast Goethes, und Bettine kann die
Gelegenheit in herkömmlicher Weise zu Gesprächen mit dem
verehrten Dichterfürsten nutzen. Goethe hörte sich die Plau-
dereien über seine verstorbene Mutter, über Tieck und die
Günderode auch geduldig an, der Besuch kam ihm jedoch in
jeder Weise ungelegen, und die Arnims rätselten, was der
Anlaß für Goethes abweisende Haltung sein mochte.

Am 13. September fand sich schließlich ein Kreis zur Besichti-
gung einer von Goethes Protegé Hofrat Meyer arrangierten
Ausstellung zusammen. Hierunter auch Goethes Ehefrau
Christiane, die schon immer eine Animosität gegen die aufdringliche Bettine hatte, ungeachtet dessen, daß Bettine in
ihrem Briefwechsel mit Goethe und bei der Vergabe von Ge-
schenken immer auch Goethes Ehefrau bedacht hatte. Als sich
Bettine nun auch bei diesem Ausstellungsbesuch in ihrer respektlosen Art über das Gezeigte nur spaßend und spöttisch
äußerte, kam es zu einer verbalen Auseinandersetzung, in
deren Verlauf Christiane sich dazu hinreißen ließ, handgreif-

lich zu werden, Bettine die Brille von der Nase zu schlagen und ihr mit derben Ausdrücken ein für allemal ihr Haus zu verbieten. Dieser Eklat machte alles Vorhergegangene zunichte. Bettine ließ nur noch verlauten, eine dicke Blutwurst habe sie gebissen, und reiste ab.

Goethe erwies sich auch in diesem, Weimarer Klatsch nahrunggebenden Skandal als Beschützer seiner Frau. Bettine, von der er sich innerlich sicherlich bereits getrennt hatte, ignorierte er fürderhin, wenigstens solange seine Frau lebte. Als die Arnims im Sommer des nächsten Jahres zufällig zu gleicher Zeit wie er in Teplitz weilten, beruhigte er Christiane mit der Zusicherung: »Von Arnims nehme ich nicht die mindeste Notiz, ich bin sehr froh, daß ich die Tollhäusler los bin« (5. August 1812).

Es bedarf tatsächlich eingehender Überlegungen, was die Ursache für die so abrupte Beendigung der ohne Frage vorhandenen Beziehung Goethes zu Bettine gewesen sein mag, ging dem Skandal doch die sichtbare Abwendung Goethes von den Arnims voraus. Wenn der die Brentano-Tochter so hochschätzende Bettine-Biograph Werner Milch glaubt, Bettines Beethoven-Verehrung und ihre Versuche, diesen Goethe nahezubringen, hätten zu dem Bruch beigetragen, muß man dies doch als zu vordergründig einschätzen. Goethe war sehr wahrscheinlich die aufdringliche Art der jungen Frau leid.

Bettines nächster Lebensabschnitt war geprägt von ihrer Rolle als Frau und Mutter an der Seite Achim von Arnims. Die Verbindung hatte nichts von spontaner Verliebtheit und überstürzten Entscheidungen an sich. Wenn eine Beziehung in langen Jahren gereift war, dann diese. Achim von Arnim, der mecklenburgische Landedelmann, wurde auf seinem suchenden Weg zur eigenen Bestimmung ein enger Freund Clemens Brentanos und lernte so schon im Jahre 1802 dessen siebzehnjährige Schwester Bettine kennen. Aus diesem Kennenlernen entwickelte sich im Laufe der Zeit ein reger Briefwechsel und zunächst nicht mehr als Freundschaft, mochte Clemens auch versuchen, seine geliebte Schwester und den ebenso geliebten

Freund zusammenzubringen. Von Arnim war zu nüchtern, um den Umgang mit dem anderen Geschlecht zu suchen, und Bettine hatte bei aller Begabung, auf andere Menschen zuzugehen, in puncto Liebe sehr abstrakte Vorstellungen. So schrieb sie ihrem Bruder: »Ich bitte dich um Gottes willen, gebe doch auch Deine Stoßseufzer auf um einen lieben Mann, den Du mir herbeiwünschst ... glaube, daß ich keiner Stütze im Leben bedarf! – Ich bedarf, daß ich meine Freiheit behalte« (Januar 1803).

Schließlich wußte Bettine selbst nicht, was sie für die Zukunft erhoffte. In ständigem brieflichem Austausch mit Achim von Arnim, dem einzigen, dem sie schließlich alles, was sie bewegte, mitteilen konnte, wuchs eine Vertrautheit, die sie dann, man möchte sagen gottergeben, ja sagen ließ, als Achim von Arnim ihr in einem Brief die Frage stellte, ob sie ihren Lebensweg fürderhin gemeinsam gehen sollten. Eine Frage, die letztlich einen sehr profanen Hintergrund hatte. Achim von Arnim waren durch das Testament der verstorbenen Mutter die elterlichen Güter mit der einschränkenden Bestimmung zugefallen, daß erst eventuelle Kinder hierüber verfügen könnten. Als Bettine nun zusammen mit den Savignys ihren Wohnsitz in Berlin genommen hatte, ließen sich Bettine Brentano und Achim von Arnim, bezeichnenderweise in aller Heimlichkeit, am 11. März 1811 trauen.

Als Frau von Arnim hatte Bettine ihr Domizil jetzt in Berlin. In den Jahren 1812 bis 1818 schenkte sie in schneller Folge fünf Kindern das Leben, den Söhnen Freimund (1812), Siegmund (1813), Friedmund (1815), Kühnemund (1817) und der Tochter Maximiliane (1818). Diesen fünf Kindern folgten als sechstes und siebtes im Jahr 1821 die Tochter Armgard und im Jahr 1827 die Tochter Gisela. In dem Erinnerungsbuch der Maxe von Arnim können wir zu der außergewöhnlichen Namensgebung der Söhne lesen, daß dies nicht eine »Caprice der Mutter« gewesen sei, sondern daß die Namen, vom Vater gewählt, der jeweiligen Lage des Vaterlandes entsprachen: Freimund (1812), auf Befreiung hoffend, Siegmund (1813) zum Erfolg der Völkerschlacht bei Leipzig, Friedmund (1815) zum Pariser Frieden und Kühnemund (1817) gegen die einsetzende Reaktion.

Die Verhältnisse in der stetig anwachsenden Familie waren schon etwas außergewöhnlich, insbesondere durch die zwei Wohnsitze der von Arnims in Berlin und dem Schloß Wiepersdorf, südöstlich von Berlin. Bettine wohnte in der Regel mit den Kindern in der Stadt, wo diese schließlich auch ihre schulische Ausbildung erhielten, während Achim von Arnim die Güter verwaltete und dort auch seinen literarischen Ambitionen nachging. Eine sehr ungewöhnliche Gemeinsamkeit. Über immer längere Zeiträume hinweg lebte das Ehepaar getrennt. Für Bettine war es sicherlich keine sehr fröhliche Zeit mit der Pflicht, sieben Kinder unter nicht gerade einfachen Verhältnissen großzuziehen. Erstaunlicherweise bleibt die Biographie der ansonsten so viel Aufmerksamkeit findenden Brentano-Tochter und jetzigen Frau von Arnim für die Zeit bis zum plötzlichen Tode ihres Mannes im Jahr 1831 relativ blaß. Daß ihre große Familie ihr jegliche Möglichkeit für Aktivitäten in der vorhergegangenen Weise nahm, ist nur allzu verständlich, und so fehlte auch der Stoff, um sich mit dem Leben der Bettine zu befassen, es sei denn, daß man die Ehe des Paares aufs Korn nahm. Hier wird August Varnhagen von Ense, dem Bettine in den vierziger Jahren den Nachlaß ihres Mannes und ihres Bruders zur Verwahrung und späteren Veröffentlichung übergeben hatte, eine einseitige und nicht sehr wohlwollende Rolle zugewiesen.

Liest man die Erinnerungen der Arnim-Tochter Maxe (Maximiliane), dann war allerdings alles eitel Sonnenschein. Mit uneingeschränkter Liebe gedenkt sie ihrer Eltern, des die Güter verwaltenden Vaters und der in der Erziehung so umsichtigen Mutter, die ihren Kindern in der Stadt dennoch viele Freiheiten gelassen hatte. Wichtigstes Zeugnis für die Ehejahre bleibt der durch das Getrenntsein bedingte Briefwechsel des Paares, in dem sich neben den vielen Alltagssorgen das Zusammengehörigkeitsgefühl des pflichtbewußten und korrekten preußi-

schen Landedelmanns und der in ihre Mutterpflichten einge-
spannten Bettine widerspiegelt.

Leicht waren die zwanzig Ehejahre für Bettine nicht. Die finanzielle Situation war bescheiden, und Bettine mußte sehen, wie
sie mit dem wenigen, das ihr zur Verfügung stand, zurecht-
kam. Wenn sie von ihrem Mann zur Sparsamkeit angehalten
wurde, hielt sie ihm entgegen, daß sie einen sechs Jahre alten
Hut trage und nicht ins Konzert und die Oper gehe. Hinzu kam
die Ambivalenz des Verhältnisses der Ehepartner. Manches
Weihnachtsfest mußte sie mit den Kindern allein verbringen. Und wenn sie mit den Kindern nach Wiepersdorf kam,
schickte sie ihren Mann auf Reisen, damit auch er den Kontakt
nach außen behielt und nicht auf dem Lande versauerte. So ist
in dem Briefverkehr der beiden zwar oft davon die Rede, daß
man auf den anderen warte. Aber auch resignative Passagen
sind dort zu finden, wenn Bettine etwa schreibt: »Ich mache
keine Ansprüche an Deine Zärtlichkeit, denn ich war nicht das
Ideal, dem Du Dich aus Leidenschaft ergeben hast.«

Und dann starb Achim von Arnim am 21. Januar 1831 völlig unerwartet, ohne daß seine Frau in den letzten Stunden bei ihm
weilen konnte. Bettine war nun sechsundvierzig Jahre alt, ihr
Lebenswille und der Drang nach aktiver Betätigung jedoch un-
gebrochen. So begann der für die Außenwelt und ihren Nach-
ruhm entscheidende dritte Lebensabschnitt, tritt sie doch nun
als Schriftstellerin an die Öffentlichkeit, und nicht nur das. Ihr
sozialpolitisches Engagement macht sie zu einer Persönlichkeit, die sich in das Tagesgeschehen einmischt und sich damit
der Kritik und auch obrigkeitlichen Repressionen aussetzt.

Zunächst widmete sie sich den nachgelassenen Schriften ihres
verstorbenen Mannes, die ab 1839 mit Wilhelm Grimm als
Herausgeber in einer umfangreichen Gesamtausgabe erschienen. Als ein Jahr nach dem Tode Achim von Arnims auch das
Leben Johann Wolfgang von Goethes erlischt, reift der
Wunsch, dem einst so leidenschaftlich angebeteten Geistesheroen ein literarisches Denkmal zu setzen (ein Monument für
ihn hatte sie schon in den zwanziger Jahren entworfen). Viel-

leicht war es auch ein wenig ihre Absicht, Vergangenes, das sie einstens ins Gerede gebracht hatte, zu modifizieren. Die von ihr an Goethe geschriebenen Briefe hatte sie sich vom Nachlaßverwalter, dem Kanzler Müller in Weimar, zurückerbeten, und im Jahre 1835 überraschte sie die Öffentlichkeit mit dem Erinnerungsbuch *Goethes Briefwechsel mit einem Kinde.*
Wilhelm von Humboldts kritischer Kommentar zu der Neuerscheinung, in seinem letzten Brief aus dem Jahre 1835 an Charlotte Diede, verdeutlicht den Inhalt mit wenigen Worten: »Sie hat nun zwei Bände Briefwechsel, teils mit Goethe, teils mit seiner Mutter, und einen Band Tagebuch drucken lassen. Das Hauptthema ist ihre leidenschaftliche Liebe zu Goethe. Nebenher kommen aber andre Erzählungen eigner und fremder Lebensereignisse, Betrachtungen und Raisonnements darin vor. Von Goethe enthalten diese Bände nur etwa dreißig Briefe, von welchen einige nur wenige Zeilen enthalten; lang ist keiner. Eigentlich erwiderte Liebe geht aus den Goetheschen Schriften an die Bettine gar nicht hervor, aber große Anerkennung ihres auch wirklich seltnen Geistes und ihrer wunderbaren Originalität ... Seltsamerweise ist das Buch dem Fürsten Pückler zugeeignet. Da aber alles an dem Buche und sogar an der Verfasserin selbst seltsam ist, so darf man sich darüber nicht wundern ... Es ist kein genug durchgehender Ernst und zuviel Selbstgefälligkeit in dem Buche. Mehrere Dinge sind offenbar ganz erfunden oder doch übertrieben.«
Was Humboldt schließlich noch als bemerkenswert erscheint, und dies wohl nicht zu Unrecht, ist: »Was auch dem Buche viel Gunst zuwendet, ist die sittlich ganz unsträfliche, tadellose Aufführung der Verfasserin. Weder vor noch während ihrer Ehe noch jetzt hat sie in dieser Hinsicht der leiseste Vorwurf getroffen.« Eine Feststellung, hinter der sich mehr verbirgt, als sie vordergründig sichtbar macht. Hier können wir Bettines Tochter Maxe, ungeachtet des Strebens nach Idealisierung der Eltern, beipflichten, die in ihren Erinnerungen schreibt: »Die Mutter war eine reine, über alle Sinnlichkeit erhabene Natur.« Sinnlich in hergebrachter Deutung war Bettines Liebe nie.

Pückler, der sich mit ihren Annäherungsersuchen konfrontiert sah, nannte es »Hirnsinnlichkeit«. Und so ist wohl auch ihre Beziehung zum Fürsten Pückler-Muskau zu sehen, den sie im Salon der Varnhagens kennengelernt und dem sie ihr Goethe-Buch gewidmet hat, war er es doch, der sie zur Herausgabe ermunterte. Mit ihrer direkten Art, mit der sie sich Pückler, ähnlich wie seinerzeit Goethe, zu nähern versuchte, fand sie jedoch keine Resonanz. Wohl wechselten sie über Jahre hinweg zahlreiche Briefe, und sie scheute sich sogar nicht, von Liebesleidenschaft zu sprechen, der Fürst achtete jedoch darauf, Distanz zu wahren. Und als Bettine im Jahre 1833 unverhofft auf des Fürsten Schloß in Muskau auftauchte, fühlte er sich bemüßigt, sie mehr oder weniger unsanft hinauszukomplimentieren, worüber Pückler seinem Freunde Varnhagen berichtete: »Frau v. A. ... hat mich dennoch durch den sonderbaren Einfall, sich in mich auf das passionierteste verliebt zu glauben, seit lange in wahre Verlegenheit gesetzt. Halb aus Scherz, halb aus Gutmütigkeit habe ich mir schriftlich alles gefallen lassen, nun kam sie aber hierher, und affichirte vor allen Menschen ein völliges Liebesverhältniß mit mir, auf eine so tolle Weise, daß sie mich zur Zielscheibe des Spottes der ganzen Gesellschaft machte.« Das brachte den Fürsten, der durchaus im Ruf stand, ein Liebhaber der Frauen zu sein, dann doch wohl etwas in Verlegenheit. Bettine hatte sich jedoch bald schon wieder gefangen, und die Korrespondenz mit dem Fürsten riß auch in der Folgezeit nicht ab.

Zu den alten Freunden Bettines zählten die Gebrüder Wilhelm und Jacob Grimm, die zu den protestierenden sieben Göttinger Professoren gehörten, die sich im Jahre 1837 gegen den Verfassungsbruch des neuen hannoverschen Herrschers auflehnten und hierdurch ihre Lehrstühle an der Universität verloren, was für drei von ihnen, darunter auch Jacob Grimm, die Verweisung außer Landes zur Folge hatte. Nicht nur Jacob, sondern beide Brüder verlegten ihren Wohnsitz daraufhin nach Kassel zu ihrem dort als Maler lebenden Bruder Ludwig Emil. In dieser Sache wird Bettine von Arnim nun in außergewöhnlicher Weise aktiv. Sie setzte in Berlin alle Hebel in Bewegung, über ihren Schwager Savigny bis hin zum Kronprinzen Friedrich Wilhelm, der 1840 als Friedrich Wilhelm IV. den preußischen Thron besteigt, um die Berufung der befreundeten Grimms an die Berliner Universität zu erwirken.

Interessant ist in diesem Zusammenhang, daß das dokumentarische Material zu diesem Komplex, welches in Berlin lag und durch die Kriegsereignisse verschollen war, erst vor wenigen Jahren in Krakau aufgetaucht ist und inzwischen in der wichtigen Publikation *Der Briefwechsel Bettine von Arnims mit den Brüdern Grimm* mit Hartwig Schultz als Herausgeber zugänglich ist. Wieder einmal wird hier die Rastlosigkeit dieser Frau deutlich, von Jacob Grimm dahingehend kommentiert, sie sei ein überlaufender Brunnen, der sich und andere nicht zu ruhigem Maß der Gedanken kommen läßt (13. Oktober 1839 an Dahlmann). Die Grimm-Brüder, die sich außer mit der Herausgabe der Achim-von-Arnim-Schriften durch Wilhelm vor allem mit ihrem exorbitanten *Deutschen Wörterbuch* beschäftigten, hatten es in der Berlin-Frage nicht eilig, während Bettine nicht lockerließ und sich nach allen Seiten bemühte, ihren Vorsatz zu realisieren.

Zu einem glücklichen Abschluß der Affäre um die Brüder Grimm, in der sich Bettine drei Jahre lang engagiert hatte und selbst Auseinandersetzungen mit ihrem Schwager Savigny in Kauf nahm, kam es nach der Thronbesteigung Friedrich Wilhelms IV. im Jahre 1840. Der König veranlaßte, daß Jacob und Wilhelm unter Bewilligung einer jährlichen Zuwendung von 3 000 Talern nach Berlin berufen wurden, mit Rücksicht auf den hannoverschen Onkel Ernst August jedoch nicht auf einen Lehrstuhl der Universität.

Die literarische Arbeit Bettines nahm ihren Fortgang mit der Herausgabe des Briefromans *Die Günderode* im Jahre 1840, dessen zwei Teile in Leipzig erschienen und der von Bettine *Den Studenten, Deutschlands Jüngerschaft,* wie sie es nannte, gewidmet wurde. Chronologisch behandelt das Buch die Jahre 1804–1806, die sie eng mit Karoline von Günderode verbanden, also die Zeit, die derjenigen folgt, die sie mit dem *Frühlingskranz* ihrem Bruder Clemens gewidmet hatte. Auch das Günderode-Buch blieb nicht zuletzt eine Bettine-Biographie mit interessanten Einblicken in die Zeit der Gemeinsamkeit mit der sensiblen Jugendfreundin.

Wird unter den Werken der Bettine von Arnim an erster Stelle meist ihr Goethe-Buch genannt, hatte ihre im Jahre 1843 veröffentlichte aufrüttelnde und sehr selbständige Publikation *Dies Buch gehört dem König*, eine Arbeit, die nicht auf Briefe und frühere Erlebnisse zurückgriff, sondern voll aus dem Geschehen der Zeit schöpfte, eine weit größere Aussagekraft und für Bettines Vita historische Bedeutung. Wiederum ein Werk, in dem sie sich ohne Hemmungen an eine ranghohe Persönlichkeit, dieses Mal den König, wendet, eine vorhergegangene gelegentliche Kommunikation nutzend, um ihre Ansichten öffentlich zu machen. Mit vorausschauendem Geschick hatte sie ihre Herausforderung Friedrich Wilhelm IV. gewidmet, von dem sie und viele Liberale eine das Volk beteiligende Verfassung erhofften. Da der König, ohne das Buch im Detail zu kennen, die Widmung angenommen hatte, waren der Zensur die Hände gebunden, die Bettine bei anderer Gelegenheit jedoch zu spüren bekam.

Das Buch war so angelegt, daß Bettine die Goethe-Mutter sprechen läßt und ihr all das in den Mund legt, was sie als reformbedürftig betrachtet, seien es staatsbürgerliche Freiheitsrechte, soziale Notstände, die Emanzipation der Juden, die Bildungspolitik oder die Institution der Kirche. Der König, an den das Buch gerichtet war, von dem man mehr erhofft hatte, als er seinen Untertanen schließlich gab (was durch das Aufbegehren des Volkes im Jahre 1848 deutlich wurde), hatte auf die Arbeit emotionslos reagiert. Angeblich soll er geäußert haben, er könne hiermit nichts anfangen. Begeisterte Zustimmung fand es bei dem Jungdeutschen Karl Gutzkow, der in einer Rezension erklärte, das Buch gehörte nicht nur dem König, es gehöre der Welt und der Geschichte. Als zweiten Band des *Königsbuches* ließ Bettine von Arnim im Jahre 1852 noch die

Publikation *Gespräche mit Dämonen* folgen, auch diese an den König gerichtet.

War Bettines literarisches Engagement auch mehr emotional als intellektuell geprägt (sich den Wissenschaften zu widmen war nicht ihre Sache), hatte sie jedenfalls ein außerordentliches Gespür für die geistigen Strömungen der Zeit. So war ihr ganzes Streben während ihres letzten Lebensabschnittes nach dem Tode ihres Mannes von den schöngeistigen Dingen zu den harten Realitäten des Alltags umgeschwenkt. Hierzu gehören ihre Aktivitäten auf dem Felde des Armenwesens, die in dem im Jahre 1844 herausgegebenen *Armenbuch* ihren Niederschlag fanden, ebenso wie ihr unerschrockenes Eintreten für in ihren Augen zu Unrecht Verfolgte.

Obwohl Bettine von Arnim als königstreu galt, war ihr Denken und Handeln stark von demokratischen Vorstellungen geprägt. Typisch war, daß sie ihre Töchter Maximiliane und Armgard nicht zu der für diese so bedeutsamen Einführung bei Hofe im Jahre 1840 begleitete. Das mußte ihre Schwester Gunda von Savigny erledigen. Als ihre Tochter Maxe durch ihre Heirat mit Eduard Graf von Oriola Eingang in die große Gesellschaft fand, zeigten sich, bei aller Liebe zwischen Mutter und Tochter, schließlich die unterschiedlichen Geistesebenen. In ihrem Erinnerungsbuch macht Maximiliane dies im besonderen nach den Ereignissen von 1848 deutlich: »Jetzt gingen auch bei uns unsere Wege auseinander. Während wir die Köpfe hängen ließen, blickte die Mutter (und mit ihr natürlich auch Gisel) rosig in die Zukunft und war Feuer und Flamme für die Revolution als einen gewaltigen Fortschritt in der Entwicklung … Fragwürdige Gestalten von Literaten und Republikanern gingen bei der Mutter ein und aus … Auf die Dauer ging es aber doch nicht an, daß unsere Freunde in Bettines Saal mit den Revolutionären zusammentrafen, ohne daß Reibungen oder doch Verstimmungen drohten … so wurde – schiedlich, friedlich – die weise Einrichtung getroffen, die dann noch lange, bis auch die Mutter sich wieder zum König wandte, bestanden hat: im Hause Arnim gab es zwei Salons, einen demokratischen und einen aristokratischen. Links vom Saal in unseren Räumen empfingen wir unsere Freunde, rechts in ihren Zimmern Bettine ihre ›edlen Weltverbesserer‹.«

Als Bettine von Arnim die Schwelle des siebten Lebensjahrzehnts überschritten hatte, wurde es stiller um sie, zumal ihre Kräfte rapide nachließen. Wohl empfing sie noch manche ihrer Freunde und erfreute sich an Musik, die man in ihrem Hause spielte. Am 19. Januar 1859 endete sie ihr ereignisreiches Leben im Kreise ihrer Familie. Ihre letzte Ruhestätte fand sie auf dem Gut Wiepersdorf neben ihrem achtundzwanzig Jahre früher verstorbenen Mann Achim von Arnim.

Karl August Varnhagen von Ense notierte am 25. Mai 1850 in sein Tagebuch: »Ich sollte über Bettinens von Arnim eigenstes Wesen Auskunft geben. Ich sagte endlich: Häufen Sie Widersprüche auf Widersprüche, bergehoch, überschütten Sie alles mit Blumen, lassen Sie Funken und Blitze herausleuchten, und nennen Sie's Bettine.«

Karoline von Günderode

Bettine Brentano/von Arnim widmete ihrer Jugendfreundin Karoline von Günderode zwar ebenso wie ihrem Bruder Clemens und dem von ihr angehimmelten Johann Wolfgang von Goethe ein Buch, es läßt sich jedoch nicht erkennen, daß die Verbindung mit diesem sensiblen jungen Mädchen, heute würden wir sagen dieser jungen Frau, ihr künftiges Leben nennenswert geprägt oder auch nur beeinflußt hätte. Sicherlich hat Bettine zwei Jahre ihres Mädchendaseins – Bettine war damals neunzehn bis einundzwanzig Jahre alt – intensiv mit dieser fünf Jahre älteren Freundin in enger Gemeinschaft verbracht. Das Fazit dieser Begegnung war jedoch kaum etwas anderes als die Erkenntnis, daß ihre Anschauungen mit denjenigen der reifen jungen Dame nicht konvenierten.

Eines jedoch ist Bettine zugute zu halten: Ohne ihr Günderode-Buch aus dem Jahre 1840 wäre das tragische Schicksal ihrer Jugendfreundin kaum mehr als eine Randnotiz der Literaturgeschichte geblieben. Das die Zeiten überdauernde Denkmal hat Bettine von Arnim dieser jungen Frau gesetzt,

mag es auch manche Modifikationen in ihrem Erinnerungsbuch geben, die kritischem Nachvollzug nicht standhalten,
und mag man auch sagen, es sei mehr ein Buch über Bettine
als eines über Karoline von Günderode. Sie allein war es, die
dem Leben der Günderode Aufmerksamkeit schenkte, auf all
das zurückgreifend, was sie im Übermaß für ihre Brieffreundin zu Papier gebracht hatte, kaum wissend, was sie später
einmal damit anfangen werde. Auch von der Günderode ließ
sie sich ihre Briefe zurückgeben, als die Freundschaft ihr ab-
ruptes Ende fand, womit ihr die Möglichkeit gegeben war,
diese vierzig Jahre später als Material für ein Erinnerungsbuch
zu verwenden, dem jedoch zwangsläufig die Dokumentation
der tragischen Verbindung Karolines zu dem Wissenschaftler
Friedrich Creuzer fehlen mußte. Dieses Material wurde erst
Ende des 19. Jahrhunderts zugänglich.

Karoline Friederike Louise Maximiliane von Günderode
wurde am 11. Februar 1780 als Tochter des Kammerherrn und
Regierungsrates Freiherrn Hektor Wilhelm von Günderode als
erstes von sechs Kindern, von denen lediglich drei überlebten,
in Karlsruhe geboren. Kurz nach der Geburt des sechsten
Kindes, des einzigen Sohnes, im Jahre 1786 verstarb der Vater.
Da die Mittel, die der Mutter nach dem Tode ihres Mannes zur
Verfügung standen, beschränkt waren, zog sie mit ihren Kindern nach Hanau. Dort war es ihr möglich, ein Haus zu erwerben und eine Anstellung als Hofdame beim Landgrafen
Wilhelm von Hessen zu finden. Diese gesellschaftliche
Stellung war ihr nicht nur aus finanziellen Gründen wichtig,
enthob sie die Position am Hofe doch dem Alltag mit Hausfrauenarbeit und Sorge für ihre Kinder. Diese waren damit weitgehend auf sich gestellt, und für Karoline als Älteste bedeutete
dies, daß vor allem sie sich um ihre jüngeren Geschwister kümmern mußte. Wohl wurde ein Hauslehrer zur Erziehung der
Kinder eingestellt. Da die Mutter das geringe verbliebene Vermögen jedoch leichtfertig verbrauchte, blieb nicht allzuviel für
die Familie.

Unter diesen Umständen war es für Karolines Mutter eine willkommene Lösung, daß die siebzehnjährige älteste Tochter die Möglichkeit hatte, in dem Cronstett-Hynspergischen evangelischen Stift für adelige Damen in Frankfurt Aufnahme zu finden. Das im Jahre 1753 im Zuge der Aufklärung gegründete Stift bot sozial schwachen unverheirateten Frauen und Witwen, soweit sie dem Adel entstammten, eine bescheidene Existenz. Die Statuten sahen neben der konfessionellen Bindung schwarze Kleidung, gemeinsame Mahlzeiten, keine Herrenbesuche, keinen Tanz und kein Theater und ähnliches vor, ließen den Damen jedoch auch gewisse Freiheiten, so das Verlassen des Stifts mit Erlaubnis, das Knüpfen von Verbindungen nach außen, vor allem jedoch auch den Wiederaustritt, wenn sich die Lebensverhältnisse ändern sollten.

Die äußeren Umstände waren für Karoline nicht schlecht. Ihr stand in dem Frankfurter Stift eine kleine Zweizimmerwohnung mit Garten zur Verfügung, die sie jedoch nicht darüber hinwegtrösten konnte, daß sie den Hanauer Geschwisterkreis missen mußte, zumal die Frankfurter Institution nicht für junge Damen gedacht war und sie sich dort unter durchweg älteren Mitbewohnerinnen befand. So nutzte sie, wenn es eben ging, die ihr gegebenen Möglichkeiten eines Kontaktes außerhalb des Damenstiftes. Das waren dann sowohl die Geschwister in Hanau, die Großeltern in Butzbach, die Freundinnen Karoline von Barkhaus und Liesette Nees von Esenbeck (geb. von Mettingh) sowie später schließlich auch Sophie von La Roche und die Brentano-Familie, insbesondere die Schwestern Gundula und Bettine sowie der Bruder Clemens.

Die stete Rückkehr in ihre »Klosterzelle« ließ sie jedoch immer von neuem ihre Isolation bewußt werden, zumal sie dazu neigte, alles mit sich allein auszumachen. Wenn sie in einem ihrer Briefe Gefühle erkennen ließ, forderte sie die Adressaten auf, die Mitteilung niemandem weiterzugeben, wenn nicht gar, das Schreiben zu verbrennen. So sollte ihr die Poesie ein Ventil sein. In Verse ließ sie das hineinfließen, was zu sagen sie nie den Mut hatte und für das ihr Briefe zu profan waren.

Dabei waren ihr leidenschaftliche Gefühle nicht fremd. Als sie im Jahre 1799 anläßlich einer Familienfeier bei ihrer Freundin Karoline von Barkhaus den ein Jahr älteren Studenten Friedrich Carl von Savigny kennengelernt hatte, ergriff sie eine tiefe Zuneigung zu der flüchtigen Bekanntschaft, wie sie ihrer Freundin in einem Brief vom 4. Juli 1799 gestand (einer der Briefe, dem sie die Bitte anfügte, ihn zu verbrennen): »Ungern verließ ich Sie gestern, und im heftigen Kampfe mit mir, ob ich Ihnen die Lage meines Herzens entdecken sollte oder nicht, ich sehnte mich nach dem Trost, mein Herz in das Ihrige ausschütten zu können, und doch hielt mich eine geheime Furcht, deren Wurzeln ich mir nicht erklären konnte, zurück. Schriftlich dachte ich, wird es mir leichter sein, mich zu entdecken, dieser Gedanke ward Entschluß, welcher noch jetzt in meiner Seele haftet. Schon beim ersten Anblick machte Savigny einen tiefen Eindruck auf mich, ich suchte es mir zu verbergen und überredete mich, es sei bloß Teilnahme an dem sanften Schmerz, den sein ganzes Wesen ausdrückt, aber bald, sehr bald belehrte mich die zunehmende Stärke meines Gefühls, daß es Leidenschaft sei, was ich fühlte …«

Daß die Sympathie auf Gegenseitigkeit beruhte, geht aus einem Schreiben hervor, das der immer sehr bedachte und zurückhaltende Savigny (Eigenschaften, die Clemens Brentano bei seinem langen Zusammensein mit ihm immer wieder beklagte) an die Vettern Creuzer richtete. In ihm erkundigte er sich nach den häuslichen Verhältnissen und der Kindererziehung der Familie Günderode, allerdings mit der Bemerkung, daß die Sache nicht ihn selbst betreffen würde.

Das beiderseitige Wohlgefallen blieb – auf Distanz – auch in der Folgezeit erhalten. Karolines Los war jedoch das der Resignation. Ihr war immer wieder bestimmt, die Außenseiterrolle zu spielen. Sie pflegte den Großvater, nachdem die Großmutter gestorben war. Sie blieb bei ihrer Schwester Charlotte, die an Schwindsucht litt, bis ihr der Tod die Augen schloß. Immer in der schwarzen Tracht der Stiftsdamen auftretend, schien sie mit ihrem sanften Wesen nicht von dieser Welt zu sein. Einem jungen Mann wie Savigny, der so zielstrebig einen achtbaren

Beruf anstrebte, mochte sie wohl gefallen, letztlich aber viel zu fragil erscheinen, um sich mit ihr auf Dauer zu verbinden. Und Karoline, voller Komplexe, spürte dies. Schon nach der ersten Begegnung schrieb sie ihrer Freundin Karoline von Barkhaus: »Ich fühle es nur zu sehr, wie weit ich von dem Ideal entfernt bin, daß sich ein S. erträumen kann, als daß ich hoffen dürfte.« Das sind Gedanken, auf die eine Bettine nie gekommen wäre. Aus solchen Schwächegefühlen heraus keimten dann Wünsche wie der, einen Heldentod zu sterben. »Schon oft hatte ich den unweiblichen Wunsch, mich in ein wildes Schlachtgetümmel zu werfen, zu sterben.« Und sie fragt: »Warum ward ich kein Mann! Ich habe keinen Sinn für weibliche Tugenden, für Weiberglückseligkeit. Nur das Wilde, Große, Glänzende gefällt mir ... ich bin ein Weib und habe Begierden wie ein Mann, ohne Männerkraft. Darum bin ich so wechselnd, und so uneins mit mir.«

Dies schrieb sie an Gunda (Kunigunde) Brentano am 29. August 1801. Nachdem Karoline Eingang in die Familie La Roche / Brentano gefunden hatte, galt ihre bevorzugte Aufmerksamkeit zunächst der gleichaltrigen Gunda Brentano, Bettines fünf Jahre älterer Schwester. Bettine war zu der Zeit gerade sechzehn Jahre alt geworden und so für die reifere, bereits einundzwanzig Jahre alte Karoline noch keine Partnerin, vor der sie ihre Gefühle ausbreiten konnte. Gunda gefiel ihr, wie sie in einem ihrer ersten Briefe an sie schrieb, »auf eine sehr imponierende Art«. Und typisch für Karoline war, daß sie dieser Eloge sogleich den Passus anhing, daß sie Furcht habe, ihr zu mißfallen. Von einem Briefwechsel mit Gunda Brentano kann eigentlich nicht gesprochen werden, da der Schriftverkehr beinahe allein von Karoline geführt wurde. Oft sind es Klagen und Selbstbetrachtungen: »Mein Leben ist so leer, ich habe so viele langweilige und unausgefüllte Stunden«, schrieb sie am 24. November 1801, und sie fragt, ob nur die Liebe in diese dumpfe Leerheit Leben und Empfindung gieße.

Von gewisser Pikanterie war die Verbindung zu Gunda Brentano durch das Interesse, das auch diese an Friedrich Carl von

Savigny hatte. Während die Brentano-Tochter und Savigny jeder für sich kritisch abwägten, ob für sie ein gemeinsamer Weg in die Zukunft möglich wäre, war Karoline schon wieder ganz auf Verzicht eingestellt. Sie wollte Savigny Schwester und Freundin sein. Aus der Freundin wurde jedoch schon bald ein »lieber Freund«. Und mit dieser Anrede adaptierte Savigny schnell den Verzicht der jungen Verehrerin, die ihm mit ganzer Seele mehr hatte sein wollen. Karolines Abschiedsgruß war schließlich ein Sonett, das sie ihm im April 1804 sandte, dem Monat seiner Vermählung mit Kunigunde Brentano:

Der Kuß im Traume

Es hat ein Kuß mir Leben eingehaucht,
Gestillet meines Busens tiefstes Schmachten,
Komm Dunkelheit! mich traulich zu umnachten
Daß neue Wonne meine Lippe saugt.

In Träumen war solch Leben eingetaucht.
Drum leb ich ewig Träume zu betrachten,
Kann aller andern Freuden Glanz verachten
Weil nur die Nacht so süßen Balsam haucht.

Der Tag ist karg an Liebe süßen Wonnen
Es schmerzt mich seiner Sonne eitles Prangen
Und mich verzehren seines Lichtes Gluten.

Drum birg dich Aug' dem Glanze irdscher Sonnen
Tauch dich in Nacht, sie stillet Dein Verlangen
Und heilt den Schmerz, wie Lethes kühle Fluten.

Savignys Charakter bleibt stets, wenn wir seiner Person begegnen, schwer zu durchschauen. Alle haben ihre Schwierigkeiten mit seiner Untadeligkeit. Clemens, der so lange mit ihm unter einem Dach wohnte und sich immer wieder über seine Reserviertheit beklagte. Bettine später, wenn es ihr nicht gelang, ihn aus seiner Distanz gegenüber den Brüdern Grimm herauszulocken. Und hier sehen wir die sich so schwertuende Karoline, wie sie auf der einen Seite von Savigny zum Freund des Hauses erklärt, dem »Günderödchen«, wie er sie nennt, das Du jedoch ausdrücklich versagt wird, während er für sich in Anspruch nimmt, sie weiterhin mit Du anzureden. Im Juni 1804 schreibt Karoline ihm: »Es kommt mir vielmehr so vor, ich lege Ihnen alle meine Vollkommenheiten demutsvoll zu Füßen, Sie aber treten darauf, als wären es Pflastersteine, weil Sie es aber mit vielem Anstand und mit sehr zierlichen Füßen tun, so läßt man sich dergleichen noch gefallen.«

Karoline von Günderode konnte in diesem Jahr 1804 jedoch auch ihr Selbstbewußtsein ein wenig aufpolieren. Unter dem Pseudonym »Tian« war ein Band *Gedichte und Phantasien* erschienen, der Aufmerksamkeit fand und auch schon bald ihr als Verfasserin zugeschrieben wurde. Klangen die Kritiken auch nicht immer freundlich, so war man doch erstaunt, die Günderode als Verfasserin zu entdecken. Hierzu zählte auch Clemens Brentano, der die Veröffentlichung zum Anlaß nahm, mit Karoline, die ihm nicht gerade sehr wohlgesonnen war, wieder in Verbindung zu treten.

Karoline von Günderode galt nun als Dichterin, und als solche machte sie 1804 in Heidelberg auch die Bekanntschaft des soeben dorthin berufenen Altertumswissenschaftlers Georg Friedrich Creuzer (1771–1858), der für sie zum Schicksal werden sollte. Aus einem Schreiben ihrer Freundin Lisette Nees von Esenbeck aus dem August dieses Jahres geht hervor, daß seitens Karoline hier schon davon die Rede war, einen Freund gefunden zu haben, der sie liebe und verstehe. Friedrich Creuzer war seit 1799 mit der 1758 geborenen Sophie Leske, Witwe des in Marburg 1786 verstorbenen Professors der Naturgeschichte Nathanael Gottfried Leske, verheiratet, die ihre Tochter Lorchen und einen Sohn mit in die Ehe gebracht hatte.

Dieses Mal war es der Mann, der in leidenschaftlicher Liebe entbrannte, und Karoline empfand es als ein Geschenk, daß jemand sie liebe und verstehe. Wenige Wochen später schon offenbarte sich Creuzer seiner Frau und bat sie, ihn freizugeben. Es hatte zunächst den Anschein, daß sie bereit wäre, hierauf einzugehen, was Creuzer so auch gleich weitergab. Wenn man innerhalb der eigenen vier Wände auch auf Distanz ging, machte sich Creuzer hier jedoch Illusionen, von endgültiger Trennung war keine Rede. So war die Verbindung zu Karoline von Günderode von vornherein mit einer schweren Hypothek belastet, und alle Freunde betrachteten sie mit großer Skepsis. Da die Briefe Karolines an Creuzer nicht erhalten geblieben sind, können ihre Hoffnungen, Zweifel und Gefühle der Zuneigung nur aus den brieflichen Zeugnissen Creuzers erahnt werden. Mag Karoline in der Nähe dieses Mannes auch von tiefer Liebe ergriffen sein – keiner war ihr bisher so nahe gekommen wie Creuzer –, spricht sie doch nur von »Gutsein«, »Vertrauen« und nicht von Liebe. Und Creuzer verrenkt sich mit Worten, die ihr suggerieren sollen, daß er sie zur Ehefrau haben wolle, während unterschwellig das ihn nicht verlassende Gefühl der Verpflichtung gegenüber der angetrauten Frau als Mahnung bleibt. Und nicht nur das.

Am 6. November 1804 erklärt er Savigny, dem er aus Studienzeiten verpflichtet war, in einem Brief, daß er bei seiner Ehefrau bleiben werde, obwohl er Karoline sehr liebe. Und auch Karoline schreibt Savigny, daß sie Creuzer zwar mehr angehöre als allen anderen Menschen, daß sie in ihrem Gemüt jedoch keine Möglichkeit finde, ihn zu heiraten. Nachdem Creuzer schließlich um Briefe nur noch auf geheimen Wegen bittet, damit seiner Frau nicht das Fortbestehen dieser Verbindung sichtbar wird, schreibt Karoline ihm am 30. November 1804: »Ich habe keine Ansprüche an Sie ... dies ist mein letzter Brief«, was dann allerdings nicht ausschloß, daß ihm noch viele weitere folgten, voller Leidenschaft, voller Dramatik, mit Vorwürfen und Entsagung.

War Lisette Nees von Esenbeck Karoline eine Freundin, der sie ihre Herzenswirren mitteilen konnte, so erwuchs ihr in der nun herangewachsenen Bettine Brentano auf anderer Ebene eine allerdings nicht immer problemlose Partnerin. Es war eine Freundschaft, die bis in das letzte Lebensjahr der Karoline reichte und von Bettine zu dem umfangreichen Buch *Die Günderode* verarbeitet wurde, die aber auch in ihr Goethe-Buch Eingang gefunden hat. Mag Bettine später vieles in ihrer lockeren Art variiert und unsystematisch zusammengestellt haben, werden dennoch auch andere Seiten im Wesen der Karoline sichtbar, vor allem ihr Wissen, aber auch manche ihrer Lebensumstände. Letztlich waren die letzten zwei bis drei Jahre der Karoline auf diese Weise nicht alleine mit der dramatischen Verbindung zu Creuzer ausgefüllt, wenn auch durch sie geprägt.

Das Verhältnis Bettine/Karoline hatte über eine lange Zeit etwas von einem Lehrer-Schüler-Verhältnis an sich, wenigstens erklärte sich Bettine zur Lernenden. In Frankfurt ging sie beinahe täglich zu Karoline ins Stift, um mit ihr Geschichts- und Philosophiestudien zu betreiben, bis Bettine im Fieber von Absolutismus, Dualismus und ähnlichen Dingen phantasierte. Was Bettine von Karoline an philosophischen und mystischen Gedanken zu hören und zu lesen bekam, so etwa, daß sie mit ihren Gespielinnen den Mond umwallen wollte oder meinte, nicht mehr ich zu sein, entsprach nicht ihrer mehr realistischen Vorstellungswelt. Bettine erzählte lieber von den Menschen, die ihr begegneten, von Rosen, gelben Lilien, von Rittersporn und Lavendel. Und auf diese Weise ist sie auch Karoline eine Lehrerin gewesen, ihr »Eckchen Sonne, das mich erwärmt, wenn überall sonst der Frost mich befällt«, wie die Freundin ihr in düsteren Stunden schreibt.

Im Frühjahr 1805 häufen sich in Karolines Briefen an Creuzer, die leider nicht erhalten sind, Andeutungen über ein Nicht-mehr-leben-Wollen, mit denen sich der Vertraute auseinandersetzen muß, wie aus seinen Antwortschreiben hervorgeht. Daß er als Universitätsprofessor seine Gedanken auch auf andere Dinge richtet und ihr hierüber berichtet, legt sie ihm als Ausweichen und Ablenken von ihrer Liebesbeziehung aus. Selbst den gemeinsamen Tod hält sie ihm vor: »Einst schien Ihnen der Gedanke sehr wert, mit mir zu sterben.« So windet sich Creuzer in seinen ständig das Du mit dem Sie und das Sie mit dem Du vertauschenden Briefen und versucht, seine Situation damit zu erklären, daß er »durch die Bürgerlichkeit von so vielen Seiten eingekerkert« sei.

Karoline trug den Keim des Todes bereits in sich. Im April 1805 berichtet Bettine ihrem Schwager Savigny zwar, daß das »gute Günderödchen« ihr das sei, was die Krücke einem Lahmen, aber auch, daß Karoline seit einiger Zeit kränklich sei und die alten Jungfern ihr den Tod prophezeien würden. Mochten sie es auch nicht wahrhaben, Creuzer hatte sich im tiefen Innern bereits zur Gemeinsamkeit mit seiner Ehefrau und deren Tochter Lorchen entschieden. Wie sonst hätte er immer wieder auf die Geheimhaltung der Korrespondenz gedrängt? Zu glauben, er könne, von seiner Frau toleriert, dennoch eine Basis für die Erhaltung der liebevollen Bindung zu Karoline finden, entsprach dem männlichen Wunsch, der die Empfindlichkeiten der Ehefrau außer Betracht ließ.

Von seiner dreizehn Jahre älteren Frau Sophie, die er in Marburg in spontaner Zuneigung geehelicht hatte, wissen wir leider zuwenig, um uns ein Bild über diese Ehe zu machen. Sophie war sich darüber im klaren, daß sie eigentlich für den Vierunddreißigjährigen schon zu alt war, und offensichtlich gab es eine gewisse Bereitschaft zurückzutreten. Man trennte sich von Tisch und Bett, was Creuzer sofort zum Anlaß nahm, Karoline den Eindruck einer endgültigen Trennung zu vermitteln. Selbst wenn man zu diesem Entschluß gekommen wäre, gab es jedoch so viele Unwägbarkeiten, die nur widerwillig diskutiert wurden. Zunächst wäre es notwendig gewesen, daß die Ehefrau Sophie schriftlich in eine Trennung einwilligt. Des weiteren hätte man einen obrigkeitlichen Dissens seitens des Fürsten herbeiführen müssen, wobei es nach den damals gültigen Gesetzen fraglich war, ob eine Wiederheirat gestattet wurde. Des weiteren hatte Sophie ihren Mann in aller Deutlichkeit wissen lassen, daß ihre Versorgung für die Zukunft sichergestellt sein müsse, einschließlich seiner Pension im Todesfall. Tropfenweise nur erklärte Creuzer Karoline all diese Unwägbarkeiten.

Das Verhalten Creuzers war unredlich, und das mußte er sich auch von seinen Freunden sagen lassen. In seiner Stellung als Universitätsprofessor stand er im Blickpunkt der Öffentlichkeit. Und schließlich mußte er sich fragen, ob Karoline in der Lage wäre, ihm eine umsichtige Ehefrau zu sein. Indem er alle diese Probleme immer wieder beiseite schob, handelte er in seiner Hinnahme der Leidenschaft in der Beziehung zu Karoline unkorrekt. Man darf Karoline glauben, daß sie ein Verhalten Creuzers ähnlich dem des liebend geschätzten Savigny ertragen hätte, also eine fortdauernde enge Freundschaft. Hierzu wäre auch Sophie Creuzer nach Lage der Dinge offensichtlich bereit gewesen, gab es doch Phasen, da selbst Sophie und Karoline Briefe wechselten. Creuzer war es, der Karoline, sich selbst betrügend, stets von neuem die Möglichkeit einer ständigen Verbindung vorgaukelte. Und bezeichnend ist, daß er, als die Verbindung ihr tragisches Ende gefunden hat, darauf drängte, daß gewisse Briefe seiner Korrespondenz mit Karoline vernichtet würden, wahrscheinlich vor allem diejenigen, aus deren Inhalt ihm ein schuldhaftes Verhalten angelastet werden konnte.

Karolines Leben nahm in diesem letzten Lebensjahr sozusagen auf drei Ebenen seinen Lauf. Da war die Tragödie mit Creuzer, die, wenn sie nicht zu einem so tragischen Ende geführt hätte, mehr eine Tragikomödie gewesen wäre. Zum anderen gab es Karolines literarischen Versuche, die auch in dieser Zeit ihren Fortgang nahmen. Ihr Drama *Mahomet*, von ihren Freunden mit distanziertem Wohlwollen aufgenommen, war letztlich ein nicht ernstgenommenes Werk, das von außen entsprechend beurteilt wurde. Und drittens blieb ihr die Verbindung zur Freundin Lisette Nees von Esenbeck und vor allem zu Bettine Brentano, der sie vergeblich eine ernstere Einstellung zur Notwendigkeit der Erweiterung des persönlichen Wissens und zu den Dingen des Lebens zu vermitteln versuchte. Und auf allen diesen Ebenen sah sich Karoline Schiffbruch erleiden.

Lesen wir Bettines weitschweifige, nur so heraussprudelnde

Briefe an Karoline und all die reservierten Antworten der Adressatin, erleben wir einen Kontrast der Lebensauffassung, wie er ausgeprägter kaum denkbar ist. Bettines Lebensphilosophie mit ihrer, wie sie es nennt, »Schwebereligion« ist einfach umwerfend. Dazu gehören Maximen wie: »Was soll ich lernen, was andere schon wissen, das geht ja doch nicht verloren?« Oder: »Gebildete Menschen sind die witzlosesten Erscheinungen unter der Sonne.« Oder daß sie geboren sei, »um nicht so zu sein wie die anderen«. Und zu ihren Glaubenssätzen zählte der Vorsatz: »Von mir soll niemand hören, ich sei unglücklich.« Man möchte nur einen Satz in Karolines Briefen finden, der ein bißchen von dieser im Grunde positiven Lebenseinstellung erkennen ließe. Statt dessen macht sie leidvolle Gedichte:

Ist alles stumm und leer,
Nichts macht mir Freude mehr,
Düfte, sie düften nicht,
Lüfte, sie lüften nicht,
Mein Herz ist so schwer!

Und ihre Liebe beweint sie mit den Versen:

Kann Lieb' so unlieb sein,
Von mir so fern, was mein? –
Kann Lust so schmerzlich sein,
Untreu so herzlich sein? –
O Wonn', o Pein.

Sie spricht vom »immer krank sein an Zagen und Zaudern«, und Bettine zitiert sie mit den Worten: »Recht viel wissen, recht viel lernen, und nur die Jugend nicht überleben. – Recht früh sterben!« Da hilft auch Bettines Eloge auf das Jungsein nichts und die Mahnung, die Jugend hinüberzutragen ins Alter.

Verständnislos und voller Entsetzen hatte Bettine den Dolch

gesehen, den Karoline in ihrem Zimmer aufbewahrte. Und immer hatte sie das Gefühl gehabt, Karoline vor Unheil bewahren zu müssen, hatte sie sich doch von Karoline die Stelle unter der Brust zeigen lassen müssen, an der ein Stich tödlich wäre. In ihrem Goethe-Buch läßt Bettine die enge Verbindung mit Karoline nochmals Revue passieren mit der Erinnerung: »Sie erzählte mir wenig von ihren sonstigen Angelegenheiten, ich wußte nicht, in welchen Verbindungen sie noch außer mir war; sie hatte mir zwar von Daub in Heidelberg gesprochen und auch von Creuzer, aber ich wußte von keinem, ob er ihr lieber sei als der andere ...«

Und dann ereignete sich die nicht nachzuvollziehende Brüskierung der Bettine durch Karoline, deren Ursache Creuzer war. Während Bettine sich bei ihrer Schwester Gundel und Schwager Savigny in Marburg aufhielt, von wo sie Karoline seitenlange Episteln über ihr dortiges Treiben geschrieben hatte, war Creuzer zu Besuch gekommen. Als Bettine hier bemerkte, daß er von Karoline in einer Weise sprach, die Ansprüche an deren Liebe erkennen ließ, muß sie ihm, vielleicht ein wenig aus Eifersucht, in ihrer unbeherrschten Art gegenübergetreten sein. Die Folge war, daß Creuzer von Karoline mit Bestimmtheit verlangte, jegliche Verbindung zu Bettine abzubrechen. Und Karoline war so verblendet, diesem Ansinnen Folge zu leisten, ihr eigenes Befinden damit nur noch weiter beeinträchtigend und letzte Barrieren zum Lebensüberdruß, die Bettines Unverwüstlichkeit sein konnten, niederreißend. Bettine war tief getroffen, mußte sie sich doch der abweisenden Haltung Karolines beugen.

In welche Netze Karoline sich verstrickt hatte, macht eines der letzten Schreiben Creuzers deutlich (23. Juni 1806), in dem er auf den Zwist mit Bettine eingeht: »Daß das Weinen der Bettine dir schmerzlich war, begreife ich und ich fühle wie ich Veranlassung bin. – Aber in sich verstehe ich dieses Weinen nicht. Zum Weinen hätte sie freilich Ursache genug. Sie könnte darüber weinen, sollte es sogar, daß sie eine Brentano geboren ist, ferner daß Clemens ihren ersten Informator gemacht, ingleichem und folglich, daß sie egoistisch ist (und kokett und faul) und entfremdet von allem, was liebenswürdig heißt ...«

Karoline, die sich letztlich Creuzer völlig ausgeliefert hatte, mochte noch Forderungen an ihn stellen, Creuzer war jedoch zu nichts anderem mehr in der Lage, als ihr seine Liebe zu versichern, zugleich aber auch deutlich zu machen, daß er seiner Empfindung gegen sie »ein Maß setzen« müsse. Im Juli 1806 reiste Karoline zu ihren Freundinnen Servière nach Winkel am Rhein. Dort sollte Creuzer sie besuchen. Mitte Juli wurde er jedoch schwerkrank, wozu nicht zuletzt die andauernde Belastung durch die unerquicklichen Beziehungsprobleme beigetragen hatte. Hier war er nun auf die Betreuung durch seine Ehefrau angewiesen, welche die Pflege ohne Vorbehalte treusorgend übernahm, was Creuzer nun endgültig zu der Überzeugung brachte, daß sein Platz an der Seite dieser Frau sei. Er beauftragte seinen Freund Carl Daub, Nachricht an Karoline zu übermitteln, daß er das Verhältnis zu ihr als aufgehoben betrachte.

Daub gab diese Nachricht weiter an Karolines Freundin Susanne von Heyden, damit sie Karoline diese Entscheidung schonend beibringe. Frau von Heyden übersandte das Daub-Schreiben daraufhin an Frau Servière. Diese Sendung wurde jedoch von Karoline, die auf Nachricht von Creuzer wartete, abgefangen, so daß ihr der Creuzer-Entscheid unvorbereitet in die Hände fiel.

So als ob sie nichts anderes erwartet hätte, reagierte sie auf diese Nachricht ohne für ihre Umgebung sichtbare Emotionen. Am Abend verabschiedete sie sich zu einem Spaziergang, den sie alleine zu unternehmen wünschte, ging zum Rhein und stieß sich am Ufer des Flusses den langgehegten Dolch ins Herz.

Ende eines schwerblütigen jungen Mädchens, das den Anforderungen des Lebens nicht gewachsen war. Mag ihr die Tragödie um Creuzer auch den Todesstoß verursacht haben, bei dieser Mentalität hätten ihr wahrscheinlich auch andere Ursachen den Lebenswillen gebrochen. Die dichterische Begabung war ihr keine ausreichende Stütze für die labile Psyche. In den Literaturgeschichten lebt Karoline von Günderode fort mit kleinen Notizen über ihre Gedichte und dramatischen Versuche. Immer steht jedoch ihre unglückliche Liebesbeziehung und ihr tragischer Tod im Vordergrund allen Erinnerns.

Charlotte Willhöft
(Stieglitz)

Alle diejenigen, welche die zurückhaltende Karoline Günderode gekannt hatten, waren von ihrem tragischen Ende tief betroffen, sahen auf der anderen Seite jedoch auch die Verstrickung, in die Karoline durch ihr glückloses Verhältnis zu Creuzer geraten war, eine Verstrickung, der auf honorige Weise zu entkommen immer auswegloser geworden war. Für Creuzer ist der Tod beinahe so etwas wie eine Erlösung gewesen. Nachdem er sich von seiner Krankheit erholt hatte, konnte er sich wieder unbelastet seiner wissenschaftlichen Arbeit widmen, und er erreichte ebenso wie seine Ehefrau Sophie ein hohes Alter.

Die Ahnungen der ehemaligen Freundin Bettine waren zur Realität geworden. Für die Handlungsweise der Karoline hatte sie jedoch kein Verständnis, lag diese doch völlig außerhalb ihres Denkens und ihrer Lebenseinstellung. In der Rolle der Verstoßenen konnte ihr so nur noch Karolines Weg in den Tod nahegehen, nicht jedoch der Verlust einer Freundin, die Karoline der Bettine nicht mehr sein wollte. Erst vierunddreißig

Jahre später kam sie auf ihre Verbindung zu Karoline zurück, als sie ihren Briefwechsel mit der damaligen Freundin zu ihrem Günderode-Buch verarbeitete.

Natürlich nahm auch die Öffentlichkeit von dem Selbstmord Notiz. Letztlich war es jedoch mehr ein regionales, vor allem für Insider außergewöhnliches Ereignis, ganz im Gegensatz zu dem Tod einer anderen jungen Frau, die sich achtundzwanzig Jahre später das Leben nahm: Charlotte Stieglitz.

Der freiwillige Tod ist in dieser Epoche des Umbruchs (und nach Goethes *Werther*) nicht unbedingt etwas Außergewöhnliches gewesen. Auch die Dichterin Louise Brachmann (1777–1829) hatte sich das Leben genommen. Hektor Bouterwek, Sohn des Göttinger Altphilologen Friedrich Bouterwek, den auch Heinrich Stieglitz kennengelernt hatte, stirbt 1829 durch Freitod. Und im Jahre 1831 setzte der Schriftsteller Daniel Leßmann seinem Leben ein Ende, nicht zu reden von dem tragischen Freitod Heinrich von Kleists zusammen mit Henriette Vogel.

Die Dozentin für Kultursoziologie an der Frankfurter Universität, Ulrike Prokop, glaubt in einem Aufsatz über *Geschlechterkonflikt und literarische Produktion um 1770* eine Krisensituation der jungen Frauen in der zweiten Hälfte des 18. Jahrhunderts feststellen zu können. Gemäß ihrer Darstellung sei »allein im direkten Umkreis der Frankfurter und Darmstädter Zirkel der jungen Intelligenz« ein »hohes Ausmaß an psychischen Leiden bei den jungen Frauen« festzustellen. Und die Autorin hat für diese Behauptung auch ihre Namen und Beispiele parat. Nur die Stringenz ist nicht immer einleuchtend, wenn sie die Ursachen in einer »widersprüchlichen Lebenssituation in der Zeit des ›Sturm und Drang‹« sieht, während die vorhergegangene Generation schöpferische Autorinnen wie die Gottschedin, die Neuberin oder Sophie von La Roche hervorgebracht habe.

»Schöpferische Autorinnen« finden wir auch in der zweiten Hälfte des 18. Jahrhunderts. Geändert hat sich jedoch – und das vielleicht in nicht geringem Umfang durch das Wirken der vorgenannten Frauen – der Drang, aus der traditionell vorgegebenen patriarchalischen Ordnung auszuscheren, die nach wie vor die Gesellschaft prägte und unverändert verfochten wurde.

Wenn es nun ein relativ hohes Ausmaß an »psychischen Leiden« gegeben haben sollte, dann dürfte in nicht unerheblichem Umfang die Einsicht in persönliches Unvermögen die Ursache gewesen sein. Sich literarisch zu exponieren war die erste und bis dahin auch beinahe einzige Möglichkeit zur Selbstverwirklichung und Selbstbestätigung der Frau außerhalb der Ehe, außerhalb der Hausfrauen- und Mutterrolle. Und an diesem zunehmenden Wollen scheiterten diejenigen, die für ihr Streben nicht auch das nötige Talent mitbrachten. Man kann dies als die »widersprüchliche Lebenssituation in der Zeit des ›Sturm und Drang‹« bezeichnen. Es wäre allerdings abzuwägen, ob nicht die schwüle Atmosphäre der nachfolgenden Zeit der Romantik in weit größerem Maße »psychisches Fehlverhalten« provozierte. Denken wir nur an das tragische Ende der Günderode, Stieglitz, Brachmann, Henriette Vogel und anderer, an die aus romantischem Gefühlsüberschwang vollzogenen Konversionen, an Stigmatismus und ähnliche religiöse und emotionale Verzückungen.

Sicherlich hatte das Ende des 18. Jahrhunderts die Bedeutung einer Übergangsphase. Erinnert sei an die eingangs zitierte Bemerkung der Durants über das »Schneegestöber emanzipierter Frauen«, eine absolut positive Betrachtung der Zeit, in der die Salons ein Ventil schufen, ehe in der Mitte des 19. Jahrhunderts der Damm, der gegen jegliche weibliche Emanzipation seit eh und je errichtet war, unter der sich manifestierenden Frauenbewegung zu brechen begann. Eine Bewegung, die den Frauen schließlich andere Betätigungsfelder außerhalb der Ehe und des Haushalts eröffnete. Noch waren es jedoch die Frauen im Umfeld der Literatur, die auf sich aufmerksam machten, und das – es bleibt eine Tatsache – so gut wie ausschließlich im Dunstkreis der Männer.

Daß der Freitod der Charlotte Stieglitz im Jahre 1834 so große

Aufmerksamkeit fand, hatte seine Ursache zum einen darin, daß er in einer Großstadt geschehen ist, in der die Kommunikation und Öffentlichkeit sehr lebhaft war, zum anderen, daß er sofort literarisch verarbeitet wurde, und das auch noch mit Zensurproblemen. Vor allem jedoch berührte die Mitmenschen, daß dieser Tod ein Opfertod gewesen sein soll, also nach den kolportierten Erklärungen seine Ursache nicht in persönlichen Problemen der Dahingegangenen gehabt habe, sondern in dem dezidierten Vermächtnis, daß sich die achtundzwanzigjährige Charlotte Stieglitz opfere, um ihren als Literat nicht sehr erfolgreichen Mann zu größeren Taten anzuspornen.

Charlotte Willhöft wurde am 18. Juni 1806 als zehntes Kind eines Kaufmanns in Hamburg geboren und verlor schon im gleichen Jahr ihren Vater. Aufgewachsen ist sie in Leipzig bei ihrer älteren verheirateten Schwester Juliane Sickmann. Dort besuchte sie die Bürgerschule, die sie 1821 als Fünfzehnjährige mit ansprechendem Zeugnis abschloß. Gemäß der Überlieferung war das protestantisch erzogene Kind sehr religiös. Sie wird als schüchtern und menschenscheu geschildert, aber auch von gewisser Heiterkeit. Als junges Mädchen hatte sie Gesangsunterricht erhalten, der sie zu öffentlichen Auftritten befähigte. In der Leipziger Thomaskirche war sie als Mitglied eines Musikvereins mit Solopartien in Haydns *Jahreszeiten* und Mozarts *Così fan tutte* zu hören.

Heinrich Stieglitz lernte die damals sechzehnjährige Charlotte im Jahr 1822 durch ihren ältesten Bruder kennen. Stieglitz war wegen politischer Unzuverlässigkeit und Verfassens eines patriotischen Gedichtes von der Universität Göttingen relegiert worden und nach Leipzig gekommen, um hier seine Studien fortzusetzen. Geboren am 22. Februar 1801 in Arolsen/Waldeck, war Heinrich Stieglitz fünf Jahre älter als Charlotte. Die jungen Menschen fanden offensichtlich spontan Gefallen aneinander, und schon wenige Monate später gaben sie sich mit einem inoffiziellen Verlöbnis ein Eheversprechen, dem drei Jahre später, nach der Promotion des Heinrich Stieglitz im

Jahre 1826, das offizielle Verlöbnis und im Jahre 1828 die Vermählung folgten, nachdem Stieglitz an der Königlichen Bibliothek und am Joachimstaler Gymnasium in Berlin eine Anstellung gefunden hatte.

Da Heinrich Stieglitz 1824 Leipzig verließ, um seine Studien in Berlin fortzusetzen und zum Abschluß zu bringen, mußte sich das junge Paar schon früh trennen, und ein reger Briefwechsel sorgte dafür, daß die Verbindung nicht abriß. Dieser Briefwechsel ist es, der authentisch über die Befindlichkeiten der jungen Leute Aufschluß gibt. Alles, was später zu Papier gebracht wurde – das Erinnerungsbuch von Theodor Mundt, *Charlotte Stieglitz. Ein Denkmal,* und die unvollendet gebliebene *Selbstbiographie* von Heinrich Stieglitz –, sind subjektive Betrachtungen, die nur schwer die wahren Gründe des kaum nachvollziehbaren Todeswillens der Charlotte Stieglitz erkennen lassen.

Natürlich können auch hier ihre Motive nicht ergründet werden. Es fragt sich allerdings, warum diese Selbsttötung so großes Aufsehen erregte und der Fall immer wieder aufgegriffen wurde. Charlotte Stieglitz war keine Persönlichkeit von der Art der Karoline Günderode, und zur Literaturgeschichte gehört sie nur als Ehefrau des Heinrich Stieglitz. Und auch das letztlich nur durch ihren »Opfertod«. Die Frauen, die auf diesen Seiten Revue passieren lassen, haben zumindest durch ihre umfangreiche und zum großen Teil auch literarisch bedeutsame Korrespondenz Aufmerksamkeit verdient, ebenso wie durch ihre vielfach bewiesene Eigenständigkeit, die ja vor allem den Beweggrund dafür liefert, daß wir uns mit ihnen als Vorreiterinnen einer veränderten Stellung der Frau in der Gesellschaft beschäftigen.

Die Gemeinsamkeit des Paares Charlotte und Heinrich stand von vornherein unter keinem günstigen Stern. Heinrich war ein unsteter Geist. In seiner später verfaßten Selbstbiographie spricht er von seinen »weit ausgreifend jugendlichen Träumen« und dem Plan, »frei von den Fesseln eines ehelichen Bandes durch das Leben zu schreiten und künftig einmal auf weiten Reisen, oder auch wohl in Kämpfen meine Kräfte zu üben. Griechenland und der Orient schwebten mir hierbei besonders lebhaft vor.« Traumhafte und überhitzte Vorstellungen seiner dichterischen Schaffenskraft, deren Haltlosigkeit sich einzugestehen er nicht den Weg fand, führen zu krankhaften Psychosen, und immer wieder muß er seiner Braut in den zahllosen von ihm geschriebenen Briefen über seine Niedergeschlagenheit, seine Arbeitsunfähigkeit und seine Schaffenskrisen berichten.

Charlotte auf der anderen Seite war von jungmädchenhafter Scheu, mit Idealvorstellungen einer liebenden Frau, die sie ihrem künftigen Mann glaubte sein zu können. Als sie sich im Alter von sechzehn Jahren dem einundzwanzigjährigen Heinrich Stieglitz versprach, war sie viel zu jung, um die Entscheidung für ihren künftigen Lebensweg treffen zu können. So war ihre Jungmädchenzeit allein auf die Gemeinsamkeit mit dem wenig gefestigten Mann ausgerichtet, ohne daß ihr bewußt sein konnte, welche Anforderungen das Leben an sie stellen würde.

Die Verbindung des Paares bestand in den ersten Jahren beinahe ausschließlich aus der regen Korrespondenz, die aber weit weg von aller Realität überwiegend schwärmerische Liebesbeteuerungen zum Inhalt hatte, wenn es nicht die Klagen des sich mit seinem dichterischen Schaffen abmühenden Heinrich Stieglitz waren, denen Charlotte wiederum ihren Glauben an seine Fähigkeiten entgegenzusetzen versuchte. Wenn Stieglitz versicherte, wie er seiner heimlichen Braut im August 1825 schrieb, an ihrer Seite Ruhe zu finden, und wenn er beteuert: »Teures Leben, ja, ich werde Dich beglücken«, so ist dieser Beteuerung bereits die Einschränkung hinzugefügt: »Aber Du wirst an mir viel zu tun bekommen. Einen Fehler, der in dem Gedanken an Dich oft mich bitter schmerzt, kann ich dir nicht verhehlen: Ungleichheit der Stimmung.«

Wie die Briefe verraten, hat es offensichtlich bereits in diesem frühen Stadium der Verbindung Tränen gegeben. Und trotz der Beschwörung »inniger Liebe« seitens des Bräutigams lassen jetzt schon Äußerungen, wie »aber immer wird der Teufel doch nicht schlummern, und Du Engel wirst mehr als einmal Geduld üben müssen«, Böses ahnen. Charlotte aber hatte keinen anderen Gedanken, als das Tun ihres künftigen Mannes an seiner Seite zu fördern, abgesehen davon, daß sie sich bei allem Wohlwollen, das sie im Hause ihres Schwagers umgab, mit ihren seelischen Befindlichkeiten einsam fühlte. Im Jahre 1826 war ihre Schwester Julie gestorben und wenig später auch deren Kind, dessen Pflege ihr zugefallen war. »Ach, daß ich auch nur eine Seele hier hätte, die meine Freude zu teilen vermöchte! – aber nein, niemand ist hier, gegen den ich mich auch nur auszusprechen wagte, wenn es mir so recht warm ums Herz ist«, schreibt sie im Juli 1827.

Selbst die Briefe wenige Wochen vor der Hochzeit haben mehr die Probleme des sich überschätzenden Dichters als die Freude und die Vorbereitung der künftigen Gemeinsamkeit zum Inhalt. »Es ist hart, sehr hart, zu sehen, daß der, den man über alles gern glücklich wissen möchte, sein eigener Feind ist, sich beständig selbst quält«, schreibt Charlotte Heinrich im Februar 1828 aus Leipzig. Und wenige Tage später spricht sie »von trüben Ahnungen und Besorgnissen« um ihn.

Während die Braut sich so ständig Sorgen um das Wohlergehen ihres künftigen Mannes macht, scheint er sich kaum dafür zu interessieren, welche Sorgen sie möglicherweise bedrücken. So fühlte sich Charlotte veranlaßt, ihm zu sagen, »daß Du zuweilen keine Ahnung hast von dem, was mich so tief bewegte, und wie sich in einem kurzen Zeitraume so sonderbare Gedanken und Empfindungen durchkreuzten, die für die Gegenwart und Zukunft nicht ohne Einfluß sind«. Die Hoffnung aber, daß sich künftig »das so nach und nach in Deiner Nähe alles lösen« werde, war trügerisch. Und auch die Versicherung in ihrem Brief vom 16. Juli 1827: »Solange ich Dich habe, solange Du mich liebst, soll nichts mich gänzlich niederbeugen können, mag auch künftig kommen, was da will. Das verspreche ich Dir«, hatte einige Jahre später ihre Gültigkeit verloren.

Zunächst setzte sich in Charlotte der Gedanke fest, daß sie dazu beitragen müsse, ihrem künftigen Mann schöpferisches Arbeiten zu ermöglichen. Übrigens ein Gedanke, der auch Bettine von Arnim, allerdings auf positivere Weise, bewegte, hatte sie doch immer wieder darauf gedrängt, daß Achim von Arnim aus seiner bäuerlichen Umgebung herauskomme und sich seinen literarischen Arbeiten widme. Dieses Streben für ihren Mann dazusein und seine literarische Arbeit zu fördern, war Charlotte nach der Vermählung am 20. Juli 1828 Lebensinhalt. Über die kleine Hochzeitsreise berichtet Mundt in seinem *Denkmal* (sicherlich hat ihm dies Charlotte anvertraut), daß sie den Beginn der Flitterwochen als »eine Herzerstarrung vor der Wirklichkeit« empfunden habe. Mag dieses Gefühl auch nicht nur Charlotte ergriffen haben – man darf vermuten, daß es viele andere junge Frauen ebenso bewegte, die wenig vorbereitet in die Ehe gegangen sind –, die »Wirklichkeit« hatte für dieses junge Paar zuvor jedoch eine zu geringe Rolle gespielt, so daß sie hier schon als bedrückend empfunden werden mußte.

Aus diesen Tagen stammte auch der Dolch, der später eine so grausige Rolle spielen sollte. Charlotte schenkte ihn ihrem Verlobten als Schutzwaffe für die bevorstehende kleine Hochzeitsreise, und Heinrich befestigte die Waffe als Erinnerung im Berliner Heim an der Wand.

Das eine und andere über die Ehejahre erfährt man, außer aus den Briefen, die auch jetzt noch bei gelegentlicher Trennung des Paares geschrieben wurden, aus der Korrespondenz mit dem sehr geschätzten Petersburger Onkel Ludwig Stieglitz und mit Theodor Mundt sowie aus erhalten gebliebenen Tagebuchaufzeichnungen. Der zwei Jahre jüngere Theodor Mundt war, nachdem er die Eheleute 1831/32 kennengelernt hatte, zu einem Vertrauten des Stieglitz-Paares und insbesondere der jungen Frau geworden. Oft spricht er von »wir Drei«. 1833 widmete er Charlotte seine unter dem Titel *Kritische Wälder* erschienene Sammlung essayistischer Arbeiten. Er wird zum freundschaftlichen Ratgeber der beiden; im Verkehr mit Heinrich das Du verwendend, Charlotte jedoch bis zu ihrem Tod in distanzierter Freundschaft mit Sie anredend. Mundt mußte helfen, wo es ging. So übersandte Charlotte ihm im Mai 1834 die Abfassung einer Eingabe an das Ministerium mit dem Antrag, Stieglitz aus dem Bibliotheksdienst zu entlassen, zur Korrektur.

In seinem *Denkmal* malte Mundt ein euphorisches Bild der Charlotte, sowohl was ihre äußere Erscheinung anbelangt als auch hinsichtlich ihrer Charaktereigenschaften. Als er diese Schrift schon bald nach dem Tode Charlottes herausgab, konnte er zwar auch auf Unterlagen zurückgreifen, die ihm Heinrich Stieglitz überließ, mußte sich allerdings auch den von Stieglitz gewünschten Streichungen und Beschönigungsversuchen widersetzen, was schließlich zum Bruch der Freundschaft führte.

Aus der Kenntnis der Eheverhältnisse heraus finden sich in seinem Erinnerungsbuch, wenn er über die Gemeinsamkeit der beiden Gatten in bezug auf Heinrichs literarische Arbeit spricht, verräterische Sentenzen, wie »bei fast gänzlicher Entsagung aller andern Beziehungen der Ehe«. Daß die Ehe kinderlos bleibt, erscheint so nicht verwunderlich. Charlotte äußert sich zu diesem Thema im Dezember 1832 in einem Schreiben an Heinrichs Petersburger Onkel, Baron Ludwig Stieglitz, der im übrigen immer wieder finanzielle Hilfe leisten mußte: »Weiß ich es doch dem Himmel Dank, daß er uns keine Kinder gibt; ja ich sehe das Entbehren dieses von vielen so heiß ersehnten Glücks als einen Fingerzeig der einzigen Möglichkeit seiner geistigen Freistellung an.«

Seiner Tätigkeit in Schule und Bibliothek geht Stieglitz nur widerwillig nach, was sich immer wieder abträglich auf sein Befinden auswirkt. Daß die Ehe unter diesen Umständen ständig unter Spannung steht, will Charlotte nicht wahrhaben. Alles dreht sich um die literarischen Ambitionen ihres Mannes und um die Probleme seiner beruflichen Tätigkeit, die ihn vermeintlich von schöpferischer Arbeit abhält. Als sie im Sommer 1833 in St. Petersburg weilte und Heinrich nach Moskau weitergereist war beteuert sie ihm wie so oft: »O, Dich glücklich wissen, glücklich und befriedigt im Streben und im Leben, das ist mein Glück, mein Frieden, das die Seelennahrung, an der ich zehre, in der ich gedeihe!« Immer wieder hat sie jedoch auch Ratschläge, Empfehlungen und Maßregeln für ihren Mann, und einmal bittet sie ihn, dem »kleinen Schulmeister sein Altklugtun zu verzeihen«. Hin und wieder scheint sie tatsächlich mit ihrer Vorsorge des Guten zuviel zu tun, so wie mütterliche Vorsorge ein Kind durch Lob zum Schaffen ermuntert. Das wird dann gewürzt mit Phrasen, wie »mein unermüdet Werdender«, »Du Unbändiger, jedesmal vom Stoff Beherrschter«, »Du unersättlicher Abenteurer« usw.

Im Berliner Zusammenleben wird Stieglitz jedoch physisch und psychisch immer labiler, so daß Charlotte sich ratsuchend an den Hannoveraner Obermedizinalrat Stieglitz wendet. Liest man ihre Schilderung der »Krankheits-«Symptome, fällt es allerdings schwer, hieraus organische Leiden zu erkennen: Die Züge seien »oft erschlafft«, das innere Auge scheint ihr »dann und wann verschleierter«. Sie spricht von »gänzlicher geistiger und körperlicher Abspannung«, von »Verdumpfung des Geistes« und so weiter.

Verzweifelt sucht Charlotte für ihren Mann Auswege aus dem Dilemma. Einmal meint sie gar: »Möchten Dir nur mehr Frauen so gefallen, daß Du lieber in Gesellschaft gingest und Dich da erheitertest und befreitest von dem oft zu starren einseitigen Drange des in sich selbst sich vertiefenden Stroms.« Und an anderer Stelle ist von ihr zu erfahren: »Du aber bist ein so ruheloser Geist im Leben, daß absolute Freiheit von allem Dich irgend Störenden mir allerdings Bedürfnis für dich scheint.«

Schließlich konnte Heinrich erreichen, von der Arbeit in der Bibliothek entbunden zu werden. Nun aber saß er zu Hause, und dem Paar waren keine Stunden des regenerierenden Eigenlebens mehr vergönnt. Hinzu kam, daß Stieglitz keinen Nutzen aus der ersehnten Befreiung von der beruflichen Tagesarbeit zu schöpferischer Tätigkeit ziehen konnte.

Charlotte sah die Entwicklung mit wachsender Resignation. Anfang September schreibt sie an Mundt: »Ich habe leider ein sehr gefährliches Verhältnis zur Welt; denke ich mir ein paar Menschen weg, so scheitere ich im eigentlichen Sinne *an* ihr, denn ich lebe dann nicht mehr *in* ihr.« Und am 13. Dezember 1834 heißt es: »Die alten niedergerungenen Dämonen entstehen wieder, mich mit glühenden Feueraugen doch nur zur tiefsten Ruhe zu verlocken!« Noch erklärt sie allerdings im gleichen Schreiben: »Ich werde wieder gleichmäßig allen Stürmen trotzen können.«

Die folgenden Tage sank die Stimmung jedoch unaufhörlich, und auch das Weihnachtsfest, welches man in der Familie des Hauswirtes verbrachte, trug nicht dazu bei, freudigere Gefühle aufkommen zu lassen. Charlotte schien nun den endgültigen Entschluß gefaßt zu haben, den Qualen, aus denen das sich im Prinzip liebevoll zugetane Paar keine Auswege fand, ein Ende zu bereiten. Nach Mundt erkundigte sie sich bei einem Freund, ob den Frauen durchaus kein Zutritt zu dem anatomischen Museum gestattet sei. Offensichtlich wollte sie sich über die genaue Lage des Herzens informieren (das zu wissen Karoline von Günderode viele Jahre vorher Bettine so stolz erklärt hatte). Am 26. Dezember schickte sie Mundt zusammen mit ein paar Zeilen noch eine kleine Lyra als nachträgliches Weihnachtsgeschenk: »Nehmen Sie, teurer Freund, mit einem innigen Festgruß beiliegendes kleines Andenken freundlich auf.« Unterschrieben hatte sie mit »Aus innigstem Herzen Ihre Freundin Charlotte Stieglitz«.

Der 29. Dezember sollte schließlich der letzte Tag der Charlotte Stieglitz sein. Am Abend waren Heinrich und Charlotte zu einem Kammerkonzert eingeladen. Unwohlsein vorgebend, bat Charlotte jedoch ihren Mann, alleine zu gehen. Als er das Haus verlassen hatte, schrieb sie auf einen großen Bogen einen Abschiedsgruß, gab dem Hausmädchen einige Aufträge, nahm den im Wohnzimmer hängenden Dolch von der Wand, entkleidete sich, ging in gewohnter Weise ins Bett und stieß sich den Dolch tief ins Herz, zog ihn wieder heraus und legte ihn neben sich. Obwohl sie keinen Schmerzenslaut von sich gab, hörte das in der nebenan liegenden Küche tätige Mädchen schließlich ein Röcheln.

Niemand konnte Charlotte noch helfen. Stieglitz kam kurz nach ihrem Ableben heim. Und auch Mundt wurde gerufen, der eine halbe Stunde später an ihrem Sterbebette niedersank. Unmittelbar nach ihrem Tod schrieb Mundt an seinen Freund Gustav Kühne: »Ich habe an ihr so viel verloren, daß ich es nicht sagen kann! Ich habe an ihr so viel besessen, als du nie ahnen konntest! Das Verhältnis zu ihr, das schönste, herrlichste, edelste, erhielt mich aufrecht und heiter ... Ich habe sie geliebt!«

Der Abschiedsbrief an ihren Mann lautete: »Unglücklicher konntest Du nicht werden, Vielgeliebter! Wohl aber glücklicher im wahrhaften Unglück! In dem Unglücklichsein liegt oft ein wunderbarer Segen, er wird sicher über dich kommen!!!! Wir litten beide ein Leiden, Du weißt es, wie ich in mir selber litt; nie komme ein Vorwurf über Dich, Du hast mich vielgeliebt! Es wird besser mit Dir werden, viel besser jetzt, warum? Ich fühle es, ohne Worte dafür zu haben. Wir werden uns einst wieder begegnen, freier, gelöster! Du aber wirst noch hier Dich herausleben und mußt Dich noch tüchtig in der Welt herumtummeln. Grüße alle, die ich liebte und die mich wiederliebten! Bis in alle Ewigkeit! Deine Charlotte. Zeige dich nicht schwach, sei ruhig und stark und groß!«

Ein bezeichnendes Licht auf das Zusammenleben des Paares werfen die Aufzeichnungen Heinrichs nach dem Tode seiner Frau: »Ich habe sie doch so geliebt, wie nur ein Mensch den Menschen lieben kann; ich habe nie geglaubt, daß man sich höher, inniger lieben könnte.« Dann aber schreibt er: »... wir strebten beide innigst und mit allen Kräften nach körperlosem; nur geistigem Angehören gegenseitig.« Und er meint, sicherlich zu Recht, daß dies das Leiden sei, »woran wir Beide litten«. Diese Absonderung von jeglicher Realität hatte Mundt in aller Deutlichkeit erkannt und auch die damit verbundenen Gefahren für die Beziehung des Paares. Noch Mitte Dezember 1834 empfahl er seinen Freunden in einem Schreiben an Charlotte: »Zwingen Sie sich doch Beide dazu, zuweilen eine Zeitung zu lesen! Dürfen Sie das Alles ignorieren, was im Osten und Westen vorgeht? ... Machen Sie die Tür auf und lassen Sie den gewaltigeren Luftstrom der Zeitbewegung durch die deutschen Dichterzimmer ein.«

Heinrich und Charlotte Stieglitz nahmen zwar in bescheidenem Umfang am gesellschaftlichen Leben Berlins teil. Auch hatten sie einige Reisen unternommen, so zum Beispiel zum Oheim nach St. Petersburg oder an die Ostsee. Im Prinzip schotteten sie sich jedoch von allem äußeren Geschehen ab. Nur auf dieser Ebene konnte der Gedanke eines »Opfertodes« reifen, fühlte sich Charlotte doch offensichtlich nur noch halb dem Tagesgeschehen zugehörig. Die qualvolle Selbsttötung erforderte zwar eine psychische Überwindung, die Trennung vom Erdendasein war für sie jedoch ein leichter Weg dorthin, wo sie schon lange ihre geistige Zugehörigkeit sah.

Daß es ein »Opfertod« war, wie es nicht zuletzt von Heinrich Stieglitz kolportiert wurde, wollte vor allem Mundt nicht gelten lassen. So hatte er seine Schwierigkeiten mit dem Abfassen seines Gedenkbuches, worüber er Kühne berichtet: »An meinem letzten Abschnitt über Charlottes Tod ritze ich mir jetzt stündlich und an jeder Silbe das Herz entzwei. Die Schwierigkeit, die Aufgabe auf diesem Punkt zu lösen, ist für mich grenzenlos, um so mehr, da ich dabei notwendig unwahr werden muß. Denn mit dem ›Opfertod‹, den der unselige und gottverlassene Stieglitz bereits zu einer Phrase gemacht hat, habe ich im innersten meiner Gedanken nie einverstanden sein können, und ich konnte es am allerwenigsten. Mein Verhältnis zu ihr kann und darf ich nicht darstellen, und doch spielt es nur zu bedeutsam auch in ihren – Tod hinein.«

Diese von Herzen kommenden Worte gaben schließlich zu allerlei Spekulationen Anlaß, zumal der ebenfalls literarisch tätige Kühne sie in eigenen Arbeiten verwertete. So mußte

Mundt schließlich klar machen: »Ich kenne keine geheimeren Motive von Charlottes Tod; ich wage keine zu kennen. Sie starb an ihrem Mann und an ihrem Herzen und an der Welt ...« Beinahe sah es so aus, daß Mundt von Kühne noch der Vorwurf gemacht wurde, er habe Charlottes sicherlich vorhandenes Liebesbedürfnis nicht gestillt.

Der wie Theodor Mundt zum sogenannten »Jungen Deutschland« zählende Karl Gutzkow, der den Tod der Charlotte Stieglitz in seinem 1835 erschienenen Roman *Wally, die Zweiflerin* verarbeitete, sprach in der Vorrede zu einer späteren Ausgabe (1852) von dem grauenvollen Tod, »der so ernst auch das Berliner ästhetische Teelöffelgeklapper unterbrach«. Und Wolfgang Menzel, der Starkritiker der ersten Hälfte des 19. Jahrhunderts und gehässige Wortführer einer Anti-Goethe-Kamarilla, glaubte sogar Gutzkow durch seine Werke eine Mitschuld an der Empfindsamkeit und damit am Tod der Charlotte Stieglitz anhängen zu können.

Welche Bandbreite die Betrachtungsweise der Literaturkritik hatte, die sich noch Jahrzehnte später mit dem Tod der Charlotte Stieglitz beschäftigte, macht ein Text des engstirnigen Literaturhistorikers Karl Barthel deutlich, der das *Denkmal*-Buch Mundts als dessen »fratzenhafteste Produktion« bezeichnet und von Mundt selbst sagt, er habe »ein emanzipiertes Weib, die geborene Louise Mühlbach, Verfasserin mehrer unsittlicher Romane, geheiratet«.

Karl Rosenkranz, Professor der Philosophie in Königsberg, charakterisierte Charlotte Stieglitz so: »Sie war mit ihrer weichen Seele, mit ihrem klugen Verstande, ihrem reinen Gemüte, ihrer echten Weiblichkeit ganz dazu geschaffen, einen Mann zu beglücken; doch dieser ganze Blumenregen der zartesten, aufopferndsten Liebe fiel in einen See, der dumpf und moorig geworden war.«

Die Heinrich Stieglitz verbliebenen Jahre sind schnell erzählt. Schon bald nach Charlottes Tod verließ er Berlin, wohnte eine Zeitlang in München und schließlich in Venedig, ohne sich nochmals verheiratet zu haben. In Italien wurde er am 23. August 1848 Opfer einer Choleraseuche. In der im vorigen Jahrhundert in vielen Auflagen erschienenen *Deutschen Litteraturgeschichte* von Robert Koenig heißt es über das literarische Schaffen von Heinrich Stieglitz: »seine matt empfindsamen ›Bilder des Orients‹ würden indes vielleicht schon völlig vergessen sein, wenn seine reicher begabte, aber krankhaft überspannte Frau, Charlotte, durch ihren von den Jungdeutschen verherrlichten Selbstmord nicht die Erinnerung daran festgehalten hätte.«

Und lassen wir auch Friedrich Hebbel noch zu Wort kommen, so hören wir: »Sie ging daran zugrunde, daß sie zugleich zuviel und zuwenig besaß; es wogte in ihr eine Überfülle von Liebe, und ihr gebrach die Kraft, diese Liebe auf sich selbst zurückzuwenden. Was Mundt über ihre geistige Bedeutsamkeit sagt, kann ich nicht bejahen: sie war in dieser Hinsicht sehr gewöhnlich, wenn ich nach den Tagebuchmitteilungen urteilen darf: gesundes Gefühl und wohlgeordneten Verstand, die beide meist das Rechte ergreifen, weiter keinen Deut.«

Charlotte Stieglitz war jedoch kein Objekt für das Seziermesser der Literaturhistoriker. Ihre Tragik war, nie und nimmer für einen so unsteten Mann wie Heinrich Stieglitz geschaffen gewesen zu sein.

Henriette de Lemos
(Herz)

Als Jean Paul endlich eine Frau gefunden hatte, mit der er bereit war, eine Ehe einzugehen (L. F. Caroline Mayer), und auf Brautschau ein wenig Berliner Luft geatmet hatte, schrieb er am 12. Januar 1801 an Karoline Herder: »Im Frühling bezieh' ich erst mein Hochzeitshaus; ich weiß aber nicht, in welcher Stadt es gebauet ist. Hier bleib' ich nicht. – Der Ton hier übertrifft an Unbefangenheit weit den Weimarschen. Der Adel vermengt sich hier mit dem Bürger, nicht wie Fett mit Wasser, auf welchem dieses immer oben schwimmt und äugelt, sondern sie sind innig vereinigt wie diese durch Laugensalz, woraus Seife entsteht. Gelehrte, Juden, Offiziere, Geheime Räte, Edelleute, kurz alles, was sich an anderen Orten (Weimar ausgenommen) die Hälse bricht, fället einander um diese und lebt wenigstens freundlich an Tee- und Eßtischen beisammen ...«
Die von Jean Paul so gescholtene Stadt hatte damals eine Einwohnerzahl von etwa 110 000 Menschen. Die Judenschaft wird in einer Reisebeschreibung der Zeit als »ansehnlich« bezeichnet. Für sie galten zwar eine Zuzugsbeschränkung und

auch etliche andere Eingrenzungen, etwa in bezug auf die zulässigen Berufstätigkeiten, ein Ghetto gab es jedoch nicht. An gleicher Stelle ist nachzulesen, daß es sehr reiche Juden in Berlin gebe. »Ihr Benehmen, besonders derjenigen, welche eine gute Erziehung genossen haben, ist fein und artig ... Oft sieht man es ihnen kaum an, daß sie Juden sind.« Weiter heißt es: »Das schöne Geschlecht der Israeliten spielt in Berlin eine große Rolle. Es gibt wirklich Schönheiten im eigentlichsten Sinne unter ihnen.« Und Graf von Mirabeau, der im Jahr 1786 in Berlin weilte, verwies in seiner 1788 erschienenen Schrift *Über die preußische Monarchie unter Friedrich dem Großen* auf die Verdienste von Moses Mendelssohn: »Ihm verdanken es die Juden Berlins, wenn sie frei sind von Vorurteilen. Sie sind ausgesprochene Freunde der Bildung.«

Und in diesem Berlin waren es die Salons der Henriette Herz und Rahel Varnhagen von Ense, die Geschichte gemacht haben als Kristallisationspunkte einer ganzen Epoche. Mögen die zeitlosen Werke deutscher Literatur der Klassik und Romantik auch auf dem geistigen Nährboden Weimars und Jenas gewachsen sein, die Verflechtungen aller Strömungen der Zeit wurden vor allem in den Berliner Salons sichtbar, dort diskutiert und reflektiert. Alle die Namen, die bisher bereits gefallen sind, tauchen auch dann auf, wenn von den Berliner Salons die Rede ist.

Es wäre müßig abzuwägen, welche der beiden Frauen als die bedeutendere zu bezeichnen sei. Der Briefwechsel der Rahel mag umfangreicher gewesen sein, ihre Vita wechselvoller und ereignisreicher und ihre Anteilnahme am geistigen Geschehen intensiver, abgesehen davon, daß sie in ihrem spät geheirateten Mann einen Prokurator gehabt hatte, der ihre Interessen bis über den Tod hinaus mit Nachdruck vertrat und ihr Andenken zelebrierte. Henriette Herz gebührt jedoch das Primat. Sie war die erste, die eine geistige Elite um sich scharte und damit die Geschichte der Berliner Salons einleitete. So sei die Chronologie als Maßstab genommen und zunächst der am 5. September 1764 geborenen Henriette de Lemos, die sieben Jahre vor Rahel das Licht der Welt erblickte, diese aber um vierzehn Jahre überlebte, Aufmerksamkeit geschenkt.

Was Jean Paul an Berlin mißfiel, war nicht ganz unrichtig gesehen. Das Geistesleben wurde geprägt durch die Strömungen der Aufklärung mit ihrem einflußreichen Vertreter Christoph Friedrich Nicolai (1733–1811), aber auch durch ein weitläufiges Philistertum, mit einem *Nationaltheater* unter Iffland, in dem sich Stückeschreiber wie Kotzebue produzieren konnten. In dieses bürgerliche Ambiente brach nun wie eine Sturmbö ein liberaler Geist ein, angefacht durch die aus Weimar und Jena nach Sturm und Drang und Klassik überbordende Romantik mit ihren Protagonisten Friedrich und August Wilhelm Schlegel, Clemens Brentano, Achim von Arnim und auch Jean Paul sowie Intellektuellen, wie Wilhelm von Humboldt und Friedrich Schleiermacher. Dieser neue Geist fand seine Heimstatt vor allem in den jüdischen Salons der Henriette Herz und Rahel Varnhagen, die schließlich zu den beliebtesten Treffpunkten einer breiten, aber auch differenzierten Gesellschaftsschicht wurden.

Friedrich Schleiermacher (1768–1834), selbst in jungen Jahren ein intensiver Besucher der beiden bedeutenden Salons, berichtete hierüber seiner Schwester Charlotte: »Daß junge Gelehrte und Elegants die hiesigen großen jüdischen Häuser fleißig besuchen, ist sehr natürlich, denn es sind bei weitem die reichsten bürgerlichen Familien hier, fast die einzigen, die ein öffentliches Haus halten, und bei denen man wegen ihrer ausgebreiteten Verbindungen in allen Ländern Fremde von allen Ständen antrifft.«

Henriette de Lemos war die Tochter des angesehenen Chefarztes am Jüdischen Krankenhaus in Berlin. Für ihre Bildung wurde einiges getan, und wie sie später selbst berichtet, galt sie als »klug«. An anderer Stelle sagte sie allerdings auch, man habe sie für klug gehalten, weil sie hübsch war. Letzteres hat sie immer wieder gerne betont. Schön war sie ohne Zweifel. Damit verband sich jedoch auch eine gewisse Eitelkeit schon im Kindesalter.

Der altjüdischen Sitte gemäß wurde Henriette bereits 1777 im Alter von nur zwölfeinhalb Jahren mit dem bekannten, 1747 geborenen Arzt und Philosophen Markus Herz verlobt, den sie als Fünfzehnjährige am 1. Dezember 1779 heiratete. Markus Herz war ein Schüler Kants in Königsberg. In Halle wurde er zum Doktor der Medizin promoviert. Nach seiner Niederlassung in Berlin hielt er in seiner Wohnung Vorlesungen über Philosophie und Experimentalphysik. Später, nach dem Tode seines Schwiegervaters de Lemos, wurde ihm die Leitung des Jüdischen Krankenhauses übertragen. Friedrich Wilhelm II. ernannte ihn schließlich zum ordentlichen Professor der Philosophie.

Das Haus des Markus Herz war auf diese Weise zunächst ein Treffpunkt wissenschaftlich interessierter Leute, Ärzte und Gelehrte. Selbst der Kronprinz, der spätere Friedrich Wilhelm III., war Gast. Die junge Frau des Markus Herz, die hin und wieder den gelehrten Versammlungen beiwohnte, interessierte sich jedoch mehr für schöngeistige Dinge, für die Literatur des Sturm und Drang und für die Werke Goethes. Schon bald gelang es ihr, jüngere, der Dichtkunst ergebene Menschen um sich zu scharen. Und Markus Herz ließ sie gewähren. Erzählt wird, daß Herz, der um die Deutung eines Goethe-Textes gebeten wurde, dem Frager gesagt habe: »Gehen Sie zu meiner Frau; die versteht die Kunst, Unsinn zu erklären!«

So finden sich zu den Teestunden der schönen Henriette Herz die jungen Leute ein, die für die geistigen Strömungen der Zeit aufgeschlossen sind: die Brüder Alexander und Wilhelm von Humboldt, der in Berlin weilende junge Carl von La Roche, Dorothea Veit und ihre Schwester Henriette. Besonders intensiv war die Verbindung der Henriette Herz zu dem neunzehnjährigen Wilhelm von Humboldt, der ihr auf eines ihrer Schreiben (die er im übrigen immer zurückzugeben hatte), antworten konnte: »O! meine Theuerste, ich bin von gewissen Seiten beneidenswerth glücklich, daß ich Sie gefunden, daß Sie mich lieben.« Und der seinerseits beteuerte: »Wie gerne hätte ich Ihnen schon öfter versichert, daß ich Sie gewiß ewig, ewig lieben werde.«

Und in diesem schwärmerischen Kreis erwuchs der Gedanke, sich in einem »Tugendbund« zusammenzuschließen, der im Zusammenhang mit Caroline von Dacheröden bereits Erwähnung gefunden hat, die ebenso wie Therese Heyne und Caroline von Lengefeld als assoziiertes Mitglied dem Bund angehörte. Henriette Herz deutete ihn wie folgt: »Zweck dieses Bundes, einer Art Tugendbund, war gegenseitige sittliche und geistige Heranbildung, sowie Übung werktätiger Liebe ...« Der Bund hatte ein Statut und eigene Chiffren, die es den Mitgliedern ermöglichten, verschlüsselte Informationen auszutauschen.

Die »Bündner« duzten einander und verpflichteten sich, brüderlich und schwesterlich mit uneingeschränkter Offenheit untereinander zu verkehren. Die etwas schwüle Sentimentalität dieses Bundes hatte allerdings keinen allzulangen Bestand. Die älter gewordenen und in den Ehestand eingetretenen Freunde entwuchsen derartigen jugendlichen Schwärmereien, und Henriette Herz hielt in ihren Erinnerungen fest, daß sie von Caroline, der nunmehrigen Ehefrau Wilhelm von Humboldts, bei einem Besuch des jungvermählten Paares in Berlin mit Sie angeredet worden sei, so daß sie nun auch Wilhelm von Humboldt mit Sie angeredet habe. Daß Henriette Herz dies gerade von Wilhelm von Humboldt erwähnt, hatte sicherlich seinen Grund, war er ihr doch besonders zugetan und hatte ihr hin und wieder wohl auch einen »geschwisterlichen« Kuß gegeben.

Der Kreis um Henriette Herz wuchs bald über die Aktivitäten des schwärmerischen Tugendbundes hinaus. Henriette war außerordentlich sprachbegabt, was sie befähigte, den Brüdern Humboldt Hebräischunterricht zu erteilen. Diplomaten und Adlige besuchten ihren Salon. So der bereits als Brieffreund der Dorothea Veit erwähnte schwedische Diplomat Karl Gustav Freiherr von Brinckmann (1764–1847) und Alexander Graf zu Dohna-Schlobitten, der nach dem Tode ihres Mannes Henriette Herz heiraten wollte.

Erzieher im Hause Dohna im westpreußischen Schlobitten

war Friedrich Schleiermacher, der sich dort in die bildschöne Komtesse Friederike verliebt hatte. Als Schleiermacher nach Berlin gekommen war, wurde er von Dohna bei Henriette Herz eingeführt, für beide eine Begegnung, die zu einer vierzigjährigen Freundschaft führte, aber auch die Spottlust der Berliner über das ungleiche Paar anregte. Seiner Schwester Charlotte bekannte er in einem Brief vom 20. Mai 1798: »Am meisten lebe ich jetzt mit der Herz; sie wohnt den Sommer über in einem niedlichen kleinen Hause im Thiergarten, wo sie wenig Menschen sieht und ich sie also recht genießen kann. Ich pflege jede Woche wenigstens einmal einen ganzen Tag bei ihr zuzubringen.« Er lernte bei ihr Italienisch, sie lasen zusammen Shakespeare, er unterrichtete sie in Griechisch. »Und dazwischen gehn wir in den schönsten Stunden spaziren und reden recht aus dem innersten des Gemüths miteinander über die wichtigsten Dinge.«

Im Salon der Henriette Herz hatte der nach Berlin gekommene Friedrich Schlegel Schleiermacher näher kennengelernt, nachdem er ihm zunächst in der sogenannten *Mittwochsgesellschaft* begegnet war. Daß Schlegel mit Schleiermacher enge Freundschaft schloß und schließlich mit ihm unter einem Dach wohnte, wurde bereits erwähnt. Schleiermacher kommentierte es seiner Schwester gegenüber als »eine herrliche Veränderung in meiner Existenz«. Ein kleines Aperçu ist, daß Schlegel schließlich so auf die Nähe Schleiermachers fixiert war, daß ihn dessen Verbindung mit Henriette Herz eifersüchtig machte. »Die Weiblichkeit dieser Frau ist doch wirklich so gemein«, schreibt er an seine Schwägerin Caroline Schlegel, »daß sie selbst diesen fünften Mann am Wagen allein besitzen muß, wenn es ihr Freude machen soll ... Ich möchte rasend werden über die verdammten und winzigen Gemütereien.« Hier offenbart sich, was Schleiermacher als Fehler an Schlegel kritisiert: »Was ich vermisse, ist das zarte Gefühl und der feine Sinn für die lieblichen Kleinigkeiten des Lebens.« Nachdem Friedrich Schlegel bei Henriette Herz Dorothea Veit begegnet war und sich hier die Verbindung auf Lebenszeit anbahnte, fühlten sich schließlich beide vernachlässigt: Schlegel von Schleiermacher und Dorothea von Henriette Herz.

Als Graf Alexander Dohna und Schleiermacher im gleichen Jahr 1802 Berlin verließen, ist Henriette Herz tief betroffen. Dem befreundeten Theologen Ehrenfried Willich (dessen Witwe Schleiermacher einige Jahre später heiraten wird, nachdem ihm die geliebte Eleonore Grunow erklärt hatte, daß sie sich nicht, wie beabsichtigt, scheiden lasse) schreibt sie: »Mein Schicksal naht sich seiner Vollendung. Nur noch zwei Schläge, und es ist vollendet, ich bin dann tot, ohne gestorben zu sein ... Es ist eine sehr harte Prüfung für mich, Ehrenfried, denn was Alexander seit zehn Jahren ungeteilt mir war, wird kein Mensch mir wieder und ich keinem.« Tatsächlich scheint Henriette zu Graf Dohna eine tiefe Zuneigung empfunden zu haben. Vielleicht war er der einzige, den sie je liebte.

Fest steht jedoch, daß die von so vielen Männern umschwärmte Frau keinem auch nur die geringste Möglichkeit gab, sich ihr zu nähern. Leidenschaft ist nicht ihre Art gewesen, wenn sie auch als jungverheiratete Frau die Begegnung mit dem englischen Offizier Ewert nicht unbewegt ließ. Und so mag sie manchem gar als prüde gegolten haben. Bezeichnend war die einer Affäre nahekommende Börne-Begegnung. Im Herbst des Jahres 1802 wurde der siebzehnjährige Louis Baruch (Ludwig Börne) als Student der Medizin von seinen Eltern zu Markus Herz nach Berlin geschickt, da diese der Meinung waren, daß der Sohn, der nicht sehr fleißig war, bei privater Unterweisung schneller vorwärts kommen werde. Aber auch im Hause Herz bemühte sich Louis nicht mit Eifer um seine Weiterbildung, sondern verliebte sich in Primanerart unsterblich in die zwanzig Jahre ältere Hausherrin.

Schon am ersten Tag seines Aufenthaltes im Hause Herz schrieb er in sein Tagebuch: »Welche Augen! Welch ein holdes Lächeln! Welche Freundlichkeit umfließt den Mund! – Ich habe keine Worte. – ... O, daß es mir gelänge, die Zufriedenheit und den Beyfall dieser liebenswürdigen Frau zu erlangen. – Ich will alles thun, was ihr gefallen muß: alles was gut ist und schön.« Und an anderer Stelle: »Wenn ich Stunde bei ihr habe, das ist meine schönste Zeit; aber lernen werde ich nicht viel. Wer kann aber auch da aufmerksam seyn, wenn man ihr so nahe ist, so nahe ihren schwarzen Augen.«

Henriette Herz, der er sich zunächst nicht zu offenbaren wagte, gestattete ihm arglos auch nach dem Tode ihres Mannes, im Hause zu bleiben, war sie doch der Meinung, wie sie in ihren Erinnerungen rekapitulierte, in ihm einen interessanten jungen Menschen zu sehen, jedoch »füglich seine Mutter hätte sein können«. Man muß ihr dies uneingeschränkt abnehmen. Um so größer war ihr Erschrecken, als er ihr seine Zuneigung offenbarte und seine – allerdings nicht so ganz ernstzunehmenden – Selbstmordeskapaden mit dem Besorgen von Arsenik ans Licht kamen. »Ich kann ihre Liebe zu nichts gebrauchen!« war Henriettes kalte Abweisung. Und die »Hofrätin Herz« hielt es nun allerdings für angezeigt, ihren jungen Hausgast aus ihrer Nähe zu entfernen. Er mußte Berlin verlassen und seine Studien in Halle bei dem angesehenen Mediziner Reil fortsetzen. Bevor Louis, wie er im Hause Herz genannt wurde, die Stadt verließ, vermachte er Henriette Herz sein geheimes Tagebuch, in dem er sein Liebesleid zu Papier gebracht hatte.

Ohne dem Wunsch des jungen Mannes zu entsprechen, persönlich von ihm Abschied zu nehmen, schrieb sie ihm diese Zeilen: »Adieu mein guter Louis, sage ich Ihnen auf schriftlich lieber als mündlich; alle meine Gedanken waren wie heute, ich dachte für Sie und in Ihnen. Wenn Sie den Punkt, auf welchem Sie jetzt stehen, so recht beherzigen wollten, so könnten Sie ein trefflicher Mensch werden, wenn nicht, so gehen Sie zu Grunde, ohne einmal das Bewußtsein davon zu haben. Louis, man muß sich entweder umbringen oder alles sein, was man nach seinen Kräften sein kann, und hat man einmal den Mut zum Ersten nicht, so muß man ihn zum andern haben, und es ist großer Genuß dabei.«

Börne schrieb aus Halle noch viele Briefe an Henriette Herz, die er nun »meine liebe Mutter« nannte. Er machte seinen Weg auch ohne sie. Wiederbegegnet ist er Henriette Herz erst nach vielen Jahren. Seine Liebe hatte sich in Verehrung gewandelt, und er bewunderte ihre immer noch jugendliche Geistesfrische. »Sie hat ganz das Recht, mich ihr Louis'chen zu nennen. Fünf Männchen meinesgleichen könnte man aus ihr schnitzen, und es blieben noch Späne genug übrig.«

Die Verhältnisse nach dem Tod ihres Mannes waren für die Hofrätin Herz, wie man sie nun nannte, nicht leicht. Zwar wurde ihr von verschiedenen Seiten Hilfe angeboten, so von Wilhelm von Humboldt aus Rom und von Frau von Arnstein aus Wien, von Berlin wollte sich Henriette jedoch nicht gerne trennen. Die große Zeit ihres Salons war allerdings vorüber, insbesondere nach der Besetzung Berlins durch die Franzosen. 1807 schreibt sie an Willichs Ehefrau Henriette: »Meine mir nur mit mancher Aufopferung, mit vieler Entsagung erhaltene Freiheit muß ich nun auf einige Jahre aufgeben und mir ein anständiges Unterkommen suchen. Meine sehr unverdiente Celebrität und die Jüdin sind mir in Deutschland im Wege; durch die erste fürchtet man sich vor meinen Forderungen, durch die andere wird alles gescheut.«

Auf Rügen fand sie schließlich Unterkunft bei Charlotte von Kathen, der älteren Schwester Henriette von Willichs, bis sie im Jahre 1809 nach Berlin zurückkehren konnte. Auf Reisen lernte sie 1810 in Dresden schließlich auch den verehrten Goethe kennen. 1811 hält sie sich drei Monate lang in Wien auf, wo sie zunächst im Hause der wohlhabenden Jugendfreundin Fanny von Arnstein wohnt. Insofern für die einst umschwärmte Frau etwas unbefriedigend, als sie in diesem zu den ersten Häusern Wiens zählenden Domizil die ihr in Berlin einst erwiesene Huld entbehren mußte. Dorothea Schlegel, die mit ihrem Mann inzwischen in Wien Fuß gefaßt hatte, schrieb über Henriette: »Sie gefällt sich nicht sehr in Wien. Das wundert mich nicht, besonders in der Umgebung, in welcher sie zu leben wählte; aber im Grunde würde es ihr auf keinen Fall hier gefallen können, sie macht Ansprüche, die man in Wien nicht zu erfüllen versteht.« Das sah Dorothea schon richtig. Und obwohl Friedrich Schlegel nicht gerade zu den Freunden Henriettes zählte, wohnte sie die letzten Wochen ihres Wien-Aufenthaltes bei Dorothea in der Wiener Vorstadt.

Die politischen Verhältnisse ließen das gesellschaftliche Leben in Berlin erlahmen, wenn Rahel Levin auch noch einen Kreis um sich scharen konnte, in dem auch Henriette Herz verkehrte. Der mit Rahel bereits in enger Verbindung stehende Varnhagen von Ense war allerdings keiner ihrer Verehrer. In einem Brief an Caroline von Humboldt vom 5. November 1812 läßt er seinen Aversionen gegen sie in unaufrichtiger Klatschmanier freien Lauf. Unaufrichtig insofern, als er mit Henriette Herz bis an ihr Lebensende freundschaftlichen Verkehr pflegte. Sein Urteil: »Madame Herz habe ich nach fünf Jahren endlich wiedergesehen, ich fand sie in den fünfen wenigstens um zehn älter geworden an Körper, und an Seele um dreißig jünger, ein zaghaft kindisch Wesen, dem keine Erfahrung etwas genutzt hat, weder der Aufenthalt in Rügen und Wien, noch die französische Revolution, weder die Verheiratung Schleiermachers, noch der Brand in Moskau; es ist ganz lächerlich, neben solch unreifer Grüne die Welkheit der Überreifen zu sehen. Ich schreibe das sehr freundlich als bloße Einsicht, ohne Bosheit, an Sie und bin übrigens der Herz, die ich auch bisweilen besuche, ganz gut« (sic!).

Nicht uninteressant ist es, der Varnhagen-Bosheit ein Urteil Börnes, der diese Frau freilich einmal glühend geliebt hatte, aus dem Jahre 1828 gegenüberzustellen: »Die Herz trug ein weißes Atlaskleid und einen weißen türkischen Bund auf dem Kopfe und sah um 15 Jahre jünger aus, als sie ist. Es ist merkwürdig mit dieser Frau. Sie will nicht alt werden, und sie wird es nicht; sie will nicht für alt gelten, und sie gilt nicht dafür ... Ich habe sie in zahlreicher Gesellschaft gesehen, wo viele junge Frauenzimmer waren – es wurde ihr keine vorgezogen, und die jungen Männer unterhielten sich mit ihr, als wär' sie ein 18jähriges Mädchen.« Allerdings muß auch Börne eines konstatieren, und das ist wohl ein gravierender Unterschied zu der geistvollen Rahel: »Dabei kann ihre Unterhaltung keineswegs geistreich genannt werden. Aber sie ist verständig, und die Zeit wird einem bei ihr nicht lange.«

Im Jahre 1817 war Henriette Herz in aller Stille zum Christentum übergetreten, bevor sie sich im Herbst des Jahres mit der Berliner Malerin Auguste Klein auf die Reise nach Rom machte. Schleiermacher schrieb ihr allerdings schon kurz darauf nach München: »Übrigens ist die ganze Stadt voll davon, daß Du dich in Zossen habest taufen lassen; woher das weiß ich nicht.«

Der Wunsch, nach Italien zu reisen, war aus ihrem Briefwechsel mit den Malerbrüdern Veit, den Söhnen ihrer Freundin Dorothea, erwachsen. Rom war in diesen Jahren ein beliebtes Touristen- und Künstlerziel. Caroline von Humboldt, die »Künstlermutter«, wie man sie nannte, hielt sich dort noch auf, als Henriette kam, und auch Dorothea Schlegel befand sich zu der Zeit in der Stadt, so daß an Unterhaltung und reger Betriebsamkeit kein Mangel war. Henriette Herz blieb anderthalb Jahre in Italien.

Im Mai 1819 trat sie in einer kleien Karawane mit Caroline von Humboldt und deren Kindern sowie den jungen Philologen Christian August Brandis (1790–1867) und Immanuel Bekker (1785–1871) die Rückreise nach Deutschland an. Henriette Herz war nun bereits fünfundfünfzig Jahre alt. Ihre Attraktivität scheint sie jedoch noch nicht eingebüßt zu haben, machte ihr auf dieser Reise doch der über zwanzig Jahre jüngere Bekker, mit dem sie in Berlin schon Platon gelesen hatte, einen ernstgemeinten Heiratsantrag, den Henriette Herz jedoch mit Hinweis auf den Altersunterschied ablehnte.

Nach diesen großen Reiseerlebnissen verliefen die letzten Berliner Jahre für die betagte Hofrätin in ruhigen Bahnen. Sie gab jungen Studenten, wie Börne erzählte, einmal in der Woche einen Freitisch. Armen jungen Mädchen erteilte sie Sprachunterricht. Schleiermacher und Rahel Varnhagen zählten zu ihren alten Freunden. Einen neuen treuen Freund gewann sie in dem norwegischen Naturwissenschaftler Henrik Steffens (1773–1845), der nach dem Tode Hegels nach Berlin berufen worden war, und im hohen Alter hatte sie noch die Genugtuung, daß ihr der König, auf Veranlassung Alexander von Humboldts, eine Pension aussetzte. Gestorben ist Henriette Herz am 22. Oktober 1847 im Alter von dreiundachtzig Jahren.

Bedeutsam im langen Leben dieser Frau waren im wesentlichen nur die zweiundzwanzig Jahre von 1784 bis 1806, während deren sie mit ihrem Salon neben Rahel Varnhagen im Mittelpunkt des gesellschaftlichen bzw. geistigen Lebens Berlins stand. Für Deutschland war ihr selbstbewußtes Auftreten als Frau eine revolutionäre Tat. Etwas Gleichartiges hatte es hier bis dahin nicht gegeben.

Erstaunlich ist, mit welcher Gelassenheit ihre Aktivität in der Öffentlichkeit akzeptiert wurde. In ihrer Person manifestierte sich die gewandelte Stellung der bürgerlichen Frau in der Gesellschaft. Und daß sie eine Jüdin war, spielte hierbei zunächst keine wesentliche Rolle. Hinzu kam, daß der Berliner Salon zu einem Kristallisationspunkt neuer geistiger Strömungen wurde, ausgehend von der Aufklärung, über die Manifestationen des Sturm und Drang bis hin zur Romantik. Dem Berliner Salon kam damit eine gewisse Funktion in der Fortentwicklung des geistigen Lebens zu, nicht produktiv, aber in beachtlichem Ausmaß in Hinsicht auf die Rezeption und Verbreitung sich wandelnder gesellschaftlicher Formen.

Subjektiv stellt sich die Frage: Was zeichnete Henriette Herz in diesem Koordinatensystem aus, daß ihr bis in die Gegenwart eine so große Aufmerksamkeit geschenkt wird? Daß sie schön war, wird ihr vielfach bescheinigt. Daß sie außerordentlich sprachbegabt war, wird immer wieder hervorgehoben. Auf der anderen Seite lassen selbst ihre zahlreichen Freunde immer wieder durchblicken, daß man sie, im Gegensatz etwa zu Rahel Levin, nicht als »geistreich« bezeichnen könne. Zweifellos war sie bar aller leidenschaftlichen Emotionen, ohne jedoch die Steifheit einer Matrone aufzuweisen. Im Gegenteil schien sie bis ins Alter auch kindliche Züge bewahrt zu haben. Nicht in der Ausgelassenheit und Unbekümmertheit einer Bettine, eher in einer gewissen Naivität. Ihre Eitelkeit ließ sie da und dort auch ein wenig mit dem Feuer spielen, dies jedoch immer auf Distanz, wie aus ihren Lebenserinnerungen zu erkennen ist: »Jede Frau hat es in ihrer Gewalt, den sich ihr nähernden Mann, auf wie feine, geistige Weise er es auch tue, von sich entfernt zu halten, denn sieht er, daß es ihr wahrer Ernst ist, daß er fernbleibe, so bleibt er es auch, und die entstehende Neigung oder auch Leidenschaft geht in sich selbst zurück«, bringt die fünfundsechzigjährige Hofrätin später zu Papier. Aber fortsetzend auch: »... und hiermit habe ich mir mein Urteil gesprochen, denn meine Eitelkeit allein war schuld, daß so viele Männer aller Art und aller Stände mir den Hof machten und in heftiger Leidenschaft entbrannten.« Da sie letztlich jedoch keinem Gehör schenkte, wird ihr die Unnahbarkeit oft als Prüderie ausgelegt. Ihrem Mann war sie sicherlich eine treue Ehefrau, die das Andenken an ihn auch nach seinem frühen Tod in Ehren hielt. Bemerkenswert ist jedoch, daß so gut wie nichts über die zwischenmenschlichen Beziehungen des kinderlosen Ehepaares überliefert ist.

So ist die Diskrepanz verblüffend zwischen dem Eifer, mit welchem ihre Nähe gesucht wurde, und den zum Teil boshaften Urteilen, die – meist versteckt – über sie zu vernehmen waren. Und es stellt sich damit zwangsläufig die Frage: Muß denn eine Frau, die über so viel Charme verfügt, die wie nur wenige andere Menschen um sich zu scharen und zu unterhalten weiß, unbedingt »geistreich« sein? Offensichtlich nicht. Und schließlich: Warum stellt sich diese Frage nicht auch bei einem Mann?

Rahel Levin
(Varnhagen von Ense)

Als Henriette Herz ihre – unvollendet gebliebenen – Erinnerungen niederschrieb, versuchte sie auch zu erklären, wie es zur Etablierung der Berliner Salons gekommen war, die vor allem in den Häusern wohlhabender jüdischer Familien entstanden. Faßt man ihre Überlegungen zusammen, gab es hierfür nachstehende bemerkenswerte Konstellation:

Grundlage war das durch Moses Mendelssohn in der Judenschaft angeregte Streben, sich deutsche Bildung anzueignen. Vor allem die jungen Frauen aus den angesehenen Häusern waren es, die mit Eifer Mendelssohns Anregungen folgten. Zum andern, und das wird von Henriette Herz als »eine besondere Gunst des Schicksals« bezeichnet, begann damals die Blütezeit der deutschen Literatur.

Des weiteren glaubt Henriette Herz die Vorreiterrolle der jüdischen Haushalte darin begründet, daß ein christlicher bürgerlicher Mittelstand gefehlt habe, dem andere geistige Interessen innewohnten als diejenigen, welche der äußere Beruf anregte. Außerdem sei der Frau in diesen Kreisen ein Platz im Hintergrund zugewiesen worden.

Indem nun die wohlhabenden jüdischen Kaufleute mit ihren weitreichenden Beziehungen ihre bildungsbeflissenen Töchter und Ehefrauen, wenn oft auch auf Grund ihrer patriarchalischen Familientraditionen widerstrebend, gewähren ließen, kristallisierte sich um sie in der Folgezeit ein stetig wachsender Kreis von gleichgesinnten Frauen und schließlich auch Männern.

»In diesen Kreis war nach und nach wie durch ein Zauber alles hineingezogen, was irgend Bedeutendes von Jünglingen und jungen Männern Berlin bewohnte oder auch nur besuchte«, schreibt Henriette Herz. Schließlich kamen auch »die freisinnigen unter den reiferen Männern« und die »fremden Diplomaten«, läßt sie ihre Leser wissen. »So glaube ich nicht zu viel zu behaupten, wenn ich sage, daß es damals in Berlin keinen Mann und keine Frau gab, die sich später irgendwann auszeichneten, welche nicht längere oder kürzere Zeit, je nachdem es ihre Lebensstellung erlaubte, diesen Kreisen angehört hätten.« Und zur Bestärkung des Gesagten erklärt sie: »Rahels Briefwechsel, soweit er erschienen ist, kann einigermaßen zum Belege meiner Behauptung dienen.«

Und diese von Henriette Herz zum Kronzeugen berufene Rahel war ihre sieben Jahre jüngere, am 19. Mai 1771 als älteste Tochter des jüdischen Kaufmanns und Juwelenhändlers Markus Levin geborene Freundin Rahel Levin.

Rahels Jugendzeit war offensichtlich durch die Strenge ihres Vaters geprägt und damit sicherlich härter als die der Henriette, zumal diese schon als Zwölfjährige verlobt und als Siebzehnjährige verheiratet wurde und damit bereits in jungen Jahren eine selbständige Frau war. Wenn Rahel später jedoch behauptete: »mir wurde nichts gelehrt«, dürfte das nicht ganz seine Richtigkeit haben, denn gerade Rahel war es, die nie oberflächlich zu brillieren versuchte. Sie hatte nicht nur das traditionelle Hebräisch zu schreiben gewußt, sondern auch, wie von Moses Mendelssohn für seine Glaubensgenossen angeregt, Deutsch. Sie sprach Französisch, bemühte sich um Englisch und Italienisch und hatte musikalisches Talent. Letztlich war sie in vielem jedoch Autodidaktin, und ihrem Deutsch und ihrer Orthographie hafteten unvermeidliche Mängel und Eigenheiten an. Der von ihr als jungem Mädchen intensiv gepflegte Kontakt mit dem in Göttingen Medizin studierenden Jugendfreund David Veit (1771–1814) gab ihr zudem viel geistige Anregungen und trug zu ihrer Allgemeinbildung bei.

Entgegen den jüdischen Traditionen wurde Rahel, möglicherweise auf Grund persönlichen Widerstands, nicht wie die meisten ihrer Glaubensgefährtinnen bereits als junges Mädchen einem Mann angetraut. So fiel ihr, als der Vater im Jahre 1790 starb, die Aufgabe zu, sich zusammen mit der Mutter um die Erziehung der drei jüngeren Geschwister zu kümmern, während ihr ein Jahr jüngerer Bruder Markus Nachfolger im Geschäft des Vaters und Verwalter des Familienvermögens wurde.

Die immer schon zahlreichen Besucher des Hauses Levin kamen auch nach dem Tode des Kaufmanns, ungeachtet des bereits in voller Blüte stehenden Salons der Henriette Herz. Sie wurden nun von der Familie in den Gesellschaftsräumen des Hauses und insbesondere von Rahel in der Dachstube der elterlichen Wohnung empfangen. Henriette und Rahel waren schon seit langem befreundet, und manche Kontakte der Henriette Herz übertrugen sich auch auf die geselligen Treffen im Hause Levin. Die ersten Verbindungen fand Rahel zu dem bereits vorgestellten Diplomaten Karl Gustav von Brinckmann, den sie im Salon ihrer Freundin kennengelernt hatte, und zu dem Tieck-Freund Wilhelm von Burgsdorff, der in Caroline von Humboldt so leidenschaftliche Gefühle erweckte. Die Brüder Humboldt waren Gast im Hause Levin und der Kriegsrat Gentz, die Schauspielerin Friederike Unzelmann, die Mendelssohn-Geschwister und die Schwestern Marianne und Sara Meyer sowie der Bildhauer Friedrich Tieck.

Alle Kontakte, die sich für Rahel anbahnten, wurden sogleich reflektiert und vor allem im brieflichen Verkehr, den sie wie kaum eine andere pflegte, vielfältig beleuchtet. Gerade hier zeigte sich schon bei der kaum Fünfundzwanzigjährigen ihr analytischer Verstand, aber auch ein Hang zu ausschweifender Betrachtung. Sichtbar wird zudem eine in gewisser Weise tragische Komponente in ihrem Wesen, die durch ein Minderwertigkeitsgefühl, insbesondere durch das Bewußtsein ihrer jüdischen Herkunft, geprägt war.

Rahel war nicht von der Schönheit der Henriette Herz, immerhin jedoch eine Persönlichkeit, die denjenigen, die ihr begegneten, tiefen Eindruck machte. Spielte Henriette mit ihren Reizen, ohne jemand an sich heranzulassen, kam Rahel kaum in die Verlegenheit, sich Zudringlichkeiten erwehren zu müssen. Ihre Person war von gewisser Herbheit, und es konnte sein, daß sie sich eher »Freund« als »Freundin« nannte. Auf der anderen Seite war sie schon in jungen Jahren bereit, sich im Streben nach einer dauernden Verbindung an einen Mann zu verlieren. Diese innere Bereitschaft, einem Lebensgefährten liebende Partnerin zu sein, ließ sie nicht nur einmal an den Realitäten scheitern, indem sie erfahren mußte, daß diejenigen, denen sie sich zuwendete, ihre euphorischen Erwartungen nicht erfüllten.

Im Winter 1795/96 – Rahel war fünfundzwanzig Jahre alt – begegnete sie erstmals einem Mann, dem sie glaubte, ihr Herz schenken zu können. Im königlichen Opernhaus Unter den Linden hatte sie ihn kennengelernt: Karl Friedrich Alexander Graf von Finckenstein. Er war ein Jahr jünger als Rahel und stammte aus einer angesehenen adeligen Familie auf dem Gut Madlitz bei Frankfurt an der Oder. Finckenstein war Mitglied der Berliner Singakademie und ein Liebhaber der Kirchenmusik. Die Gespräche über Musik hatten sie einander nähergebracht, und die gemeinsamen Interessen und die dadurch entstandene Bindung führten schließlich dazu, daß sich Rahel und Karl von Finckenstein verlobten.

Da das ungleiche Paar oft durch äußere Umstände getrennt war, wurde der Kontakt durch einen regen Briefwechsel aufrechterhalten. Überliefert sind knapp fünfzig Briefe Finckensteins an Rahel, allerdings nur fünf von ihr an den Verlobten. Finckensteins Briefe sind beinahe ausschließlich schwärmerische Liebesbeteuerungen: »Ja, Du weißt es, daß ich Dich wie meine eigene Seele liebe … Du weißt nicht … wie ich mich nach Dir sehne.« usw. Aber schon in einem Brief vom 12. Mai 1796 aus dem elterlichen Anwesen Madlitz ist die Rede von »Unglück« und »Kummer«. Und wenn er ihr, sicherlich mit ehrlichem Empfinden, schreibt: »Mir ist so unbeschreiblich wohl bei Dir, bei Dir nur habe ich ganz dies häusliche Gefühl, das allein den Menschen ganz glücklich, ganz alles Elendes in der Welt vergessen machen kann«, überspielt er das Gefesseltsein in den Konventionen seines Standes. Rahel spürte dies schon bald, immer jedoch in der Hoffnung, daß die Liebe über Trennendes siegen könnte.

Offensichtlich war dieser Bräutigam jedoch ein charakterschwacher Liebhaber, zwar von den Reizen der geistvollen Jüdin angetan, auf der anderen Seite jedoch zu schwach, die Kraft und den Willen aufzubringen, sich den Widerständen seiner Familie gegen diese Verbindung zu widersetzen. (Daß sich seine Schwestern um diese Voreingenommenheiten nicht kümmerten, steht auf einem anderen Blatt. Henriette von Finckenstein ging die »ménage à trois« mit dem bürgerlichen Ludwig Tieck ein, und Caroline von Finckenstein vermählte sich in heimlicher Ehe mit dem Architekten Johann Christian Genelli.)

So war die Beziehung der Liebenden bald mit Zweifeln befrachtet, bis Rahel des Zauderns und Ausweichens des »Verlobten« überdrüssig wurde. Finckenstein, der als preußischer Gesandter nach Wien gereist war, gab sie im Februar 1800 zu verstehen, daß sie die Jahre, die er weg sei, dazu anwenden wolle, unbekannt mit ihm zu werden. Und sie schließt: »Es war der letzte Akkord eines üblen Konzerts.«

Finckenstein heiratete schließlich eine Marquise de Mello-Carvalho, die ihm 1810 einen Sohn gebar. Er selbst starb bereits ein Jahr später im August 1811. Kurz vor seinem Tod hatte er Rahel noch einmal besucht, was sie in ihrem Tagebuch festhielt. Der »Nachruf«, den sie nach Finckensteins Tod ihrem Briefpartner Henri Campan in französisch schrieb, läßt erkennen, wie tief sie das Scheitern dieser Beziehung getroffen und gekränkt hatte: »Da ist er nun von dieser Erde ausgestrichen, unter ihr verscharrt; mitsamt seinem falschen Ehrgeiz, und seinen Treulosigkeiten, Lügen, Niedrigkeiten, all seinem Hochmut! ... Ich verachte ihn, diesen Finckenstein, tot oder lebendig ...« Das war jedoch bereits im Jahre 1811, zehn Jahre nachdem sie sich von Finckenstein getrennt hatte.

Nach der Finckenstein-Enttäuschung begleitete Rahel im Sommer 1800 die Gräfin Karoline von Schlabrendorff, die ein uneheliches Kind erwartete, für ein Jahr nach Paris. Ihrer Freundin Wilhelmine von Boye schrieb sie: »Siehst Du, ich, die ich nie wollte, habe weichen *müssen* ... Es ist eine Art Tod ... Alle, die ich hier liebte, haben mich mißhandelt ...« Sie schrieb aber auch: »Sterben muß ich: aber todt werd' ich nicht sein.« Der Aufenthalt in Paris half ihr, die Enttäuschungen hinter sich zu lassen. Vergessen darf man nicht sagen, wie ihre Äußerungen zu Finckenstein nach zehn Jahren erkennen lassen.

Rahels Aufenthalt in Paris fiel zusammen mit der Anwesenheit der Humboldts in der Stadt, deren Haus ein beliebter Treffpunkt war, und auch Rahel pflegte engen Umgang mit der Familie. Wilhelm von Humboldt erinnert sich über dreißig Jahre später. »Es fiel nicht leicht ein Tag aus, so wir uns nicht gesehen hätten.«

Paris brachte Rahel erneut eine schicksalhafte Begegnung. Im Frühjahr 1801 lernte sie dort den jungen Kaufmann Wilhelm Bokelmann (1779–1847) kennen, der – auf der Reise nach Spanien – ihr während seines kurzen Aufenthaltes in der Stadt mehr war als eine flüchtige Bekanntschaft. Wenn sie ihn auch nur wenige Wochen an ihrer Seite hatte, lassen ihre an ihn gerichteten Briefe erkennen, wie sehr sie die gemeinsamen Tage mit Bokelmann berührt haben, wie innig ihr Zusammensein war, ohne daß hier von leidenschaftlicher Liebe gesprochen wird. Doch Rahel füllt Zeile um Zeile in ihren Schreiben an den jungen Freund, wie es ihre Art war, bis sie sich darüber Klarheit verschaffte, daß sie etwas nachhing, was nicht auf Dauer angelegt und nicht wiederholbar war.

Nach Berlin zurückgekehrt, holte sie der Alltag mit vielen Besuchern in ihrem Haus und Verpflichtungen gegenüber ihrer Familie, Freunden und Bekannten bald wieder ein. Den Gedanken, mit Bokelmann nochmals Tage in Paris verleben zu können, wie sie ihr in Erinnerung geblieben sind, gab sie bald auf. Und als Bokelmann sie später in Berlin besuchte, war es nichts anderes als die Begegnung mit einem guten Freund. Ihre Briefe hat Bokelmann jedoch bewahrt, so daß er nach Jahrzehnten dem Wunsch Varnhagens entsprechen konnte, sie abschreiben zu dürfen. Herausgeben wollte er sie nicht.

Nur wenige Monate später verstrickte sich Rahel erneut in eine Liebesaffäre, die sie bis an den Rand der Selbstverleugnung brachte und aufs tiefste demütigte und verletzte. Im Jahre 1802 wurde der gerade nach Berlin gekommene junge spanische Gesandtschaftssekretär Don Raphael d'Urquijo bei Rahel eingeführt. Wieder einmal verfällt ein noch junger Mann den Reizen einer reifen Frau, und wieder ist es jugendlicher Charme, der Rahel eine nüchterne Abwägung der Realität vergessen läßt. d'Urquijo kam aus einem angesehenen Haus und wurde von Varnhagen später als ein Mann von angenehmem Äußeren und liebenswürdigem Benehmen geschildert. Deutsch sprach er kaum, jedoch ein gutes Französisch, das auch Rahel geläufig war.

Das Verhältnis der beiden, die sich bald leidenschaftlich liebten, war geprägt von hemmungsloser Zuneigung der Rahel auf der einen Seite und grundloser und unsinniger Eifersucht des Spaniers auf der anderen. Rahel schrieb Bokelmann: »Sie wundern sich vielleicht, mich so vielsprecherisch und vehement zu finden; daß ich mich gleich in jedem neuen Verhältnis – wenn es auch gut ist – so verwickeln und vergraben kann. Wundern Sie sich nicht; ich kann dem Strom in mir nicht widerstehen. Was ich auffasse, umfasse ich in dem ganzen Umfang, der für mich da ist, und in meiner ganzen Tiefe ... So geht's mir immer«, womit sie eine wesentliche Seite ihres Charakters offenbarte. Und nur so lassen sich Zeilen wie diese an d'Urquijo verstehen: »Süßer Liebling! Nein, Du weißt doch nicht, wie du mir gefällst, wie ich Dich liebe! Die tiefste Seele ist mir bei Deinem Anblick erregt, und immer neu, immer ebenso heftig. Dies macht mein Glück ... Ein ewiges süßes Schmeicheln, einen ununterbrochenen Zauber gewährt Dein bloßer Anblick meinen Sinnen ... Wir sind glücklich und werden es sein.«

Glücklich wurden sie nicht. Zwei Jahre dauerte es, bis Rahel klar wurde, daß sie sich wiederum an einen Menschen verloren hatte, den sie nicht an sich binden konnte. Als sie vier Jahre später Varnhagen den Briefwechsel mit d'Urquijo überließ, nannte sie diese Leidenschaft ihre größte »turpitude« (Schmach). Vergessen konnte sie d'Urquijo nie. Sie ist ihm immer wieder einmal begegnet. Und obwohl sie sich darüber im klaren war, daß er sie »zu sehr, zu oft, und immerweg beleidigt« habe, schrieb sie Varnhagen noch 1813: »Gut bin ich ihm auch ...« Fühlte sie sich von Finckenstein verraten und im Stich gelassen, wußte sie, daß d'Urquijo sie nie ganz verstanden hat und ihr so nie ganz gehört hatte.

Das Jahr 1806 mit der verlorenen Schlacht bei Jena und Auerstedt, die so vielfältige Auswirkungen in deutschen Landen zeitigte, und dem siegreichen Einzug Napoleons in Berlin veränderte auch das bis dahin rege gesellschaftliche Leben der Stadt. Für Rahel bedeutete es, ebenso wie für Henriette Herz, das Ende der Geselligkeit in ihrem Salon. Nach diesen gravierenden Veränderungen ihres Alltags und den gescheiterten Hoffnungen auf eine dauerhafte Partnerschaft fühlte sie sich einsam, wie sie ihrem verbliebenen Briefpartner Brinckmann im Januar 1808 berichtete: »Bei meinem ›Teetisch‹, wie Sie es nennen, sitze nur *ich* mit Wörterbüchern; Tee wird gar nicht bei mir gemacht, außer alle acht oder zehn Tage, wenn sich Schack, der mich *nicht* verlassen hat, welchen fordert. So ist alles anders! Nie war ich so allein. Im Winter, und im Sommer auch noch, kannt' ich einige Franzosen: mit denen sprach ich hin und her. Die sind alle weg. Meine deutschen Freunde, wie lange schon; wie gestorben, wie zerstreut!«

Das geistige Klima hatte sich grundlegend verändert. Während sich auf der einen Seite bedeutsame Reformbestrebungen entfalteten, formierten sich auf der anderen Seite reaktionäre Kräfte, die um ihre Privilegien fürchteten. Die jüdischen Salons wurden jetzt gemieden, und man traf sich bei Ministern und Adligen. So etwa beim Geheimen Staatsminister Staegemann, bei der Fürstin Radziwill, Tochter des Prinzen Ferdinand von Preußen. Und Achim von Arnim gründete einen literarischen Verein, der sich *Christlich-Deutsche Tischgesellschaft* nannte, dessen Statuten Franzosen, Philister, Juden und Frauen von der Mitgliedschaft ausschlossen. Hinzu kam, daß sich die finanziellen Verhältnisse der Levins erheblich verschlechterten. Rahel, nun bereits siebenunddreißig Jahre alt und unverheiratet, war jedoch auf die Zuwendungen der Familie angewiesen, wodurch sie sich zur Einschränkung ihrer Lebensführung gezwungen sah.

Eine neue Freundin in dieser Zeit der Niedergeschlagenheit und Einsamkeit gewann sie in der zwölf Jahre jüngeren Rebecca, Tochter des jüdischen Kaufmanns Salomo, die im Jahre 1801 mit Moses Friedländer, dem Sohn des umstrittenen David Friedländer, verheiratet wurde, sich bald jedoch wieder scheiden ließ, zum Christentum konvertierte und später unter dem Namen Regina Frohberg zahlreiche sentimentale Romane und Theaterstücke veröffentlichte. Obwohl Rahel und Rebecca Friedländer beide in Berlin wohnten, schrieben sie sich unentwegt Briefe, die Aufschluß über diese Freundschaft geben, in der Rahel der Jüngeren, die mit unglücklichen Liebesbeziehungen zu dem Grafen Egloffstein und dem Franzosen d'Houdetot ähnlich Schiffbruch erlitt wie Rahel zuvor, ihre Erfahrungen zu vermitteln suchte.

Rebeccas Schwester war Marianne Saaling (1786–1868), die Theodor Körner als junger Mann leidenschaftlich umschwärmt und angedichtet hatte und mit der sich Karl August Varnhagen nach dem Tode der Rahel im Mai 1834 verlobte, ein Verlöbnis, das jedoch im Sommer des gleichen Jahres schon wieder gelöst wurde. Die jüngste der Salomo/Saaling-Schwestern, Julie (1787–1864), war mit dem Philologen Karl Wilhelm Ludwig Heyse verheiratet. Ihr Sohn war der bekannte Schriftsteller und Nobelpreisträger Paul Heyse (1830–1914).

Doch zurück zu Rahel. Etwa zur gleichen Zeit, als sie mit Rebecca Friedländer Freundschaft schloß, begann auch die lebenslange Verbindung Rahels zu Pauline Wiesel. Alle Biographen und auch Rahels späterer Ehemann Varnhagen winden sich, den Kontakt zu dieser Femme fatale zu deuten. Pauline, acht Jahre jünger als Rahel, wurde 1779 als Tochter des Geheimrats Cesar geboren, der bei dem Prinzen Heinrich von Preußen in Diensten stand. Der erste Liebhaber der kaum Achtzehnjährigen war der Domherr Graf Hugo von Hatzfeld (1755–1830), ihr zweiter Verehrer der spätere Adjutant Kaiser Alexanders I., Graf Schuwalow (1776–1823), der Pauline nach der Trennung eine Jahresrente von 2000 Franc aussetzte, welche sie bis an ihr Lebensende regelmäßig aus St. Petersburg empfing. Im Jahre 1800 heiratete sie auf Betreiben ihrer Mutter den Kriegsrat Friedrich Ferdinand Wiesel (ca. 1770–1826), von dem sie sich zehn Jahre später jedoch wieder scheiden ließ. 1802 kam ihre Tochter Pauline zur Welt, die nur sechzehn Jahre alt wurde. Und im Frühjahr 1804 lernte sie den Prinzen Louis Ferdinand von Preußen kennen, dessen erklärte Geliebte sie wurde.

An dieser Stelle beginnt die Verbindung zu Rahel, denn nicht nur Pauline war in ihrer Dachstube zu Gast, sondern ebenso der preußische Prinz. Pauline Wiesel, von der Varnhagen sagte, daß sie jeder Bildung entbehrte (tatsächlich legte sie ihren Berliner Slang nie ab und verwechselte »mir« und »mich«), wird von ihm jedoch auch als eine Frau mit hinreißendem Liebreiz und der anmutigsten jugendlichen Persönlichkeit geschildert. »Ihrer Natur mußte man vieles verzeihen, und man tat es gerne, Rahel aus tiefster Überzeugung.« Varnhagen, der Pauline erst 1815 kennenlernte, erklärte jedoch: »Ich unterdrückte mein widriges Gefühl, und um Rahel zu erfreuen, ging ich freundschaftlich mit Paulinen um … Meinen persönlichen Widerwillen verbarg ich jedesmal, so gut und unscheinbar, daß Rahel ihn nie gemerkt hat.« Rahel jedoch schrieb ihrer Freundin, als diese Berlin verlassen hatte: »Nur einmal konnte die Natur zwei solche zugleich leben lassen. In diesem Zeitalter.«

Pauline Wiesel, offensichtlich ein unkompliziertes Naturkind, muß eine bemerkenswerte Ausstrahlung gehabt haben, denn nicht nur ihre erklärten Liebhaber schwärmten von ihr, sondern alle, die ihr begegneten, darunter Friedrich von Gentz und Karl Gustav von Brinckmann. Rahel sah es so: »Sie *leben* alles, weil sie Mut haben, und Glück hatten: ich *denke* mir das meiste; weil ich kein Glück hatte, und keinen Mut bekam.« Und ihre Gemeinsamkeit mit Pauline Wiesel sah sie darin: »Wir sind geschaffen, die Wahrheit in dieser Welt zu leben. Und auf verschiedenen Wegen sind wir zu *einem* Punkt gelangt. Wir sind *neben* der menschlichen Gesellschaft. Für uns ist kein Platz, kein Amt, kein eitler Titel da!« (12. März 1810 an Pauline Wiesel). Dieser wichtige und ausführliche Brief enthält den Schlüssel zur Verbindung der so ungleichen und doch einander verbundenen Frauen. Der Pariakomplex der Rahel fand seinen Widerpart in der Frau, die sich von allen Bindungen an Konventionen frei gemacht hatte und damit am Rande der Gesellschaft stand. »Ich gratuliere Ihnen dazu«, schreibt Rahel ihr, »so hatten sie doch etwas; viele Tage der Lust!« Pauline Wiesel, die im Jahre 1828 in Paris den pensionierten Hauptmann der Nationalgarde Karls X., den Baron Jules-Michel Vincent, heiratet, starb im Jahre 1848.

Für Rahel wurden hinfort zwei junge Männer bedeutsam, mit denen sie näheren Kontakt fand: Karl August Varnhagen von Ense (1785–1858) und dessen Studienfreund Alexander von der Marwitz (1787–1814). Alexander von der Marwitz stammte aus einer märkischen Adelsfamilie. Während sich sein ältester Bruder Friedrich August Ludwig als erzkonservativer Gegner aller Reformen exponierte, zeigte sich der unstete, zehn Jahre jüngere Bruder Alexander in seinem Denken beweglicher. Offensichtlich war er von außergewöhnlichem Fleiß und Bildungsdrang, aber nicht zuletzt infolge der familiären Verhältnisse (seinen Vater verlor er als sechsjähriger Junge) und der kriegerischen Zeit in seinem Streben ziellos. Rahel hatte den Zweiundzwanzigjährigen im Mai 1809 kennengelernt, und der junge Mann, der bis dahin kaum weibliche Zuwendung zu spüren bekam, war sogleich von ihr eingenommen und schenkte ihr großes Vertrauen. Seinem Studienfreund Adolph Müller, von dem es heißt, daß er 1811 aus Gram über den Verlust seiner Geliebten, Karoline Wucherer, gestorben sei, schrieb er: »Sie mag wohl jetzo das größte Weib sein auf Erden.«

Rahel fand in Marwitz wieder einmal einen Menschen, der ihr zugetan war und mit dem sie sich brieflich austauschen konnte, war er doch meist, seinen militärischen Ambitionen folgend, unterwegs. Daß er ein unbeherrschter Mensch war, bekam sie nicht zu spüren und konnte es somit übersehen, wenn ihr auch manche herbe Kritik über ihn, vor allem von Varnhagen, zugetragen wurde. Das beruhte anscheinend jedoch auf Gegenseitigkeit. In einem der ersten Briefe an Rahel schrieb Marwitz über Varnhagen: »Er erscheint mir, ungeachtet aller äußeren Bildung, innerlich höchst gemein, kleinlich in der Ansicht und gering die Energie seines Wollens … Und dabei ist diese Gemeinheit so widerwärtig, so ärgerlich.« Und Varnhagen über Marwitz: »Marwitz ist herrisch bis zur Insolenz, ehrgeizig zum Entsetzen.« Und später kolportiert er über dessen militärische Aktivitäten: »Die Offiziere im allgemeinen haben Marwitz wohl geachtet, aber gar wenig geliebt, und beim ganzen Regiment war keiner, den die gemeine Mannschaft weniger gemocht hat; seine Tyrannei und ungerechte Heftigkeit empörte alle, er ließ so unbarmherzig prügeln, daß ihm der Rittmeister das Recht zu strafen nehmen mußte …« Allerdings berichtete Varnhagen an anderer Stelle: »Er war sehr gut mit mir, ich hatte ihn sehr lieb, und mußte ihm alles sagen, was mich quälte.« Marwitz kannte seine Schwächen. Am 19. Mai 1811 schrieb er an Rahel: »Wie kann die Besonnenheit, die Sanftmut einem so ganz entweichen, wie mir zuweilen.«

Großes ersehnend, war Marwitz dennoch immer unentschlossen. Charakterlich von einer gewissen Schwermütigkeit, schwankte er zwischen wissenschaftlicher Tätigkeit und militärischer oder politischer Beschäftigung und in seiner Stellung zu den Entwicklungen der Zeit zwischen den Konventionen seiner adeligen Herkunft und einer Tolerierung der Reformansprüche des Bürgertums. So finden sich in seinen Briefen an Rahel immer wieder Klagen über seinen Gemütszustand: »Wenig Stille war in meiner Seele und wenig Kraft, keine Richtung nach dem Einen, Höchsten.« Aber auch Rahel befand sich in diesen Jahren in einem Zustand der Resignation. Sie war nun über vierzig Jahre alt und mußte sich damit abfinden, daß sie sich in einer Außenseiterposition befand, abgesehen davon, daß auch ihre ökonomischen Verhältnisse sehr beschränkt waren. Ihr unersättliches Bedürfnis, sich aussprechen zu können, fand in der intensiven Korrespondenz mit Marwitz, der seinerseits der reifen Frau sein Herz ausschüttete, ein Ventil. So berichten sie sich wechselseitig über ihre Tagesabläufe mit all den kleinen Problemen ebenso wie über ihre Leseerfahrungen und ihre Begegnungen mit interessanten und weniger interessanten Menschen. Aber auch über ihre beiderseitigen zwischenmenschlichen Beziehungen tauschten sie sich aus: über die Sympathien, welche die Ehefrau Schleiermachers und Marwitz füreinander hegten, und Rahel ihrerseits über ihre Bindung an Varnhagen.

Das junge Leben des Alexander von der Marwitz endete als Offizier in Blüchers Heer auf dem Vormarsch in Frankreich. Am 11. Februar 1814 fiel er in der Schlacht bei Montmirail. Rahel hatte einen wirklichen Freund verloren. Nach der Todesgewißheit schrieb sie Varnhagen: »Der liebe Freund! wir wollen zeitlebens ihn mitleben lassen ...« Und noch im Jahre 1817 ließ sie den Marwitz-Freund von Willisen wissen: »Alle Tage meines Lebens denke ich an den ewiggeliebten Marwitz!«

War Marwitz in den fünf Jahren der Bekanntschaft mit Rahel so etwas wie ein täglicher Gesprächspartner, mit dem selbst über unwichtige Details geredet werden konnte, begleitete sie ein Mann lebenslang in ihrer Korrespondenz, der eine wesentliche Rolle im Zeitgeschehen spielte: Friedrich Gentz (1764–1832), für Rahel, wie sie einmal äußerte, »der vortrefflichste schlechte Mensch«.

Gentz war eine schillernde Figur. Aus kleinbürgerlichen Verhältnissen stammend, hatte er sich den Ruf eines angesehenen Publizisten und bedeutenden politischen Kopfes erworben, und sich in höchste Staatsämter emporgearbeitet, insbesondere nachdem er im Jahre 1802 von Berlin nach Wien überwechselte. Dort wurde er als Hofrat im außerordentlichen Dienst in die Staatskanzlei aufgenommen und avancierte schließlich zur rechten Hand Metternichs in allen außenpolitischen Angelegenheiten. Daß sein Privatleben in den letzten Lebensjahren durch ein intimes Verhältnis zur Tänzerin Fanny Elßler (1810–1884) geprägt war, wird als Facette seiner Biographie nie ausgelassen.

Das Verhältnis von Friedrich Gentz zu Rahel entspricht zunächst einmal demjenigen mit allen anderen Männern. Mit ihrer Bereitschaft, sich die Probleme ihrer Gäste anzuhören und mit ihnen hierüber unbefangen zu diskutieren, hatte sie sofort auch die Sympathien des Lebemanns, der Gentz in gewisser Weise war, gewonnen. »Wie oft habe ich es gesagt, daß Sie das erste Wesen auf dieser Welt sind!« schmeichelt er ihr. »Wo ist denn noch eins, das so lieben, so denken, so rasen, so schreiben kann?« Und das meinte er, der sich allerlei Affären leistete, sicherlich ernst.

Im September 1810, neun Jahre nach dem Kennenlernen, reflektiert er: »Es ist eigentlich ein unendlicher Mißgriff – soll ich sagen, von uns oder der Natur – gewesen, daß wir nicht zur Liebe gegeneinander – ich meine, zur ordentlichen, vollständigen – gelangt sind! ... Es wäre zwischen uns ein Verhältnis ausgebrochen, dessengleichen die Welt vielleicht nicht viele gehabt.« Eine schöne Utopie. Man stelle sich vor, Rahel an der Seite des gewandten Hofmannes in Wien. Daß sie sich darauf eingelassen hätte, was Gentz, der im übrigen seine angetraute Ehefrau im Jahre 1802 verlassen hatte, als eine mögliche Konstellation in den Raum stellte, ist allerdings kaum denkbar, wenn sie ihm auch 1813 anläßlich erneuter Begegnungen in Prag viele schöne Worte machte, die Gentz ebenso schmeichelten wie in Verlegenheit brachten, zumal sie immer mit einem Auf-Distanz-Halten verbunden waren.

Es ist nicht so recht ersichtlich, was Rahel für einen Narren an Gentz gefressen hatte, der ihr aus Wien schrieb, daß er sich mit nichts als der Einrichtung seiner Stuben beschäftige und daß er »studiere ohne Unterlaß, wie ich mir nur immer mehr Geld zu Meubles, Parfüms und jedem Raffinement des sogenannten Luxus verschaffen kann«, und der ihr erklärte, daß sie sich brieflich offensichtlich nicht verständigen könnten. »Ihre Manier bleibt nun einmal exzentrisch«, und die sei der zunehmenden Trockenheit seines Geistes nicht mehr faßlich (10. Februar 1828). Erst in der brieflichen Diskussion über seine Liebe zu der neunzehnjährigen Tänzerin Fanny Elßler fanden sie noch einmal ein Thema und schließlich auch über das »Gefühl zunehmenden Alters«. Am 9. Juni 1832 starb Friedrich von Gentz, und neun Monate später endete auch das Leben der Rahel.

Zurück zu den Jahren 1808/09, welche Rahel Levin nicht nur die Bekanntschaft des Alexander von der Marwitz bescherten, sondern vor allem die enge Bindung an den jungen Medizinstudenten Karl August Varnhagen von Ense (1785–1858). Flüchtig kennengelernt hatten sie sich bereits im Jahre 1803, als der damals Achtzehnjährige Hauslehrer im Hause des Berliner Bankiers Cohen war. Nach einigen Zwischenstationen, zu denen eine weitere Hauslehrertätigkeit im Hause der verwitweten Fanny Hertz in Hamburg zählte, zu der er ein so enges Verhältnis hatte, daß diese glaubte, mit Varnhagen verlobt zu sein, war er im Jahre 1807 nach Berlin zurückgekehrt. Hier kam Varnhagen in näheren Kontakt zu der vierzehn Jahre älteren Rahel, die ihn wie viele andere Männer so faszinierte, daß er sich ihr leidenschaftlich zu nähern versuchte. Obwohl Rahel durch ihre schlechten Erfahrungen nur zögernd auf seine Zuneigung einging, trafen sie sich schließlich dennoch häufig in ihrer Sommerwohnung in Charlottenburg. Rahel gewann langsam den Glauben, daß es dieser junge Mann mit seiner Verehrung und Liebe ernst meinte, wenn ihrerseits auch Liebe in der Weise, wie sie sie für Finckenstein und d'Urquijo verspürt hatte, Varnhagen gegenüber nicht erwachte.

Und so konnte sie ihm schon im September 1808 schreiben: »Wie sehr bin ich eingenommen von Dir, wie erwacht im Schreiben meine Liebe, meines Herzens Andringen an Dich! Ja! Lieber, guter Junge, ich fühl's; noch nie war ich mit so einem würdigen Echten vertraut.« Das war es, was Rahel bar aller Leidenschaft und Tändelei als das für ihre Zukunft Entscheidende in Varnhagen erkannte: sich auf seine Anhänglichkeit verlassen zu können und damit das zu gewinnen, was sie bisher vergeblich ersehnt hatte: eine überkommenen, bürgerlichen Vorstellungen entsprechende Stellung in der Gesellschaft.

Zunächst blieb jedoch noch Varnhagens Bindung an Fanny Hertz ungeklärt. Er hatte Skrupel, aber auch noch emotionale Hemmungen, sich von der Frau zu trennen, die des Glaubens war, ihn fest an sich gebunden zu haben. Das Verhältnis zu Rahel war so, daß er sich mit ihr offen darüber aussprechen konnte, und Rahel legte ihm nahe, nach Hamburg zu fahren und sich an Ort und Stelle Klarheit über seine Position zu verschaffen. Fand diese Affäre auch einen Abschluß zugunsten Rahels, die im übrigen im Jahre 1810 ebenso wie ihre Brüder den Familiennamen Robert annahm, ihr Verhältnis zu Varnhagen blieb weiterhin gespannt.

Varnhagen jammerte über sein Leben, das »weder durch Vermögen, noch Familie, noch Talent« fest gegründet sei. So war er ständig auf der Suche nach der ihm gemäßen Aufgabe. Nach medizinischen Studien und Hauslehrertätigkeit begab er sich zum Militär, wurde verwundet und reiste schließlich in privaten Angelegenheiten seines Vorgesetzten, des Obersten Bentheim, der sich ständig in finanziellen Schwierigkeiten befand, nach Paris und Burgsteinfurt. Und Rahel, die auf eine persönliche Begegnung wartete, trug er sich brieflich feierlichst zum Gemahl an. Diesem Antrag hielt Rahel jedoch entgegen: »Nein, Lieber, ganz ohne Plan zu handeln, bin ich nicht reich und nicht jung genug!« (27. September 1810). »Heiraten willst du mich immer nebenher. Bei einer Frau bleibt man. Sonst ist es keine« (21. Oktober 1810).

Ein gemeinsam in Teplitz verbrachter Sommer im Jahre 1811 glättete die Unebenheiten des Verhältnisses für eine Weile. Klagen und Liebesbeteuerungen wechseln in dem intensiven Briefwechsel des meist getrennt lebenden Paares jedoch bis zur Ermüdung, so daß es gilt, Wesentliches herauszufiltern.

Bemerkenswert bleiben zwei sowohl für Rahel als auch Varnhagen typische Verhaltensweisen. Das ist zum einen Rahels Affinität zu Goethe, von dem sie sagte: »Ich lieb' ihn Punkt vor Punkt mein ganzes Herz durch und durch, von neuem! diesen König der Deutschen! der blinden, unglücklichen, die ein Jahrhundert nach seinem Tod erwachen werden. Ich vergöttre diesen begabten Weisen« (4. November 1813). Zum anderen sind da die Ambitionen Varnhagens, das, was sich an Gedanken in Rahels Korrespondenz findet, literarisch auszuwerten. Beides wirkt bis zum Lebensende der beiden Partner fort.

Den Anfang machte Varnhagen, indem er sich von Goethe die Zustimmung zur Veröffentlichung der sich auf ihn beziehenden schriftlichen Äußerungen Rahels erbat. Tatsächlich sind sie dann als erste gedruckte Niederschriften der Rahel im Jahre 1812 in Cottas *Morgenblatt für gebildete Stände* in Fortsetzungen erschienen.

Das Jahr 1813 brachte mit den Niederlagen Napoleons und schließlich der Völkerschlacht bei Leipzig entscheidende politische Veränderungen. Varnhagen trat als Hauptmann in russische Dienste. Rahel verläßt das unruhige Berlin und geht wie viele andere nach Prag, wo sie sich in selbstloser Weise für Verwundete und Flüchtlinge einsetzt. Des Wartens auf Varnhagen ist sie jetzt jedoch müde. »Warten, länger warten, tötet mich. Bedenke, wie lange ich schon warte … Ich richte mich ganz nach Deinem Leben; nur muß ich auch *mit* Dir leben können« (3. Juni 1814). Im Sommer 1814 sehen sie sich dann für einige

Wochen in Teplitz wieder, und die nun Dreiundvierzigjährige gelangt endlich an das Ziel ihrer Sehnsüchte. Am 27. September wird die Verbindung mit August Varnhagen durch die Vermählung besiegelt, nachdem Rahel am 23. September die evangelische Taufe empfangen hatte.

Rahel, nunmehr Antonie Friederike Varnhagen von Ense, ist jetzt Diplomatengattin, wurde ihr Mann doch, nachdem er den Militärdienst quittiert hatte, preußischer Staatsdiener, in welcher Eigenschaft er im Dienste Hardenbergs am Wiener Kongreß teilnimmt. Unruhig bleiben auch die folgenden Jahre. Varnhagen wird mit unterschiedlichen Missionen betraut. So findet man ihn in Berlin, Paris, Frankfurt am Main, Karlsruhe und Mannheim. Bis zur Abberufung Varnhagens von seinem Gesandtenposten, die ohne Begründung, sicherlich jedoch auf Grund seiner liberalen Ansichten erfolgte, blieb das nunmehrige Ehepaar oft getrennt. Einen Sommer verbringt Frau von Varnhagen bei Fanny von Arnstein in Wien, reist dann nach Frankfurt, wo sie eine kurze Begegnung mit Goethe hat, und Mitte 1816 schließlich nach Karlsruhe.

Nach Berlin zurückgekehrt, wo Varnhagen auf seine Weiterverwendung in preußischen Diensten wartete, begann für Rahel nochmals eine in ihrem Leben bedeutende Zeit, die als Rahels zweiter Salon in die Chronik der Berliner Salons eingegangen ist. Es war dies ein Salon, der geprägt war vom liberalen Geist des Varnhagen-Paares in Opposition zu den Bestrebungen der Restauration und gegen die mehr und mehr mit mittelalterlichem Gedankengut befrachtete Spätromantik. Rahel stellte mit Bedauern fest, daß um sie herum alles fremd geworden sei. Das Haus der Varnhagens wurde jedoch wiederum ein Mittelpunkt des gesellschaftlichen Lebens. Neue Freunde fanden sich ein, darunter junge Talente, wie Heinrich Heine (1797–1856), Theodor Mundt (1808–1861), der streitsüchtige Rechtsgelehrte Eduard Gans (1798–1839) sowie der von den Varnhagens wegen seiner zunehmend konservativen Anschauungen nicht so sehr geschätzte Leopold von Ranke (1795–1886), aber auch der schon seit Jugendtagen zu Rahels

Freunden zählende freigeistige Alexander von Humboldt (1769–1859).

1824 klärte sich dann auch die Situation für August Varnhagen. Als Geheimer Legationsrat wurde er mit einer Pension von 1500 Talern aus dem Staatsdienst entlassen, so daß die wirtschaftlichen Verhältnisse der Varnhagens gesichert waren und er nun seiner journalistischen und literarischen Arbeit nachgehen konnte. Ungeachtet seiner publizistischen Tätigkeit war es jedoch immer Rahel, die das Gesicht des Varnhagen-Hauses prägte. Spätere Biographen wiesen Karl August Varnhagen von Ense gerne die Rolle des Eckermann der Rahel Varnhagen zu. Ihm ist es jedenfalls zu verdanken, daß uns die Person der Rahel heute so detailliert vor Augen steht. Mit beispielloser Akribie hatte er alles bewahrt und zusammengetragen, was zu ihrer Hinterlassenschaft zählte und was an sie erinnerte, insbesondere ihre umfangreiche Korrespondenz, aus der er schon wenige Monate nach Rahels Tod die Publikation *Rahel. Ein Buch des Andenkens für ihre Freunde* zusammenstellte.

Rahel, immer schon gesundheitlich labil (1816 fühlte sie sich in Frankfurt sogar so schlecht, daß sie sich veranlaßt sah, ein Testament aufzusetzen), wurde in den letzten Berliner Jahren die ständige Unruhe in ihrem Hause oft zur Last. Stets bewahrte sie jedoch Haltung, und auch ihre umfangreiche Korrespondenz riß nicht ab. Zu den Briefpartnern ihrer späteren Zeit zählte der umhergetriebene Adolphe Marquis de Custine (1790–1857), den die Varnhagens in Frankfurt näher kennengelernt hatten. Custine machte sich durch seine Reiseschilderungen einen Namen. In der Korrespondenz mit Rahel, deren Goethe-Kult beizupflichten er nicht bereit war, stritt er sich mit ihr über den Weimarer Dichter und stellte seine eigenen, zum katholischen Mystizismus neigenden, religiösen Ansichten dar. Die Brieffreundschaft dauerte jedoch an, und so konnte Rahel am 30. Oktober 1829 an Custine schreiben: »Sie sind mein einziger Freund: von allen, die ich lieben könnte, der einzige, der mich wiederliebt … Wissen Sie, was unter uns beiden so schön ist? Daß wir gar kein Verhältnis zueinander haben: keine Forderung an den anderen; daß ich alt bin: und Sie jung; Sie doch ein Mann; und ich eine Frau; Sie ein Franzose; ich eine Deutsche...«

Rege war auch die Korrespondenz mit dem älteren Literaten Konrad Engelbert Oelsner (1764–1828), den Rahel ebenfalls in Frankfurt kennengelernt hatte, ein »Weltmann und Weltweiser«, wie ihn Heinrich Zschokke genannt hat. Oelsner war ein Wanderer zwischen Deutschland und Frankreich, an deren Schicksal er ohne Profilierungsambitionen regen Anteil nahm. Für Oelsner, der das Geschehen der Zeit mit kritischem Verstande analysierte, war Rahel ein sonderbares Geschöpf. Es sind ganz andere Töne, die man von dem älteren Partner hört, der sich erlauben kann, mit den Augen eines Weisen auf die Frau zu schauen, die ansonsten so gerne belehrend ihre unentwegt sprudelnden Gedanken weitergibt:

»Ein herrliches Kind plätschert in den Wogen der Zeit oder spielt an ihren Ufern mit Muscheln. Es kennt keine Regeln als seine Laune. Sagen Sie, wie es zugeht, das Kind weiß es vielleicht selbst nicht: die plätschernde Hand bringt jedesmal harmonische Töne und das Geratewohl des Wurfs kaleidoskopische Figuren zum Vorschein. Hinter dem Kinde steckt ein seltener Geist ... Sie sind ein philosophischer Naturalist, dessen heller Instinkt unendlich weiter reicht als alle Schul- und Weltweisheit der Männer« (15. Dezember 1821).

So bleibt das Thema Rahel unerschöpflich, und es verwundert nicht, daß es die unterschiedlichsten Charakteristiken dieser in ihrer Art einmaligen Frau gibt. Bis in die jüngste Vergangenheit hinein wird sie zum Inhalt ständig neuer Biographien. Hannah Arendt schrieb 1959 ihre *Lebensgeschichte einer deutschen Jüdin*, Herbert Scurla seine Rahel-Biographie mit dem Untertitel *Die große Frauengestalt der deutschen Romantik*. Ingeborg Drewitz widmete ihr ein umfangreiches Kapitel in der Publikation *Berliner Salons* (1965). Paul Kemp publizierte 1979 die vierbändige Ausgabe des Rahel-Briefwechsels und Konrad Feilchenfeldt 1983 eine zehnbändige Rahel-Ausgabe.

Am 7. März 1833 war das Leben der Rahel Varnhagen von Ense verloschen, der Rahel, die sie bis an ihr Lebensende geblieben ist und als die sie in die Geschichte eingegangen ist. Keine Frau hat wie sie ihr Dasein und ihre zwischenmenschlichen Beziehungen so intensiv reflektiert, mit einem unbeugsamen Streben nach Wahrhaftigkeit gegenüber den Menschen, denen sie begegnete, aber auch gegen sich selbst. Unvergleichlich war ihre Gabe, ihr – oft ungeordnetes – Denken in Worte zu fassen. So sind ihre Briefe einmalige Dokumente einer lebenslangen Unterhaltung mit den unterschiedlichsten Menschen und Themen und einer fortgesetzten Auseinandersetzung mit der eigenen Befindlichkeit. Nie zuvor hat eine derart intensive Selbstreflexion ihren literarischen Niederschlag gefunden, und es ist kaum denkbar, daß dies je noch einmal der Fall sein wird, mit Ausnahme vielleicht der Tagebücher von Thomas Mann im 20. Jahrhundert.

Zeit des Umbruchs

Die fünfzig Jahre von etwa 1770 bis 1820 waren nicht nur eine
Zeit, die nach den eingangs zitierten Durants ein »Schneegestöber emanzipierter Frauen« mit sich brachte, es war eine
Zeit des Umbruchs auf allen gesellschaftlichen und politischen Ebenen. Politisch war sie geprägt von den Nachwirkun-
gen der preußischen Kriege, der Französischen Revolution
und den Feldzügen Napoleons mit dessen Niederlage und der
nachfolgenden Periode der Restauration. Kulturell und geistesgeschichtlich brachte sie entscheidende Entwicklungen
auf dem Gebiete des Theaters und der Musik sowie die schnell
aufeinanderfolgenden literarischen Epochen des Sturm und
Drang, der Klassik, Romantik und Spätromantik mit dem
Hintergrund der philosophischen Umbrüche von Kant bis Hegel und einer veränderten Denkweise im Zuge der Aufklärung.
Alle diese Entwicklungen blieben nicht ohne Wirkung auf die
zwischenmenschlichen Beziehungen, auf Fragen der Erziehung, der Religion, der Ehe und nicht zuletzt der Stellung der
Frau in der Gesellschaft. Nur vor diesem Hintergrund wird das
hier allein zur Rede stehende Sichtbarwerden von Frauengestalten, die sich über Konventionen hinwegsetzten und ein
neues Frauenbild prägten, verständlich.
Sicherlich ist die Versuchung groß, auf der Basis des vorhandenen umfangreichen Briefmaterials voyeuristisch Beziehungsprobleme zu beleuchten, die in der Regel in die Privatsphäre
fallen. Es ist jedoch eine Tatsache, daß die Geisteselite jener
Zeit durch eine schonungslose Bloßlegung aller zwischenmenschlichen Beziehungen selbst Öffentlichkeit provozierte,
wenn auch oft unter dem Siegel der Verschwiegenheit. Und
nicht selten wurde später vernichteten Briefen nachgetrauert,
wie etwa Charlotte von Kalb. Keine Zeit zuvor und keine Zeit
danach wurde durch eine gleichartige Briefkultur bis in die

persönlichen Bereiche hinein sichtbar gemacht. Sicherlich wurde vieles dem Feuer überantwortet und manche Korrespondenz mit der hinzugefügten Bitte versehen, gewisse Schreiben nach Kenntnisnahme zu vernichten. Ebenso sicher ist jedoch, daß die Korrespondenz in vielen Fällen Objekt der Geselligkeit war und von vornherein in dem Bewußtsein auf den Weg gebracht wurde, daß sie nicht nur von dem Adressaten gelesen wurde.

Bei dieser zeitbedingten Auflockerung der Beziehungen konnte es nicht ausbleiben, daß die sich ausweitenden Begegnungen – auch durch zunehmendes Reisen – die Verhältnisse untereinander ebenfalls tangierten und zu neuen Freundschaften und schließlich auch neuen Partnerschaften führten. Offizieller Partnerwechsel aber wurde erst durch ein sich zwar zäh, jedoch kontinuierlich veränderndes Scheidungsrecht möglich.

Wesentliche Bedeutung kommt auf der einen Seite dem Aufstieg eines an Ansehen gewinnenden Bürgertums zu, sei es durch kommerzielle Fortschritte oder durch Bildung. Auf der anderen Seite sah sich ein Großteil des Adels auf Grund einer verschlechterten ökonomischen Lage veranlaßt, sich dem gehobenen und bemittelten Bürgertum zuzuwenden. Und schließlich – das trifft im besonderen auf die Berliner Szene zu – wird das Zeitgeschehen durch die Emanzipation des wohlhabenden Judentums mit dem Problem der Konversion beeinflußt. Da es Standesämter in Preußen erst seit dem Jahre 1846 gab, konnten Ehen mit nichtjüdischen Partnern nur vor kirchlichen Würdenträgern geschlossen werden, was den Übertritt zur christlichen Kirche notwendig machte, das »Entré-Billett« zur Gesellschaft, wie es Heinrich Heine nannte.

Die ausgeprägte Briefkultur dieser Zeit, wie sie nicht zuletzt von den Frauen, deren Schicksal hier sichtbar geworden ist, gepflegt wurde, macht dieses virulente Zeitgeschehen mit allen seinen Brüchen deutlich. Dennoch bleibt da ein Zweifel. Sicherlich waren die Lebensläufe dieser Frauen bemerkenswert und haben auch Veränderungen der gesellschaftlichen

Verhältnisse sichtbar werden lassen. Außer Frage steht jedoch, daß diese Biographien nur einen Bruchteil der Frauen repräsentieren, die an diesen Veränderungen Anteil hatten. Die Versuchung war groß, das Augenmerk dorthin zu lenken, wo schriftliche Überlieferungen vorlagen, womit sich schließlich ein Kreis von Frauen zusammenfindet, die entweder selbst literarisch tätig waren beziehungsweise durch ihren intensiven Briefwechsel dokumentarische Literatur geschaffen haben oder aber im Lichte von Männern standen, die in die Literaturgeschichte eingegangen sind.

So ist schon im Titel dieser Publikation bewußt auf den bestimmten Artikel verzichtet worden. Wir betrachten »Frauen der Aufklärung und Romantik« und nicht »*Die* Frauen der Aufklärung und Romantik«. *Die* Frauen, das ist das große Heer der Anonymen, die an den Veränderungen der Zeit ebenfalls Anteil hatten. Es sind aber auch die Frauen, die die Lasten der Kriege zu tragen hatten, mit denen das Land überzogen wurde, die oft allein auf sich gestellt waren, die Not zu lindern trachteten und sich unter extremen Verhältnissen behaupten mußten, ehe nach Napoleons Niederlagen und dem Wiener Kongreß im Jahre 1815 eine Periode des Friedens begann.

Der Kreis der für die sich verändernden gesellschaftlichen Verhältnisse exemplarischen Frauen geht weit über die Persönlichkeiten hinaus, deren Biographien näher betrachtet wurden. So sei auf einige Frauen verwiesen, deren Vita weniger spektakulär war, die dennoch auf ihre Weise Anteil an den Veränderungen der Zeit hatten.

Nur zwei Jahre jünger als Rahel Levin war der als Sohn eines Seilermeisters 1773 geborene Ludwig Tieck. Zu seinen Schulfreunden zählte nicht nur der früh verstorbene Wilhelm Heinrich Wackenroder (1773–1798), an dessen *Herzensergießungen eines kunstliebenden Klosterbruders* er mitgearbeitet hatte, sondern, für sein künftiges Leben bedeutsam, auch der umtriebige Wilhelm von Burgsdorff. Nach Studienjahren in Halle, Göttingen und Erlangen war Tieck 1794 nach Berlin zurückgekehrt, und hier konnte er sich, zunächst im Dienste des der Aufklärung anhängenden Buchhändlers Christoph Friedrich Nicolai, seine ersten literarischen Meriten erwerben. Als einer der markantesten Vertreter der Romantik ist er schließlich in die Literaturgeschichte eingegangen. Tieck war nur gelegentlich Gast im Salon der Rahel Levin und zählte somit nicht zu denjenigen, die ein engeres Verhältnis zu ihr fanden. Nachdem er ihr 1815 in Prag verschiedentlich begegnet war, äußerte er sich despektierlich über ihr »willkürliches Wesen«.

Tiecks Bruder Friedrich machte sich als Bildhauer einen Namen. 1796 schuf er ein Bronzerelief der Rahel, und zeitlebens gehörte er zu den Freunden Wilhelm und Caroline von Humboldts. Aber die Schwester Sophie, mit der sich Ludwig eng verbunden fühlte, war diejenige, die durch ihre spektakulären Ehe- und Beziehungsprobleme viel Unruhe in die Familie brachte und der Öffentlichkeit Gesprächsstoff lieferte.

Im Jahre 1799 heiratete sie den zum Freundeskreis der Tiecks zählenden Schriftsteller und späteren Direktor des Friedrichwerderschen Gymnasiums August Ferdinand Bernhardi (1769–1820), eine Ehe, die nur drei Jahre überdauerte. Die Verbindung mit Bernhardi hinderte Sophie nicht an einer Liebesromanze mit dem nach Berlin gekommenen August Wilhelm Schlegel, als dieser, wohl noch mit Caroline verbunden, sich von Jena entfernt hatte, bevor es zur endgültigen Trennung kam. In ihrer kurzen Ehe schenkte Sophie Bernhardi zwei Jungen das Leben, wobei man unterstellte, daß einer dieser beiden Söhne ein Kind August Wilhelm Schlegels gewesen sei. Wenigstens versuchte Sophie, mit dieser Behauptung Schlegel unter Druck zu setzen. Wie bereits geschildert, nutzte sie August Wilhelms Gutmütigkeit, nicht zuletzt in finanziellen Dingen, skrupellos aus, bis August Wilhelm mit Madame de Staël Berlin verließ.

Als die Trennung von Bernhardi auch wegen anderer Eskapaden unausweichlich wurde, zogen sich die Auseinandersetzungen um die Auflösung der Ehe über Jahre hin, wobei es vor allem auch um das Sorgerecht für die Söhne ging. Als Bernhardi eine gerichtliche Verfügung erwirkte, daß ihm die Kinder zu übergeben seien, kamen die Tiecks dem verlassenen Ehemann und Vater zuvor, und die drei Geschwister, darunter Sophie mit den beiden Söhnen, begaben sich auf eine Reise nach Süden. Sophie reiste mit den Knaben nach Rom. Ihr Begleiter war der baltische Baron Karl Georg von Knorring, über den die klatschsüchtige Caroline (Schelling) ihrer Schwester Luise Wiedemann bei späterer Gelegenheit berichtete: »Knorring liegt ganz in den Fesseln dieser blassen, magern, Zahn-, Augenbraun- und Haarlosen Frau« (31. Januar 1807). Am 1. März 1809 weiß sie ihrer Brieffreundin Pauline Gotter über die Tiecks und insbesondere die Schwester Sophie zu berichten: »Die Schwester ist eine ganz verruchte Person, falsch wie eine Katze, treulos gegen jedermann, voller Lügen und Streiche. Ihr Hochmuth geht dabei ganz ins Lächerliche.« Und Ende Februar 1807 hatte Caroline Luise Wiedemann zu berichten: »Die Frage wird nun seyn, ob Knorring sie zur Baronesse macht ... der böse Geist dieser Frau hat seinen schwachen überwältigt, denn von andern Anlockungen kann wahrlich die Rede nicht seyn.«

Sophie wurde Baronesse. 1810 wurde die Bernhardi-Ehe endlich geschieden, und Baron von Knorring nahm Sophie als Ehefrau mit in seine Heimat, wo sie sich unter dem deutsch-russischen Adel sicher behauptet haben soll.

Ludwig Tiecks Ehe verlief weniger spektakulär, jedoch nicht ohne schillernde Facetten. 1796 hatte er sich mit der Hamburger Pastorentochter Amalie Alberti verlobt und diese 1798 geheiratet. Amalie, die als »Malchen« oder Mme. Tieck immer nur passiv in Erscheinung trat, kam aus der interessanten Familie des lutherischen Pastors und Klopstock-Freundes Julius Gustav Alberti, der Lessings Mitstreiter in der Auseinandersetzung mit Goeze gewesen ist. Ihre älteste Schwester hatte den Komponisten, Schriftsteller und späteren Salinendirektor auf Burg Giebichenstein bei Halle, Friedrich Reichardt (1752–1814), geheiratet, dessen Domizil beliebte Anlaufstelle aller Romantiker war.

Im Sommer 1799 zog die Familie Tieck in das Haus des gast-
freundlichen Reichardt in Giebichenstein. Dem Paar war inzwischen die Tochter Dorothea geboren worden, die sich später zwar immer für ihren Vater engagierte, nicht zuletzt auch
als Shakespeare-Übersetzerin, selbst jedoch, einem katholischen Mystizismus verfallen, manche Vorbehalte gegenüber
dem unsteten Leben des Vaters hatte und auch seine spätere
Verbindung mit Henriette von Finckenstein mißbilligte.
Anläßlich einer Reise nach Jena machte Tieck die für sein Leben bedeutsame Bekanntschaft des Dichters Friedrich von
Hardenberg, der sich Novalis nannte und von Tiecks Wesen
tief angerührt war. Schon wenige Wochen später besuchte
Tieck den Dichter in Weißenfels und blieb ihm bis zu seinem
frühen Tod eng verbunden. Im Winter 1799 genossen die
Tiecks schließlich Gastfreundschaft im Hause August Wilhelm Schlegels, die allerdings nur notdürftig die wenig glückliche Situation der Tieck-Familie in Jena überdeckte.
Stein des Anstoßes war vor allem Tiecks Ehefrau Amalie, die
sich zwar nichts zuschulden kommen ließ, aber äußerst abfällig betrachtet wurde. Dorothea Veit (Schlegel) schrieb am
4. November 1799 an Tiecks Schwester Sophie Bernhardi: »Ihr
Bruder ist der Liebling aller Leute hier; Malchen hält man aber
allenthalben, für das unbegreifliche an Tieck ...« Und an die
gleiche Adressatin im Januar 1800: »Ihr Bruder ist von allen
wohl gelitten, und geachtet; aber M macht eine schlechte
Figur, im Familiengemählde, darüber ist man ganz einig, doch
wird sie aus Achtung für ihren Mann, mit Achtung und Scho-
nung begegnet.«
Nicht viel anders äußerte sich Caroline in ihrer Korrespondenz: »Häßlich ist die Tiek nicht. Hätte sie Anmuth und Leben,
und etwas mehr am Leibe als einen Sack, so könnte sie für
hübsch gelten« (an die Tochter Auguste am 21. Oktober 1799).
Und am 28. Oktober: »Die Tiek mißfällt mir im Grunde doch,
ich mag es nur nicht aufkommen lassen.« Und schließlich: »Sie
gefällt mir nun gar nicht mehr, sie ist doch eine Katze, nur eine
weiße.« Die einzigen, die gute Worte für Tiecks Ehefrau fan-

den, waren die Hardenbergs. In den Augen der Novalis-Schwägerin Sidonie war Amalie eine liebevolle, fürsorgliche Gattin, die an den Interessen ihres Mannes teilhabe. So glaubt Caroline gar in einem Schreiben an ihre Tochter Auguste darauf wetten zu können, daß Hardenberg »die Tiek mir vorzieht«.

Tieck war kein Mann, der auf Abenteuer ausging, wenn seine Ehe auch von einer außergewöhnlichen Konstellation geprägt war. Amalie, die von seinen Freunden als »Frau ohne Kunstsinn« bezeichnet wurde, lebte bis zu ihrem Tode, von den Zeiten räumlicher Trennung abgesehen, an seiner Seite. Und Tieck lebte die Rolle des Ehemanns, wie seine Biographin Marianne Thalmann es formuliert, »mit jener gewissen Treue, die nicht liebt«. Als die Tiecks 1802 Dresden als künftiges Domizil wählten und die zweite Tochter Agnes geboren war, ließ der Verlust bedeutender Freunde, vor allem der Tod des Novalis, die Tiecks der sich mehr und mehr ausbreitenden und die Spätromantik prägenden Rückbesinnung auf die Mythologie des katholischen Mittelalters verfallen. Die lutherische Pastorentochter Amalie konvertierte zum Katholizismus und erzog ihre Töchter im katholischen Glauben.

Im Herbst des Jahres 1802 war es dann wieder einmal der Freund aus Jugendzeiten, Burgsdorff, der den immer durch finanzielle Nöte geplagten Tiecks unter die Arme griff und sie zu sich auf sein Gut Ziebingen einlud. Unweit von Ziebingen lag das Herrenhaus Madlitz, in dem Burgdorffs Onkel Graf Friedrich Ludwig Karl Finck von Finckenstein residierte, Orte, die nicht nur für Ludwig Tiecks Schaffen bedeutsam waren, sondern auch die private Sphäre tangierten.

Finckenstein hatte nicht nur einen Sohn, der Rahel Levin so viel Ungemach bereitete, sondern auch Töchter, von denen sich die Schwestern Henriette und Karoline über alle Konventionen hinwegsetzten, die bei dem Bruder noch eine so gravierende Rolle spielten. Karoline verband sich heimlich dem vom Vater zur Umgestaltung des Herrensitzes Madlitz engagierten Architekten Hans Christian Genelli, und Henriette verfiel der leidenschaftlichen Liebe zu Ludwig Tieck.

Während jedoch von all den diffusen Beziehungsgeflechten jener Zeit so viel in der Literatur und in Briefen seinen Niederschlag fand, sind über die Bindungen Ludwig Tiecks an Henriette von Finckenstein nur wenige authentische Zeugnisse überliefert, wobei davon ausgegangen werden kann, daß der Tieck-Nachlaß durch die überlebende Tochter Agnes von den über diese Beziehung Aufschluß gebenden Dokumenten bereinigt wurde. Fest steht jedoch, daß diese Verbindung, die mehr war als eine flüchtige Liebe oder Freundschaft, dazu führte, daß Henriette von Finckenstein (zunächst in einer *ménage à trois*) von 1819 bis zu ihrem Tode im Jahre 1847, also beinahe dreißig Jahre lang, im Hause Tieck wohnte.

Auch hier wußte die im fernen München lebende Caroline, jetzt Schelling, im März 1809 wieder alles ganz genau: »Von Tiecks Frau ist nie die Rede, die Bernhardi haßt sie so, daß sie, wie sie mir sagte, ihren Bruder nicht nach ihr gefragt hat. Mir sagte er zu Anfang, sie wäre bei ihrer Mutter in Schlesien und er hätte noch eine kleine Tochter bekommen. Nach der Bernhardi ihren Insinuationen hat die Tiek während ihres Mannes früherer Abwesenheit mit Burgsdorf gelebt, auf dessen Gute (Ziebingen) Tiek auch nachher sich ernähren ließ. Sie behauptet, daß dort überhaupt eine Art von Gemeinschaft der Weiber eingeführt war. Drei Gräfinnen Finckenstein wohnen in der Nähe, aber unverheiratet. Friedrich Schlegel nannte daher T. den Hausfinken. Wie es damit steht, weiß ich nicht, habe auch nicht Ursache von der Ungeschmeidigkeit der Tiek ähnliches zu vermuthen, bei alle dem sollen sie so gut wie getrennt seyn...« (Mitte März 1809 an Luise Wiedemann).

Nach dem Tode des Grafen von Finckenstein im Jahre 1819 übersiedelte Ludwig Tieck nach Dresden, und Henriette von Finckenstein, die mit ihrem ererbten Vermögen zum Unterhalt der Tieck-Familie beitragen konnte, schloß sich ihm zum Mißfallen der Tochter Dorothea an. Amalie ordnete sich unter und trat immer mehr in den Hintergrund. Anscheinend nahm man in Dresden diese Verhältnisse als gegeben hin, und selbst die kritische Schlegel-Schwester Charlotte Ernst ließ verlauten, daß ihr der »Anblick eines so wahren Seelenvereins wohltätig« erscheine, »wenngleich seine erste Entstehung wohl nicht nach moralischen Gesetzen war«. Tiecks Ehefrau Amalie verstarb am 11. Februar 1837 und am 21. Februar 1842 die Tochter Dorothea. Henriette, die zum Lebensende hin mehr und mehr erblindet war, zog mit Tieck, der von Friedrich Wilhelm IV. als Berater des königlichen Theaters berufen worden war, nach Berlin. Dort starb sie, die für Tieck »die himmlische Henriette« war, am 23. November 1847. Ludwig Tieck schloß seine Augen für immer am 28. April 1853. Sein Bruder Friedrich, der als Siebzigjähriger noch eine junge Frau geheiratet hatte, war ihm im Jahre 1851 im Tode vorausgegangen.

Das große Problem der Zeit für die heranwachsenden jungen Mädchen und Frauen war ihr gesellschaftlicher Stand. Wenn sie unverheiratet blieben, waren ihnen so gut wie keine Entfaltungsmöglichkeiten gegeben, dann war das Unterkommen in der Familie noch die erträglichste Lösung. Auch im Umfeld der Familie des Konsistorialrates Christian Gottfried Körner (1756–1831), des bedeutenden Freundes und Verehrers Schillers, mußte eine junge Frau auf das Glück der Ehe verzichten, die ihr versprochen war.

Körner ist es gewesen, der im Jahre 1784 zusammen mit Ludwig Ferdinand Huber (1764–1804) und den beiden kunst- und musikbeflissenen Schwestern Johanna Dorothea (1760–1832) und Anna Maria Jakobina, gen. Minna (1762–1843) Stock, die in die Literaturgeschichte eingegangene anonyme Sendung an Schiller auf den Weg gebracht hat: eine gestickte, seidene Brieftasche nebst vier auf Pergament gezeichneten Porträts. Dieses Präsent war letztlich der Auslöser für Schillers Übersiedelung von Mannheim nach Leipzig und schließlich nach Dresden. Es war zugleich Beginn der lebenslangen Freundschaft Schillers und Christian Gottfried Körners, des Vaters des Dichters Theodor Körner. Die Stock-Schwestern Dora und Minna, Töchter des bis zu seinem Tode bei dem berühmten Buchhändler Breitkopf tätigen Kupferstechers Johann Michael Stock, waren zu jener Zeit die Bräute Hubers und Christoph Gottfried Körners.

Während Minna Stock die sorgende Ehefrau Körners und 1788 Mutter einer Tochter und 1791 schließlich des später berühmten Sohnes Theodor Körner wurde, war das Schicksal der älteren Schwester Dora Stock weniger gut gesonnen. Ihre Bindung an den vier Jahre jüngeren, dem Gedankengut des Sturm und Drang anhängenden Ludwig Ferdinand Huber führte zu keinem guten Ende. Im Jahre 1788 verließ Huber Dresden, als er eine Stelle als Legationssekretär in Mainz erhalten hatte. Dort war er dann, nicht nur zur Betrübnis der zurückgelassenen Braut, sondern auch zum Ärgernis seiner Freunde, der Forster-Ehefrau Therese verfallen.

Wir kennen bereits die Geschichte Hubers als späteren Ehemanns der Therese Forster. Vier Jahre lang hoffte Dora Stock auf die endgültige Legalisierung ihrer Verbindung mit Huber. Sie verschloß sich den Gerüchten, die von Mainz nach Dresden drangen, zu denen die Behauptung gehörte, daß Therese Forster bereits ein Kind Hubers zur Welt gebracht habe. Schließlich gingen böse Briefe Körners und Schillers nach Mainz. Gottfried Körner erinnerte Huber an seine Pflicht, und Schiller, der der Meinung gewesen war, daß er in Huber einen ebenbürtigen Freund gefunden habe, fand nur schroffe Worte für den Abtrünnigen. Huber jedoch hatte sich für Therese entschieden, und im Jahre 1792 wurde die Verlobung endgültig aufgelöst. Dora, die großes zeichnerisches Talent hatte, blieb unverheiratet dem Haus Körner verbunden und starb im Jahre 1832.

Zu den Freunden des Körner-Hauses in Dresden zählte nicht nur Elisa von der Recke, sondern auch ihre Halbschwester, die Herzogin von Kurland. Sie wurde Patin des im Jahre 1791 geborenen Theodor Körner. Anfang des 19. Jahrhunderts unterhielt sie, in Konkurrenz zu Henriette Herz und Rahel Levin, schließlich einen der geachteten und vielbesuchten Salons in Berlin.

Der Sohn des soliden Konsistorialrats Körner war ein unruhiger Geist. Während ihm der Vater wie alle Väter einen sicheren

Brotberuf wünschte, fühlte sich der heranwachsende Sohn Theodor jedoch nach wilden Studentenjahren zum Dichter berufen. Im Sommer 1811 weilte der nunmehr Zwanzigjährige zur Erholung in Karlsbad. Hier begegnete er der damals gefeierten Schönheit Marianne Saaling, zu der er in schwärmerischer Liebe entbrannte. Der Angebeteten, der sich nach Rahels Tod später auch Karl August Varnhagen verbinden wollte, widmete der junge Dichter zahlreiche Verse. So seinen Zyklus *Erinnerungen an Karlsbad* mit einem Widmungsgedicht *An Marianne Saaling*:

…

Ich träume mir bei jedem Lieblingsorte:
Hier hat die Freundin einst wie du gefühlt;
Auf jenen Höhn, an jener Felsenpforte
Hat sie der Zephyr sanft wie dich gekühlt.
Ich wähle mir im Geiste ihre Worte,
Und alles, was die Zeit hinweggespült,
In lichter Nähe seh' ich's vor mir schweben.
Dank für dies Glück! Du riefst es sanft ins Leben.

Marianne Saaling hatte Karlsbad schon bald verlassen, und Theodor Körner zog mit Empfehlungen des Vaters an Wilhelm von Humboldt und Friedrich Schlegel im selben Jahr 1811 nach Wien, wo er sich der Geschichtswissenschaft widmen sollte. Theodor Körner jedoch zog es zum Theater. Und bis zum Jahresende hatte er bereits zwei kleine Lustspiele geschrieben, die zur Aufführung angenommen wurden, womit er auf der Wiener Bühne seine ersten literarischen Erfolge erlangte. Damit öffneten sich ihm auch die Türen zu dem lebhaft frequentierten literarischen Salon der erfolgreichen Romanschriftstellerin Karoline Pichler (1769–1843).
Sein Herz jedoch verlor er an die junge Schauspielerin Antonie Adamberger (1790–1867), über die Clemens Brentano 1813 in Karl Bernards *Dramaturgischem Beobachter* schrieb: »Ich habe nie eine Schauspielerin gesehen von solch herrlichen Gaben.«

Toni, wie sie genannt wurde, erwiderte seine Zuneigung, so daß Körner im Mai 1812 seinem Vater die Verlobung anzeigen konnte: »Vater, treuer, treuer Freund, ich habe das Ziel gefunden, wo ich meine Anker werfen soll, Vater, ich liebe! ... ich liebe, liebe einen Engel.« Zu seinem Werk zählen zahlreiche Gedichte, in denen er seine Braut besang:

Wer, Toni, hat dir all die Macht gegeben?
Ich bin nichts mehr als deiner Worte Spiel,
Du zogst den Jüngling aus dem wüsten Leben,
Du gabst den Träumen ein verklärtes Ziel.
Der kecke Sinn, der sich in wildem Streben
Und in verwegnem Kampfe sonst gefiel,
Nur ruhig war, wenn Funken um ihn sprühten,
Liegt schwärmend hier und kost mit Frühlingsblüten.

Antonie Adamberger stammte aus der Schauspielerfamilie Jaquet. Ihre Großmutter hatte neben ihrer Theaterlaufbahn sechzehn Kindern das Leben geschenkt, bevor sie als Vierundvierzigjährige im Wochenbett ihr Leben lassen mußte. Die Mutter der Toni, ebenfalls Schauspielerin am Burgtheater, hatte 1781 den Sänger Valentin Adamberger geheiratet. Beide starben bereits im Jahre 1804, so daß die als viertes Kind am 30. Dezember 1790 geborene Antonie im Alter von vierzehn Jahren zur Waise wurde. Die Wiener liebten ihre »Toni« von Herzen und waren tief betrübt, als sie im Jahre 1817 ihren Abschied von der Bühne nahm.

Körner, den einer seiner Freunde eine »von Haus aus verliebte Seele« nannte, »die nur allzuleicht Feuer fing, wenn ein paar schöne Augen ihn freundlich grüßten, ein holder Mund ihm zulächelte«, fand hier in Wien in Antonie sein Idol. Im ständigen Umgang mit dem jungen Feuergeist fand auch Antonie an ihm Gefallen und gab ihm bald ihr Jawort, über das Theodor seinem Vater so überschwenglich berichtete. »Ich fordere den auf, der glücklicher sich rühmen kann«, schrieb er seinen Eltern.

Doch nur wenige Monate vergingen, als er erneut von dem im obigen Gedicht besungenen »kecken Sinn« und dem Streben zu »verwegnem Kampfe« gepackt wurde. Ungeachtet seiner Liebe und ungeachtet seiner Bühnenerfolge, die ihm im Januar 1813 die Ernennung zum »kaiserlich königlichen Hoftheaterdichter« mit einem ansehnlichen Gehalt einbrachten, glaubte er, bei den sich anbahnenden politischen Veränderungen nach der Niederlage Napoleons vor Moskau nicht abseits stehen zu dürfen. Er meldete sich freiwillig zur Lützowschen Freischar. Am 14. März 1813 verabschiedet er sich von seiner weinenden Braut, und am 26. August trifft ihn die tödliche Kugel bei einer Attacke vor Rosenberg. Seine Kameraden bestatteten ihn unter einer Eiche bei Wöbbelin.

Antonie Adamberger erfuhr erst einige Wochen später vom Tod ihres Bräutigams. In der ersten Oktoberhälfte zog sie sich vierzehn Tage von der Bühne zurück, um mit ihrem Schmerz fertig zu werden. Dann stand sie wieder vor ihrem Publikum, das still lauschend an ihrem Schicksal Anteil nahm. Karoline Pichler versuchte dem tragischen Geschehen in dem Versepos *Befreites Deutschland* Ausdruck zu geben, dessen letzte sechs Verse in einem Akrostichon den Namen Körner ergeben.

War Körners Abschied von Wien eine Flucht? Die letzten drei bis vier Monate war er, ein inzwischen hofierter junger Mann geworden, ständig zu Visiten unterwegs, wie er seiner Mutter schrieb, und vor allem Gast bei der Bankiersgattin Henriette von Pereira, die er im Pichler-Salon kennengelernt hatte. Dort traf er sich auch wieder mit Marianne Saaling, die er bereits in Karlsbad angeschwärmt hatte. Und beiden Frauen schrieb er nach seinem Weggang heitere Briefe aus dem Feld, in denen er an die schönen gemeinsamen Stunden erinnerte.

In die Geschichtsbücher eingegangen ist der Sänger von *Lützows wildverwegener Jagd* jedoch als Bräutigam der Antonie Adamberger. Sie verließ die Bühne zum großen Bedauern ihrer Theatergemeinde bereits im Jahre 1817, um dem Kustos des k. u. k. Münz- und Antikenkabinetts, dem Numismatiker und Historiker Joseph Arneth (1791–1863), der bescheiden um ihre Hand angehalten hatte, in die Ehe zu folgen. Zwei Söhnen schenkte sie das Leben. Sie starb am 24. Dezember 1867 in Wien. Über Körner wurde in der Familie kaum gesprochen, vergessen hatte sie ihre erste große Liebe nie.

Zu den stillen, achtenswerten Frauen, die in der Öffentlichkeit nur Randfiguren gewesen sind, in ihrer Festigkeit und Engagiertheit für die Familie als Mutter und Ehefrau jedoch Beachtung verdienen, zählt auch Johanna Rahn (1755–1819) aus Zürich, die Nichte Friedrich August Klopstocks. Sie war bereits achtunddreißig Jahre alt, als sie sich mit dem sieben Jahre jüngeren, mittellosen Philosophen Johann Gottlieb Fichte (1762–1814) vermählte.

Fichte hatte Johanna Rahn anläßlich seiner Tätigkeit in Zürich kennengelernt, sie jedoch schließlich erst im Jahre 1793 zu seiner Frau gemacht. Johanna war ihrem nicht ganz einfachen, später im Blickpunkt des Zeitgeschehens stehenden Mann aufs herzlichste zugetan. In ihrer Schlichtheit hatte sie an seiner Seite keinen leichten Stand. Nachdem Fichte im Jahre 1794 auf den Lehrstuhl der Philosophie an die Universität Jena berufen worden war, holte er im Herbst des gleichen Jahres seine Frau und zugleich auch deren alten Vater aus Zürich nach Jena.

Der Start in der neuen Heimat war für Johanna nicht sehr glücklich. Zunächst einmal mußte sie für eine Vielzahl von Kollegen und Studenten sorgen, die Fichte an ihren Essenstisch holte. Wesentlich unerfreulicher war jedoch, daß sich Fichte durch seine Opposition gegen die sich bildenden studentischen Orden bei den jungen Leuten äußerst unbeliebt machte. Der Unwillen der Studenten führte zu anhaltenden Protesten vor seinem Haus, ja zu tätlichen Angriffen mit Fenstereinwürfen, und Johanna mußte sich sogar Schmähungen auf offener Straße gefallen lassen.

Fichte sah sich schließlich gezwungen, die Universität vorübergehend zu verlassen, ließ sich für das Sommersemester beurlauben und mietete sich in ein ehemaliges Schlößchen in Oßmannstedt im Weimarischen ein. Johannas Hoffnungen, dort nun Ruhe zu finden, wurden jedoch schon nach kurzer Zeit enttäuscht. Der Vater wurde so schwer krank, daß sie mit ihm nach Jena zurückkehren mußte, wo er am 29. September 1795 starb. Das Ehepaar lebte auf diese Weise einige Monate getrennt, und sogleich machte sich der Klatsch über die Verhältnisse in der Fichte-Ehe her, der bis in die Züricher Heimat Johannas getragen wurde. Durch das Gerede sah sich Fichte gezwungen, inwieweit es ehrlich gemeint war, sei dahingestellt, Lobeshymnen über seine Frau und seine Ehe zu verbreiten. So schrieb er am 8. Mai 1795 an Lavater: »Zuförderst meine häusliche Lage ist die ruhigste und friedlichste. Ich weiß nicht, ob es ein beßeres Verhältniß zwischen Eheleuten im ganzen Herzogthume geben mag, als es das unsrige ist.«

Wenn Fichte glaubte, daß es im ganzen Herzogtum kein besseres Verhältnis zwischen Eheleuten gebe als das seinige, war dies schon sehr vermessen. Seine Ansichten basierten auf dem Postulat, daß sich seine Frau voll und ganz ihm unterzuordnen und anzupassen habe. Johanna hatte es auf diese Weise mit ihrem unausgeglichenen Mann keinesfalls leicht. Das lassen allein schon Briefe erkennen, in denen er ihr Vorhaltungen der verschiedensten Art machte und seine Selbstherrlichkeit erkennen läßt. So entgegnete er auf kleine Widersprüche: »Ich habe *ehe* ich Dich heirathete gethan, wie *ich's* für recht ansah; habe es gethan, seitdem ich Dich geheirathet; und siehe, ich lebe, und bin gesund und glücklich«, jedoch nicht ohne seine Belehrungen mit den begütigenden Worten zu schließen: »Ich freue mich sehr darauf, wenn ich wieder bei Dir seyn werde, wie ich Dir gut, und sanft thun will, damit du ein recht vergnügtes Leben habest.«

Selbst stets darauf bedacht, hohes Ansehen zu genießen, sah er die Bescheidenheit und vielleicht auch etwas ungeschickte Zurückhaltung seiner Ehefrau kritisch und auch unwillig, ohne daß dies seiner Zuneigung gravierend Abbruch tat. Nach Fichtes Ansicht war Johanna nicht gemacht, »um auf einem hiesigen angesehenen Schauplatze zu glänzen«. Um sie nach ihrem »ganzen und hohen Werthe zu schätzen, muß man sie lange, u. im häuslichen Leben kennen« (an Frau von Koppenfels im August 1795).

Am 18. Juli 1796 brachte Johanna, nun schon im zweiundvierzigsten Lebensjahr, den Sohn Immanuel Hartmann zur Welt, der für sie wichtiger Lebensinhalt wurde. Am Jenaer gesellschaftlichen Leben hatte sie kaum Anteil. Eine bedeutsame Freundschaft konnte sie allein mit der ihr so wesensgleichen Charlotte Schiller knüpfen.

Die große Wende im Leben Fichtes kam mit dem sogenannten Atheismusstreit. Auslöser war ein Beitrag Fichtes in seinem *Philosophischen Journal*, in welchem die orthodoxe Geistlichkeit »gottesleugnerischen« Inhalt zu erkennen glaubte. Der in die Philosophiehistorie eingegangene Streit hatte zur Folge, daß Fichte nach unerfreulichen Auseinandersetzungen mit seinen vorgesetzten Dienststellen, zum Teil auch durch ungeschicktes Verhalten, im April 1799 seine Professur in Jena verlor und so mit seiner Familie einer ungewissen Zukunft entgegensah. Eine Zäsur im Leben des Paares, die es enger aneinanderschweißte und Fichte die innere Reife seiner Partnerin erkennen ließ, die trotz tiefer Verzweiflung Stütze und Halt der kleinen Familie blieb.

Ein Brief Friedrich Schlegels, der zu dieser Zeit zusammen mit Dorothea Veit in Berlin lebte, war es schließlich, der einen Ausweg aus der unerquicklichen Lage einleitete. Schlegel forderte Fichte auf, als Gast nach Berlin zu kommen. Eine Einladung, der Fichte ohne Vorstellung davon, was ihn in Berlin erwartete, Folge leistete. Im Juli 1799 reiste er ab, und seine Frau mußte mit ihrem kleinen Kind wieder einmal allein zurückbleiben. Für Johanna folgte erneut ein schmerzliches halbes Jahr. Mit geringen Mitteln völlig auf sich gestellt, umgeben von Mißgunst und ohne Zukunftsperspektiven, war sie oft der Verzweiflung nahe, zumal sie der Gedanke plagte, daß ihr Mann an der unerfreulichen Lage durch seinen Stolz nicht ganz unschuldig sei. Ein kleines Einkommen konnte Fichte nach Verlust seiner Professur lediglich durch seine wissenschaftlichen Arbeiten erzielen.

Im Dezember des Jahres kam Fichte dann jedoch nach Jena, um Frau und Kind abzuholen. Mit Schillers Hilfe wurde das in Jena erworbene Haus zu Geld gemacht, und im März 1800 übersiedelte die Familie nach Berlin. Fichte, durch die Jenaer Ereignisse in gewisser Weise zur Persona non grata gestempelt, konnte sich in Berlin jedoch sehr schnell wieder Ansehen erwerben, und so war der Familie für die nächste Zeit endlich eine Phase der Ruhe beschert. Zum Umgang Fichtes in diesen Jahren zählten mehr oder weniger alle Geistesgrößen, die als der Berliner Szene zugehörig bereits Erwähnung gefunden haben: August Wilhelm Schlegel, bevor er Berlin mit Mme. de Staël verließ, Ludwig Tieck, Karl August Varnhagen von Ense, Adelbert von Chamisso sowie der von der Tieck-Familie so sehr beschimpfte, von Fichte jedoch hochgeschätzte August Ferdinand Bernhardi, schließlich auch Friedrich Schleiermacher und der junge Baron de la Motte-Fouqué (1777–1843), dem Fichte schließlich eine Vaterfigur wurde, und nicht zu vergessen der Hausarzt der Familie, Christoph Wilhelm Hufeland.

Johanna nahm auch in Berlin, wie schon in Jena, am gesellschaftlichen Leben außerhalb des Hauses kaum teil. Im Juli 1804 schrieb sie an Charlotte Schiller: »Wir haben nur einen kleinen Cirkel, wobey man sich am besten befindt.« Enge Freundschaft schloß sie mit Charlotte von Kalb, die seit dem Jahre 1804 in Berlin wohnte. So konnte Johanna ihrer alten Vertrauten Charlotte Schiller berichten: »Die F. v. Kalb ist seit 5 Wochen hier, lebt ganz in unsrer Nähe, so daß wir uns zum Fenster hinaus sprechen können; auch sehn wir uns täglich, und bringen oft vergnügte Abende miteinander zu; sie lebt so zurückgezogen als wir, und doch nicht einsam« (18. Juli 1804). Hinzu kam für Johanna die Aufgabe der Erziehung des nun heranwachsenden Sohnes, der sie sich mit Hingabe widmete, solange diese in ihren Händen lag.

Fichte jedoch, dessen Ruf als bedeutender philosophischer Lehrer im Grunde nie ernsthaft gelitten hatte, erhielt im April 1805 einen Ruf an die Universität Erlangen in der Weise, daß er die Sommersemester wahrnahm und im Winter jeweils nach Berlin zurückkehren konnte. Es blieb jedoch bei einem Sommer, den die Fichtes, nicht unzufrieden, in Erlangen verbrachten, hatten die Kriegswirren doch zur Folge, daß nach der verlorenen Schlacht bei Jena und Auerstädt im Oktober 1806 und dem Frieden von Tilsit im Jahre 1807 die Universitätsstadt mit allen linkselbischen Besitzungen von Preußen abgetrennt wurde.

Es kam nun die Zeit, da Preußen von einem Sturm der Begeisterung zur Befreiung von der Napoleonischen Herrschaft erfaßt wurde. Die Besetzung Berlins durch die Franzosen war jedoch unabwendbar. Was Rang und Namen hatte, entfloh gen Osten, hierunter der Freund des Hauses, Christoph Wilhelm Hufeland, dem sich Fichte anschloß. Wieder einmal mußte Johanna mit ihrem nun zehnjährigen Sohn zurückbleiben, glaubte man doch, daß sie in ihrem Heim nicht unausweichlichen Gefahren ausgesetzt sei, während es für Fichte allerdings angezeigt schien, sich vor dem Einmarsch der Franzosen in Berlin abzusetzen. Auch Hufeland ließ seine Familie in Berlin zurück, womit seine Frau allerdings nicht einverstanden war. Als sie schließlich zusammen mit ihren Kindern ihrem Mann nachreiste, wurde Johanna auch noch die Betreuung des verlassenen Hufeland-Haushalts aufgetragen, eine Last, die ihr schwer zu schaffen machte, so daß sie im März 1807 klagte: »Bestimmt werd ich ein zweites Mal nicht durch diesen gutmütigen Wahn mich irreführen lassen.« Hufeland schickte seine Familie jedoch nach Berlin zurück, was schließlich zum Scheitern der Hufeland-Ehe führte.

Für die nun bereits über fünfzigjährige Johanna war die erneute Trennung eine schwere Bürde. Auf sich allein gestellt, mußte sie mit den Problemen in der von den Franzosen besetzten Großstadt fertig werden und für die Erziehung und Bildung ihres Sohnes sorgen, worauf Fichte aus der Ferne nach wie vor großen Wert legte. In Königsberg, wohin ihn seine Flucht mit vielen anderen Berlinern geführt hatte, wurde ihm an der dortigen Universität eine Professur übertragen. Nachdem jedoch auch Königsberg von den Franzosen besetzt wurde, begab er sich von Memel aus über See nach Kopenhagen und kehrte im Sommer, nach dem Frieden von Tilsit, wieder nach Berlin zurück.

Die Zeit der Trennungen war damit vorüber. Im Dezember 1807 begann Fichte ungeachtet der Gefahr, in die er sich begab (ein Jahr zuvor hatten die Franzosen den aufsässigen Buchhändler und Verleger Johann Philipp Palm (1766–1806) standrechtlich erschossen), in einem Saal der Berliner Akademie furchtlos mit dem Vortrag seiner geistesgeschichtlich bedeutsamen, aufrüttelnden *Reden an die Deutsche Nation*, gerichtet gegen Eigensucht, verbunden mit der Forderung einer Erziehung der heranwachsenden Jugend im Geiste Pestalozzis. Allen Kindern, ob reich oder arm, Knabe oder Mädchen, sollte die neue Erziehung ohne Ausnahme zuteil werden. Und durch die Erziehung in der Gemeinschaft sollte der patriotische Geist erwachsen, der die Schaffung eines Nationalstaates zum Ziele hat.

Im Jahre 1810 kam es dann zu der seit langem geplanten Gründung der Berliner Universität, die später den Namen Wilhelm von Humboldts bekam. Fichte wurde zum Dekan der Philosophischen Fakultät bestellt, späte Anerkennung seiner überragenden Bedeutung als Geisteswissenschaftler. Die Früchte seines beruflichen Erfolges zu ernten, blieb ihm jedoch nicht mehr viel Zeit. Körperliche Leiden machten ihm mehr und mehr zu schaffen, und auch seine Frau Johanna spürte das Nachlassen ihrer Kräfte.

Als sich nach dem Scheitern des Napoleonischen Rußland-Feldzuges die Berliner Spitäler im Jahre 1813 mit Verwundeten füllten, wollte auch Johanna nicht abseits stehen. Aufopfernd setzte sie sich bei der Betreuung der Kranken und Hilfsbedürftigen ein, mit der Folge, daß sie sich dort, nach beinahe fünfmonatiger Tätigkeit, eine lebensgefährliche Infektion holte, die – schicksalhafte Bestimmung – nicht ihr das Leben kostete, sondern ihrem Mann, der sich bei ihr mit einem gefährlichen Erreger infiziert hatte. Noch ehe Johanna genesen war, starb

Johann Gottlieb Fichte ohne den Beistand seiner darniederliegenden Frau, die er im Laufe seines unruhigen Lebens als treuergebene Gefährtin schätzen gelernt hatte.

Gottergeben ertrug Johanna das ihr beschiedene Los. Charlotte Schiller schrieb sie, nachdem sie sich von ihrer Krankheit erholt hatte: »Mein künftiges Leben wird ein noch stilleres und zurückgezogeneres sein, als es schon war, und so wird der Rest des hiesigen Daseins dahin schleichen, so lange es Gott gefällt« (24. März 1814). Vor einer mißlichen finanziellen Lage wurde Johanna durch eine ihr von König Friedrich Wilhelm III. gewährte Pension bewahrt. So verbrachte sie die ihr verbleibenden fünf Lebensjahre in aller Bescheidenheit, wobei ihre liebste Beschäftigung das Studium der Bibel und anderer religiöser Schriften war und die Niederschrift einer Lebensbeschreibung ihres Mannes. Am 29. Januar 1819 schloß sie im Alter von dreiundsechzig Jahren für immer ihre Augen.

Ihr Sohn Hartmann (Hermann) Fichte (1796–1879) hatte im Jahre 1818 seine Promotion zum Dr. phil. erlangt, habilitierte sich an der Berliner Universität und wurde nach einigen Lehrerjahren 1835 Professor der Philosophie in Bonn und von 1842 bis 1863 in Tübingen. Auch er vermählte sich mit einer wesentlich älteren Frau. Die verwitwete Wilhelmine Silly, geborene Faber (1784–1862), die er 1823 heiratete, war zwölf Jahre älter als er. Sie gebar ihm jedoch, selbst schon nahe der vierzig Jahre, noch drei Söhne.

Als sich die Verhältnisse in Berlin nach der Niederringung Napoleons und der auf dem Wiener Kongreß beschlossenen Neuordnung Europas weitgehend normalisiert hatten, war von den Salons der Jahrhundertwende im wesentlichen nur derjenige von Rahel wiedererstanden. Als Institution hatte der Berliner Salon zwar auch im weiteren Verlauf des 19. Jahrhunderts eine gewisse Kontinuität bewahrt, Salons wie die um Henriette Herz und Rahel Levin waren es jedoch nicht mehr. Auf ihre Weise konnten die Zusammenkünfte bei Elisabeth von Staegemann (1761–1835), Amalie von Helvig, geborene Imhof (1776–1831), und später der Musiksalon der Fanny Hensel, geborene Mendelssohn Bartholdy (1805–1847), sowie die Gesellschaften der Fanny Lewald (1811–1889) und der Hedwig von Olfers (1799–1891) noch etwas von dem Fluidum in die Mitte des Jahrhunderts hinüberretten. Die Zeiten hatten sich jedoch geändert. Das »Schneegestöber emanzipierter Frauen« war zerstoben, und die Biederkeit der restaurierten Monarchien prägte das Geschehen – auch in bezug auf die Emanzipation der Frau.

Die Ansprüche der Frauen als gleichrangige Partner, wie sie in der Zeit der Aufklärung und Romantik erstmalig in größerem Umfang sichtbar geworden sind, wurden erst im Verlauf des 19. Jahrhunderts bzw. in dessen zweiter Hälfte zu einem gesellschaftspolitischen Anliegen, welches auf immer breiterer Basis von engagierten Frauen vorwärtsgetrieben wurde. Daß das Thema Emanzipation immer noch aktuell ist, steht auf einem anderen Blatt. Dem Streben, die Frauen zu Männern zu machen und die Männer zu Frauen, sind natürliche Grenzen gesetzt. Es ist nun einmal so, daß es zwei Geschlechter gibt. Die Frauen der Aufklärung und Romantik waren es, die Wege zur Selbständigkeit und Selbstbehauptung gewiesen haben.

Literaturverzeichnis

Anger, Alfred: siehe Karsch, Anna Louisa

Amelung, Heinz: Briefwechsel zwischen Clemens Brentano und Sophie Mereau. 2 Bde. Leipzig 1908

Arendt, Hannah: Rahel Varnhagen. Eine Lebensgeschichte. München 1959

Arnim, Achim von: Achim von Arnims Werke. Ausgew. und hrsg. von Reinhold Steig. 3 Bde. Leipzig 1911

Arnim, Bettine von: Die Günderode. Berlin 1920

Arnim, Bettine von: Clemens Brentanos Frühlingskranz. Aus Jugendbriefen ihm geflochten, wie er selbst schriftlich verlangte. 3. Aufl. Leipzig 1921

Arnim, Bettine von: Goethes Briefwechsel mit einem Kinde. Hrsg. von Waldemar Oehlke. Frankfurt a. M. 1984

Arnim, Bettine von: Der Briefwechsel Bettine Arnims mit den Brüdern Grimm. Hrsg. von Hartwig Schultz. Frankfurt a. M. 1985

Arnim, Maxe von: siehe Werner, Johannes

Atzenbeck, Carl: Pauline Wiesel. Die Geliebte des Prinzen Louis Ferdinand von Preußen. Leipzig o. J.

Behler, Ernst: Friedrich Schlegel in Selbstzeugnissen und Bilddokumenten. Reinbek 1966

Berglar, Peter: Wilhelm von Humboldt. Mit Selbstzeugnissen und Bilddokumenten. Reinbek 1970

Beuys, Barbara: siehe Karsch, Anna Louisa

Biedrzynski, Effi: Goethes Weimar. Lexikon der Personen und Schauplätze. Zürich 1992

Bock, Helmut: Ludwig Börne. Vom Gettojuden zum Nationalschriftsteller. Berlin 1962

Bode, Wilhelm: Goethes Liebesleben. Berlin 1913

Boie, Christian: siehe Schreiber, Ilse

Börne, Ludwig: Briefe des jungen Börne an Henriette Herz. Leipzig 1861

Boy-Ed, Ida: Charlotte von Kalb. Eine psychologische Studie. Jena 1912

Brentano, Bernard von: August Wilhelm Schlegel. Geschichte eines romantischen Geistes. Stuttgart 1949

Brentano, Lujo: Clemens Brentanos Liebesleben. Frankfurt a. M. 1921

Brinker-Gabler, Gisela: Deutsche Literatur von Frauen. 2 Bde. München 1988

Bülow, Gabriele von: Tochter Wilhelm von Humboldts. Ein Lebensbild. Aus den Familienpapieren Wilhelm von Humboldts und seiner Kinder. 1791–1887. 7. Aufl. Berlin 1896

Burschele, Friedrich: Friedrich Schiller. Mit Selbstzeugnissen und Bilddokumenten. Reinbek 1958

Cardanus, Dr. Hermann: Clemens Brentano. Beiträge, namentlich zur Emmerick-Frage. Görres-Gesellschaft. Erste Vereinsschrift. Köln 1915

Chezy, Helmina von (Klencke, Wilhelmine Christiane): Neue auserlesene Schriften der Enkelin der Karschin. Heidelberg 1817 (hier: Ueber Teutschlands Zukunft hinsichtlich auf Geist und Sinn der Frauenvereine)

Dietrich, Veit-Jakobus: Johann Amos Comenius mit Selbstzeugnissen und Bilddokumenten. Reinbek 1991

Dobbek, Wilhelm: Karoline Herder. Ein Frauenleben in klassischer Zeit. Weimar 1963

Dülmen, Andrea van: Frauen. Ein historisches Lesebuch. 4. Aufl. München 1991

Dülmen, Andrea van: Frauenleben im 18. Jahrhundert. Leipzig und Weimar 1992

Durant, Will und Ariel: Kulturgeschichte der Menschheit. Die napoleonische Ära. Köln 1985

Dworetzki, Gertrud: Johanna Schopenhauer. Ein Charakterbild aus Goethes Zeiten. Düsseldorf 1987

Eckermann, Johann Peter: Gespräche mit Goethe in den letzten Jahren seines Lebens. Leipzig 1902

Ehrenberg, Friedrich: Blätter dem Genius der Weiblichkeit geweiht. Berlin 1809

Enzensberger, Hans Magnus: Requiem für eine romantische Frau. Die Geschichte von Auguste Bußmann und Clemens Brentano. Nach gedruckten und ungedruckten Quellen. Berlin 1988

Feilchenfeldt, Konrad: Rahel Varnhagen. Gesammelte Werke. Siehe Varnhagen, Rahel

Fertig, Ludwig: Zeitgeist und Erziehungskunst. Eine Einführung in die Kulturgeschichte der Erziehung in Deutschland von 1600 bis 1900. Darmstadt 1984

Finke, Heinrich: Ueber Friedrich und Dorothea Schlegel. Zweite Vereinsschrift der Görres-Gesellschaft. Köln 1918

Finke, Heinrich: Der Briefwechsel zwischen Friedrich und Dorothea Schlegel 1818–1820 während Dorotheas Aufenthalt in Rom. München 1923

Flachsland, Caroline: Herders Briefwechsel mit Caroline Flachsland. Nach den Handschriften des Goethe- und Schillers- Archivs. Hrsg. von Hans Schauer. 1. Bd. 1770–1771. 2. Bd. 1772–1773. Schriften der Goethe-Gesellschaft, 39. und 41. Bd. Weimar 1926 und 1928

Francke, August Hermann: Die Stiftungen August Hermann Francke's in Halle. Festschrift z. 2. Säkularfeier seines Geburtstages. Halle 1863. Reprint: Braunschweig 1990

Fuld, Werner: Karl August Varnhagen von Ense. Schriften und Briefe. Hrsg. von Werner Fuld. Stuttgart 1991

Fulda, Karl: Leben Charlottens von Schiller, geborene von Lengefeld. Berlin 1878

Gersdorff, Dagmar von: Dich zu lieben kann ich nicht verlernen. Das Leben der Sophie Brentano-Mereau. Frankfurt a. M. 1990

Goertz, Franz Josef: Karoline von Günderode. Gedichte. Frankfurt a. M. 1985

Goertz, Franz Josef: Charlotte Stieglitz – Gedichte und Briefe. Frankfurt a. M. 1987

Goertz, Franz Josef: Die Liebe der Günderode. Ein Roman in Briefen. München 1991

Goethe, Cornelia: Briefe und correspondance secrète 1767–1769. Hrsg. von M. Baumann u. a. Freiburg 1990

Goethe, Johann Wolfgang: Briefe. Ausgew. von Rudolf Bach. München 1958

Gräf, Hans Gerhard: Goethes Ehe in Briefen. 2. Aufl. Frankfurt a. M. 1920

Grüger, Johannes: Johann Christoph Gottsched und die Schweizer J. J. Bodmer und J. J. Breitinger. 42 Bd. »Deutsche National-Litteratur«. Hist.-krit. Ausgabe. Hrsg. von Joseph Kürschner. Berlin und Stuttgart o. J.

Günderode, Karoline von: Sämtliche Werke und ausgewählte Studien. Hist.-krit. Ausgabe. Hrsg. v. Walter Morgenthaler, 3 Bde. Frankfurt a. M. 1991

Hahn, Andrea: Therese Huber. Die reinste Freiheitsliebe, die reinste Männerliebe. Berlin 1989

Hahn, Andrea; Fischer, Bernhard: »Alles ... von mir!« Therese Huber (1764–1829). Marbacher Magazin 65/1993. Marbach 1993

Härtl, Heinz: »Die Völkchen mit der vorkämpfenden Alten«. Bettine von Arnim und die Junghegelianer. Im Jahrbuch des freien deutschen Hochstifts 1992. Tübingen 1992

Hausmann, Elisabeth: Die Karschin. Friedrich des Großen Volksdichterin. Ein Leben in Briefen. Frankfurt a. M. 1933

Herder, Johann Gottfried: Ahndung künftiger Bestimmung. Hrsg. von der Stiftung Weimarer Klassik, Goethe-Nationalmuseum. Stuttgart und Weimar 1994

Herold, Christopher: Madame de Staël. Herrin eines Jahrhunderts. München 1960

Hertz, Deborah: Die jüdischen Salons im alten Berlin. Frankfurt a. M. 1991

Heyden-Rynsch, Verena von der: Europäische Salons. Höhepunkte einer versunkenen weiblichen Kultur. München 1992

Hippel, Theodor Gottlieb von: Über die bürgerliche Verbesserung der Weiber, 1793. Neudruck mit einem Nachwort von Ralph-Rainer Wuthenow. Frankfurt a. M. 1977

Hirsch, Helmut: Bettine von Arnim. Mit Selbstzeugnissen und Bilddokumenten. Reinbek 1987

Huch, Ricarda: Die Romantik. Ausbreitung, Blütezeit und Verfall. Tübingen und Stuttgart 1951

Humboldt, Wilhelm von: Briefe an eine Freundin. Hrsg. von Joachim Lindner. Berlin 1986

Hümpfner, P. Winfried: Clemens Brentanos Glaubwürdigkeit in seinen Emmerick-Aufzeichnungen. Würzburg 1923

Jäckel, Günter: Frauen der Goethezeit in ihren Briefen. 2. Aufl. Berlin 1969

Janetzki, Ulrich: Henriette Herz. Berliner Salon. Erinnerungen und Porträts. Frankfurt a. M. und Berlin 1984

Kahn-Wallerstein, Carmen: Schellings Frauen Caroline und Pauline. Bern 1959

Kammerlander, Ilse: Johanna Fichte. Ein Frauenschicksal der deutschen Klassik. Stuttgart 1969

Kantzenbach, Friedrich Wilhelm: Friedrich Daniel Ernst Schleiermacher in Selbstzeugnissen und Bilddokumenten. Reinbek 1967

Karsch, Anna Louisa: Herzgedanken. Das Leben der »deutschen Sappho«. Von ihr selbst erzählt. Hrsg. von Barbara Beuys. Frankfurt a. M. 1981

Karsch, Anna Louisa: Gedichte und Lebenszeugnisse. Hrsg. von Alfred Anger. Stuttgart 1987

Kemp, Friedhelm: Rahel Varnhagen. Briefwechsel, Bde. I–IV. 2. Aufl. München 1979

Key, Ellen: Rahel. Eine biographische Skizze. Halle 1912

Kiefer, Klaus H.: Cagliostro. Dokumente zu Aufklärung und Okkultismus. München und Leipzig 1991

Kiene, Hansjoachim: Schillers Lotte. Porträt einer Frau in ihrer Welt. Düsseldorf 1984

Kirchhoff, Jochen: Friedrich Wilhelm Joseph von Schelling in Selbstzeugnissen und Bilddokumenten. Reinbek 1982

Klopstock, Meta: siehe Tiemann

Knebel, Karl Ludwig von: Literarischer Nachlaß und Briefwechsel. Hrsg. von K. A. Varnhagen und Th. Mundt. Leipzig 1835

Koenig, Robert: Deutsche Litteraturgeschichte. 12. Aufl. Bielefeld und Leipzig 1882

Köhler, Oskar: Müde bin ich, geh' zur Ruh'. Die hell-dunkle Lebensgeschichte Luise Hensels. Paderborn 1991

Köster, Albert: Die Briefe der Frau Rath Goethe. 2 Bde. Leipzig 1923

Krüger, Marlis: »Wage zu wissen«, Frauen, Feminismus und die Aufklärung. Bremen 1997

Kühn, Paul: Die Frauen um Goethe. 1. Bd. Die Frauen, Ehe, Seelenfreundschaft, Liebe. Leipzig o. J.

Kühnlenz, Fritz: Schiller in Thüringen. Stätten seines Lebens und Wirkens. 2. Aufl. Rudolstadt 1990

Küpper, Peter: siehe Milch, Werner

Landsberg, Hans: Henriette Herz. Ihr Leben und ihre Zeit. Weimar 1913

La Roche, Sophie von: Geschichte des Fräuleins von Sternheim. Stuttgart 1990

Ledanff, Susanne: Charlotte Stieglitz. Geschichte eines Denkmals. Berlin 1986

Lenz, Karl Gotthold: Über Rousseaus Verbindung mit Weibern. Berlin 1906

Linden, Ilse: Ottilie von Goethe. Ein Porträt. Berlin o. J.

Lütkehaus, Ludger: Die Schopenhauers. Der Familienbriefwechsel. Zürich 1991

Maurer, Doris: Charlotte von Stein. Ein Frauenleben der Goethezeit. Bonn 1985

Meisner, Heinrich: Friedrich Schleiermachers Briefwechsel mit seiner Braut. Gotha 1919

Mereau, Sophie: Kalathiskos. Faksimiledruck nach der Ausgabe von 1801–1802. Mit einem Nachwort von Peter Schmidt. Heidelberg 1968

Migge, Walther: Clemens Brentano. Leitmotive seiner Existenz. Pfullingen 1968

Milch, Werner: Sophie La Roche. Die Großmutter der Brentanos. Frankfurt a. M. 1935

Milch, Werner: Die junge Bettine 1785–1811. Hrsg. von Peter Küpper. Heidelberg 1968

Müller, Ernst: Schiller. Intimes aus seinem Leben. Berlin 1905

Nobel, Alfons: Charlotte von Stein. Goethes unerfüllte Passion. München 1985

Oehlke, Waldemar: siehe Arnim, Bettine von

Oettingen, Wolfgang von: Aus Ottilie von Goethes Nachlaß. Briefe und Tagebücher von ihr und an sie bis 1832. Schriften der Goethe-Gesellschaft, Bd. 28, 1913

Pange, Pauline Gräfin de: August Wilhelm Schlegel und Frau von Staël. Hamburg 1940

Papendorf, Lothar: Geliebte, Freundin. Goethes Briefe an Charlotte von Stein nach Großkochberg. München 1979

Petersen, Julius: Lessings Briefe. Ausgewählt u. hrsg. von Julius Petersen. Leipzig 1911

Rachel, Paul: siehe Recke, Elisa von der

Rahmeyer, Ruth: Ottilie von Goethe. Das Leben einer ungewöhnlichen Frau. Stuttgart 1988

Recke, Elisa von der: Aufzeichnungen und Briefe aus ihren Jugendtagen. Hrsg. von Paul Rachel. 2 Bde. 2. Aufl. Leipzig 1902

Rohde, Erwin: Friedrich Creuzer und Karoline von Günderode. Briefe und Dichtungen. Heidelberg 1896

Sachs, Jetta: Sophie La Roche. Heilbronn 1985

Schauer, Hans: siehe Flachsland, Caroline

Schiel, Hubert: Clemens Brentano und Luise Hensel. Aschaffenburg 1956. (Für die Gesellschaft der Bibliophilen. Frankfurt a. M.)

Schiller, Friedrich: Der Briefwechsel zwischen Schiller und Goethe. Nach den Handschriften des Goethe- und Schiller-Archivs. Hrsg.

von Hans Gerhard Gräf und Albert Leitzmann. Frankfurt a. M., Wien, Zürich 1964

Schlegel, Friedrich: Lucinde. Vertraute Briefe über Lucinde von Friedrich Schleiermacher. Leipzig 1907

Schleiermacher, Friedrich: Vertraute Briefe über Lucinde. Leipzig 1907

Schmitz, Rainer: Henriette Herz in Erinnerungen, Briefen und Zeugnissen. Frankfurt a. M. 1984

Schneider, Heinrich: Lessing. Zwölf biographische Studien. München 1951

Schneider, Walther: Schopenhauer. Eine Biographie. Wien 1937. Reprint: Hanau o. J.

Schöne, Alfred: Briefwechsel zwischen Lessing und seiner Frau. o. O. 1870

Schopenhauer, Adele: Tagebuch einer Einsamen. Hrsg. von Prof. Dr. Heinrich Hubert Houben. Leipzig 1921

Schopenhauer, Johanna: Jugendleben und Wanderjahre. 2. Aufl. Danzig 1925

Schreiber, Ilse: Ich war wohl klug, daß ich Dich fand. Heinrich Christian Boies Briefwechsel mit Luise Mejer 1777–85. München 1961

Schuffenhauer, Heinz: Johann Gottlieb Fichte. Köln 1985

Schultz, Hartwig: Der Briefwechsel Bettine von Arnims mit den Brüdern Grimm. Frankfurt a. M. 1985

Scurla, Herbert: Rahel Varnhagen. Die große Frauengestalt der deutschen Romantik. Düsseldorf 1978

Sichelschmidt, Gustav: Caroline von Humboldt. Ein Frauenbild aus der Goethezeit. Düsseldorf 1989

Stapf, Paul: Jean Paul und Herder. Der Briefwechsel Jean Pauls und Karoline Richters mit Herder und der Herderschen Familie. Bern und München 1959

Steig, Reinhold: Christiane von Goethe und Bettine Brentano. Jahrbuch der Goethe-Gesellschaft. Bd. 3, S. 135–163. Leipzig 1916

Stern, Carola: Ich möchte mir Flügel wünschen. Das Leben der Dorothea Schlegel. Reinbek 1990

Susman, Margarete: Frauen der Romantik. Jena 1929

Sydow, Anna von: Wilhelm und Caroline von Humboldt in ihren Briefen 1788–1835. Gekürzte Volksausgabe in einem Band. Berlin 1935

Teschner, Ulrike: Bartholomäus Fischenich. Bonn 1968

Theml, Christine: Größe zu lieben war meine Seligkeit. Biographische Skizzen zu Caroline von Beulwitz-Wolzogen. Jena 1996

Thomann Tewarson, Heidi: Rahel Levin Varnhagen. Mit Selbstzeugnissen und Bilddokumenten. Reinbek 1988

Tiemann, Franziska und Hermann: Geschichte der Meta Klopstock in Briefen. Bremen 1962

Tiemann, Hermann: Meta Klopstock, geborene Moller. Briefwechsel mit Klopstock, ihren Verwandten und Freunden. 3 Bde. Hamburg 1956

Träger, Christine: Elisa von der Recke. Tagebücher und Selbstzeugnisse. München 1984

Träger, Christine: Elisa von der Recke. Tagebücher und Selbstzeugnisse. Leipzig 1984

Varnhagen, Rahel: Briefwechsel. Siehe Kemp, Friedhelm

Varnhagen, Rahel: Gesammelte Werke. Hrsg. von Konrad Feilchenfeldt u. a. 10 Bde. München 1983

Varnhagen von Ense, Karl August: Schriften und Briefe. Stuttgart 1991

Vortriede, Werner: Achim und Bettine in ihren Briefen. 2 Bde. Frankfurt a. M. 1981

Vulpius, Wolfgang: Christiane. Lebenskunst und Menschlichkeit in Goethes Ehe. Weimar 1953

Waitz, Georg: Caroline. Briefe. Leipzig 1871

Walter, Eva: Schrieb oft, von Mägde Arbeit müde. Lebenszusammenhänge deutscher Schriftstellerinnen um 1800. Düsseldorf 1985

Weber-Kellermann, Ingeborg: Frauenleben im 19. Jahrhundert. München 1983

Weißenborn, Birgit: »Ich sende Dir ein zärtlich Pfand«. Die Briefe der Karoline von Günderode. Frankfurt a. M. 1992

Weldler-Steinberg, Dr. Augusta: Rahel Varnhagen. Ein Frauenleben in Briefen. Weimar 1917

Werner, Johannes: Maxe von Arnim, Tochter Bettines / Gräfin von Oriola 1818–1894. Hrsg. von Johannes Werner. Leipzig 1937

Wien, Alfred: Caroline von Humboldt. Bielefeld und Leipzig 1912

Wien, Alfred: Liebeszauber der Romantik. 2. Aufl. Berlin 1917

Wieneke, Ernst: Caroline und Dorothea Schlegel in Briefen. Weimar 1914

Wiesel, Pauline: Briefwechsel 1808–1832. Rahel Varnhagen. Mit einem Text von Ludmilla Assing. Berlin 1982

Wildenow, Eugen: Theodor Körners sämtliche Werke in vier Teilen. Leipzig o. J.

Wilhelmy, Petra: Der Berliner Salon im 19. Jahrhundert (1780–1914). Veröffentlichungen der Historischen Kommission zu Berlin, Bd. 73. Berlin und New York 1989

Wolf, Gerhard: Anna Louisa Karschin. Gedichte und Briefe, Stimmen von Zeitgenossen. Berlin 1981

Zimmer, Hans: Theodor Körners Braut. Ein Lebens- und Charakterbild Antonie Adambergers. Stuttgart 1918

Zimmermann, Josefine: Betty Gleim und ihre Bedeutung für die Geschichte der Mädchenbildung. Inaugural-Dissertation. Köln 1926

Kommentiertes Personenregister

Abbé de la Tour: siehe Charrière 210

Adamberger, Antonie (Toni) (1790–1867), 1807–1819 Schauspielerin am Wiener Hoftheater, Braut Theodor Körners, heiratete 1817 den Numismatiker Josef von Arneth (1791–1863). 357 ff.

Adamberger, Valentin (1740–1804), Sänger am kaiserlichen Hoftheater in Wien. 358

Addison, Joseph (1672–1719), englischer Dichter, zusammen mit Steele Herausgeber des *Spectator*. 25

Ahlefeld, Charlotte Wilhelmine von, geb. von Seebach (1781–1849), schrieb Romane unter mehreren Pseudonymen; trennte sich 1807 von ihrem Gatten und lebte ab 1821 in Weimar. 249

Alberti, Amalie: siehe Tieck 351

Alberti, Julius Gustav (1723–1772), Pastor in Hamburg, aufgeklärter Theologe und Schriftsteller, Freund Klopstocks, Lessings Mitstreiter in der Auseinandersetzung mit Goeze. 351

Albertz, C. A. Arzt, machte Luise Hensel einen Heiratsantrag. 260

Alembert, Jean-Le-Rond, gen. d' (1717–1783), unehelicher Sohn der Mme. de Tencin, Mitherausgeber der *Grande Encyclopédie*. 20

Anna Amalia, Herzogin von Sachsen-Weimar-Eisenach (1739–1807), Nichte Friedrichs II., Mutter des Herzogs Carl August. 97, 156

Arndt, Ernst Moritz (1769–1860), a. o. Professor für Geschichte und Philosophie an der Universität Greifswald, politischer Publizist. 174

Arneth, Joseph (1791–1863), Historiker und Numismatiker, heiratete nach Körners Tod dessen Braut Antonie Adamberger. 359

Arnim, Anna Elisabeth (Bettine) von, geb. Brentano (1785–1859), engagierte Schriftstellerin der Romantik, Frau des Dichters Achim von Arnim. 5, 149, 265 ff., 272 ff., 278 ff., 282 f., 305

Arnim, Karl Joachim (Achim) Friedrich Ludwig von (1781–1831), Schriftsteller der Hochromantik; mit Clemens Brentano Herausgeber von *Des Knaben Wunderhorn*. Heiratete 1811 Bettine Brentano. 250, 253 f., 256, 259, 264 f., 269 f., 272 ff., 279, 281, 315, 334

Arnim, Maximiliane (Maxe) von (1818-1894), verh. Oriola, Tochter von Bettine und Achim von Arnim. 274 f.,

Arnstein, Franziska (Fanny) Baronin von, geb. Itzig (1757-1818), seit 1776 verheiratet mit dem Wiener Bankier Nathan Adam Frhr. von Arnstein (1748-1838); führte in Wien einen großen Salon. 231, 321, 343

Arouet, François-Marie, gen. Voltaire (1694-1778), Schriftsteller, Philosoph. 17

Babet: siehe Bourault 55

Bach, Johann Sebastian (1685-1750), vertonte einige Kantaten der Christiana Mariana von Ziegler. 44, 232

Balsamo, Giuseppe: siehe Cagliostro 72

Barkhaus, Margarete Elisabeth Karoline von, geb. Leohardi (1776 bis 1849), enge Freundin der Karoline von Günderode. 285ff.

Barthel, Karl (1817-1853), Schulmann, Historiker von ev.-gläubigem Standpunkt. 311

Bartmann, Wilhelm, Witwer, bot Luise Hensel, die in seinem Haus als Erzieherin tätig war, die Ehe an. 262

Beaulieu, Henriette: siehe Egloffstein

Becker, Rudolf Zacharias (1752-1822), Hofmeister im Hause Dacheröden, Hofrat. Eröffnete 1797 die Beckersche Buchhandlung in Gotha. 165

Becker, Sophie (1754-1789), Pastorentochter. Reisebegleiterin der Elisa von der Recke. Schrieb ein Reisetagebuch. 74

Bekker, Immanuel (1785-1871), Professor in Berlin. 323

Berg, Amalie: siehe Ludecus 155

Berlepsch, Emilie von, geb. von Oppel (1757-1830), Schriftstellerin. Hatte eine kurze Affäre mit Jean Paul; heiratete nach Scheidung 1801 einen Gutspächter Harmes. 107, 147, 208

Bernhardi, August Ferdinand (1769-1820), Gymnasialdirektor und Sprachforscher in Berlin. Schwager Ludwig Tiecks. 1805 Scheidung von Sophie Tieck. 194, 350 f., 363

Bernhardi, Sophie, geb. Tieck (1775-1836), Schwester von Ludwig Tieck. Heiratete 1805 den estländischen Baron Johann Ludwig von Knorring. 194, 350 ff.

Bernstorff, Andreas Peter (1735-1797), dänischer Staatsmann. 53

Bernstorff, Gräfin Charitas Emilie, geb. von Buchwaldt (1733-1820), kam 1799 als Witwe des berühmten dänischen Staatsmanns nach Weimar. 58, 75

Bertuch, Friedrich Justin (1747–1822), Schatzmeister des Herzogs Karl August in Weimar; eröffnete 1789 das »Industrie-Comptoir« in Weimar. 109

Bethmann, Simon Moritz (1768–1826), Bankier in Frankfurt am Main, Vormund der Auguste Bußmann. 252, 254 f.

Beulwitz, Friedrich Wilhelm Ludwig von (1755–1829), Prinzenerzieher am Rudolstädter Hof, Hofrat. Erster Ehemann der Caroline von Lengefeld (1779–1794). 127 ff., 137 f., 152

Bianconi, Giovanni Ludovico (1717–1781), Leibmedikus am Augsburger Domkapitel. Verlobter der Sophie Gutermann. 59 f.

Biester, Johann Erich (1749–1816), Bibliothekar, Mithrsg. d. *Berlinischen Monatsschrift*. 73

Biron, Anna Charlotte Dorothea, geb. von Medem (1761–1823), Herzogin von Kurland. Tochter des Johann Friedrich von Medem aus zweiter Ehe, Stiefschwester der Elisa von der Recke. 69, 356

Biron, Peter, Herzog von Kurland (1724–1800). 69

Blumenbach, Karl Johann Friedrich (1752–1840), Professor der Medizin in Göttingen. 202

Blumenbach, Louise Amalie, geb. Brandes (1752–1837), Schwester der zweiten Frau Christian Gottlob Heynes. 202

Bode, Johann Joachim Christoph (1720–1793), Schriftleiter des *Hamburger Korrespondenten*, erster Übersetzer des *Tristam Shandy*. 75

Bodmer, Johann Jacob (1698–1783), Professor am Gymnasium in Zürich, Schriftsteller und Kritiker. 26, 53, 62

Böhmer, Caroline: siehe Schelling 182

Böhmer, Johann Franz Wilhelm (1754–1788), seit 1784 Berg- und Stadtmedikus zu Clausthal/Harz; erster Ehemann der Caroline Michaelis. 183 f.

Böhmer, Johann Georg Wilhelm (1761–1839), Konrektor am Mainzer Gymnasium; Anhänger der Jakobiner, was zur Verhaftung von Caroline Böhmer führte. 187

Böhmer, Philippine Augusta (1785–1800), früh verstorbene Tochter der Caroline Böhmer (Schlegel/Schelling). 183

Boie, Heinrich Christian (1744–1806), Lyriker, Mitglied des Hainbundes, Herausgeber des ersten deutschen Musenalmanachs; verheiratet mit Luise Mejer, in der zweiten Ehe mit Sarah Hugo. 54, 56, 58, 201 ff.

Boisserée, Johann Sulpiz (1783–1854), Kunstgelehrter und Sammler. 227, 229

Boisserée, Melchior (1786–1851), Kunstsammler zusammen mit dem Bruder Johann Sulpiz Boisserée. 227, 229

Bokelmann, Georg Wilhelm (1779–1847), Hamburger Kaufmann. 331 f.

Bölte, Amely, englische Briefpartnerin von August Varnhagen von Ense. 181

Börne, Ludwig (1786–1837), eigtl. Löb Baruch, gelernter Mediziner, Publizist; seit 1822 in der Emigration in Frankreich. 212, 319 f., 322 f.

Böttiger, Karl August (1760–1835), Altertumswissenschaftler, Schriftsteller. 202

Boursault, Edme (1638–1701), Schriftsteller *(Lettres à Babet)*. 55

Bouterwek, Hektor (gest. 1829), Sohn des Göttinger Altphilologen Friedrich Bouterwek (1766–1818); Freitod. 299

Boye, Wilhelmine von, geb. Bernhard (gest. 1839), geschiedene Fließ, später von Sparre, Freundin der Rahel Levin. 331

Brachmann, Louise (1779–1829), Dichterin; Freitod. 299 f.

Branconi, Antonie von, geb. von Elsener (1747–1793), Geliebte des Erbprinzen von Braunschweig. 102

Brandes, Georgine: siehe Heyne 202

Brandis, Christian August (1790–1867), Professor der Philosophie. 323

Breitinger, Johann Jakob (1701–1776), Professor für Hebräisch und Griechisch am Gymnasium in Zürich, Freund Bodmers. 26

Brentano, Bettine: siehe Arnim 5, 265, 274, 283, 290, 293

Brentano, Clemens Maria Wenzeslaus (1778–1842), Dichter der Romantik, Sohn der La-Roche-Tochter Maximiliane, Bruder der Bettine. 117, 196, 226, 230 f., 236, 238, 242 ff., 246 ff., 262, 265, 267 f., 273, 286, 289, 295, 315, 357

Brentano, Kunigunde (Gunda): siehe Savigny 268, 287 f.

Brentano, Ludovica (Lulu): siehe Jordis 270

Brentano, Maximiliane Euphrosyne (1756–1793), Tochter der Sophie von La Roche, Mutter von Bettine, Sophie und Clemens Brentano; von Goethe verehrt. 62, 247

Brentano, Pietro Antonio (1735–1797), Kaufmann, in zweiter Ehe mit Maximiliane La Roche verheiratet. 62, 266

Brentano, Sophie (1776–1800), Bettines und Clemens Brentanos früh verstorbene, in Wielands Gut Oßmannstedt begrabene Schwester. 237, 249 f.

Daub, Carl (1765-1836), seit 1796 Professor der ev. Theologie und der Philosophie in Heidelberg; seine Frau Sophie war mit der Familie Günderode befreundet. 295 f.

Diderot, Denis (1713-1784), führender französischer Aufklärer. 17, 20

Diede, Ernestine Charlotte Marie, geb. Hildebrand (1767-1846), Brieffreundin Wilhelm von Humboldts, verheiratet mit dem Juristen Diede, 1801 geschieden. 149 f., 180, 214, 277

Diedrich, Sidonie, von Klopstock als »Done« angedichtet und zur Frau gewünscht. 57

Dieffenbach, Johann Friedrich Gottlieb (1795-1847), Chirurg in Berlin; zweiter Ehemann der Johanna Charlotte Motherby. 174, 178

Dohna-Schlobitten, Friedrich Ferdinand Alexander Graf (1771-1832), preußischer Staatsmann, Freund der Henriette Herz und Schleiermachers. 317

Eckermann, Johann Peter (1792-1854), Schriftsteller, seit 1823 Vertrauter und literarischer Helfer Goethes. 93, 344

Egloffstein, Henriette Gräfin von (1773-1865), geschieden, später Ehefrau des Oberforstmeisters Beaulieu-Marconnay. 164, 334

Ehrmann, Johann August (1786-1876), Bankier, zweiter Ehemann der Auguste Bußmann-Brentano. 255

Ehrmann, Marianne (1753-1795), Schriftstellerin, Herausgeberin der Monatsschrift *Amaliens Erholungsstunden*. 64

Eichendorff, Joseph Frhr. von (1788-1857), bedeutendster Dichter der deutschen Romantik. 231

Elensohn, Julius Friedrich, Schauspieler und Leiter einer Wanderbühne im 18. Jahrhundert. 29

Elßler, Fanny (1810-1884), bedeutende österreichische Ballettänzerin. 339 f.

Emmerich Joseph, Kurfürst von Mainz (1707-1774). 62

Emmerick, Anna Katharina (1774-1824), stigmatisierte Nonne. 259 f.

Ernst II. Ludwig, Herzog von Sachsen-Gotha-Altenburg (1745 bis 1804), liebte das Bürgermädchen Auguste Schneider. 204

Ernst, Charlotte, geb. Schlegel (gest. 1826), Schwester von Friedrich und August Wilhelm Schlegel. 354

Erxleben, Dorothea (1715-1762), erste Frau mit medizinischem Doktorhut. 10

Eschenburg, Johann Joachim (1743-1820), Freund Lessings, Professor am Collegium Carolinum zu Braunschweig. 50

Eskeles, Bernhard Frhr. von (1753–1839), Mitinhaber des Wiener Bankhauses Arnstein und Eskeles, seine Frau war eine Schwester von Fanny Arnstein. 231

Fabricius, Katharina (1750), Tochter des Fürstlich Leiningischen Hofrats G. A. Fabricius Worms, Freundin Cornelia Goethes. 90, 92

Fahlmer, Johanna Katharina Sybilla (1744–1821), Stieftante der Jacobi-Brüder, zweite Ehefrau von Johann Georg Schlosser. 94

Fernow, Carl Ludwig (1763–1808), 1794–1803 in Rom, seit 1804 Bibliothekar der Herzogin Anna Amalia in Weimar. Befreundet mit Johanna Schopenhauer, die seine Biographie schrieb. 156 ff.

Feuchtersleben, Karoline von (1774–1842), Hofdame der Herzogin Charlotte von Sachsen-Hildburghausen, zeitweilige Verlobte von Jean Paul. 107, 149

Fichte, Immanuel Hartmann (1796–1879), Sohn Johann Gottlieb Fichtes. Professor der Philosophie. 362, 366

Fichte, Johann Gottlieb (1762–1814), Professor der Philosophie in Jena und später in Berlin, seit 1810 erster Rektor der Berliner Universität. 149, 239, 360 ff.

Fichte, Johanna, geb. Rahn (1755–1819), Nichte Klopstocks, Ehefrau von Johann Gottlieb Fichte. 132, 149, 190

Finckenstein, Caroline Gräfin von, war heimlich mit dem Architekten Johann Christian Genelli verheiratet. 330, 354

Finckenstein, Henriette Gräfin von (1774–1847), folgte Johann Ludwig Tieck 1817 als Freundin in dessen Haushalt nach Dresden; Schwester des ehemaligen Verlobten der Rahel Levin. 330, 352, 354

Finckenstein, Karl Friedrich Alexander Graf von (1772–1811), preußischer Diplomat. Gesandter in Wien; 1796–1800 mit Rahel Levin verlobt. 329 ff., 333, 341, 353 f.

Fischenich, Bartholomäus (1768–1831), Jurist, Professor in Bonn und Berlin. 132, 135

Flachsland, Caroline: siehe Herder 5, 65, 78 f., 84, 88, 92

Flachsland, Ernestine, älteste Schwester der Caroline Herder; Mätresse des Landgrafen Ludwig IX. von Hessen-Darmstadt. 78

Flavigny, Gräfin, Mutter der Auguste Bußmann aus erster Ehe. 252, 254

Fontenelle, Bernard le Bovier de (1657–1757), französischer Schriftsteller. 20

Forkel, Johann Nikolaus (1749–1818), Musikdirektor in Göttingen. 201

Forster, Claire: siehe Greyerz 210

Forster, Johann Georg Adam (1754–1814), Forschungsreisender, Reiseschriftsteller, seit 1788 Bibliothekar an der Universität Mainz. 186 f., 203 ff., 213

Forster, Therese: siehe Huber 5, 166, 186, 200, 204 f., 356

Francke, August Hermann (1663–1727), evangelischer Theologe (Pietist) und Pädagoge, Gründer der Franckeschen Stiftungen in Halle. 13 f.

Friedländer, David Salomon (1750–1834), Fabrikant, Vorkämpfer der jüdischen Emanzipationsbewegung in Berlin. 334

Friedländer, Rebecca, geb. Salomo-Saaling (1783–1850), trennte sich 1810 von Moses Friedländer, sechzehn Jahre später geschieden; Romanschriftstellerin unter dem Pseudonym Regina Frohberg. 334 f.

Friedrich II., gen. der Große (1712–1786), seit 1740 König von Preußen. 36 f., 41

Friedrich V. (1723–1766), König von Dänemark. Berief J. H. von Bernstorff als Minister, zog Klopstock an seinen Hof. 53

Friedrich Wilhelm I. (1688–1740), seit 1713 König von Preußen. 9

Friedrich Wilhelm II. (1744–1797), seit 1786 König von Preußen. 187, 314

Friedrich Wilhelm III. (1770–1840) seit 1797 König von Preußen. 314, 364

Friedrich Wilhelm IV. (1795–1861), seit 1840 König von Preußen. 278, 280

Frohberg, Regina: siehe Friedländer 334

Fromm, Henriette, Mutter zweier Kinder des Prinzen Louis Ferdinand (siehe dort).

Gambs, Pastor in Paris, traute Friedrich und Dorothea Schlegel. 228

Gans, Eduard (1797–1839), Rechtsgelehrter. 343

Garve, Christian (1742–1798), Popularphilosoph. 74

Gedike, Friedrich (1754–1803), Direktor des Köllnischen Gymnasiums in Berlin, Mitherausgeber der *Berlinischen Monatsschrift*. 73

Gellert, Christian Fürchtegott (1715–1769), Professor für Poesie, Rhetorik, Moral, Schriftsteller der Aufklärungszeit. 26, 32, 35 f.

Genelli, Johann Christian (1763–1823), Architekt; heimlich verheiratet mit Caroline von Finckenstein. 330, 353

Genteleschi, Artemisia (1593–nach 1651), Malerin. 10

Gentz, Friedrich von (1764–1832), Publizist, zunächst in preußischen, dann in österreichischen Diensten; rechte Hand Metternichs. 231 f., 328, 336, 339 f.

Geoffrin, Marie Thérèse, geb. Rodet (1699–1777), Pariser Salondame. 19 f.

Gerlach, Ludwig von (1795–1877), Jurist. 256, 258

Gerstenbergk, Georg Friedrich von, gen. Müller von G. (1780–1838), Archivar und Regierungsrat in Weimar, 1829 Vizekanzler in Eisenach; heiratete 1825 die Gräfin von Häseler. 158 f.

Geßner, Salomon (1730–1788), Schweizer Freund Wielands, Maler und Dichter. 63

Giseke, Nikolaus Dietrich (1724–1765), Hofprediger in Quedlinburg. 54

Gleim, Betty (1781–1827), Gründerin einer Mädchenschule in Bremen, Pädagogin; schrieb zahlreiche wissenschaftliche Arbeiten zur Mädchenbildung. 108

Gleim, Johann Wilhelm Ludwig (1719–1803), Sekretär des Domkapitels in Halberstadt; führender Vertreter der deutschen Anakreontik. 23, 35 f., 38, 40 ff., 53, 55, 75, 86, 88

Goeckingk, Leopold Friedrich Günther von (1748–1828), Landrat in Wernigerode; Dichter des Rokoko. 75 f.

Goethe, Alma Sedina (1827–1844), Enkelin Johann Wolfgang von Goethes. 116, 121, 125

Goethe, Catharina Elisabeth, geb. Textor (1731–1808), Johann Wolfgang von Goethes Mutter (Frau Rat Goethe). 91, 269 f.

Goethe, Cornelia Friederika Christiana (1750–1777), verh. Schlosser, Johann Wolfgang von Goethes Schwester. 5, 89 f.

Goethe, Johann Wolfgang von (1749–1832), deutscher Dichter. 15, 41 f., 65 ff., 75 f., 79, 82, 84 ff., 89, 91 ff., 94, 96 ff., 106 ff., 116 ff., 127, 131, 133 f., 136 ff., 142, 147, 156, 160 f., 163, 165, 169, 189, 193, 198 f., 202, 204, 218, 223, 230, 241, 251, 267, 269 ff., 276 f., 291, 295, 298, 311, 316, 321, 342 ff.

Goethe, Johanna Christiana Sophia von, geb. Vulpius (1765–1816), Ehefrau von Johann Wolfgang von Goethe. 5, 106, 109, 111

Goethe, Julius August Walther von (1789–1830), Johann Wolfgang von Goethes Sohn; Kammerrat, verheiratet mit Ottilie von Pogwisch. 116, 118 f., 122

Goethe, Ottilie Wilhelmine Ernestine Henriette von, geb. Freiin von

Pogwisch (1796-1872), Ehefrau von Johann Wolfgang von Goethes Sohn August. 5, 116, 120

Goethe, Walter Wolfgang (1818-1885), Enkel Johann Wolfgang von Goethes; Komponist. 116, 123

Goethe, Wolfgang Maximilian (1820-1883), Enkel Johann Wolfgang von Goethes; preußischer Legationsrat und Schriftsteller. 116, 124

Goeze, Johann Melchior (1717-1783), Hauptpastor in Hamburg; Gegner Lessings. 351

Görres, Joseph (1776-1848), Schriftsteller aus dem Romantikerkreis. 251, 262

Göschen, Georg Joachim (1752-1828), Verlagsbuchhändler in Leipzig. 187

Gotter, Johann Friedrich Wilhelm (1746-1797), Kanzleibeamter, Theaterliebhaber. 184 f., 187 f., 201

Gotter, Luise, geb. Stieler (1760-1826), Ehefrau des Johann Friedrich Wilhelm Gotter. 183, 189, 192, 194, 196 f.

Gotter, Pauline (1786-1854), Tochter der Luise F. W. Gotter, zweite Ehefrau von Friedrich Wilhelm Joseph von Schelling. 197 f., 351

Gottsched, Johann Christoph (1700-1766), Professor der Logik und Metaphysik in Leipzig, einflußreicher Literaturreformer, Herausgeber der Wochenschrift *Die vernünftigen Tadlerinnen*. 20 ff., 35 f., 44, 52 f., 62

Gottsched, Luise Adelgunde Victoria, geb. Kulmus (1713-1762), bedeutsame Mitarbeiterin ihres Gatten Johann Christoph Gottsched, Übersetzerin. 5, 21 f., 24 ff., 35 f., 299

Greyerz, Claire, geb. Forster (1789-1839), zweites Kind des Ehepaars Forster. 205, 210, 213

Greyerz, Gottlieb von (1778-1855), Forstinspektor, Ehemann der Forster-Tochter Claire. 210 f.

Grimm, Jacob (1785-1863), Bibliothekar in Kassel; Begründer der Germanistik als Literatur- und Sprachwissenschaft. 254, 278 f.

Grimm, Johann Friedrich Karl (1737-1785), Arzt in Gotha. 204

Grimm, Ludwig Emil (1790-1863), Maler; Bruder von Wilhelm und Jacob Grimm. 278

Grimm, Wilhelm (1786-1859), Professor der Germanistik, Bibliothekar in Göttingen, Märchen- und Sagensammler und -forscher 254, 265, 276, 278 f.

Grotthuß, Sophie Leopoldine Wilhelmine: siehe Meyer, Sara

Grunow, Eleonore, geb. Krüger, Ehefrau des Predigers an der Neuen Kirche in Berlin W. C. A. Grunow. Von Schleiermacher geliebt. 319

Günderode, Karoline Friederike Louise Maximiliane von (1780 bis 1806), Schriftstellerin. Freitod. 5, 161, 182, 246, 251, 268 f., 272, 279 f., 283 f., 289 ff., 297 ff., 302, 308

Günderode, Sophie Victorine Auguste Louise von (1759-1819), Mutter der Karoline von Günderode. 284

Gutermann, Georg Friedrich (1705-1784), Dekan der Medizinischen Fakultät in Augsburg; Vater der Sophie von La Roche. 59

Gutermann, Sophie: siehe La Roche 55, 59, 61

Gutzkow, Karl (1811-1878), Schriftsteller des »Jungen Deutschlands«. 280, 311

Haak, Schauspieler (Harlekin), Vorgänger des Ehepaars Neuber. 29 f.

Hahn, Elise (1769-1833), verheiratet mit Gottfried August Bürger, später geschieden. 65

Hamann, Johann Georg (1730-1788), Philosoph und Schriftsteller, Gegner der Aufklärung. 74, 107

Hardenberg, Friedrich Frhr. von (1772-1801), bekannt unter dem Pseudonym Novalis, Dichter der Romantik. 222, 352 f.

Hardenberg, Karl August Fürst von (1750-1822), preußischer Staatsminister. 175 f., 343

Hartmann, Anna Marietta von, geb. Dannenberg (1766-1832), mit Therese Huber befreundet. 209, 362, 366

Häseler, Amalie Gräfin von, 1824 mit Georg Friedrich von Gerstenbergk vermählt. 159

Hastfer, Helmina von, geb. von Klencke (1783-1856), Enkelin der Karschin. 1801 geschieden, 1805 zweite Ehe mit dem französischen Orientalisten Antoine Léonard de Chézy (1773-1832), von dem sie sich bald wieder trennte. 227 f.

Hatzfeld, Graf Hugo von (1755-1830), Domherr; Liebhaber der Pauline Wiesel. 335

Hauff, Wilhelm (1802-1827), volkstümlicher Erzähler, Redakteur des Cottaschen *Morgenblattes*. 213

Hebbel, Christian Friedrich (1813-1863), Dichter und Dramatiker. 312

Hedemann, August von (1785-1859), General; heiratete 1815 Humboldts zweitälteste Tochter Adelheid. 176

Hegel, Georg Wilhelm Friedrich (1770-1831), Professor der Philosophie in Jena, Nürnberg, Heidelberg und Berlin. 323, 347

Kauffmann, Angelika (1741–1807), in Chur geborene bedeutende Malerin; meist ansässig in Rom, zeitweise in London. 176

Kestner, Johann Georg Christian (1741–1800), Hofrat und Kammerkonsulent; Ehemann der Charlotte Buff. 94

Kipp, Johann Heinrich, Jurist; Liebhaber der Sophie Mereau. 239 ff.

Klein, Auguste (um 1777), Malerin in Rom; gehörte dem Kreise um Humboldt/Schlegel/Herz an. 323

Kleist, Heinrich von (1777–1811), Dramatiker, Erzähler, Lyriker. Freitod. 80, 299

Klencke, Caroline Luise von, geb. Karsch (1754–1802), geschiedene Hempel, schrieb Gedichte und Dramen sowie eine Biographie. 43

Klencke, Wilhelmine Christiane: siehe Hastfer 43, 227

Klopstock, Friedrich Gottlieb (1724–1803), Epiker, Lyriker und Dramatiker, Dichter des *Messias*. 36, 42, 52 ff., 56, 58, 62, 74, 80 f., 88, 99, 351

Klopstock, Johanna Elisabeth, geb. Dimpfel, verw. von Winthem, Nichte von Klopstocks Ehefrau Meta, zweite Ehefrau Klopstocks. 132

Klopstock, Margarete (Meta), geb. Moller (1728–1758), Ehefrau Friedrich Gottlieb Klopstocks. 5, 36, 52 ff., 56 f., 92

Knebel, Karl Ludwig von (1744–1834), ursprünglich Jurist, Prinzenerzieher am Weimarer Hof; Lyriker, Übersetzer. 87, 97, 135

Knebel, Louise Dorothea Ulrike Emilie, geb. Rudorff (1777–1852), Kammersängerin der Herzogin Anna Amalia. 87

Knorring, Carl Gregor Baron von (1769–1834), estländischer Gutsbesitzer; heiratete 1805 die Tieck-Schwester Sophie nach ihrer Scheidung von Bernhardi. 194, 196, 351

König, Engelbert (1728–1769), Seidenhändler, Ehemann der Eva König. 45

König, Eva Katharina (1736–1778), Ehefrau Gotthold Ephraim Lessings von 1776 bis zu ihrem Tod im Jahre 1778. 5, 45 ff., 54

Könitz, Heinrich von, erster (früh verstorbener) Mann der Christiana Mariana von Ziegler. 44

Koreff, David Ferdinand (1783–1851), Modearzt der Zeit und Schriftsteller, später Oberregierungsrat in der Kanzlei Hardenbergs. 175

Körner, Anna Maria Jakobina (Minna), geb. Stock (1762–1843), Mutter Carl Theodor Körners. 163, 355

Körner, Carl Theodor (1791–1813), Theaterdichter am Hofburgtheater in Wien, Dichter der Befreiungskriege; als Angehöriger des Lützowschen Freikorps gefallen. 64, 69, 101, 128, 132, 140, 152, 163, 214, 334, 355 ff.

Körner, Christian Gottfried (1756–1831), Jurist und Schriftsteller, Oberkonsistorialrat in Dresden, seit 1815 Staatsrat in Berlin; Freund Schillers, Vater Carl Theodor Körners. 144 f., 214, 355 f.

Kottwitz, Baron von, Erbherr auf Boyadel, verhalf der Dichterin Anna Louisa Karsch zur Übersiedlung nach Berlin. 37

Kotzebue, August Friedrich Ferdinand von (1761–1819), Jurist und Theaterschriftsteller, seine reaktionäre Einstellung als russischer Staatsrat führte zu seiner Ermordung durch Karl Sand. 36, 153, 315

Kügelgen, Gerhard von (1772–1820), Porträt- und Historienmaler, Professor an der Akademie in Dresden; wurde ermordet. 157

Kühne, Dr. August (1806–1888), Herausgeber der *Zeitung für die elegante Welt und Europa*; befreundet mit Theodor Mundt und Ottilie von Goethe. 124, 274 f., 310 f.

Kurland, Herzogin Anna Charlotte Dorothea von: siehe Biron 69, 75, 356

La Roche, Carl von (1767–1839), Oberbergrat in Berlin, Sohn der Sophie von La Roche. 137, 165 f., 316

La Roche, Georg Michael (Franck) (1720–1788), Sekretär des Grafen Stadion, vermutlich dessen Sohn; Ehemann der Sophie La Roche. 62 f.

La Roche, Marie Sophie von, geb. Gutermann (1731–1807), vielgelesene Modeschriftstellerin des 18. Jahrhunderts. 5, 36, 55, 59, 62 ff., 79, 138, 145, 266, 270, 285, 299

La Rochefoucauld, François VI, Herzog von (1613–1680), Offizier und Diplomat am Hofe Ludwigs XIV. 18

Lavater, Johann Kaspar (1741–1801), Prediger in Zürich, Schweizer philosophisch-theologischer Schriftsteller. 71 f., 90, 361

Lemos, Henriette de: siehe Herz, Henriette 5, 219, 313 ff.

Lenclos, Anne, gen. Ninon de (1620–1705), französische Kurtisane. 19, 244

Lengefeld, Carl Christoph von, Herr auf Reschwitz und Pippelsdorf (1715–1775), Schwarzburg-Rudolstädter Kammerjunker und Rat. 127

Lengefeld, Caroline von: siehe Wolzogen 5, 127, 146, 152

Lengefeld, Eleonore Luise Juliane Friederike von, geb. von Wurmb

(1743–1823), heiratete 1761 Carl Christoph von Lengefeld, Mutter von Caroline und Charlotte von Lengefeld. 127, 137

Lengefeld, Luise Charlotte Antoinette von: siehe Schiller 5, 104, 127f., 131, 134, 136, 146, 152, 154, 317

Lenz, Jakob Michael (1751–1792), Dramatiker des Sturm und Drang. 65

Leske, Nathanael Gottfried (gest. 1786), Professor der Naturgeschichte in Marburg; erster Mann der Sophie Creuzer. 289

Lespinasse, Julie de (1732–1776), bedeutende Pariser Salonière. 19

Lessing, Gotthold Ephraim (1729–1781), Dichter und Schriftsteller, Wegbereiter der deutschen Klassik. 17, 25f., 32, 36, 45ff., 216, 351

Leßmann, Daniel (1794–1831), Schriftsteller. Freitod. 299

Levetzow, Ulrike von (1804–1899), unverheiratet, von Goethe verehrt. 117, 271

Levin, Markus (gest. 1790), Kaufmann und Juwelenhändler, Schutzjude Friedrichs II.; Vater der Rahel Levin. 327

Levin, Markus Theodor (1772–1826), Bruder der Rahel Levin; übernahm das väterliche Geschäft. 327

Levin, Rahel: siehe Varnhagen 6, 149f., 170, 175ff., 219f., 225f., 256, 271, 322, 324, 326f., 334, 340, 349f., 353, 356, 366

Lewald, Fanny (1811–1889), progressive Schriftstellerin des 19. Jahrhunderts; heiratete 1854 Adolf Stahr (1805–1876), der sich von seiner ersten Frau scheiden ließ. 367

Lichtenberg, Georg Christoph (1742–1799), Professor der Naturwissenschaften in Göttingen. 107

Liebeskind, Meta: siehe Wedekind 201

Linder, Emilie (1797–1867), Malerin, porträtierte Clemens Brentano. 5, 251, 262f.

Loewe, Carl Johann Gottfried (1796–1869), Komponist, insbesondere von Balladen. 123

Löffler, Josias Friedrich Christian (1752–1816), Professor der Theologie, Generalsuperintendent in Gotha. 185

Louis Ferdinand Prinz von Preußen (1772–1806), Neffe Friedrichs II., hatte Pauline Wiesel als Geliebte, führte eine morganatische Ehe mit Henriette (Jettchen) Fromm, die zwei Kinder von ihm hatte; fiel als Heerführer bei Saalfeld. 335

Ludecus, Johanna Caroline Amalie (1757–1827), Hofdame der Herzogin Luise von Sachsen-Weimar, schrieb unter dem Pseudonym Amalie Berg. 155

Luise Herzogin von Sachsen-Weimar, geb. Prinzessin von Hessen-Darmstadt (1757–1830), Ehefrau des Herzogs Carl August. 101, 128, 132, 153

Majer, Friedrich (1772–1818), Privatdozent in Jena, Indologe, Legationsrat. 242

Mallinckrodt, Pauline von, Ordensschwester (Oberin), Freundin der Luise Hensel. 263

Mannel, Pfarrer in Allendorf, mit Clemens Brentano befreundet. 253, 255

Maria Theresia (1717–1780), deutsche Kaiserin. 24, 49

Marie Antoinette (1755–1793), Gemahlin Ludwigs XVI. 73

Marivaux, Pierre Carlet de Chamblain de (1688–1763), französischer Dichter. 20, 25

Marmontel, Jean-François (1723–1799), französischer Schriftsteller. 20

Marschalk von Ostheim, Charlotte: siehe Kalb 5, 141 f.

Marwitz, Alexander von der (1787–1814), als junger Offizier in Frankreich gefallen; Studienfreund Varnhagens, Briefpartner der Rahel Levin. 336 ff., 340

Matthisson, Friedrich von (1761–1831), ursprünglich Theologe, Bibliothekar und Hoftheaterintendant, Modelyriker. 212

Mayer, Johann Siegfried Wilhelm (1747–1819), Obertribunalrat in Berlin, Schwiegervater von Jean Paul Richter. 107

Mayer, Leopoldine Friderike Caroline: siehe Richter 148, 313

Medem, Dorothea: siehe Biron

Medem, Elisabeth Charlotte Constanzia: siehe Recke 70

Medem, Johann Friedrich Reichsgraf von (1722–1785), Vater der Elisa von der Recke aus der Ehe mit L. D. von Korff (gest. 1758), in zweiter Ehe mit Luise Ch. von Manteuffel-Szöge (gest. 1763), in dritter mit A. E. von Brucken verheiratet. 69

Medem, Johann Friedrich (Fritz) Reichsgraf von (1758–1778), Bruder der Elisa von der Recke. 69

Mejer, Luise (1746–1786), Ehefrau des Heinrich Christian Boie. 54, 56, 58, 75, 201 ff.

Mello-Carvalho, Marquise de, Ehefrau des Grafen Karl Friedrich Alexander von Finckenstein. 330

Mendelssohn, Brendel: siehe Schlegel, Dorothea 5, 216 ff., 222, 228

Mendelssohn, Henriette (Jette) (1775–1831), Schwester der Brendel

Veit (Schlegel); leitete in Paris ein Erziehungsheim für Mädchen. 217

Mendelssohn, Moses (1729-1786), jüdischer Philosoph; Vater der Brendel Veit (Dorothea Schlegel). 36, 75, 216 ff., 228, 314, 326 ff.

Mendelssohn Bartholdy, Fanny: siehe Hensel 366 f.

Mendelssohn Bartholdy, Felix (1809-1847), Komponist; Enkel von Moses Mendelssohn. 123, 261

Menzel, Wolfgang (1798-1873), einflußreicher Kritiker des 19. Jahrhunderts. 311

Merck, Johann Heinrich (1741-1791), Kriegszahlmeister in Darmstadt, Schriftsteller und Publizist. Freitod. 65, 67, 79 f., 84, 166

Mereau, Friedrich Ernst Karl (1765-1825), Professor der Jurisprudenz in Jena. 139, 239

Mereau, Hulda Emine Gisela (1797-1833), Tochter der Sophie Mereau, später von Brentano adoptiert; verheiratet mit dem Theologieprofessor Ullmann in Halle. 242, 245

Mereau, Sophie, geb. Schubart (1770-1806), Erzählerin; heiratete 1793, geschieden 1801; heiratete 1803 Clemens Brentano. 5, 19, 117, 139, 226, 237, 239 ff., 254 f.

Mertens-Schaaffhausen, Sibylle (1797-1857), Tochter des Kölner Bankiers Abraham Schaaffhausen; Kunstsammlerin und Archäologin; Freundin Adele Schopenhauers. 123 ff., 161

Metternich-Winneburg, Klemens Lothar Wenzel Fürst von (1773 bis 1859), österreichischer Staatskanzler und Minister des Auswärtigen. 231 ff., 239

Meyer, Friedrich Ludwig Wilhelm (1759-1840), seit 1785 Bibliothekar in Göttingen; Lyriker und Schauspieldichter, Freund von Therese Forster (Huber) und Caroline Böhmer. 183, 205 ff., 210, 214

Meyer, Johann Heinrich (1760-1832), seit 1792 Direktor der Weimarer Zeichenakademie, Kunst- und Altertumsforscher; Goethes »Kunscht-Meyer«. 112

Meyer, Marianne (gest. 1814), heiratete 1792 heimlich Fürst Heinrich XIV. von Reuß-Plauen (1749-1799), mußte nach dessen Tod den Namen wechseln und sich von Eybenberg nennen. 328

Meyer, Nikolaus (1775-1855), Arzt und Professor in Bremen, lebte als Student im Goethe-Haushalt, hatte ein freundschaftliches Verhältnis zu Christiane Goethe. 112

Meyer, Sara (1760-1828), in erster Ehe verheiratet mit dem Kaufmann L. Wulff, nach dessen Tod verheiratet mit Baron F. F. Grotthuß. 328

Mundt, Theodor (1808-1861), Professor der Geschichte und Literatur, Erzähler und Literaturhistoriker. 167, 302, 305 f., 308 ff., 312, 343

Napoléon Bonaparte (1769-1821), Kaiser der Franzosen 1804-1815. Nach zahlreichen Feldzügen führte der Zusammenbruch der »Grande Armée« in Rußland zu den Befreiungskriegen. 11, 14, 333, 342, 347, 349, 359, 364 ff.

Nees von Esenbeck, Elisabeth (Lisette) Jacobina, geb. von Mettingh (1783-1857), Freundin der Karoline von Günderode. 285, 289 f., 293

Neuber, Friederike Caroline, geb. Weißenborn (1697-1760), Prinzipalin einer Schauspieltruppe. 5, 10, 21, 25, 28 ff., 35 f., 299

Neuber, Johann (gest. 1759), Ehemann der Neuberin, Leiter einer Theatertruppe. 20, 26, 29 f., 33, 36

Nicolai, Christoph Friedrich (1733-1811), Buchhändler in Berlin, Schriftsteller und Verleger. 36, 42, 73, 75, 216, 315, 350

Nicolovius, Georg Heinrich Ludwig (1767-1839), Berliner Staatsrat, heiratete 1795 Louise Schlosser, die Tochter von Goethes Schwester Cornelia. 94

Nietzsche, Friedrich Wilhelm (1844-1900), Philosoph. 107

Novalis: siehe Hardenberg 221 ff., 225, 230, 352 f.

Oelsner, Konrad Engelbert (1764-1828), Geschäftsträger der Stadt Frankfurt am Main in Paris, Publizist; Briefpartner der Rahel Levin. 345

Olfers, Hedwig von, geb. Staegemann (1799-1891), verheiratet mit dem Generaldirektor der Kgl. Museen Ignaz von Olfers. 256, 262, 367

Oriola, Eduard Lobo da Silveira Graf von (1809-1862), Ehemann der Bettine-von-Arnim-Tochter Maximiliane (Maxe). 281

Osann, Gottfried Wilhelm (1796-1866), Chemiker, seit 1828 Professor in Würzburg; Freund der Adele Schopenhauer. 160 f.

Otto, Georg Christian (1763-1828), Mitschüler und vertrautester Freund von Jean Paul. Schriftsteller. 147

Overbeck, Johann Friedrich (1789-1869), Maler. 176

Palm, Johann Philipp (1766-1806), Buchhändler in Nürnberg. Wegen Verbreitung einer Flugschrift 1806 von den Franzosen in Braunau/Inn standrechtlich erschossen. 365

Schiller, Carl Friedrich Ludwig von (1793-1857), Oberförster. 131, 134

Schiller, Caroline Henriette Luise von (1799-1850), Erzieherin am Hof in Stuttgart. Heiratete den Bergrat Junnot. 131

Schiller, Emilie Henriette Luise von (1804-1872), vermählt mit Baron Heinrich Adelbert von Gleichen-Rußwurm. 131, 134

Schiller, Ernst Friedrich Wilhelm von (1796-1841), Assessor beim Landgericht in Köln. 131, 134

Schiller, Friedrich Johann Christoph von (1759-1805), deutscher Dichter. 63, 66, 76, 101, 104, 114, 128 ff., 143 ff., 150 ff., 163 f., 166, 169, 182, 189, 207, 214, 218, 223, 239 ff., 355 f., 363

Schiller, Luise Charlotte Antoinette, geb. von Lengefeld (1766-1826), Ehefrau Friedrich Schillers. 104, 127, 131 f., 143, 153, 156, 165, 197, 212, 362 ff.

Schiller, Luise Dorothea Katharina (1766-1836), verh. Frankh, Schwester Friedrich Schillers. 134

Schlabrendorff, Auguste Sophie Henriette Gräfin von, geb. Mützschefahl (1773-1853), geschieden. 107

Schlabrendorff, Gustav Graf von (1750-1824), vermögender, fortschrittlich gesinnter Intellektueller, lebte in Paris. 171 ff.

Schlabrendorff, Karoline Gräfin von, geb. Gräfin von Kalckreuth (1761-1833), Freundin von Rahel Levin. 331

Schläger, Julius Karl, Oberbibliothekar in Gotha. 183

Schlegel, August Wilhelm (1767-1845), Professor, Shakespeare-Übersetzer. Heiratete Caroline Böhmer; in zweiter, nicht vollzogener Ehe die Paulus-Tochter Sophie. 139, 185, 187 ff., 194, 220, 226, 315, 350, 352, 363

Schlegel, Caroline: siehe Schelling 194, 214, 226, 244, 318

Schlegel, Dorothea, geb. Mendelssohn (1763-1839), in erster Ehe verheiratet mit Simon Veit, in zweiter Ehe mit Friedrich Schlegel. 5, 182, 192, 195, 216, 235, 321 ff., 352

Schlegel, Karl Wilhelm Friedrich (1772-1829), geistiger Führer der romantischen Schule. Heiratete Brendel Veit. Seit 1808 Hofsekretär in Wien. 188, 190, 195, 219 ff., 234 ff., 243, 245 ff., 318, 322, 354, 357, 362

Schleiermacher, Charlotte (1765), Schwester Friedrich Daniel Ernst Schleiermachers, führte zeitweise seinen Haushalt. 318

Schleiermacher, Friedrich Daniel Ernst (1768-1834), Theologe und Philosoph. 1810 Professor an der Berliner Universität. 14, 220 ff., 224 f., 227, 230, 315, 318, 322 f., 363

Schleiermacher, Henriette, geb. von Mühlenfels (1788–1840), in erster Ehe verheiratet mit dem Theologen Ehrenfried Willich, heiratete nach dessen Tod 1809 Friedrich Daniel Ernst Schleiermacher. 322, 338

Schlosser, Catharina Elisabeth Julie (1777–1793), zweite Tochter der Cornelia (Goethe) Schlosser. 94

Schlosser, Johann Georg (1739–1799), Hof- und Regierungsrat beim Markgrafen Karl Friedrich von Baden, seit 1796 in Eutin. Ehemann der Goethe-Schwester Cornelia. 89 f., 94

Schlosser, Maria Anna Louise (1774–1811), Tochter der Goethe-Schwester Cornelia. Verheiratet mit Georg Heinrich Ludwig Nicolovius. 90, 94

Schmidt (von Lübeck), Georg Philipp (1766–1849), Mediziner und Liederdichter. 52, 241, 250

Schmidt, Elisabeth: siehe Moller 56

Schmidt, Maria Sophia (Fanny) (1731–1799), Cousine und erste große Liebe von Friedrich Gottlieb Klopstock; heiratete 1754 den Eisenacher Kaufmann Johann Lorenz Schreiber. 52, 54

Schneider, Auguste (gest. 1785), Geliebte von Ernst II. Herzog von Sachsen-Gotha, Freundin der Therese Huber. 204

Schönemann, Theaterprinzipal im 18. Jahrhundert. 26, 32

Schopenhauer, Adele (1797–1849), Schwester von Arthur Schopenhauer. 118 ff., 125, 161

Schopenhauer, Arthur (1788–1860), Philosoph; Bruder der Adele Schopenhauer. 118, 162

Schopenhauer, Heinrich Floris (1747–1805), Großkaufmann in Danzig, später in Hamburg; Ehemann der Johanna Schopenhauer. 154

Schopenhauer, Johanna, geb. Trosiener (1766–1838), Mutter von Arthur und Adele Schopenhauer. Schriftstellerin. 5, 113 f., 139, 151, 153 ff., 164, 213

Schröder, Luise, Oberpostmeistertochter, Ehefrau von Johann David Michaelis. 182

Schröter, Korona (1751–1802), Schauspielerin. 102

Schubart, Gotthelf (1722–1791), gräflicher Sekretarius in Altenburg; Vater der Sophie Mereau. 238, 247

Schumann, Robert (1810–1956), Komponist. 123

Schuwalow, Graf (1776–1823), Liebhaber der Pauline Wiesel, setzte ihr eine lebenslange Rente aus. 335

Schwab, Gustav (1792–1850), Pfarrer, spätromantischer Lyriker. 213

Schwan, Anna Margarete (1766–1796), Buchhändlertochter, von Schiller verehrt. 128

Schwarzburg-Rudolstadt, Aemilie Juliane Reichsgräfin von, geb. Gräfin von Barby (1637–1706), Dichterin von Kirchenliedern. 43

Seligmann, Romeo (gest. 1892), Professor der Medizin in Wien; Freund der Ottilie von Goethe. 124 f.

Sévigné, Marie de Rabutin-Chantel, Marquise de (1626–1696), französische Schriftstellerin. 55

Sickmann, Juliane, geb. Willhöft (gest. 1826), Schwester der Charlotte Stieglitz. 301

Silly, Wilhelmine, geb. Faber (1784–1862), Ehefrau des Fichte-Sohnes Immanuel Hartmann Fichte. 366

Sömmering, Samuel Thomas (1755–1830), Professor der Anatomie in Kassel; Freund Johann Georg Adam Forsters. 205

Sorel, Agnès (um 1422–1450), Geliebte des französischen Königs Karl VII. 15

Spener, Johann Karl Philipp (1749–1827), Buchhändler und Verleger. 205

Spittler, Ludwig Timotheus (1752–1810), Historiker. 51

Stadion, Graf Anton Heinrich Friedrich von Stadion zu Thann- und Warthausen (1691–1768), Hofmarschall, Minister. 62 f.

Staegemann, Elisabeth von, geb. Fischer (1761–1835), unterhielt mit ihrem 1796 in zweiter Ehe geheirateten Mann einen geachteten Salon in Berlin. 366

Staegemann, Friedrich August von (1763–1840), seit 1817 Mitglied des Staatsrats in Berlin, auch Schriftsteller. 256, 334

Staegemann, Hedwig von (1799–1891), spätere Frau von Olfers. 256 f., 262

Staël-Holstein, Anne Louise Germaine, Baronne de (1766–1817), Tochter des französischen Ministers Necker, Schriftstellerin; Gegnerin Napoleons. 69, 194, 208, 210, 228 ff., 350, 363

Stanislaus II. August Poniatowski (1732–1798), letzter König von Polen. 74

Starck, Johann August (1741–1798), Professor der Theologie und der orientalischen Sprachen. 74

Steele, Richard Sir (1672–1729), anglo-irischer Essayist und Dramatiker, zusammen mit Addison Herausgeber des *Spectator.* 25

Steffens, Henrik (1773–1845), norwegischer Naturwissenschaftler, Nachfolger Hegels in Berlin. 323

Stein, Charlotte Albertine Ernestine von, geb. von Schardt (1742 bis 1828), mit Johann Wolfgang von Goethe befreundet. 5, 87, 94, 96 ff., 106 ff., 127, 134, 139, 144 f., 153, 156, 164, 193, 204

Stein, Ernst Josias Friedrich Frhr. von (1735-1793), Hofstallmeister. Ehemann der Charlotte von Stein. 98, 104, 142

Stein, Friedrich Frhr. von (1772-1844), Sohn der Charlotte von Stein. In preußischen Diensten. 98, 104, 133, 135

Stein, Karl Frhr. von (1765-1837), Sohn der Charlotte von Stein. 98

Sterling, Charles (1804-1880), von Ottilie von Goethe geliebter Ire. 120 ff.

Stieglitz, Charlotte, geb. Willhöft (1806-1834), Ehefrau von Heinrich Stieglitz. Freitod. 5, 161, 298 f., 300 ff., 308, 310 ff.

Stieglitz, Heinrich (1801-1849), Schriftsteller. Ehemann der Charlotte Willhöft. 299, 301 ff., 312

Stieglitz, Ludwig Baron, Onkel des Heinrich Stieglitz in St. Petersburg. 305 f.

Stieler, Luise Johannette Wilhelmine (1760-1826), Tochter eines Hofrats, spätere Ehefrau von Johann Friedrich Wilhelm Gotter. 183

Stock, Anna Maria Jakobina: siehe Körner 355 f.

Stock, Johanna Dorothea (Dora) (1760-1832), Malerin, Schwester der Körner-Ehefrau, Verlobte von Ludwig Ferdinand Huber bis 1792, blieb unverheiratet. 207, 214, 355 f.

Stolberg, Auguste Luise Gräfin zu (1753-1835), Schwester der Brüder Stolberg, Briefpartnerin Goethes. 94

Stoltz, Mademoiselle, Erzieherin der Dorothea von Medem, Intimfreundin der Elisa von der Recke. 70 f.

Story, Captain, hatte eine Affäre mit Ottilie von Goethe. 123

Stransky, Christine von, geb. Freiin von Schleich. 233

Strohmeyer, Georg Friedrich Louis (1804-1876), berühmter Chirurg, Freund der Adele Schopenhauer. 160

Sulzer, Johann Georg (1720-1779), Lehrer am Joachimsthalischen Gymnasium in Berlin. 35 ff.

Sydow, Josephine von, Verehrerin von Jean Paul. 107, 165

Tatter, Georg (gest. 1805), Erzieher des hannoverschen Prinzen. 185, 187

Tencin, Claudine Alexandrine Guérin, Marquise de (1682-1749), Pariser Salonière, deren unehelicher Sohn d'Alembert ist. 20

Thorwaldsen, Bertel (1770-1857), Bildhauer. 172, 176

Schlegel). Maler (»Nazarener«), seit 1830 Direktor des Städelschen Museums in Frankfurt am Main. 218

Veit, Simon (gest. 1819), Bankier, erster Ehemann der Brendel Mendelssohn. 176, 217 f., 227, 230

Velthen, Johannes von, mit seiner »Banda« Stammvater des deutschen Theaters. 29

Voeux, Charles des (gest. 1832), junger Schotte auf dem Wege zur Diplomatenkarriere, von Ottilie Goethe geliebt; übersetzte mit ihrer Hilfe Goethes *Tasso*. 121

Vogel, Henriette Adolphine (1777–1811), Gattin des Rendanten Louis Vogel. Nahm sich zusammen mit Heinrich von Kleist das Leben. 299 f.

Voltaire: siehe Arouet 16 f., 25

Voss, Christian Friedrich (1722–1795), Buchhändler, Hrsg. der *Vossischen Zeitung*. 35

Vulpius, Christian August (1762–1827), Bruder der Christiane Vulpius (Goethe). Vielgelesener Unterhaltungsschriftsteller, Bibliothekar, Hofrat. 109

Vulpius, Christiane: siehe Goethe 5, 86, 103 f., 106, 108 ff., 127, 131, 139, 251

Wackenroder, Wilhelm Heinrich (1773–1798), Kunstschriftsteller der deutschen Frühromantik. 230, 349

Weber, Carl Maria von (1786–1826), Komponist. 228

Wedekind, Sophie Dorothea Margarete (Meta) (1765–1853), verheiratet mit Johann Nikolaus Forkel, 1797 in zweiter Ehe mit Regierungsrat J. H. Liebeskind. Schriftstellerin und Übersetzerin. 201

Weißenborn, Gerichtsdirektor zu Reichenbach/Sachsen, Advokat. Vater der Neuberin. 29

Welcker, Friedrich Gottlieb (1784–1868), Philologe, 1806–1808 Hauslehrer der Humboldts in Rom. Professor für griechische Literatur und Archäologie in Gießen, Göttingen und Bonn. 168

Werner, Friedrich Ludwig Zacharias (1768–1823), Beamter. Romantischer Dramatiker. Konvertierte 1814 und wurde katholischer Priester in Wien. Viermal verheiratet. 164

Werthern, Amalie von, geb. Münchhausen, Frau des zweiten Hofstallmeisters in Weimar. Heiratete nach zehnjähriger Ehe 1788 den Naturwissenschaftler J. A. von Einsiedel (1754–1837), nachdem sie ihm 1785 nach Afrika gefolgt war. 102

Wessenberg, Ignaz Heinrich von (1774–1860), Vetter Metternichs, Verfechter einer von Rom unabhängigen Nationalkirche. 232

Wiedemann, Luise, geb. Michaelis (1770–1846), Schwester der Caroline Böhmer-Schlegel-Schelling, heiratete den Arzt C. R. W. Wiedemann. 351, 354

Wieland, Anna Dorothea, geb. von Hillenbrand (1746–1801), seit 1765 Ehefrau von Christoph Martin Wieland. 61 ff.

Wieland, Christoph Martin (1733–1813), Professor der Philosophie, Schriftsteller, Herausgeber des *Teutschen Merkurs*. Erzieher Karl Augusts in Weimar, befreundet mit Sophie La Roche. 36, 55, 59, 67, 75, 145, 163 f., 189, 202, 246, 270

Wieland, Thomas Adam d. J. (1703–1772), Pfarrer in Biberach. Vater von Christoph Martin Wieland. 60 ff.

Wiesel, Friedrich Ferdinand (ca. 1770–1826), Kriegsrat. Ehemann der Pauline Wiesel, nach zehnjähriger Ehe geschieden. 335

Wiesel, Pauline, geb. César (1779–1848), heiratete 1800 Kriegsrat Friedrich Ferdinand Wiesel. Geschieden. Geliebte des Prinzen Louis Ferdinand. Heiratete 1828 den französischen Hauptmann J.-M. Vincent. 335 f.

Willemer, Johann Jakob von (1760–1838), Geheimrat, Bankier in Frankfurt am Main. 117

Willemer, Maria-Anna (Marianne) von, geb. Jung (1784–1860), seit 1814 dritte Frau des Bankiers Johann Jakob von Willemer (1760 bis 1838), Goethes »Suleika«. 117 f., 268

Willhöft, Charlotte: siehe Stieglitz 5, 298, 301

Willich, Ehrenfried (1777–1807), Militärgeistlicher in Stralsund. Seine Witwe Henriette heiratete 1808 Friedrich Daniel Ernst Schleiermacher. 319, 321

Willich, Henriette: siehe Schleiermacher 321

Winckelmann, Johann Joachim (1717–1768), Archäologe und Kunsthistoriker. Ermordet. 35

Winkelmann, Stephan August (1780–1806), Arzt und Professor in Braunschweig. 246

Winthem, Johanna Elisabeth: siehe Klopstock 58

Wollstonecraft, Mary (1759–1797), Englands erste Frauenrechtlerin. 15

Wolzogen, Adolf Karl Wilhelm von (1795–1825), Sohn der Caroline von Wolzogen. 138